U0096737

古代歷史文化研究輯刊

八 編

王 明 蓀 主編

第15冊

明代的山林生態——北邊防區護林與伐木衝突的歷史考察

蔡 嘉 麟 著

國家圖書館出版品預行編目資料

明代的山林生態——北邊防區護林與伐木衝突的歷史考察／蔡嘉麟 著 — 初版 — 新北市：花木蘭文化出版社，2012〔民101〕
序 2+ 目 2+244 面；19×26 公分
（古代歷史文化研究輯刊 八編；第 15 冊）
ISBN：978-986-254-876-9（精裝）
1. 林業管理 2. 森林保護 3. 明代史
618 101003892

古代歷史文化研究輯刊
八 編 第十五冊 ISBN：978-986-254-876-9

明代的山林生態
——北邊防區護林與伐木衝突的歷史考察

作　　者 蔡嘉麟
主　　編 王明蓀
總 編 輯 杜潔祥
出　　版 花木蘭文化出版社
發 行 所 花木蘭文化出版社
發 行 人 高小娟
聯絡地址 新北市永和區中正路五九五號七樓
電話：02-2923-1455／傳眞：02-2923-1452
網　　址 http://www.huamulan.tw 信箱 sut81518@gmail.com
印　　刷 普羅文化出版廣告事業
初　　版 2012 年 9 月
定　　價 八編 22 冊（精裝）新台幣 35,000 元

明代的山林生態
——北邊防區護林與伐木衝突的歷史考察

蔡嘉麟　著

作者簡介

蔡嘉麟，臺灣花蓮人，一九七三年出生，中國文化大學史學研究所博士。目前為輔仁大學全人教育中心、長庚科技大學通識教育中心、德霖技術學院通識教育中心兼任助理教授。研究領域以明代環境史為主，曾出版《明代的衛學教育》，發表〈明代的南贛參將——兼論南贛地區的軍事防禦體制〉，涉及教育史、軍事史範疇。

提　要

近三十年來，全球自然環境變遷劇烈，環境史研究隨之蓬勃發展。本書為環境史領域著作，以森林保護及樹木砍伐為探討角度，選擇兩者產生衝突與矛盾，並成為明代重要課題的北方沿邊林木為研究主題，考察檢討明代的護林理念措施，以及北邊防區護林與伐木的實際情況。

本書首先由樹木崇敬與風水護林觀念、山澤觀念、林木利用思想、環境問題與山林保護四個層面，分析探討明人有關山林保護的觀念思想；接續考察明代以工部為主的山林川澤（自然資源）管理機構和制度，以及護林法令、政策和相關措施的推動情形。

中心議題為北邊防區護林與伐木的衝突。自明代北邊國防形勢演變的概述開始，再由國防戰略角度，探討明代的北邊防禦歷史中，基於戰略目的而對境外和沿邊林木採取的不同政策與措施，如燒荒、出邊樵採禁令、邊林培護等等。復依據明代邊鎮的設置，劃分區域，考察各邊鎮採伐與保護林木的實際活動及演變，推論各沿邊地帶的山林狀態變化，以期呈現明代北邊防區護林與伐木衝突的整體面貌，並對明代山林生態歷史的建構作出貢獻。

序

二十世紀六〇年代以來，工業污染的環境危機，濫墾濫伐的生態失衡，以及二十一世紀初全球自然環境的劇烈變異，生態環境的議題，已成爲世人極度關注的焦點。生態學、環境史自二十世紀七〇年代以來，漸成爲世界學術新興的研究領域。歷史學界對此一生態議題，也引入史學研究之中，而形成「生態史學」的研究取向。中國古代即有生態維護的思想理念，諸如：山澤觀念、林木利用、山林崇敬、風水觀念、林木植護、順時節用等等，都與此一課題有關。

明代政府對於山林的護植，除形諸法制條令外，也有山林封禁的輔助措施，但漸因人口增長、耕地不足、社會流動、職業分化等諸多社會問題，遂衍生流民入山，開墾採礦、伐木燒炭，對生態環境造成持續性的破壞。這種生態失衡現象，在各地域也呈現不同程度的區別，尤以北邊防區山林生態議題，因涉及生態與國防政策，最值得去探究。

明初自洪武時期以來，爲防禦北元蒙古諸部南下，由遼東迤西至甘肅，沿北境先後建置軍鎮，基於全面邊防的權衡考量，下達沿邊山林禁伐令，藉此防制蒙古騎兵近邊侵擾。然而，北方沿邊山林，由於種種因素而採伐不止，呈現護林與伐木的矛盾與衝突，以及種種複雜的生態思想、護林理念，交織纏繞不易理清，遂成爲探討有明一代生態史學議題的焦點之一。

蔡嘉麟《明代的山林生態——北邊防區護林與伐木衝突的歷史考察》是本人指導第四位序的博士論文。蔡君有志於建構「明代山林生態史」，本書是其首著，爾後將逐次探研：西南、華南、華東、華中、華北等地區的山林生態。以蔡君的筆力、功力、毅力，一部巨帙的《明代山林生態史》，在未來的學術研究之途，必定可達成目標，版行於世。

明代山林生態史的歷史文獻，零散而不完整，蒐集至爲費時、費力，再加上研讀、判定史料的困難度，可謂事倍功半。蔡君心思細膩、意志堅定、用志不紛，成就此宏篇，可說是：鑽研有得，功不唐捐。就研究主題而言，難度高、牽涉廣、綜括難，能有如是成果，允稱不易。生態史學，是晚近新興的學門，也可以說是生態學與歷史學結合的一門學科。以明代片斷而零散的歷史文獻，嘗試作一統整，對於歷史學門的研究生而言，本是一件高難度的苦工夫，而蔡君投注七年時間，卻甘之如飴，研讀推論，始終堅持不懈，精神可嘉、可佩！

蔡君博士學位論文，於 2006 年 1 月初審通過，歷經修訂，再次通過二審，遂於 5 月正式審。時口試委員：中興大學歷史系羅麗馨教授、中央大學歷史所吳振漢教授、中研院史語所邱仲麟副研究員、文化大學史學系尹章義教授以及本人，皆給予佳評。就學位論文審查制度而言，一方面，依據本校校規，各研究所博、碩士學位論文口試委員，由各所所長遴選。本人在文化大學史學所指導明史博、碩士生，爲迴避護航之嫌，鮮少建議口試委員人選，而以所長自行遴聘爲定。另一方面，本所博士學位論文口試，歷經初審、二審、正式審三關的嚴格評定，對於博士生而言，學位論文的嚴謹度得以藉此強化，獲益殊多。值此出版之際，附贅序言。

吳智和　二〇一二年二月

於羅東寓所

目次

第一章　緒　論

一、題旨緣起與研究目的

近年來，全球自然環境變遷劇烈，異常嚴重的災害頻生。僅以中國大陸及台灣的重大自然災害而言，如自二十世紀八〇年代後，中國北方荒漠化的加速；〔註 1〕一九九八年長江、嫩江、松花江，接連爆發特大洪水；〔註 2〕二〇〇〇年起，中國北方沙塵暴活動的再度活躍，影響及於東亞、夏威夷，乃至於北美地區。〔註 3〕台灣也由於人爲過度開發，濫墾濫伐，導致山坡地水土流失，居民年年飽受土石流等災害威脅。生態環境的變異，在此二十一世紀之初，已成爲世人極度矚目的課題。

事實上，早在一九六〇至一九七〇年代期間，美歐國家針對工業污染造成

〔註 1〕參見朱震達、王濤，《中國土地的荒漠化及其治理》（台北：宋氏照遠出版社，1998 年），頁 1～62。根據一九九二年聯合國環境與開發大會的定義，「荒漠化」（desertification）的簡要內容爲：「由於氣候變異和人類活動在內的各種因素，造成的乾旱、半乾旱，和具有乾旱的亞濕潤地區的土地退化。」就根本而言，荒漠化屬於人爲的問題，其成因是對土地壓力太大所造成，而非由逐漸擴張的沙漠造成。

〔註 2〕由於特大洪水爲中國大陸帶來慘重損失，其各界關注焦點，遂投射於江河流域的森林問題，形成一股檢討聲浪。大陸國家林業局宣傳辦公室編，《'98 洪水聚焦森林》（北京：中國林業出版社，1999 年），即是一冊反映當時研討成果的宣導性讀物。

〔註 3〕參見錢正安、蔡英、柳中明、劉景濤、李棟梁、宋敏紅，〈中國北方沙塵暴研究若干問題的進展〉，收入《沙塵暴學術研討會會議論文集》（台北：蒙藏委員會，2002 年），頁 80～81；張順欽、楊之遠，〈沙塵暴對台灣空氣品質之影響及測報〉，收入同書，頁 169～171。

的環境危機，已開始反省人與環境之間的關係，環境保護運動、環境主義思潮由是而生。受此影響，「環境史」自一九七〇年代起，成爲西方的新興史學研究領域。三十餘年間，隨著其他地區學者的投入，其研究成果已蔚然可觀。〔註4〕而環境議題與環境史研究的蓬勃發展，〔註5〕促發筆者關注中國歷史研究中的相關成果與題材，尤其是自身投入的明史領域。

回顧與明代生態環境史有關的研究，主要爲通論或跨朝代的論著，而於

〔註4〕參見曾華璧，〈論「環境史」研究的源起、意義與迷思〉，收入氏著《人與環境：臺灣現代環境史論》（台北：正中書局，2001年），頁2～8、16～28；包茂宏，〈環境史：歷史、理論和方法〉，《史學理論研究》，2000年4期，頁70～79。「環境史」（environmental history），又稱爲「生態史」（ecological history），其定義因學者主張而略有差異，台灣學界較常引用者，蓋爲：「透過歷史時間來研究特定的人類系統與其他自然系統的介面。」（「其他自然系統」主要指氣候、地形、岩石和土壤、水、植被、動物和微生物。）或是：「由生態學的知識基礎，探討在歷史時間的架構下，人類行爲和自然環境的互動關係與變遷。」分見伊懋可（Mark Elvin）撰，劉翠溶譯，〈導論〉，收入劉翠溶、伊懋可主編《積漸所至：中國環境史論文集》（上）（台北：中央研究院經濟研究所，1995年），頁8；曾華璧，前引文，頁4～5。

〔註5〕近十年來，中國大陸在環境史方面的研究論文紛紛發表，其學界自不同學科與視角展開探討，而幾乎皆著重於中國歷史上，以及當代的生態環境問題，蔚爲風氣。其研究概況可參：張國旺，〈近年來中國環境史研究綜述〉，《中國史研究動態》，2003年3期，頁12～17；佳宏偉，〈近十年來生態環境變遷史研究綜述〉，《史學月刊》，2004年6期，頁112～119；鈔曉鴻、佳宏偉，〈世紀之交的中國生態環境史——以近年來大陸生態環境史研究爲中心〉，收入鈔曉鴻著《生態環境與明清社會經濟》（合肥：黃山書社，2004年），頁1～54。台灣方面，劉翠溶引領研究，與伊懋可（Mark Elvin）合編《積漸所至：中國環境史論文集》，爲研究中國環境史的重要參考著作。曾華璧亦持續在環境史領域耕耘，有《人與環境：臺灣現代環境史論》等多本論著，關懷並研究台灣的環境議題與環保運動，致力於台灣本土環境史研究的紮根與拓展工作。歷史學門的博碩士學位論文部分，近年也見成果，主要集中在清代以後的中國環境史範疇，如：林承戰，《和諧或對立？——清康熙時期（1662～1722）中國人與環境的關係》（台北：臺灣大學歷史學研究所碩士論文，2003年）；王淑芬，《治山與治水：清代環境保護思想之研究——以江浙、湖廣地區爲中心》（台北：臺灣師範大學歷史研究所博士論文，2003年）；宋惠中，《區域發展與生態環境變遷——清代前期閩浙贛交界地區的個案分析》（台北：臺灣大學歷史學研究所博士論文，2004年）。較早之前，環境史領域的學位論文尚有：林明燦，《新竹地區的經濟開發與生態環境的變遷》，（台北：臺灣大學歷史學研究所碩士論文，1996年），研究範圍在於自清代以至日據時期，新竹地區的環境變遷。至於美、歐、日本的研究發展與成果，曾華璧前引文，以及上述各學位論文之「緒論」部分，皆有詳細的介紹，筆者不再重複申述。

其中略提明代的情形；專以明代為範疇的論文，並不多見。環境史的研究領域廣泛，其中關於明代的環保觀念，以及森林破壞方面的議題，為學者留意與研究的重點。然而，此方面的研究多屬初探，論述不夠深入，值得開拓或再研究的空間仍多。基於此，筆者有意著眼整個明代的山林生態問題，自博士學位論文始，專研此領域的主要議題。本書以「明代的山林生態」為主題，其實僅為主題研究的先行與初步論述，期望未來繼續全面性探索、深究其他區域與課題，進而對明代山林生態歷史的建構作出貢獻，則是筆者的初衷與基本目的。

在本書的實際研究問題上，筆者以明代中國為時空背景，思考在森林保護與樹木砍伐兩種相反的作為方面，是否曾引發重大的衝突或課題，並因而影響所在地區的環境生態。從現有的研究成果中發現，有學者關注明代北方長城沿線地區的山林，並且大多認為明代時期長城地區的林木近乎毀伐殆盡，演變為童山濯濯的景象。〔註 6〕然而，對此議題稍作考察可知，明代為防範蒙古，沿北方邊境建置軍鎮；另一方面，明代政府以國防為考慮，下達沿邊山林的禁伐保護令，欲藉以發揮阻卻、防禦蒙古騎兵侵襲的功能。事實上，北邊沿線的林木卻因各種不同因素而採伐不止，護林與伐木的矛盾和衝突，由是而衍生，成為有明一代的重要問題。不過，既有政府禁令保護，在護、伐兩種力道拉扯下，明代的北方邊林是否真如部份學者所言，遭受毀滅性破壞？筆者認為其中仍有詳加研探的空間。因此，本書即以「北邊防區護林與伐木的衝突」作為探討論述的中心，並以此考察檢討明代護林理念措施，以及北邊伐木的實際情況。

二、研究問題與界定

根據上述的題旨與目的，本書將先後以兩個層次，針對以下數個主要問題展開研究與論述：

（一）護林的觀念思想、制度政令方面。明代北邊軍鎮既然有禁伐山林的法令措施，追溯其本源與時代背景，則在人類的觀念、思想層面，明人（尤其是知識份子）對於山林、樹木，乃至於自然環境，抱持何種觀念、思維或

〔註 6〕學界歷來對於明代北邊山林的探討，認為北邊林木普遍嚴重破壞，以致山嶺光禿的論述，大致有暴鴻昌、景戎華、陶炎、史念海、李心純等學者的論文，請參見本書第四章開頭第二段與註釋的介紹，此處不擬細舉。

信仰？又如何利用作爲生活資源的林木？若是面對山林與自然環境的破壞，明人是否重視？或有環境變遷方面的記述？尤其，在當代頗受關注的森林與水土保持問題上，明人是否也有相關的認知？或是提出何種解決辦法？其次，制度與措施層面，明代對於包含林木在內的「山林川澤」（自然資源）管理，有何制度設計、機構設置？同樣在國家與官方部分，法律條文與政令措施中，是否有涉及林木保護的內容？相對而言，民間的護林乃至於植樹，又有何種活動？呈現何等現象？

（二）中心議題北邊護林與伐木衝突的探討。北方沿邊山林既然受國家保護，此項政策與禁令在縱向時間上的始末與發展如何？與明代國防形勢有何關聯？明代北方設置數個邊鎮，沿邊山林的保護與砍伐，各個區域是否互有不同而各具特色？若是，則造成地域性差異的原因何在？各地護林與伐木的個別情形又是如何？此外，明蒙之間雖然多數時期處在對立的狀態，但雙邊的交流與活動並未因而停止。在此情形下，相較於明廷對邊林的嚴格保護，漢人如何看待境外地區的山林草木？是否越境對其造成影響？

既已陳列主要問題，則研究範圍及本書中的重要名詞，亦當予以界定闡析。時間的斷限上，以整個明代（1368～1644）爲主；地域範圍，則聚焦於明代的北方沿邊區域，如以軍鎮的區域名稱論，自東而西，包含遼東、薊州（含昌平）、保定、宣府、大同、山西（三關地區）、延綏（榆林）、寧夏、固原、甘肅等鎮。〔註 7〕更確切而言，乃局限於長城沿線的附近地帶，兼及其周邊區域。此亦有例外，即是明代護林思想、制度與政令的討論，並不設地域限制。

名詞定義部分。其一，所謂「山林生態」之意。「山林」一詞，自然指山區的森林而言，在本書的實際探討對象中，涉及保護層面問題時，亦連帶包含山地以外地區，如平原、水岸的林木。所以，本書的「山林」實統攝各地理環境的「林木」於其中。〔註 8〕「山林生態」，則爲一借用詞，並非指「森

〔註 7〕延綏、寧夏、甘肅在明代的行政區劃上，同屬於陝西承宣布政使司，在軍鎮稱呼上，則合稱爲「陝西三邊」。如包含陝西另一邊鎮「固原鎮」，又可稱爲「陝西四鎮」。

〔註 8〕「森林」（forest）之定義頗多，一般而言，爲多數樹木聚生於一處的意思；自廣義言之，則是林地及其所生長林木之有機綜合體，其中不但有群聚的樹木，尚包含其他植物、動物、土壤及土壤生物等，近乎「森林生態系統」之意（見下註）。「林木」蓋指森林中之樹木而言。另外，中國對於「森林」一詞的採用，始於民國時期，在此之前，自周迄清，皆以「山林」爲近似名稱。參見

林生態系統」，及其所屬環境中各組成成分的相互關係而言。〔註 9〕本書所著重者，在於人類舉措對於山林或林木地帶的影響，以及在森林區域內，人類社會與自然環境間的關係與變動狀態，故以此界定「山林生態」的含義。

其二，本書主要探討的沿邊山林、樹木，簡稱「邊林」，即指沿著長城等國防線，自然生長或人工栽培，並且被賦予軍事防禦功能的林木。由於明代國防線盈縮不定，而且軍事信地（防區）或情報觸角常延伸至長城、邊堡之外，因此邊林的分布地帶難以明確劃定。爲便於探討與論述，筆者主要以明代中後期的長城建設爲依據，設定「邊林」爲沿長城兩側，尤其是長城以內，分布寬度不一的軍事防護林。

據此，本書的研究仍然採用歷史學的方法，處理人文與自然之間的問題，惟同時間補充涉獵森林學、地理學、生態學等學科的基本知識，以爲研討、判讀歷史材料時的重要輔助。

三、相關研究的回顧

本書的研究範圍已界定如上，則有關於山林與生態的思想、制度、措施，以及明代北方邊防林木的保護與砍伐，歷來的研究成果，茲分兩大方面予以介述。

1. 中國環境保護與生態思想的論著

首先，爲跨時段與通論性的著作。《中國自然保護史綱》與《中國古代環境保護》，〔註 10〕皆簡略介紹各歷史時期的自然環境變遷、先人對自然資源的利用，以及與環境保護相關的思想和制度等等，其明代部分與清代合論，故

馬保之等，《農業概論》（《國立臺灣大學農學院叢書》第 9 號，台北：臺灣大學農學院，1963 年），第九章〈森林之生產與利用（王子定撰）〉，頁 208～209；陶玉田、謝經發編著，《林學通論》（台北：臺灣開明書店，1996 年），頁 1～2；焦國模，《林政學》（台北：臺灣商務印書館，1998 年），頁 7～9。

〔註 9〕就森林環境學（Forest Environmental Science）的定義，「森林生態系統」（或稱「森林環境」），是由其組成成分生物（包括喬木、灌木、草本植物、地被植物，及多種多樣動物和微生物）與其周圍環境（包括土壤、大氣、水分等各種非生物物理環境條件）相互作用形成的統一體。參見賀慶棠主編，《森林環境學》（北京：高等教育出版社，1999 年），頁 28。

〔註 10〕陳登林、馬建章編著，《中國自然保護史綱》（哈爾濱：東北林業大學出版社，1993 年）；李丙寅、朱紅、楊建軍，《中國古代環境保護》（開封：河南大學出版社，2001 年）。

篇幅不多。《中華五千年生態文化》，分上、下二冊，爲多名學者合著的書籍，也對中國歷史各時期的生態與環境內容進行分述與通論，惟標舉「生態文化」之名，其所涉範圍較多而已。〔註 11〕明代部分，由楊昶主筆，內容係作者根據個人研究整理而成。〔註 12〕趙岡著《中國歷史上生態環境之變遷》，由人口增長、墾殖活動、木材消耗、圍湖造田等方面論述中國歷史上的生態環境惡化，對於歷代的林政與山林產權，以及西北黃土高原與沙漠等問題亦有闡論。〔註 13〕

其次，爲專論性的論著。針對中國歷史上的自然環境，劉翠溶以「山林川澤」爲題，代表當代的「生態環境」或「自然資源」用詞，考察中國歷史上爲政者對此的觀念、態度，以及政府採行的制度措施。〔註 14〕此文實屬台灣學者在此領域的開創之作，也爲本文的重要參考著述之一。與此相關者，又有宋源對古代水土資源管理思想的簡略探討。〔註 15〕上古先秦時期的環保或生態思想，則爲一項研究成果頗多的課題，且涉及歷史與哲學兩個領域。屬於或偏向歷史學門方面的論著，如王淑芬，在其學位論文中，闢專章探討「清代以前的環境保護思想」，主要爲先秦思想的析述，兼論各朝代在制度、法律與措施方面的概況。〔註 16〕李耕夫、唐德富、張建民，先後發表以「古

〔註 11〕王玉德、張全明等著，《中華五千年生態文化》（上、下冊，武漢：華中師範大學出版社，1999 年）。該書對於「生態文化學」研究的內容，界定爲四方面：影響生態的文化現象、區域生態文化圈的特點和比較、生態文化的發展軌跡、生態文化與社會進程的關係。詳見前引書，上冊，頁 6～7。另外，王玉德另一篇相關文章，亦已納入此書。見〈中國環境保護的歷史和現存的十大問題——兼論建立生態文化學〉，《華中師範大學學報（哲社版）》，1996 年 1 期，頁 60～68。

〔註 12〕楊昶對於明代生態環境問題的論文有以下數篇：〈明朝政令對生態環境的負面效應〉，《華中師範大學學報（人文社會科學版）》，37 卷 1 期，1998 年 1 月，頁 87～92；〈明代的生態觀念和生態農業〉，《中國典籍與文化》，1998 年 4 期，頁 116～120；〈明朝有利於生態環境改善的政治舉措考述〉，《華中師範大學學報（人文社會科學版）》，38 卷 5 期，1999 年 9 月，頁 88～93；〈明代生態環境科技成就及相關文獻〉，《華中師範大學學報（人文社會科學版）》，41 卷 1 期，2002 年 1 月，頁 135～140。最末一篇刊登於《中華五千年生態文化》出版之後，其實內容多已見於書中。

〔註 13〕趙岡，《中國歷史上生態環境之變遷》（北京：中國環境科學出版社，1996 年）。

〔註 14〕劉翠溶，〈中國歷史上關於山林川澤的觀念和制度〉，收入曹添旺、賴景昌、楊建成主編《經濟成長、所得分配與制度演化》（台北：中央研究院中山人文社會科學研究所，1999 年），頁 1～42。

〔註 15〕宋源，〈我國古代水土資源管理思想述略〉，《中國農史》，1987 年 3 期，頁 1～7。

〔註 16〕參見王淑芬，《治山與治水：清代環境保護思想之研究——以江浙、湖廣地區

代」爲時限的論文，雖略及其他朝代，然均藉由先秦著述，著重探討先秦部分。〔註 17〕袁清林、王政，同樣根據先秦典籍，分別簡論先秦的環境保護問題，以及生態觀念。〔註 18〕陳偉武則採取新出土的簡帛文獻，與傳世書籍相比較而略論之。〔註 19〕

哲學領域方面，探討環境思想或生態倫理的文章，更爲豐富，在此僅舉要介紹。莊慶信有兩部著作：《中國哲學家的大地觀》、《中西環境哲學——一個整合的進路》，其中各有篇幅論述先秦時期各家先哲的大地觀與環境哲學。〔註 20〕張雲飛，以「天人合一」爲題，試圖以生態學角度闡述先秦儒家的環境意識與自然保護思想。〔註 21〕楊慧傑亦著書，研探儒、道、墨等家的天人關係論。〔註 22〕另外，胡火金在研究中國傳統農業生態思想時，則認爲天人合一是農業持續發展的思想基礎。〔註 23〕其餘單篇論文，則有葉海煙、何懷宏、白奚等人，分別討論老子與儒家的生態倫理（環境倫理）。〔註 24〕

爲中心》，頁 29～103。

〔註 17〕李耕夫，〈中國古代的生態意識學說〉，《學習與探索》，1987 年 4 期，頁 56～60；唐德富，〈我國古代的生態學思想和理論〉，《農業考古》，1990 年 2 期，頁 8～17、續接頁 20；張建民，〈論傳統農業時代的自然保護思想〉，《中國農史》，18 卷 1 期，1999 年 2 月，頁 71～77。

〔註 18〕袁清林，〈先秦環境保護的若干問題〉，《中國科技史料》，6 卷 1 期，1985 年 2 月，頁 35～41；王政，〈《詩經．魚麗》與先秦生態觀念略說〉，《文獻》，2002 年 2 期，頁 21～29。

〔註 19〕陳偉武，〈從簡帛文獻看古代生態意識〉，收入中國社會科學院簡帛研究中心編輯《簡帛研究》（第 3 輯）（南寧：廣西教育出版社，1998 年），頁 134～140。

〔註 20〕參見莊慶信，《中國哲學家的大地觀》（台北：師大書苑有限公司，1995 年），頁 1～88；《中西環境哲學——一個整合的進路》（台北：五南圖書出版股份有限公司，2002 年），頁 35～117。前書又個別介紹王陽明與王夫之的「大地觀」，分見：頁 169～181；183～189。

〔註 21〕張雲飛，《天人合一——儒學與生態環境》（成都：四川人民出版社，1995 年）。張雲飛在出版此書後，仍有相關研究論文：〈中國儒、道哲學的生態倫理學闡述〉，收入徐嵩齡主編《環境倫理學進展：評論與闡釋》（北京：社會科學文獻出版社，1999 年），頁 251～312。

〔註 22〕楊慧傑，《天人關係論》（台北：水牛圖書出版事業有限公司，1994 年）。

〔註 23〕參見胡火金，〈中國傳統農業生態思想與農業持續發展〉，《中國農史》，21 卷 4 期，2002 年 11 月，頁 48～50。

〔註 24〕葉海煙，〈老子的環境倫理觀〉，收入沈清松主編《簡樸思想與環保哲學》（台北：立緒文化事業有限公司，1997 年），頁 47～63；何懷宏，〈儒家生態倫理思想略述〉，《中國人民大學學報》，2000 年 2 期，頁 32～39；白奚，〈仁愛觀念與生態倫理〉，《首都師範大學學報（社會科學版）》，2002 年 1 期，頁 98～102。

此外，有學者選擇民間的信仰、習俗，或各民族的傳統文化中，有關自然環境意識的成分加以研探。黃開祥以短文介紹雲南富寧縣壯、瑤村寨對樹木的崇拜與保護；〔註 25〕古開弼撰寫二文探究民間的祭山禁林習俗與樹木崇拜；〔註 26〕柏貴喜、楊順清、王奎正，分別析論南方山地民族、侗族與藏族的生態意識，以及環境保護傳統；〔註 27〕烏雲巴圖、葛根高娃，則探論蒙古族的生態觀與生態文化。〔註 28〕至於風水研究方面，也有著重論及環境觀或環境保護的著作。與本文較相關而採擷參考者，如劉沛林的兩本專書：《風水——中國人的環境觀》、《古村落：和諧的人聚空間》；〔註 29〕俞孔堅、漢寶德的論著，〔註 30〕對筆者的研究均有助益。單篇文章部分，尚廓探討風水格局與生態環境及景觀的關係；〔註 31〕關傳友則探析中國古代的風水林。〔註 32〕

2. 中國林業史與森林變遷的研究

中國林業史方面的通論著作，焦國模受國立編譯館委託，編撰《中國林業史》，簡述歷代的林業官吏設置、森林破壞、林業施政、林業學術等等，架構與涵蓋面可謂完備；〔註 33〕其《林政學》、《林業政策與林業行政》，同爲森

〔註 25〕 黃開祥，〈林業習俗與森林保護〉，收入《雲南省志・林業志》編輯辦公室、雲南省林學會林業史志學組、雲南省地方志學會林業分會編《林業史志文集》（昆明：雲南大學出版社，1991 年），頁 350～353。

〔註 26〕 古開弼，〈盲目崇拜：我國民間祭山禁林習俗的原始宗教文化背景〉，《農業考古》，1998 年 1 期，頁 379～386；〈中華民族的樹木圖騰與樹木崇拜〉，《農業考古》，2002 年 1 期，頁 136～153、續接頁 205。

〔註 27〕 柏貴喜，〈南方山地民族傳統文化與生態環境保護〉，《中南民族學院學報（哲學社會科學版）》，1997 年 2 期，頁 50～54；楊順清，〈侗族傳統環保習俗與生態意識淺析〉，《中南民族學院學報（人文社會科學版）》，20 卷 1 期，2000 年 1 月，頁 62～65；王奎正，〈藏族傳統文化與青藏高原環境保護〉，《中南民族學院學報（哲學社會科學版）》，1997 年 2 期，頁 55～59。

〔註 28〕 烏雲巴圖，〈論蒙古族生態觀的演變與發展〉，《內蒙古社會科學（漢文版）》，23 卷 2 期，2002 年 3 月，頁 27～32；葛根高娃、烏雲巴圖，《蒙古民族的生態文化——亞洲游牧文明遺產》（呼和浩特：內蒙古教育出版社，2004 年）。

〔註 29〕 劉沛林，《風水——中國人的環境觀》（上海：上海三聯書店，1999 年）；《古村落：和諧的人聚空間》（上海：上海三聯書店，1998 年）。

〔註 30〕 俞孔堅，《理想景觀探源——風水的文化意義》（北京：商務印書館，2000 年）；漢寶德著，吳曉敏繪，《風水與環境》（天津：天津古籍出版社，2003 年）。

〔註 31〕 尚廓，〈中國風水格局的構成、生態環境與景觀〉，收入王其亨主編《風水理論研究》（天津：天津大學出版社，2003 年），頁 26～32。

〔註 32〕 關傳友，〈中國古代風水林探析〉，《農業考古》，2002 年 3 期，頁 239～243。

〔註 33〕 焦國模，《中國林業史》（台北：渤海堂文化事業有限公司，1999 年）。

林學系的大學用書，各有部分述及中國歷代的森林破壞，以及歷代的林政、林業。〔註 34〕王長富《中國林業經濟史》，概論各歷史時期的森林破壞與保護、林業經營管理，及木材的貿易等。〔註 35〕中國林業部教育司曾主編《中國林業教育史》，亦簡介中國歷代林業與農書的發展。〔註 36〕尚定周、潘介滿合撰之〈歷史上的中國林業〉，則屬略述性的文章。〔註 37〕

斷代的林業史研究，張鈞成著有《中國古代林業史・先秦篇》；〔註 38〕古開弼則述先秦時期的林業經濟思想；〔註 39〕景戎華於其個人論文集中，收錄曾發表的數篇論文，主要涵蓋自上古至魏晉南北朝的林業史相關課題。〔註 40〕明代的林業發展，近年有韓大成、楊欣合撰的專文，然僅屬整合性與淺略式的論述，缺乏突破性的見解。〔註 41〕不過，明清林業經營的研究，因徽州契約文書的大量整理利用，早有重要的論文見世，並因而以徽州地區爲主要研究範圍。陳柯雲對徽州的山林經營，有一系列的文章探討，爲此方面的研究奠定基礎。〔註 42〕張雪慧同時間也有專文發表，〔註 43〕陳瑞則於此後繼續探

〔註 34〕焦國模，《林政學》；《林業政策與林業行政》（台北：洪葉文化事業有限公司，2005 年）。

〔註 35〕王長富，《中國林業經濟史》（哈爾濱：東北林業大學出版社，1990 年）。

〔註 36〕楊紹章、辛業江編著，《中國林業教育史》（北京：中國林業出版社，1988 年）。

〔註 37〕尚定周、潘介滿，〈歷史上的中國林業〉，《農業考古》，1994 年 1 期，頁 292～297、續接頁 305。

〔註 38〕張鈞成，《中國古代林業史・先秦篇》（台北：五南圖書出版股份有限公司，1995 年）。

〔註 39〕古開弼，〈試述我國古代先秦時期林業經濟思想及其現實意義〉，《農業考古》，1984 年 2 期，頁 199～205。

〔註 40〕參見景戎華，《追思・俯察・展望——景戎華論文集》（哈爾濱：黑龍江教育出版社，1992 年），頁 151～218。各篇文章爲：〈上古森林考〉、〈先秦的植樹及其保護〉、〈秦漢的森林採伐與破壞〉、〈漢代的森林及其開發〉、〈漢代林學知識的拓展〉、〈魏晉南北朝時期的森林變遷〉。

〔註 41〕韓大成、楊欣，〈明代林業概述〉，收入朱誠如、王天有主編《明清論叢》第 5 輯（北京：紫禁城出版社，2004 年），頁 283～302。

〔註 42〕陳柯雲，〈明清徽州地區山林經營中的“力分”問題〉，《中國史研究》，1987 年 1 期，頁 85～97；〈明清山林苗木經營初探〉，收入平準學刊編輯委員會編《平準學刊》第 4 輯（上）（北京：光明日報出版社，1989 年），頁 139～166；〈從《李氏山林置產簿》看明清徽州山林經營〉，《江淮論壇》，1992 年 1 期，頁 73～84。其另一篇探討明清徽州鄉約的文章，也可作爲參照：〈略論明清徽州的鄉約〉，《中國史研究》，1990 年 4 期，頁 44～55。

〔註 43〕張雪慧，〈徽州歷史上的林木經營初探〉，《中國史研究》，1987 年 1 期，頁 73

論之。〔註 44〕中島樂章對明代徽州宗族的山林經營亦有探討。〔註 45〕此外，徽商在浙江西部山區的林木經營與販運，有祝碧衡爲文討論。〔註 46〕

林木的應用及其保護環境的功用方面，賈乃謙整理介紹明臣劉天和在堤岸防護林方面的施作工法；〔註 47〕古開弼探討古代人工防護林的源流；〔註 48〕倪根金略論中國歷史上對森林保護環境作用的認識；〔註 49〕並與盧星合作，研撰〈中國軍事防護林史略〉。〔註 50〕其中，倪根金又蒐集並撰文發表明清護林碑的一手資料與相關報導，及其研究心得，對明清森林保護的研究貢獻良多。〔註 51〕護林或林業方面的碑刻探述，仍有卞利、李榮高的文章可以參考。前者探討明清時期的徽州護林碑刻，〔註 52〕後者則述明清與民國時期的雲南林業碑刻。〔註 53〕另外，關傳友又以明清的家譜家法爲對象，探討民間植樹護林的行爲。〔註 54〕

～83。

〔註 44〕陳瑞，〈明清徽州林業生產發展興盛原因探論〉，《中國農史》，22 卷 4 期，2003 年 11 月，頁 31～37。

〔註 45〕中島樂章，〈明代徽州の小規模同族と山林經營〉，收入明代史研究會編《明代史研究會創立三十五年記念論集》（東京：汲古書院，2003 年），頁 285～315。

〔註 46〕祝碧衡，〈論明清徽商在浙江衢、嚴二府的活動〉，《中國社會經濟史研究》，2000 年 3 期，頁 10～19。

〔註 47〕賈乃謙，〈明代名臣劉天和的“植柳六法”〉，《農業考古》，2002 年 3 期，頁 215～218。

〔註 48〕古開弼，〈我國古代人工防護林探源〉，《農業考古》，1986 年 2 期，頁 212～215。

〔註 49〕倪根金，〈試論中國歷史上對森林保護環境作用的認識〉，《農業考古》，1995 年 3 期，頁 178～183。

〔註 50〕倪根金、盧星，〈中國軍事防護林史略〉，《農業考古》，1988 年 2 期，頁 244～246。

〔註 51〕參見倪根金，〈明清護林碑研究〉，《中國農史》，14 卷 4 期，1995 年 11 月，頁 87～97；〈明清護林碑知見錄〉，《農業考古》，1996 年 3 期，頁 176～184；〈明清護林碑知見錄（續）〉，《農業考古》，1997 年 1 期，頁 179～191。其所蒐錄的明清護林碑共一〇七通，主要爲清代的資料，明代僅佔七通。

〔註 52〕卞利，〈明清時期徽州森林保護碑刻初探〉，《中國農史》，22 卷 2 期，2003 年 5 月，頁 109～115。其另一篇介紹徽州碑刻資料的文章，亦可參閱〈論徽州碑刻資料的主要內容和學術價值〉，《文獻》，2002 年 4 期，頁 225～233。

〔註 53〕李榮高，〈雲南明清和民國時期林業碑刻探述〉，《農業考古》，2002 年 1 期，頁 252～258。

〔註 54〕關傳友，〈論明清時期宗譜家法中植樹護林的行爲〉，《中國歷史地理論叢》，17 卷 4 輯，2002 年 12 月，頁 65～72。

至於森林變遷史方面，史念海在黃土高原和黃河流域的歷史地理，及其森林與草原變遷的研究頗有建樹，〔註 55〕其中先後撰述三篇有關歷史時期森林變遷，以及植被分布和變遷的論文。〔註 56〕不過，若僅就其所述的明代森林變遷部分而論，見於各書或論文中的內容大同小異，而且論述不夠深入，兼有論證失於武斷的弊病。此部分，筆者於探討明代邊林時將會另予指出。此外，陶炎著有《中國森林的歷史變遷》，也屬概論、淺析性質的書籍。〔註 57〕而以區域或山系森林爲主題之專書，有翟旺等人針對山西各主要山區而撰寫的系列書籍，內容亦劃分歷史時期，簡述各山區的森林變遷。〔註 58〕北京地區歷史時期的森林，有王九齡的撰文簡介，後被收入《北京考古集成》中。〔註 59〕

以探討明清森林變遷與破壞問題爲主的著述，宮崎洋一有文探討明清森林採伐的概況，並論官員對於環境的認識，以及官方的伐木限制措施，然明

〔註 55〕史念海曾與曹爾琴、朱士光合撰《黃土高原森林與草原的變遷》（西安：陝西人民出版社，1985 年）。其有關黃河流域及黃土高原歷史地理的單篇論文，早先多刊載於其論文集《河山集》（一～七集）中，近年復另行匯集成冊出版：《黃河流域諸河流的演變與治理》（西安：陝西人民出版社，1999 年）、《黃土高原歷史地理研究》（鄭州：黃河水利出版社，2001 年）。二書有彼此重複選錄的論文，且多見於之前的《河山集》。另外，關於歷史時期黃土高原地區的研究，成果豐碩，讀者可參閱王元林的介紹：王元林，《涇洛流域自然環境變遷研究》（北京：中華書局，2005 年），頁 4～6。

〔註 56〕史念海，〈歷史時期黃河中游的森林〉，收入氏著《河山集・二集》（北京：生活・讀書・新知三聯書店，1981 年），頁 232～313；〈歷史時期森林變遷的研究〉，《中國歷史地理論叢》，1988 年 1 期，頁 1～17；〈論歷史時期我國植被的分布及其變遷〉，《中國歷史地理論叢》，1991 年 3 期，頁 43～73。〈歷史時期黃河中游的森林〉一文，後亦收入《黃河流域諸河流的演變與治理》（頁 179～261）、《黃土高原歷史地理研究》（頁 433～511）。

〔註 57〕陶炎，《中國森林的歷史變遷》（北京：中國林業出版社，1994 年）。

〔註 58〕此系列書籍之貢獻，在於使讀者能基本掌握山西主要山林的變遷簡史；缺點方面，以明代部分爲例，除史料不夠充分，論證亦顯粗疏，減損其參考價值。各書臚列如下：翟旺，《五台山森林與生態歷史變遷》（忻州：忻州地區林業局、忻州地區林學會，1987 年）；翟旺、楊丕文，《管涔山林區森林與生態變遷史》（《山西地方森林史叢書》1，太原：山西高校聯合出版發行，1994 年）；翟旺、張守道，《太行山系森林與生態簡史》（《山西地方森林史叢書》2，太原：山西高校聯合出版發行，1994 年）；翟旺、段貴書，《太岳山區森林與生態史》（《山西地方森林史叢書》3，太原：山西高校聯合出版發行，1996 年）；翟旺、劉志光、韓日有，《太原森林與生態史》（《山西地方森林史叢書》4，太原：山西高校聯合出版發行，1999 年）。

〔註 59〕王九齡，〈北京地區歷史時期的森林〉，收入蘇天鈞主編《北京考古集成・第一卷・綜述》（北京：北京出版社，2000 年），頁 70～75。

代部分的論述不多。〔註 60〕關於明代長城沿線的森林砍伐與人工造林，約與筆者撰文同時，邱仲麟亦爲文討論之，讀者不妨與本書參照閱讀。〔註 61〕此外，暴鴻昌與景戎華合撰〈明清濫伐森林對生態的破壞〉，敘述簡略，論證薄弱。〔註 62〕至於針對明清時期區域性的森林破壞研究，李心純在研究明代山西、河北農業生態環境的著作中，兼論及兩地區沿邊等地山林的破壞原因與情形，惟所掌握的史料不足，論述仍有值得商榷之處。〔註 63〕上田信根據文獻資料與實地考察，以生態學角度概論中國歷史上的森林問題。部分內容簡單述及明代北京附近與長城沿線的森林破壞，明清以來東南山地的林木種植、山林開發等課題亦有闡述。〔註 64〕金弘吉之學位論文，研究晚明北京宮殿營建與所需大木的伐運，對北直隸與長城沿線山林的破壞，以及長江中上游山區的林木採伐也有簡論。〔註 65〕Eduard Vermeer（費每爾）探討清代邊疆

〔註 60〕宮崎洋一，〈明清時代森林資源政策の推移——中國における環境認識の變遷〉，《九州大學東洋史論集》，22 號，1994 年 1 月，頁 19～35。

〔註 61〕邱仲麟，〈國防線上：明代長城沿邊的森林砍伐與人工造林〉，《明代研究》，8 期，2005 年 12 月，頁 1～66。邱仲麟提出，就整體而言，明代北邊國防線上，燕山、軍都山、太行山、恒山與五臺山，森林砍伐應屬嚴重。而陝北、隴西、寧夏等地，山林也有不同程度的變化。今所見長城一帶森林的大量消失，甚至於砍伐殆盡，應係明亡以後之事。邱氏在文中，並未探討遼東地區的情形。

〔註 62〕暴鴻昌、景戎華，〈明清濫伐森林對生態的破壞〉，收入平準學刊編輯委員會編《平準學刊——中國社會經濟史研究論集》第 3 輯（上）（北京：中國商業出版社，1987 年），頁 143～156。此文刊登後，暴鴻昌又將其內容析出，以〈明代長城區域的森林採伐與禁伐〉爲題另行投稿刊載；景戎華則將此文收入其論文集中。分見暴鴻昌，〈明代長城區域的森林採伐與禁伐〉，《學術交流》，1991 年 3 期，頁 123～125；《追思・俯察・展望——景戎華論文集》，頁 219～234。

〔註 63〕參見李心純，《黃河流域與綠色文明——明代山西河北的農業生態環境》（北京：人民出版社，1999 年），頁 71～76。

〔註 64〕參見上田信，《森と綠の中國史——エコロジカル・ヒストリーの試み》（東京：岩波書店，2001 年），頁 109～112、197～216、227～230。上田信近年發表多篇生態與森林史方面的研究論文，有關明清時期者，可參閱：〈中國における生態システムと山區經濟——秦嶺山脈の事例から〉，收入溝口雄三、浜下武志、平石直昭、宮山鳥博史編《長期社會變動》（《アジアから考える》6，東京：東京大學出版會，1994 年），頁 99～129；〈「山林權屬」と森林保護——16 世紀～現代，九嶺山の事例〉，《現代中國研究》，2 期，1998 年 3 月，頁 14～31；〈雜木林をめぐるトラとヒト——十八世紀の東南山地〉，《中國—社會と文化》，第 14 號，1999 年 6 月，頁 28～45；〈封禁・開採・弛禁——清代中期江西における山地開發〉，《東洋史研究》，61 卷 4 號，2003 年 3 月，頁 115～144。

〔註 65〕參見金弘吉，《明末北京の宮殿修建と木材調達》（日本大阪：大阪大學大學

地區的人口與生態時，簡略論及明清的採木、林業、封禁等問題，亦稍微提到明代北邊的燒荒措施。〔註 66〕

此外，明代北京周圍與太行、五臺等山區的森林破壞，仍有數篇論文可資參考。張崗以二文分別探討明代的易州柴炭廠與遵化鐵冶廠，概論其設置沿革與生產經營，並略析其對於山林的破壞。〔註 67〕龔勝生論述元、明、清時期，北京城以植物性能源（蘆葦、薪柴、木炭等）爲主、煤炭（礦物能源）爲輔的燃料消費結構，及其供銷系統與生產區域，同時概述燃料生產對附近森林和其他環境的破壞。〔註 68〕同屬北京燃料消耗範疇，邱仲麟針對明代，討論明代中後期北京居民生活燃料自木柴而煤炭的轉變，並以相當篇幅論述因柴炭、建材需求，軍民濫伐，導致北京周圍山林的破壞。〔註 69〕尹鈞科以永定河中、上游流域爲對象，探究元明清時期此地帶山區的林木採伐活動，簡略論述森林破壞的狀況。〔註 70〕而陳玉女研究明代五臺山寺廟的修造，及其建築材料之取得時，亦述及五臺山地區山林因此受到的破壞。〔註 71〕

綜上而論，本書所欲探討的問題，大部分已有學者爲文論述，但不少具有共同的缺失：亦即史料的掌握不足，以及運用史料論證過於粗疏，以致論斷時有偏差，缺乏穩固而可靠的根據。此類問題，一方面足爲筆者的前車之鑑，另一方面也是本書論述時尋求克服與突破的重點之一。

四、史料運用及限制

根據本書主題，與森林保護及林木砍伐的思想、制度、法令、措施、活

院文學研究科博士論文，2001 年），頁 78～96。

〔註 66〕Vermeer, Eduard B., "Population and Ecology along the Frontier in Qing China," in Mark Elvin and Liu Ts'ui-jung, eds., Sediments of Time: Environment and Society in Chinese History, pp.235-279.

〔註 67〕張崗，〈明代易州柴炭山場及其對山林的破壞〉，《河北學刊》，1985 年 3 期，頁 64～67、續接頁 22；〈明代遵化鐵冶廠的研究〉，《河北學刊》，1990 年 5 期，頁 75～80。

〔註 68〕龔勝生，〈元明清時期北京城燃料供銷系統研究〉，《中國歷史地理論叢》，1995 年 1 輯，頁 141～159。

〔註 69〕邱仲麟，〈人口增長、森林砍伐與明代北京生活燃料的轉變〉，《中央研究院歷史語言研究所集刊》，74 本 1 分，2003 年 3 月，頁 141～188。

〔註 70〕尹鈞科，〈永定河中、上游流域森林植被的破壞〉，《歷史地理》，19 期，2003 年 6 月，頁 251～269。

〔註 71〕陳玉女，〈明五臺山諸佛寺建築材料之取得與運輸——以木材、銅、鐵等建材爲主〉，《成大歷史學報》，27 期，2003 年 6 月，頁 55～97。

動等相關之歷史文獻資料俱在蒐羅之列，北方沿邊地區山林的文獻記載尤爲重點。實際上，除山林契約與護林碑的性質純粹而集中外，此方面的記載散見於經、史、子、集部各類史料中。由於資料分布零散，筆者僅簡介不同類別史料所可能蘊藏的山林生態相關內容，而不詳細說明各文獻的編纂與出版情形。此外，則交代筆者蒐集本題目相關史料的過程與方法，以及史料在運用上的局限性問題。

就筆者所收集的歷史文獻史料而言，約有幾類較具重要性。一爲史部的政書、奏議，以政令、制度及措施的記載爲主。尤其中央與地方官員的奏議，其內容有時相當豐富，不但反映事件的處理經過、官員的辦事態度與個人意見，事件所在地的自然環境描述同樣常見。二是相關地區的地方志、邊鎮志和地理類志書，除政令措施外，多含當地的物產、山川形勢等自然環境方面資料。三爲集部的文集、遊記。文集的資料其實包含廣泛，有奏議、書信、人物墓誌傳記、事記、序等文體，亦能自此檢得相關記載。明人遊記，尤其是遊山之記，內多自然景觀與山林狀態的記述，也是檢閱的重點。

有關山林生態，以及護林與伐木文獻資料的蒐集，雖然最初可由相關研究論著中的徵引文獻，實際還原檢出，但是研究的開展，非賴自己對史料面的發掘、開拓不可。與海外相較，台灣各圖書館所典藏的明代史料相當豐富而集中，近十年前猶可鎖定如漢學研究中心景照海外佚存古籍、國家圖書館明清善本、中央研究院特殊藏本等其他館藏史籍，作地毯式的搜尋。近年來，廿五史、明實錄、文淵閣四庫全書等古籍之電子資料庫已陸續建置完成，透過其檢索系統，資料的蒐集更爲方便而有效率。

不過，在使用檢索詞查詢山林生態課題史料時，卻遭遇古今同詞異義，或是今詞不見於古文，不利於檢索的問題。例如，「山林」一詞多義，本文所取偏向於「山區森林」之意，實際檢索時，常見與「山林隱逸」、「山林盜賊」之意相關的記載，因此檢得資料雖多，符合需要者卻少之又少。又如，以「護林」、「育林」等現代用語查詢，所得僅是別具他義，或擷取自兩不相干語彙而成的字詞，亦即查無所獲，明人恐怕尚無此等用語。〔註72〕再如「封禁」、

〔註72〕如以「護林」、「育林」二詞檢索明實錄，皆各得一條資料。前者見《明宣宗實錄》，卷4，頁12上，洪熙元年七月乙未條，爲四川茂州官員奏請改建所屬「護林驛」爲茂州儒學的奏疏內容；後者見《明太宗實錄》，卷65，頁5上，永樂五年三月辛巳條，乃上林苑監設置「蕃育」、「林衡」等署的資料。

「禁山」等詞，雖是古代用詞，但檢出資料多與地方治安、礦禁，或帝王陵寢相關，鮮有直接關係保護森林的記載。類此情形尚多，爲擴展文獻資料，仍需自明人奏議、文集，以及明清地方志，由人追事、按地尋跡等方式，逐篇全文閱讀，以搜出隱藏於史籍中的珍貴記載。

歷史文獻中的史料零散、不易蒐集固然頗耗時間精力，史料的局限性更爲研究上的難題。以方志的記載爲例，如欲了解一地的山林狀態，翻閱〈山川志〉應是最簡捷的方法，但明代方志對於山岳的記述，僅有地理位置、景致、典故等內容，鮮少提及林木的分布與狀態。而〈物產志〉中「木類」的紀錄，其實只能反映出當地所適宜生長的樹種，不能據此判斷其林木的分布情形。某些特產甚至出於作者杜撰，以誇耀當地物產之豐富奇異。〔註 73〕因此，地方志有關山川、物產方面的記載，多半「無用武之地」，即便使用，猶須格外謹慎。

其次，對於史料中的文字敘述也必須嚴加判斷，不宜輕信。如古人對於自然景觀、山林狀態的描述，多屬文學性的筆觸，故其敘述泰半含糊籠統，準確性不高，或說相當不科學。此項「弊病」，普遍存在於各類型的史料中。又如官員奏疏、陳報，對於山林破壞情況的說明，由於態度多在企圖挽救山林，影響決策者的意志，是故常有誇張用語，「山林一空」、「斬伐殆盡」等極端詞彙，屢見不鮮。類此情形，俱不利於探討一地準確的山林狀態。

文獻資料的蒐集與運用情形大抵如此，此外，筆者並未赴實地勘查，或採取其他科學調查方式爲佐助，僅以史籍考察的論述爲主。雖然局限於歷史考察，但歷史學門的研究亦講求科學論證，筆者唯有努力克服歷史文獻中的史料局限，謹慎減少偏頗與錯誤。

〔註 73〕如《萬曆・福寧州志》的作者於「物產」的記載之後有論：「舊志闇于長慮，好虛談其土產，多載所未聞之物。」參見〔明〕殷之輅修，朱梅等纂，《萬曆・福寧州志》（《日本藏中國罕見地方志叢刊》，據日本尊經閣文庫藏明萬曆四十四年刻本影印），卷 7，〈食貨志・物產〉，頁 44 下。

第二章　山林保護的思想、制度與法令

「南倭北虜」，號稱明代兩大外患，在北方，明朝政府為防禦計，除駐軍設防外，又藉山林以為險阻，頒令禁伐並栽植沿邊林木。在護林措施下，曾出現「綿亘數千里，舊有樹木，根株蔓延，長成林麓，遠近為之阻隔，人馬不能度越」〔註1〕的盛況。

明代北邊林木的保護，固然是基於國防安全所採取的局部性措施，然而任何舉動其實皆與整體的時代背景和制度相關聯，譬如時人對於山林、自然環境的看法如何？明代是否具備整套的山林管理制度？觀念與制度對北邊護林是否具有指導、支配的作用？因此，在探討北邊實際的護林與伐木情形及山林生態之前，本章擬先論述明代有關山林保護的思想、制度和法令。

第一節　山林保護的觀念與思想

有關明人的山林保護觀念與思想，根據實際事例，大致可分為四個層面：其一，明代部分民俗與信仰透顯山林保護思想，具體而言，即樹木崇敬與風水護林觀念。其二，山林為自然環境的一部分，明人以「山澤」等詞彙代表自然環境，因此討論山林保護，必然涉及「山澤觀念」。其三，明人的山林保護措施，屬於林木利用的一環，換言之，林木利用思想貫穿於山林保護之中。其四，某些山林保護的觀念，實與明人對環境破壞的認識有關。據此，分項探討於下。

〔註1〕〔明〕柯潛等，《明英宗實錄》（台北：中央研究院歷史語言研究所，1984年），卷189，頁3上，景泰元年二月己卯條。本書所徵引《明實錄》資料，有關誤之處皆已參對《校勘記》改正，特於此說明。

一、樹木崇敬與風水護林觀念

（一）樹木崇敬

上古時期，先民基於萬物有靈的觀念，自然界萬物與現象皆被神化並予以崇拜。其中，山岳崇拜屬於大地崇拜的一種轉換，因山區居民的大地即是山岳，山岳中的一切，如樹、石、泉、崖、動物等等，也成爲崇拜的對象。〔註 2〕在各類的自然崇拜中，山岳和樹木的崇拜習俗與山林保護最爲相關。

山岳是自然生態的骨架，以及各種生活生產資源的府庫。上古先民以爲山岳蘊含神機，而謂「山林、川谷、丘陵能出雲，爲風雨，見怪物，皆曰神。」〔註 3〕在山岳崇拜與信仰的原始宗教文化中，其核心正是山神觀念。山林不僅孕育萬物，也是想像中的山神所在之地，甚至整座山就是山神，因此先民崇拜祈求山神，就是直接向山祭祀。〔註 4〕而且，祭祀山神時，往往也向林神頂禮膜拜，甚至以樹作爲山神的象徵。由於山岳與樹木、森林爲一體，因此山岳崇拜與樹木崇拜多半緊密結合。〔註 5〕

及至明代，雖有關山岳與樹木崇拜的文字記載並不多見，仍有史料顯示其流布與遺存。對於樹木的崇拜心理，部分已有所轉化與演變，或出現敬樹的觀念。不論崇拜山岳、樹木，或是敬畏樹木，皆有助於林木的保護。

由於信仰山神而使山林得以保全的情形，有二例可資說明。正德元年（1506），喬宇（1457～1524）遊北嶽恒山，自其北麓循坡而上，至虎風口，見「其間多橫松强栢，狀如飛龍怒虬，葉皆四衍，幪幪然怪其太茂。」詢問下，從者告知「是嶽神所寶護，人樵尺寸必有殃，故環山之斧斤不敢至。」〔註 6〕又如湖廣靖州通道縣，〔註 7〕去縣北六十里有「福湖山」，「下臨溪，林木廣盛

〔註 2〕章海榮，《梵淨山神——黔東北民間信仰與梵淨山區生態》（貴陽：貴州人民出版社，1997 年），頁 117～118；張鈞成，《中國古代林業史・先秦篇》，頁 44～46。

〔註 3〕王玉德、張全明等著，《中華五千年生態文化》（武漢：華中師範大學出版社，1999 年），下冊，頁 1375。引文見〔清〕孫希旦撰，沈嘯寰、王星賢點校，《禮記集解》（北京：中華書局，1998 年），卷 45，〈祭法第二十三〉，頁 1194。

〔註 4〕何平立，《崇山理念與中國文化》（濟南：齊魯書社，2001 年），頁 3～4。

〔註 5〕何平立，《崇山理念與中國文化》，頁 10。

〔註 6〕〔明〕喬宇，〈晉陽游記・恒山〉，收入〔明〕不著撰者，《名山勝槩記》（《四庫全書存目叢書》史部 252～254，台南：莊嚴文化事業有限公司，1996 年），卷 36，頁 1 上～下。

〔註 7〕治所在今湖南懷化市通道侗族自治縣西北「縣溪鎮」。

十餘里，中有神洞，以祀山之神。夷人畏鬼，平時不敢樵採，所以比之他山最爲蒼翠。」〔註 8〕明代通道縣有侗、苗等族居住，〔註 9〕以侗族而論，據楊順清研究，侗族人由於敬畏山神，於獲取野生動植物資源時，認爲貪圖太多必遭懲罰，因而取用有節。〔註 10〕歷史上福湖山林木曾「比之他山最爲蒼翠」，或許即與此有關。

根據近人的調查與研究，由於山岳、樹木崇拜等因素，中國南方少數民族自古形成許多有關保護植物的習俗，不少地區都有神山、神林和鬼林，其草木往往受到保護。〔註 11〕雖然調查與研究的對象爲近現代之少數民族，然其保存不少傳統信仰、風俗，以此追溯、推論明代的情況，應仍具有一定可信度或參考價值。茲舉數例作爲輔助參考。

明代的的苗族主要聚居於黔東南、黔東北及湘西一帶。〔註 12〕而貴州的民族不僅有苗族，又有布依族、侗族、水族等民族。根據民國二十七至三十一年之間（1938～1942）的學者調查研究，貴州「苗夷民」歷來在所居村寨後，必護惜樹林，俗稱爲「後龍」，擇其中最大者奉爲樹神，村寨人對於後龍一草一木皆不亂取。每年春季則祭祀後龍山林一次，祭畢砍木作偶一對，安置寨門路旁，以守護寨門、全寨人口之安全。〔註 13〕雖然「後龍」一詞可能

〔註 8〕〔明〕不著撰人，《靖州誌》（台北：國家圖書館藏，明烏絲欄寫本），不分卷，〈總類・山川〉，頁次不明。同見〔明〕薛綱修，吳廷舉續修，《湖廣圖經志書》（台北：漢學研究中心，據日本尊經閣文庫藏明嘉靖二年刊本影印），卷19，〈靖州・山川〉，頁 5 下。

〔註 9〕楊紹猷、莫俊卿，《明代民族史》（成都：四川民族出版社，1996 年），頁 318、387；王文光編著，《中國南方民族史》（北京：民族出版社，1999 年），頁 272；凌純聲、芮逸夫，《湘西苗族調查報告》（台北：中央研究院歷史語言研究所，1993 年），頁 22～23。

〔註 10〕楊順清，〈侗族傳統環保習俗與生態意識淺析〉，《中南民族學院學報（人文社會科學版）》，20 卷 1 期，2000 年 1 月，頁 63。

〔註 11〕柏貴喜，〈南方山地民族傳統文化與生態環境保護〉，《中南民族學院學報（哲學社會科學版）》，1997 年 2 期，頁 53。

〔註 12〕楊紹猷、莫俊卿，《明代民族史》，頁 387。其實貴州各地幾乎都有苗族，滇東北、滇東南、川南、桂北等地區也有苗族分布。

〔註 13〕吳澤霖、陳國鈞等，《貴州苗夷社會研究》（北京：民族出版社，2004 年），〈貴州苗夷族社會概況〉，頁 11、13；〈貴州安順苗夷族的宗教信仰〉，頁 201。雲南富寧縣境內的壯、瑤村寨，也有祭拜村寨「神樹」、「龍樹」，保護其後「寨林」、「龍山」的習俗。參見黃開祥，〈林業習俗與森林保護〉，收入《林業史志文集》，頁 350～353。（富寧縣位於雲南省東南部，東、北毗鄰廣西，南與越南接壤。）

已受漢人風水觀念影響，惟其對樹神的崇拜與祭祀、對山林的保護，應屬於其傳統信仰與文化。

居住於今湘西、鄂西、川東及黔東北四省比鄰地帶的土家族，由於世居山地，生活來源主要依賴於山，故而山神崇拜成爲其信仰文化的主流之一。同時，土家族也崇拜樹神，古樹、果樹、花樹三類爲主要的崇拜對象。其中，湘、鄂西的土家族人習慣嚴禁砍伐古樹，認爲古樹是神樹，或爲神之居所，或爲靈之依附，故需要保護。有些村寨甚至有成片的古樹林，被稱爲「禁林」或「禁山」，絕對禁止砍伐，也不許褻瀆樹神。〔註 14〕以黔東北的梵淨山地區爲例，此地每個村寨皆有各自的神樹，不但受到村寨居民與朝山香客的祭祀，也被視爲梵淨山山神的一部分。〔註 15〕

提及視古樹爲神靈，明代亦有史例。談遷（1594～1657）於《棗林雜俎》記載，陝西鞏昌府安定縣「南六十里神木山，古樹千株，樵採不敢入，人以爲神。」〔註 16〕顯然，由於當地人以古樹爲神，產生敬畏心理，因而不敢採伐，古樹藉此得以保存。與此在行爲方面相反，而有類似心理的情形，則是明代對大木的採伐。明代的採木者，對於深入山林採辦大木心存畏懼，必先祭告山神而後爲之。謝肇淛（1567～1624）曾聽聞採皇木者述說採木之事，而有如下記載：

> 深山窮谷之中，人跡不到，有洪荒時樹木。但荒穢險絕，毒蛇鷙獸出入山中，蜘蛛大如車輪，垂絲如絚，罥虎豹食之。采者以天子之命諭祭山神，縱火焚林，然後敢入。其非王命而入者，不惟橫罹患害，即求之終年，不得一佳木也。〔註 17〕

採木人之語或有誇大之處，然而深山地形險絕，毒蛇猛獸對人身安全又有莫大威脅，爲求身心平安，順利獲得「佳木」，於是祭拜於掌管山林的山神，而且非「天子之命」不足以致之。此類舉措已可視爲「禁忌」之一種，並爲採

〔註 14〕胡炳章，《土家族文化精神》（北京：民族出版社，1999 年），頁 83、93～95；冉春桃、藍壽榮，《土家族習慣法研究》（北京：民族出版社，2003 年），頁 141。

〔註 15〕章海榮，《梵淨山神——黔東北民間信仰與梵淨山區生態》，頁 126。就行政轄區言，梵淨山在明代地跨貴州銅仁府烏羅長官司、思南府印江縣、石阡府等區域。境內居民除土家族外，尚有苗、侗、仡佬等族。

〔註 16〕〔明〕談遷，《棗林雜俎》（《四庫全書存目叢書》子部 113），中集，〈榮植・古木・陝西〉，頁 55 下。明代陝西鞏昌府安定縣，今爲甘肅定西地區定西縣。

〔註 17〕〔明〕謝肇淛，《五雜組》（台北：新興書局，1971 年），卷 10，〈物部二〉，頁 803。

木者敬畏山神心理的反映。

其實神樹未必皆在山中，地方鄉里的「社」亦有受到崇奉之樹。古代的社有「壇」，社壇前多植其所崇奉，或其地所宜的樹木。社木亦代表土地之神，神聖不可侵犯。〔註 18〕明人郭子章（1542～1618）曾舉親身所見的案例，說明社樹應受到敬愛：

> 予表弟曾孝廉居傍一樟社甚茂，伐之，亡一子并其身；一族姪伐樟社爲船，父子俱亡，且斬其祀。……孔子曰「敬鬼神而遠之」，伐樹不敬，伐樹木爲柱、爲器則不遠，可謂智乎？〔註 19〕

郭子章認爲伐（社）樹不敬，其親族因砍除作爲社樹的樟木，或身故子喪，或父子俱亡而絕嗣，實非智者之舉，且受報應如此，其意明顯在於勸戒世人崇敬社樹。此例社樹似有神靈，不可褻瀆，與上述少數民族對樹神的崇拜與祭祀，其義相通。

（二）風水護林觀念

風水觀，是中國人在長期適應自然生態環境過程中形成的一種思想意識，其目的在於追求理想的生存環境。〔註 20〕作爲一種環境觀，風水對中國古代民居、村落和城市的形成與發展等方面產生深刻影響。〔註 21〕

在風水學中，風水的環境模式實際上表現爲一種理想的生態模式，此理想的生存環境——風水寶地，必須「藏風」、「得水」、「乘生氣」。〔註 22〕「風」

〔註 18〕張鈞成，《中國古代林業史・先秦篇》，頁 63～64、76、138～139、197～198；古開弼，〈中華民族的樹木圖騰與樹木崇拜〉，《農業考古》，2002 年 1 期，頁 148～149。考究社樹的淵源，應始自夏代興起的「社祀」之風。社祀是一種祭祀土地、林木和農作物的活動。夏代之後，社壇植樹相沿成習，其樹稱爲「社木」，或「社叢」。

〔註 19〕〔明〕郭子章，《蠙衣生傳草》（《四庫全書存目叢書》集部 155～156），卷 8，〈續偶記・伐樹〉，頁 26 上。

〔註 20〕關傳友，〈中國古代風水林探析〉，《農業考古》，2002 年 3 期，頁 239。

〔註 21〕劉沛林，《古村落：和諧的人聚空間》（上海：上海三聯書店，1998 年），頁 126。古代的風水觀是一種環境吉凶觀，而環境吉凶意識產生於風水說之前，亦即爲風水學之前身。古人對環境吉凶的評價，以人是否能從該環境受益爲標準。對於滿意生態環境的追求，環境吉凶觀念將山上林木茂密視爲好環境的表現。參見劉沛林，《風水——中國人的環境觀》（上海：上海三聯書店，1999 年），頁 166～170。

〔註 22〕劉沛林，《風水——中國人的環境觀》，頁 135；關傳友，〈中國古代風水林探析〉，頁 239。

的作用主要是對「氣」產生影響，「藏風」（擋風）之目的在於「聚氣」。山嶺迴環、流水盤繞、土高水深、鬱草茂林，爲藏風、聚氣環境的重要條件。風水說始終將生態觀作爲風水思想的核心之一，因此以山林茂密爲吉，並歸因於林木的聚氣功能。先民一方面據「好氣場」的外部表現（即林木茂盛）以尋找理想環境，一方面則透過廣植林木或保護林木獲得好風水。〔註 23〕

風水中經常藉由「保護龍脈」以維持風水，並將其轉化爲有目的之保護山、林的實際行動，即經由保護自然植被以防止水土流失，保持優美的自然環境。「龍脈」爲「藏風」、「得水」、「乘生氣」的山脈和山嶺，又被冠以「風水山」之名，山上的鬱草茂林就是「風水林」。所謂風水林，即是以培護龍脈爲目的進行人工栽植，或保護天然生長的林木。〔註 24〕

有關明人風水觀念中，對於林木的保護與栽植的表現，以下概舉數例論述之。

1. 居住環境的護林植樹

在居住環境的選擇中，風水觀念影響深遠，是左右古代村落格局最顯著的力量。〔註 25〕明人有謂：「觀世之故家，其先卜築處，必得佳山水環抱，而奠居其間。」〔註 26〕既有「佳山水」，更致力於栽種和保護週遭環境的山林或樹木。此類案例頗多，不勝枚舉。如風水觀念濃厚的南直隸徽州府，休寧縣油潭村范氏，其祖屋「積善堂」，「屋後蓄竹木，蒼翠成林」；屋右有大株木、羅漢松，「蔭蔚甲於一鄉，相傳宋時物喬木，故家人共寶愛矣。」〔註 27〕又如

〔註 23〕劉沛林，《風水——中國人的環境觀》，頁 141～147、171；俞孔堅，《理想景觀探源——風水的文化意義》（北京：商務印書館，2000 年），頁 109；關傳友，〈中國古代風水林探析〉，頁 240。生氣論是風水思想的核心，主張在生氣出露之處，應保持生氣旺盛，不讓地中生氣散逸。若爲缺乏靠山的平原地區，營造防護林則爲達到擋風目的之解決辦法。

〔註 24〕劉沛林，《風水——中國人的環境觀》，頁 171；尚廓，〈中國風水格局的構成、生態環境與景觀〉，收入王其亨主編《風水理論研究》（天津：天津大學出版社，2003 年），頁 30；關傳友，〈中國古代風水林探析〉，頁 240。所謂「龍脈」，即依據山脈的走向、延伸趨勢而確定能爲人們帶來吉祥福祉的山脈和山嶺，要求山勢高大綿長，不能有斷山、石山、過山，山上必須林草鬱茂，能阻擋北來寒風寒氣。

〔註 25〕劉沛林，《古村落：和諧的人聚空間》，頁 46。

〔註 26〕〔明〕孫原貞，〈茗園新田八景序〉，收入〔明〕黃雲蘇、黃祿修，黃瀅等續，程天相編，《黃氏文獻錄外集》（台北：國家圖書館藏，明弘治四年黃氏刊、十三年增刊本），卷下，頁 12 上。

〔註 27〕〔明〕范淶，《休寧范氏族譜》（台北：國家圖書館藏，明萬曆間刊本），卷 4，

祁門縣善和里程氏，由於「住後來龍山、水口山、前案山，關係住居、墳墓，山并庇蔭樹木」，規定不得損伐。〔註 28〕尤其，「水口」是村落的門戶，水口地帶的景觀建構在江南特別受到重視，因此「水口園林」興盛，不但美化環境，又具有減輕旱澇影響的作用。〔註 29〕

圖 2-1　明徽州府休寧縣油潭村居圖

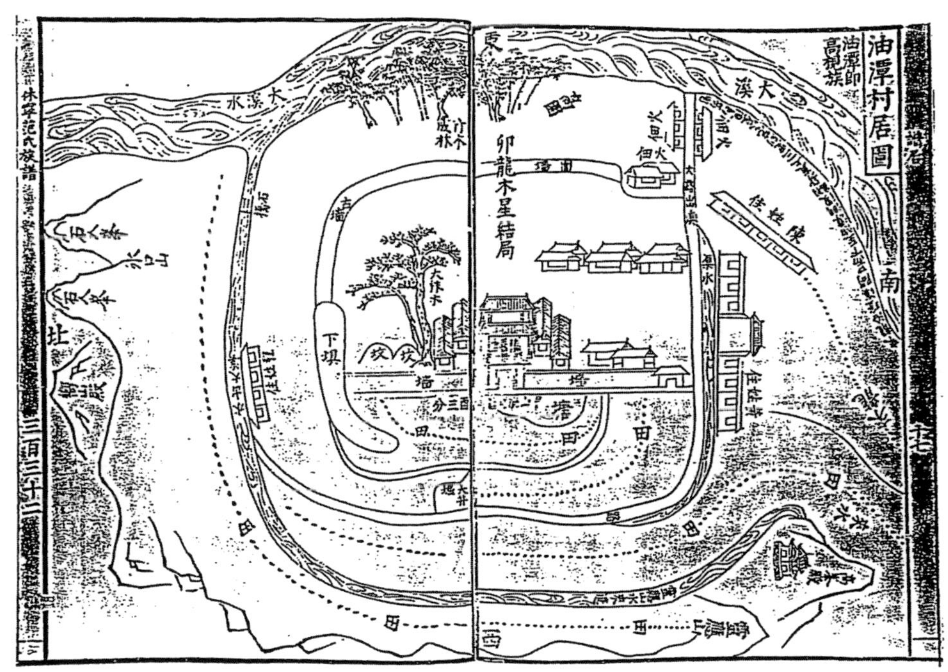

圖片來源：〔明〕范淶，《休寧范氏族譜》，卷 4，〈譜居・油潭村居圖〉，頁 17 下～18 上。

2. 風水形勝與林木植護

明人風水觀念中的植護林木行爲，也表現於城市選址中對山川形勝的重

〈譜居・油潭圖說〉，頁 49 上。同在休寧縣的茗洲吳氏，亦有「栽樹蔭宅」之舉。參見：〔明〕吳子玉，《休寧茗洲吳氏家記》（台北：國家圖書館藏，抄本），卷 10，〈社會記〉，未標頁次，嘉靖廿六年丁未二月廿六日戊申條。

〔註 28〕〔明〕程昌始纂，程鈁重纂，周紹泉、趙亞光校注，《竇山公家議校注》（合肥：黃山書社，1993 年），卷 5，〈山場議〉，頁 73。

〔註 29〕參見劉沛林，《古村落：和諧的人聚空間》，頁 90～91、178～180；關傳友，〈中國古代風水林探析〉，頁 239；陳偉，〈徽州地區自然災害與防災技術措施〉，《自然辨證法通訊》，2000 年 3 期，頁 54。

視。古代中國城市生存發展之本，在於包含地形地貌、地質水文、氣候、植被、物產、人口、交通、景觀等等的地理因素。因此，歷來城市選址首重地理條件、脈絡形勢，幾乎成爲一種傳統。〔註30〕

一地之形勝中，地方主山的植被茂盛與否，關係著地方的利害興衰，地方官員自然關注有加。位處福建東北部的福寧州（治所即今福建寧德市霞浦縣），州城北之山曰「龍首」，爲一州之主山。其「山形矗矗可睹，第其初皆赤土沙石，不利于州，形家病之。」成化間，知州劉象令民植松四萬餘株，盡力培植，嚴入山之禁，於是「山崗蒽倩，鬱如翠屛」。其後因居民樵採，松木日漸稀疏。萬曆四十三年（1615），知州殷之輅復嚴加厲禁，「繇此而山木嘗美，不失松城之名。」〔註31〕

江西的贛州府（今江西贛州市）也有類似情形。贛州府城多火災，輿論認爲水東一帶的火焰山，對照城中，於形家不宜，「僉謂多栽樹株掩其赤色，庶可銷弭民災。」萬曆十九年（1591）五月，提督南贛都御史王敬民於踏勘後，撥款令官民於火焰山栽松樹八萬餘株，並訂定巡守、培植、禁伐等嚴令，山色爲之一改。〔註32〕萬曆二十二年（1594）正月，都御史謝杰又命於枯損、空缺處乘春栽補，「若沙石之地不能成松，則多插柳、荊、雜樹」，並「將各山成林，與新栽株樹冊報，以便年終覆覈。」〔註33〕以上福寧州、贛州府兩例，皆因近山多赤土沙石，缺乏植被，其形勢有妨於城市發展，因而藉由人工種植樹木，修補整體風水環境。

學校爲培育人才之所，明代以科舉取士，中舉生員的多寡，爲考覈儒學

〔註30〕戚珩、范爲，〈古城閬中風水格局：淺釋風水理論與古城環境意象〉，收入王其亨主編《風水理論研究》，頁46；劉沛林，《風水——中國人的環境觀》，頁203。

〔註31〕〔明〕殷之輅、朱梅等，《萬曆・福寧州志》（《日本藏中國罕見地方志叢刊》，北京：書目文獻出版社，1991年），卷1，〈輿地志上・山川〉，頁21上～下；卷8，〈官政志・名宦〉，頁83下。據〈官政志・名宦〉載，成化九年（1473），福寧縣復爲州，劉象爲首任知州，十六年（1480）卒於任。而〈輿地志上・山川〉述劉象植樹於「正德初」，明顯有誤。

〔註32〕〔明〕謝詔等，《重修虔臺志》（台北：漢學研究中心，據日本內閣文庫藏明天啓三年序刊本影印），卷10，〈事紀七〉，頁4上～下。同見〔明〕余文龍、謝詔等，《天啓・贛州府志》（台北：漢學研究中心，據日本尊經閣文庫藏明天啓元年刊本影印），卷18，〈紀事志・郡事〉，頁37下～38上。

〔註33〕《重修虔臺志》，卷10，〈事紀七〉，頁10上～下。謝杰於萬曆二十一年（1593）七月繼王敬民之後巡撫南贛。

教官的依據之一，〔註 34〕也是地方文運盛衰的重要指標。因此，學校所在地的風水環境也甚受重視。如四川夔州府雲陽縣（今四川重慶市萬縣區雲陽縣），其長江南岸有「飛鳳山」與縣學對峙，「以形名爲學宮文筆，邑之靈秀統焉，屬於官，禁樵採，草木森蔚可愛」，並以「鳳山春色」列入雲陽八景。〔註 35〕

於學宮周圍種植樹木，也是營造良好風水環境、有助作育英才的方法。明人柯呈秀有言：

> 乃若建學明倫，群一邑之子弟，陳經課藝於茲；而培植樹木，爲堪輿家護衛風氣之閎用，則其樹木當與樹德等。何也？……茲木不以資棟宇之用，而以敷暢地脈、結聚人才，克朝家之棟宇，則樹木、樹德理本相因，機亦共貫，悠久之用，應無二致矣。〔註 36〕

柯呈秀認爲培植樹木與教育人才不但道理相通，而學校所植樹木還能「敷暢地脈、結聚人才」，有利教育事業的推展。崇禎初，柯氏以舉人身分署理廣東東莞縣儒學教諭事，其所任教的東莞縣學「累世栽植松樹學後」，嘉靖間曾有補植，日久而有枯朽者。崇禎二年（1629），柯呈秀「復種三百餘株，密加培植，令日後職廣文者能體朝廷養士之意，以養此木」，「必且培後有培，種後復種，生生不已。」〔註 37〕在此，教育、風水、植樹的理念結合爲一，實爲明人風水護林觀念所表現的另一種典型。

3. 陵墓龍脈與植被培護

中國歷代朝廷皆重視國運昌盛，因而對於國都和陵寢的風水環境，除興建前慎重選擇外，並注意興建後的著力保護。〔註 38〕維護「龍脈」爲其主要想法，也是重點措施。明代北京爲首都，近郊昌平州又有「天壽山陵寢」（今北京市昌平區明十三陵），因而北京附近風水環境的維護最受重視。自正統二年（1437）以後，累次訂有與律並行的嚴禁砍伐天壽山陵寢樹木條例，其措施蓋有「防微

〔註 34〕吳智和，《明代的儒學教官》（台北：臺灣學生書局，1991 年），頁 54～57。

〔註 35〕〔明〕秦覺修，《雲陽縣志》（《天一閣藏明代方志選刊》66，上海：上海古籍書店，1982 年，據明嘉靖刻本重印），卷上，〈提封〉，頁 5 下、9 下。

〔註 36〕陳伯陶等纂修，《民國・東莞縣志》（收入中國國家圖書館善本金石組編，《歷代石刻史料彙編》14，第 5 編・明〔清〕第 1 冊，北京：北京圖書館出版社，2000 年，據民國十六年鉛印本影印），卷 95，〈樹木記〉，頁 10 下，總頁 672。

〔註 37〕《民國・東莞縣志》，卷 95，〈樹木記〉，頁 11 上～下，總頁 672。

〔註 38〕劉沛林，《風水——中國人的環境觀》，頁 283。

杜漸之深意，以謂法令不嚴，人必輕犯，以震驚神靈、損害龍脈，爲害不小。」〔註39〕而北京西山之「金山、玉泉山、七岡山、紅石山、甕山、香峪山，皆山陵龍脈所在」，嘉靖十一年（1532）有敕「毋得造墳建寺、伐石燒灰」。〔註40〕如若山陵一帶遭伐木、掘石，則有補救之策：「相視掘伐之處，可栽則栽，可培則培，可塡補者塡補，務使龍脈不虧，秀氣如舊。」〔註41〕

不僅皇家陵寢注重維護龍脈，民間造墳亦看重風水。如南直隸徽州府歙縣人黃本昂爲父母所擇葬地，「派自黃山，逶迤環抱，左橫金竺，右繞水澤，中演紆欝，四時群松挺挺，綴實虆虆。」〔註42〕不過，如果拘泥風水，往往耽誤葬期。明初制定《大明集禮》，即爲矯正因「陰陽家禍福之說」而歷久不葬的惡俗，於是指導品官及常民選擇葬地：

> 所謂（葬地之）美者，土色之光潤、草木之茂盛，他日不爲道路、不爲城郭、不爲溝池、不爲貴勢所奪、不爲耕犂所及，即所謂美地也，古人所謂卜其宅兆者正此意。〔註43〕

雖然官方意欲端正禮俗，打擊迷信，然而視其「美地」定義，「土色光潤、草木茂盛」與風水學說亦可相通。況且明代皇室深信風水，上行下效，民間風水活動不但未轉弱，反而更興盛。〔註44〕

在國家禮制與民間風水觀的交互影響下，正德初禮科都給事中周璽對當時民間選擇葬地、維護墳墓的實際情形，有概略的評論：

> 民間葬地亦欲土脈膏潤、草木茂盛，又必封植毋容樵牧，有犯之者，搆訟經年，必致罪當而後已。蓋以祖宗體魄所藏，祖宗安則子孫亦

〔註39〕〔明〕周璽，《周忠愍公垂光集》（收入〔清〕潘錫恩輯，《乾坤正氣集》，台北：國家圖書館藏，清道光戊申涇縣潘氏袁江節署刊、同治丙寅新建吳坤修皖江印本，第7函，第69冊），卷2，〈論正失罰疏〉，頁11上。

〔註40〕〔清〕顧炎武，《昌平山水記》（《四庫全書存目叢書》史部235），卷上，頁15上。

〔註41〕《周忠愍公垂光集》，卷2，〈論誅太監李興伐木石疏〉，頁10下。

〔註42〕〔明〕黃福，《方山要翰》（台北：漢學研究中心，據日本尊經閣文庫藏明嘉靖刊本），內篇卷1，〈松塢序〉，頁13下。

〔註43〕〔明〕徐溥等原修，李東陽等重校，山根幸夫解題，《正德大明會典》（東京：汲古書院，1989年），卷92，〈品官喪禮・大明集禮・擇地祭后土〉，頁7上～下；卷93，〈庶人喪禮・大明集禮・擇地祭后土〉，頁5下～6上。

〔註44〕劉沛林認爲，明代皇室對風水的寵信，滋長了民間風水活動的大興。見《風水——中國人的環境觀》，頁58。有關明代的葬俗與風水觀念，另可參閱陳寶良，《明代社會生活史》（北京：中國社會科學出版社，2004年），頁449～450。

安，譬如樹木，根本完固，則枝葉繁盛，此自然之理也。〔註45〕

爲先人尋求風水寶地，營造墓地的良好環境，使後世子孫皆能獲得福蔭，乃是人之常情、自然之理。因此，禮制雖嚴明，卻難以改變民間講求墓地風水的心理。

二、山澤觀念

「山澤」，又稱爲「山林川澤」，蓋指「生態環境」或「自然資源」而言。〔註46〕明人的山澤觀念，亦即關於自然資源的概念與思想，表現在對山林川澤的認識、山林川澤資源共享的理念，以及厲禁思想等方面。

（一）明人對山林川澤的認識

明人〔註47〕對於所處生態環境的體認，多有與前人思想一脈相承之處。明人認爲，大地山川養育萬物，爲人生存與百般用度之資，因此必須合理利用自然資源，保護環境，並富裕民生。

明代開國功臣劉基（1311～1375）著《郁離子》，以寓言體散文闡發其政治、經濟、倫理、道德、哲學等方面之思想，〔註48〕其中也包含對生態環境、自然資源的論述。〈天地之盜〉首云：「人，天地之盜也；天地善生，盜之者無禁。」劉基認爲，天地長養萬物，人取自然資源於天地之間以爲己用，是爲「天地之盜」。不過，人之「盜」有層次、良窳之分，因而對生態環境產生截然不同的影響。上者，「惟聖人爲能知盜，執其權、用其力、攘其功，而歸諸己，非徒發其藏、取其物而已也」，且能使「天地之生愈滋，庶民之用愈足。」下者，「庶人不知焉，不能執其權、用其力，而遏其機、逆其氣、暴夭其生息，使天地無所施其功，則其出也匱，而盜斯窮矣。」劉基將人分爲「聖人」、「庶

〔註45〕《周忠愍公垂光集》，卷2，〈論誅太監李興伐木石疏〉，頁9上～下。

〔註46〕此說採自劉翠溶，〈中國歷史上關於山林川澤的觀念和制度〉，頁2。劉翠溶以中國傳統文獻中的「山林川澤」代表當代社會中所謂的「生態環境」或「自然資源」。

〔註47〕本書所謂「明人」，由於取材的關係，主要指明代知識份子而言。爲求行文方便，仍將以「明人」名稱爲主要敘述。

〔註48〕〔明〕劉基著，林家驪點校，《劉基集》（杭州：浙江古籍出版社，1999年），附錄四，〈劉基年表〉，頁652。劉基，字伯溫，浙江青田人。元至正十九年（1359），劉基隱居家鄉，著《郁離子》。有關劉基及其《郁離子》，可參閱葉惠蘭，《劉基生平及其郁離子之研究》（台北：政治大學中文研究所碩士論文，1985年）。

人」，聖人知盜，雖取用自然資源，反能有助於天地之滋育萬物，「天地之盜」的眞義在此；庶人不知盜、不善盜，「而各以其所欲取之，則物盡而藏竭」，故貶而稱之爲「人盜」、「人之盜」。

人類利用自然資源的方式既判爲二途，兩種行爲的消長必然影響資源的存續。對此，劉基指出：

> 非聖人之善盜，而各以其所欲取之，則物盡而藏竭，天地亦無如之何矣。是故天地之盜息，而人之盜起，不極不止也。然則何以制之？曰：遏其人盜，而通其爲天地之盜，斯可矣。〔註 49〕

劉基主張遏阻「人盜」而行「天地之盜」，才足以維護自然資源，永續利用。其強調聖人能使天地生、民用足的重要，適巧與《中庸》「致中和，天地位焉，萬物育焉」、「可以贊天地之化育，則可以與天地參矣」的理想暗合，〔註 50〕同樣突顯人類對於生態環境的主動積極性。

他復於〈天道〉篇說明：「人能財（裁）成天地之道，輔相天地之宜，以育天下之物，則其奪諸物以自用也，亦弗過。」〔註 51〕劉基援引《易經．泰卦》「財成天地之道，輔相天地之宜」一語，〔註 52〕肯定人類對天地自然有「裁成」、「輔相」的智慧，與協贊天地化育萬物的能力，因而必能妥善利用資源，同時兼顧自然生態的持續發展。在此前提下，人基於生存而取用自然資源，並不爲過。以此與前引〈天地之盜〉篇參看，彼此呼應，劉基於自然資源方面的理論充分流露。細察之，則與《易經》、《中庸》意旨相通，亦可見先秦儒家經典對後世影響之深遠。

明代中葉，丘濬（1418～1495）《大學衍義補》，以及湛若水（1466～1560）《聖學格物通》，二書皆以《大學》經義爲本，而闡論治國之道，〔註 53〕山林

〔註 49〕以上有關「天地之盜」引文，俱見《郁離子》（在《劉基集》中），〈天地之盜〉，頁 31。

〔註 50〕〔宋〕朱熹集注、趙順孫纂疏，《四書纂疏．中庸纂疏》（台北：文史哲出版社，1986 年），第 1 章，頁 302；第 22 章，頁 505～506。後段引文申張《中庸》「人與天地參」的理念，其全文爲：「唯天下至誠，爲能盡其性；能盡其性，則能盡人之性；能盡人之性，則能盡物之性；能盡物之性，則可以贊天地之化育；可以贊天地之化育，則可以與天地參矣。」

〔註 51〕《郁離子》，〈天道〉，頁 40。

〔註 52〕〔魏〕王弼、〔晉〕韓康伯注，《周易王韓注》（台北：臺灣中華書局，1979 年），卷 2，〈周易上經泰傳．泰卦．象傳〉，頁 1 上。

〔註 53〕《大學衍義》爲宋儒眞德秀所撰，其書徵引經訓、參證史事，復表達己見，以「格物致知之要」、「誠意正心之要」、「修身之要」、「齊家之要」等目推衍

川澤之說也在論述之列。在《大學衍義補》中，丘濬以兩卷的篇幅論說鹽、礦爲主的「山澤之利」。他在探討宋、元、明三代坑冶數目漸次減少的情況時，將「天地生物」依其可持續性分爲兩類：一是「生生不已」的穀、粟、桑、麻之類，爲先王取民之賦的來源；二是「與地土俱生」的金、銀、銅、鐵之類，先王並未徵稅，乃因「山澤之利與土地俱生，取之有窮，而生之者不繼」，故而「坑冶之利在前代則多，在後代則少，循歷至於今日，尤其少焉，無足怪者。」〔註 54〕可見於丘濬的山澤觀念中，礦物資源有一定限度，並非取用不竭者。

湛若水同樣於《聖學格物通》中，引經據典解說山林川澤之自然資源。湛若水引述《易經》〈繫辭傳〉:「(伏羲) 作結繩而爲網罟，以佃以漁，蓋取諸〈離〉」之句時，提出其解釋：

> 蓋愛物者，聖人之仁；而不能不取之者，義也。爲祭祀、爲賓客、爲充庖而不取者，非義也；竭山澤而盡取之者，非仁也；禁其利而不與民同者，非仁非義也。〔註 55〕

他認爲，對於山林川澤資源，聖人有「愛物之仁」；以網具田獵、捕魚，有祭祀、待客、攝食等不得不然之目的，唯須顧及「取物之義」。蓋「先王漁獵之制，順天之時，因地之利，仁之至、義之盡也。」〔註 56〕因而，毫無節制地取用自然資源，是不仁的行爲；獨占自然資源，更是不仁不義之舉。同時，亦明顯可見「順時節用」爲湛若水山澤觀念之核心。

大學之義。丘濬以爲此書缺「治國平天下之要」之目，因而就此目予以增補，博採群籍、名臣事蹟，示以己見，撰成於成化二十三年（1487），書名《大學衍義補》。同年十一月，進呈於初即位之明孝宗，得孝宗之嘉賞，並頒旨謄寫副本，發交福建建寧府著落書坊刊行。至於湛若水之《聖學格物通》，乃略仿《大學衍義》體例，分「誠意格」、「正心格」、「修身格」、「齊家格」、「治國格」、「平天下格」六編而纂著，於嘉靖七年（1528）進呈於明世宗。本書收入《四庫全書》，書名則改爲《格物通》，〈提要〉概論其內容：「皆雜引諸儒之言，參以明之祖訓，而各以己義發明之。大致與丘濬《大學衍義補》相近，而濬書多徵舊事，以爲法戒之資；此書多引前言，以爲講習之助。二書相輔而行，均於治道有裨者也。」

〔註 54〕〔明〕丘濬，《大學衍義補》（京都：中文出版社，1979 年），卷 29，〈治國平天下之要·制國用·山澤之利下〉，頁 11 下～12 上。

〔註 55〕〔明〕湛若水，《格物通》（《景印文淵閣四庫全書》子部·儒家類 716，台北：臺灣商務印書館，1983～1986 年），卷 76，〈平天下格·修虞衡上〉，頁 1 下。《易經》〈繫辭傳〉原句見《周易王韓注》，卷 8，〈周易繫辭下〉，頁 2 上。

〔註 56〕《格物通》，卷 76，〈平天下格·修虞衡上〉，頁 5 下～6 上。

此外，明代尚有其他簡要敘述山澤觀念的篇章。徐學謨（1522～1593）於所纂《湖廣總志》中，提出其見解：

> 夫山川合氣，以毿百嘉，以阜百用，以成百禮。王者貴節育焉，故立之職方，欲其辨土宜、興物利，而時爲稽足之爾。〔註 57〕

所謂「百嘉」，即萬物群生，〔註 58〕爲政者不但必須保育，更要積極興利養民。萬曆初年，任湖廣襄陽知府的吳道邇亦有類似論述，他認爲「山川一元氣也」，「古之長民者，必燮調元氣」，「不墮山、不防川、不竇澤，而惟恐其傷之，然後和氣薄於兩間，符應充乎宇內。」〔註 59〕吳道邇同樣提出爲政者對於生態環境的責任，但更加強調對自然生態整體性的維護。

綜觀以上諸人的山澤觀念，幾乎都重視藉由「聖人」或爲政者對山林川澤資源的主導與調節，使人類的利用資源與自然萬物的生生不息維持均衡。同時，復強調爲政者在管理自然資源時，必須秉持公道原則，爲民興利，照顧民生。

（二）山澤之利，與民共之

前述湛若水「禁其利而不與民同者，非仁非義也」之語，指出山澤觀念中的另一重點：山林川澤的所有權與享用權問題。縱觀歷史，山林川澤本是自然之物，在遠古的氏族社會時代，應爲眾人所共有，而居民依所處環境之自然資源爲生，實則沿襲已久。〔註 60〕廣義而言，山林川澤屬於土地的一部份，因此山林川澤的所有權必與土地所有權相關聯。

若論中國的土地所有權制，在私人所有權形成之前，土地爲統治者所有，所謂「溥天之下，莫非王土」，在封建制度下，諸侯國中的名山大澤亦歸天子所有。〔註 61〕而山林川澤的利用，其利則由統治者與人民共有（共享），此觀念於

〔註 57〕〔明〕徐學謨，《萬曆・湖廣總志》（《四庫全書存目叢書》史部 194～196，台南：莊嚴文化事業有限公司，1996 年），卷 12，〈方產〉，頁 1 上。

〔註 58〕上海師範大學古籍整理組校點，《國語》（台北：里仁書局，1981 年），卷 18，〈楚語下〉，頁 567 有「日月會於龍豕尨，土氣含收，天明昌作，百嘉備舍」之句，注釋云：「嘉，善也。時物畢成，舍入室也。」意謂孟冬時節，萬物含藏，各類動植物收穫皆貯入倉廩。因此，「百嘉」的廣泛意義就是萬物群生。

〔註 59〕〔明〕吳道邇，《襄陽府志》（《稀見中國地方志彙刊》36，北京：中國書店，1992 年），卷 6，〈山川〉，頁 10 下。

〔註 60〕馮紹霆，《周禮：遠古的理想》（上海：上海古籍出版社，1998 年），頁 180。

〔註 61〕劉翠溶，〈中國歷史上關於山林川澤的觀念和制度〉，頁 16。「溥天之下，莫非

春秋時代被視爲常態。然而，變化亦自此時期開始。齊桓公時代（西元前 685～643），管仲已將山林川澤收爲國家（國君）專利，並藉以成就齊國霸業。戰國時期，秦國商鞅變法（西元前 356～338），廢除井田制，推動土地私有權，並以「一山澤」主張，由國家統一管理山林川澤之利。因此，春秋、戰國時期，由管仲而商鞅，國君擁有山林川澤專利權的局面逐漸形成，至秦漢時代則成爲定制。即使如此，與民共享山澤之利的觀念仍存續於後代。〔註 62〕此後，對於山林川澤資源的擁有與運用，始終圍繞著兩個主題：「山澤之利與民共之」的觀念，以及國家「厲禁」自然資源的思想。

先就前者言之。「山澤之利，與民共之」的觀念在明代依然可見。明太祖朱元璋起自民間，可謂明代諸帝中最體恤民眾的君主，山澤之利與民共享的觀念亦體現於相關政令措施中。洪武二十六年（1393）所定「採捕禁令」有云：「其有荒蕪山場、蘆蕩去處，如遇官府營造取用竹木、蘆柴等項，須要臨時定奪禁約；設若官無所用，聽民採取。」〔註 63〕對於荒蕪或未爲私人所有的山林川澤，〔註 64〕當地所產竹木、蘆柴之利，雖有官方設禁，並由官府優先取用，但官、民共同利用亦爲基本原則。

仁宣之世（1424～1434），皇帝仍秉持開國以來關注民生的信念。明仁宗曾對大臣表示：

> 古山林川澤皆與民共，雖虞衡之禁，取之有時，用之有節，其實亦爲民守，非公家專有之。……人君於民有父母之道，苟可惠民，皆

王土」出自《詩經》，參見高亨，《詩經今注》（台北：漢京文化事業有限公司，1984 年），〈小雅．谷風之什．北山〉，頁 315。

〔註 62〕劉翠溶，〈中國歷史上關於山林川澤的觀念和制度〉，頁 16～18；楊寬，《戰國史（增訂本）》（台北：谷風出版社，1986 年），上冊，頁 215～229。其實，早在商鞅之前，土地買賣業已存在，私人土地有所發展，商鞅變法則對土地制度的變化有關鍵作用。參見傅衣凌，《明清封建土地所有制論綱》（上海：上海人民出版社，1992 年），頁 9。

〔註 63〕〔明〕著者不詳，《諸司職掌》（《玄覽堂叢書．初輯》12～13，台北：國立中央圖書館，1981 年），卷 6，〈工部．虞部．禁令〉，頁 16 下；〔明〕李東陽等撰，申時行等重修，《（萬曆）大明會典》（台北：新文豐出版公司，1976 年），卷 191，〈工部十一．虞衡清吏司．禁令〉，頁 17 上。

〔註 64〕如將山林川澤歸屬於土地範疇，則中國的土地所有制於先秦之後，雖已發展爲國有與私有並存，然而國家的最高所有權觀念依然存在，同時又基於政府的統治權，對於所謂「荒蕪」或未爲人佔有的土地與山澤資源，官府因而有權主動進行處置與管理。參見傅衣凌，《明清封建土地所有制論綱》，頁 9～10；劉翠溶，〈中國歷史上關於山林川澤的觀念和制度〉，頁 22。

當施之，況山澤天地所產以利民者！〔註 65〕

在仁宗的觀念中，自古山澤之利即與民共，後世人君亦當因而施之，使民皆能受惠。後來，其子宣宗也曾表達過相同理念。〔註 66〕在君主之外，前述之湛若水，亦以聖人胸懷「同物之公」，勸勉皇帝應與民眾同享山澤之利。〔註 67〕因為「人君欲得天下之利，必先公天下之利，則其為利也博矣」，且「利不專於上，而公於民，理財之大道也」，是故「山澤之利始以裕民，終以裕國。」〔註 68〕湛若水特別指出「公」山林川澤之利，是富國、裕民的兼善之道，國家理財當以此為最高原則。

君民共享山澤之利的觀念亦深植於民間，明中葉有一案例可為佐證。浙江金華府東陽縣鄉間曾有少年欲申山澤之禁，「處士」杜某之子參與其中，杜某極度反對，並怒斥其子：

> 若輩有人心耶？先王經理天下，山林川澤之利與民同之，亡有厲禁，芻樵牧薙，惟民是從，……民非樵不食，非牧不生，山林川澤，民之所資以食而生者也，而為之厲禁，如一方民命何？必使休其樵牧於茲土也，斯人將安適矣？！〔註 69〕

杜某幼孤，「未嘗聞聖賢學」，一生務農，上述話語雖經墓誌銘作者程正誼修飾，其發自民間、以維護民眾生計觀點申論山澤之利的原意並未被掩蓋。對於杜某的作為，程正誼復以「山澤止禁，庶幾大道為公之意焉」〔註 70〕讚美之。同時，此舉也可視為程氏認同「天下為公」、「山澤之利與民共之」觀念的表露。

（三）厲禁思想

與山林川澤資源君民共享觀念看似相反者，為語出《周禮》的「厲禁」

〔註 65〕〔明〕張輔等，《明仁宗實錄》，卷 2 上，頁 3 下，永樂二十二年九月乙亥條。同見〔明〕余繼登，《典故紀聞》（《元明史料筆記叢刊》，北京：中華書局，1997 年），卷 8，頁 139～140。

〔註 66〕〔明〕張輔等，《明宣宗實錄》，卷 111，頁 7 上，宣德九年六月甲戌條：「山林川澤之利，古者與民共之。」同見〔明〕婁性，《皇明政要》（《四庫全書存目叢書》史部 46），卷 6，〈溥仁惠第十二〉，頁 18 下。

〔註 67〕《格物通》，卷 76，〈平天下格．修虞衡上〉，頁 1 下。

〔註 68〕以上三段引文分見《格物通》，卷 77，〈平天下格．修虞衡下〉，頁 5 下；卷 76，〈平天下格．修虞衡上〉，頁 15 上；卷 77，頁 7 上。

〔註 69〕〔明〕程正誼，《宸華堂集》（台北：國家圖書館藏，明萬曆二十七年華陽知縣張琁刊本），卷 5，〈明處士杜公暨配郭孺人合葬墓誌銘〉，頁 24 上～下。墓誌銘中未述杜氏名諱，其生卒年則為成化五年～嘉靖十九年（1469～1540）。

〔註 70〕《宸華堂集》，卷 5，〈明處士杜公暨配郭孺人合葬墓誌銘〉，頁 25 下。

思想。《周禮》規定，山林川澤由國家經營，山林的主管官員為「山虞」，川澤則有「澤虞」等官員管理。「厲禁」之意，即於山林川澤各類資源所在之處設立藩界（「厲」），並制定禁令以便守護（「禁」），〔註 71〕是一種實際管理的辦法。由於山林川澤之利歸國家管理於秦漢成為制度，因此其後厲禁的實施，訂定與執行者以朝廷、官方為主，〔註 72〕同時又有其思想與理論背景：所謂「山林川澤，古有厲禁，王政之始也。」〔註 73〕

厲禁思想源自於先秦儒家典籍，而明人對於厲禁的理想也有所闡發。譬如丘濬曾表示：「天生物以養人，人君為之厲禁，使彼此適均，而無欺陵攘奪之患，人人皆富而不貧，不奪彼而予此也。」〔註 74〕他認為人君處在超然地位，以厲禁措施調節管理自然資源，使資源之利用公正、平均，甚至人人皆能因此富而不貧。湛若水於此亦有精闢的闡論：「先王盛時，山林川澤皆有厲禁，而撙節愛養之意寓焉」，「然所禁者，『時』爾，非禁民之利也」，若無厲禁，「而萬物弗若其性，府庫空、民用困矣」。因此，「山澤之利修，所以盡人、物之性，裁成天地之道，輔相天地之宜，其參贊之功用豈小也哉！」〔註 75〕湛若水明確表示，山澤之禁的要義在於依時而禁、撙節愛養，使國家財庫豐盈，民間日用充足；並以順時節用的作為，達到參贊天地化育的理想境界。視其所言，除申論《周禮》「厲禁」之義，復引《易經》、《中庸》詞句，儒家經典愛養生物的思想明顯貫穿其中。至此，回顧明仁宗「雖虞衡之禁，取之有時，用之有節，其實亦為民守，非公家專有之」之語，明人觀念中的厲禁涵義與理想已明白呈現。

〔註 71〕「厲禁」一詞主要見於《周禮》〈地官司徒〉部分，如大司徒的屬官「山虞」，掌山林之政令，物為之厲而為之守禁；「澤虞」，掌國澤之政令，為之厲禁；「迹人」，掌邦田之地政，為之厲禁而守之；「丱人」，掌金玉錫石之地，而為之厲禁以守之。以上皆屬管理山林川澤資源以及苑囿的官員，並以「厲禁」各項資源為其職掌。參見漢・鄭玄注，〔唐〕賈公彥疏，趙伯雄整理、王文錦審定，《周禮注疏》（北京：北京大學出版社，1999 年），卷 16，〈地官司徒下〉，頁 415～420；馮紹霆，《周禮：遠古的理想》，頁 180。

〔註 72〕前舉浙江東陽縣有里民倡議山澤之禁，為杜氏所反對的例子，於史料中實屬罕見，然其文中未述倡議之原因與事件始末，因此無法判斷其申禁之屬性，或是否有官府介入的情形。

〔註 73〕〔明〕杜應芳等，《四川總志》（台北：國家圖書館藏，明萬曆四十七年刊本），卷 21，〈經略志一・木政〉，頁 56 上。

〔註 74〕《大學衍義補》，卷 28，〈治國平天下之要・制國用・山澤之利上〉，頁 3 下。

〔註 75〕《格物通》，卷 76，〈平天下格・修虞衡上〉，頁 3 下、8 上、13 下；卷 77，〈平天下格・修虞衡下〉，頁 6 下。

顯然，自然資源之厲禁乃以妥善管理、依循時序、撙節培養、均衡分配與利用厚生爲宗旨，並非禁而不開。細究之，若謂厲禁思想之核心原則爲「與民共之」的公利觀念，並不爲過。因而，二者實爲一體之兩面，既相互配合，又相反相成，其作用俱有利於山林資源與整體生態環境的永續發展。

三、林木利用思想

明人有關林木利用的思想，爲山林川澤思想之一部份，因而「厲禁」與永續利用成爲林木利用之指導原則，山林保護實寓意於林木利用之中。

（一）斧斤以時入山林，材木不可勝用

明人在林木利用方面的思想，同樣深受先秦思想影響。建文帝即位之初（1398），翰林修撰王叔英的相關建言可見一斑：「古者，山林川澤與民共之而有厲禁，是以斧斤以時入山林，而材木不可勝用。」〔註 76〕王叔英認爲山林川澤的培護管理與公利化爲林木利用的前提，而語出《孟子》的「斧斤以時入山林，材木不可勝用」，則是林木利用的中心思想。

戰國時期，孟子（約西元前 390～305）曾經赴梁，向梁惠王陳述「王道」：

> 不違農時，穀不可勝食也；數罟不入洿池，魚鱉不可勝食也；斧斤以時入山林，材木不可勝用也。穀與魚鱉不可勝食，材木不可勝用，是使民養生喪死無憾也。養生喪死無憾，王道之始也。〔註 77〕

孟子以順「時」爲王者施政與保育自然的準則，因此穀物、魚鱉、材木等自然資源不但能取用不竭，民眾生計也能獲得保障。其實，荀子（約西元前 340～245）也有類似言論，見於〈王制〉篇：

> 養長時，則六畜育；殺生時，則草木殖；政令時，則百姓一，賢良服，聖王之制也。草木榮華滋碩之時，則斧斤不入山林，不夭其生，不絕其長也。……春耕、夏耘、秋收、冬藏四者不失時，故五穀不絕，而百姓有餘食也。汙池淵沼川澤謹其時禁，故魚鱉優多，而百姓有餘用也。斬伐養長不失其時，故山林不童，而百姓有餘材也，

〔註 76〕〔明〕王叔英，〈資治策疏〉，收入〔明〕孫旬，《皇明疏鈔》（台北：臺灣學生書局，1986 年），卷 1，頁 140。

〔註 77〕〔清〕焦循撰，沈文倬點校，《孟子正義》（北京：中華書局，1996 年），卷 2，〈孟子卷第一・梁惠王章句上〉，頁 54～55。

聖王之用也。〔註 78〕

荀子於此主張保育生物、「謹其時禁」，其論述雖較孟子詳盡，然其思想與孟子並無二致。由此可知，前引王叔英之語，體現先秦儒家之思想脈絡，同時亦爲明人林木利用思想的總括。

孟子「斧斤以時入山林，材木不可勝用」之說簡潔易懂，明人對此又有加以申論者，前已介紹之丘濬、湛若水亦復有言。丘濬從樹木的性質說明利用林木的原則：「木植，非歷十數星霜，不可以燃，取之須有盡時，生之必待積久」；「木生山林，歲歲取之，無有已時，苟生之者不繼，則取之者盡矣。」〔註 79〕他認爲樹木要能成材可用，必經長時間生長，如果不顧其生長規律，隨時砍伐，終將竭盡。湛若水對於《孟子》此句則有詳細的解釋：

> 「時」謂草木黃落之時，春則材木勾萌，夏則暢茂。苟旦旦而伐之，則生長之意息矣！亦必設爲厲禁，必草木黃落，然後斧斤入山林以採伐，爲宮室、爲器械之用，則不至盡；拱把而伐之，而材木之積，取之無窮矣！夫如是，則養生喪死皆有所備，而無不足之憾，而民心得矣。王道不於此而基乎？〔註 80〕

對於草木黃落之時，他又加解釋：「十月之時，草木零落，則生意歸根矣，天地之氣肅殺矣，然後斧斤得以入山林而取材木焉。」〔註 81〕湛若水的解說相當清楚，唯有符合林木生長規律而取之，才能永續利用，並滿足民生日用，因而獲得民心，此正是實行王道的根本。

「斧斤以時入山林」可說是明人對林木利用的普遍認知，本於此的論述與實際措施則常見於史籍記載，以下舉數例說明之。

仁、宣二帝曾處理北京附近山區的樵採問題，皆以「斧斤以時入山林」思想作爲批示意見的理論依據。洪熙元年（1425），有樵採者於北京西山將部分樹根伐盡，仁宗以「斧斤以時入山林，材木不可勝用」之理，欲揭榜示眾，斬犯者以徇。因戶部尚書夏原吉（1366～1430）勸以人命尤重，於是從律議

〔註 78〕梁啓雄，《荀子柬釋》（台北：臺灣商務印書館，1993 年），第 9 篇，〈王制〉，頁 109。另外，荀子生卒年參考熊十力，《讀經示要》（台北：明文書局，1984 年），〈第三講・略說六經大義〉，頁 534。

〔註 79〕《大學衍義補》，卷 150，〈治國平天下之要・馭夷狄・守邊固圉之略上〉，頁 4 上、5 上。

〔註 80〕《格物通》，卷 76，〈平天下格・修虞衡上〉，頁 12 下～13 上。

〔註 81〕《格物通》，卷 76，〈平天下格・修虞衡上〉，頁 5 下。

罪。〔註 82〕同年稍後，又有類似問題發生於附近地區。順天府懷柔縣（今北京市懷柔區）〔註 83〕山場原禁樵採，因不便措辦輸官薪炭，縣官請弛其禁，時宣宗初繼位，准其奏並諭令：「若採之無節，恣意砍伐，則材木易竭，宜令以時取之，仍禁傷其根本，庶幾可常資用。」〔註 84〕在此二例中，仁宗、宣宗父子皆不許樵採者砍除或傷害樹木根本，並認爲必須遵循季節規律，適度伐用木材，方能常保林木資源取用不竭。

某些伐木措施，明顯以「斧斤以時入山林」爲指導原則。隆慶間（1567～1572），因廣東肇慶府德慶州（今肇慶市德慶縣）西江南岸一帶「徭山林木蓊鬱」，商民呈請量撥官兵保護助伐，廣東分巡嶺西道按察僉事李材批准之，並開列事宜，令其遵守，其中一款爲：

> 見今冬氣向深，正屬凋零之候，大者可以伐取入簰，小者可以縱火焚爇，使其山勢稍開，不妨深入，……毋得延及春中，致誤舉事！〔註 85〕

此次開山伐木，正值隆冬，爲草木黃落之時，適合伐取林木，因此李材特開此款叮嚀，並要求不得拖延至草木萌生的春季，顯見李材具有依時利用林木的觀念。又如浙江衢州府開化縣，位處浙、贛、皖交界地帶，境內長峰地方，「窮源僻塢，層岫疊嶂」，「惟柴棘最深，尤易藏污納垢」。天啓間（1621～1627），盜賊屢發，知縣但宗皋建議：「每年秋冬放火盡焚其林，庶盜賊無埋身之所，而望風巡哨者亦易於瞭視。」〔註 86〕即使爲消除盜賊隱匿之處而焚燒山林，仍選擇秋冬樹木枯黃季節實施，又是表現「斧斤以時入山林」思想的實例。

〔註 82〕〔明〕夏原吉，《夏忠靖公遺事》（台北：國家圖書館藏，明正德十六年湘陰縣重刊、嘉靖間修補本），頁 79 下～80 上。同見〔明〕李東陽，《懷麓堂稿》（台北：國家圖書館藏，明正德十三年熊桂等徽州刊本），卷 15，〈夏忠靖公傳〉，頁 7 下。並參《明仁宗實錄》，卷 9 下，頁 6 下，洪熙元年四月丁卯條。

〔註 83〕古今治所位於同地，且行政級別與名稱相同者，不另注現今地名。如明代浙江衢州府開化縣，今爲浙江衢州市開化縣，即屬此例，將不標示今日地名。

〔註 84〕《明宣宗實錄》，卷 3，頁 12 下，洪熙元年秋七月戊寅條；〔明〕勞堪，《憲章類編》（《北京圖書館古籍珍本叢刊》46，北京：書目文獻出版社，1997 年），卷 32，〈弛禁〉，頁 25 下～26 上。

〔註 85〕〔明〕李材，《兵政紀略》（台北：臺灣學生書局，1986 年），卷 3，〈嶺西經略・開山伐木軍令行武生黎民雍〉，頁 140～141。

〔註 86〕〔清〕吉祥等，《康熙・開化縣志》（台北：漢學研究中心，據日本內閣文庫藏清康熙二十二年序鈔本影印），卷 1，〈建置志・華埠兵營〉，頁 14 上～15 上。

在明人的認知中，「古王制，春月斧斤不入于山林，以毓草木」；〔註 87〕而「修剔樹木，必於枝葉零落時。」〔註 88〕此外，又有因樹木屬性而區分砍伐時節的觀念。王廷相（1474～1544）認爲：「仲冬斬陽木，仲夏斬陰木，木政也。」〔註 89〕王廷相的說辭其實亦引經據典，「仲冬斬陽木，仲夏斬陰木」載在《周禮》，屬地官「山虞」之職掌。〔註 90〕對此，湛若水有所解釋：「陽木有生意者而斬之，時必仲冬，欲其堅也；陰木、枯木無生意者而斬之，時必以仲夏，蓋急於用，不拘時禁也」；「斬木必以時者，恐其物之竭也。」〔註 91〕文中並未細究「陽木」、「陰木」分別包含的樹種爲何，僅強調斬伐不同樹種亦須依循適宜的時節。〔註 92〕雖然如此，仍可見「時節」觀念主宰林木利用思想的情形。〔註 93〕

〔註 87〕〔明〕陳時宜等，《重修潼川州志》（台北：漢學研究中心，據日本國會圖書館藏明萬曆四十七年刊本影印），卷 8，〈食貨志〉（張世雍撰），頁 27 下。

〔註 88〕〔明〕王象晉，《二如亭群芳譜．木譜》（台北：國家圖書館藏，明崇禎二年刊本），卷首，〈修剔〉，頁 7 下。

〔註 89〕〔明〕王廷相，〈五行辨〉，收入〔清〕黃宗羲，《明文海》（上海：上海古籍出版社，1994 年），卷 112，頁 11 上。王廷相認爲，木政爲五行之政之一，「五行之政修，而後庶政可舉；是五行者，王政之根本，不然，則民用有缺。」

〔註 90〕《周禮注疏》，卷 16，〈地官司徒下〉，頁 415。

〔註 91〕《格物通》，卷 76，〈平天下格．修虞衡上〉，頁 10 上～下。

〔註 92〕按「陽木」、「陰木」之區別，《周禮注疏》有兩說（見卷 16，〈地官司徒下〉，頁 415）：其一，「陽木，春夏生者；陰木，秋冬生者，若松、柏之屬。」其二，「陽木，生山南者；陰木，生山北者。」後〔魏〕賈思勰於所著《齊民要術》中以爲其義「蓋以順天道，調陰陽」，對上述二說皆不支持。見繆啓愉校釋，《齊民要術校釋》（台北：明文書局，1986 年），卷 5，〈伐木第五十五〉，頁 274～275。明人王象晉於介紹「柏木」時有云：「柏，陰木也，木皆屬陽，而柏向陰指西，蓋木之有貞德者，故字從『白』。白，西方正色也。」（《二如亭群芳譜．木譜》，卷 1，〈柏〉，頁 17 上。）論樹木之「形性」時又曰：「剛者爲陽，柔者爲陰。得陽之剛，則爲堅貞之木；得陰之柔，則爲附蔓之藤。」（前引書，卷首，〈形性〉，頁 4 上。）明人對於樹木的陰陽性質之說究竟爲何，有待進一步探究，在此只能擱置不論。至於相關論著，張鈞成兼採《周禮注疏》二說，見氏著，《中國古代林業史．先秦篇》，頁 96。另外，任憶安〈中國古代樹木陽性與陰性之探討〉一文（收入氏著《森林與文化雜思集》，台北：財團法人豐年社，2001 年，頁 59～66），雖未深入論述，然其相關分析亦有參考價值。

〔註 93〕至於實際的樹木種植、移植與砍伐，在明代的的技術與理論中，或許依樹種之不同而有相異的作業時節，然此已涉及明代農、林科技知識的層次，不屬本節探討範圍，因而不作論述。

（二）撙節培養以待用

與「斧斤以時入山林」相連貫者，爲撙節用度、培養樹木的觀念，其目的均在「材木不可勝用」。

所謂撙節用度，指涉者主要爲國家（皇室與政府）的各類資源耗用，因而規範對象亦以國君爲主。例如，弘治六年（1493）旱災，明孝宗下詔求言，時任太常少卿兼侍講學士的李東陽（1447～1516）條摘《孟子》七篇大義，附以時政得失，上疏陳奏，〔註 94〕疏中語及「斧斤以時入山林」，並衍申其義：「天地有自然之利，而其生也有限。故君人者必撙節愛養之，然後享其利于無窮。然欲節天下之財者，必自君身始。」〔註 95〕嘉靖初年，湛若水在所呈《格物通》書中亦陳述：「順天之時，因地之利，撙節愛養以左右民，使遂其生者，則在乎君也」；「撙節培養以待用，無非爲民也」，〔註 96〕與李東陽的說法實爲同一道理。

明人認識到林木生長爲巨材不易，其採伐的困難度亦高。曾璵（1480～1558）於嘉靖十二年（1533）撰有〈原木〉一文，論及林木的利用：

> 嗟乎木！天地之嘉生，聖人之蕃育也乎！厥有巨材，非深山大壑不產也。……合抱之木，不數百年不成；連抱之木，不千餘年不成，然亦莫知其年也。合抱之木，不千金不致；連抱之木，不數千金不致，然亦莫計其直也。是故聖人之用木也，愼知其產之難也，求之不敢數焉，責之不敢備焉，致之不敢亟焉，凡以贊化也。〔註 97〕

由於大木的生長與採運皆不容易，曾璵認爲聖人用木的態度爲不過度求取、不急切採伐，其用意均在協贊天地之化育。萬曆末年，《四川總志》的纂修者也有所呼籲：「有國者，不能不事營建，則不得不資於材木矣」，而「滋養之不豫，保護之不至，則何以儲材於有用？噫！司邦衡者，其愼培植之！」〔註 98〕意謂國家必有營建需求，砍伐林木亦不可免，此方面之爲政要務首重「滋養」、「保

〔註 94〕〔清〕張廷玉等，《明史》（台北：鼎文書局，1994 年），卷 181，〈李東陽傳〉，頁 4820；〔明〕李東陽、焦芳等，《明孝宗實錄》，卷 76，頁 3 上～5 上，弘治六年閏五月甲辰條。李東陽上奏之時間，《明史》〈李東陽傳〉繫年於弘治五年。

〔註 95〕《懷麓堂稿》，卷 19，〈應詔陳言奏〉，頁 16 下。

〔註 96〕《格物通》，卷 76，〈平天下格・修虞衡上〉，頁 12 上；卷 77，〈平天下格・修虞衡下〉，頁 2 下。

〔註 97〕〔明〕曾璵，〈原木〉，收入〔明〕龔輝，《西槎彙草》（台北：中央研究院傅斯年圖書館，據美國國會圖書館藏明嘉靖間刻本景照），附錄，頁 2 上～下。

〔註 98〕《四川總志》，卷 21，〈經略志一・木政〉，頁 56 上。

護」林木，方能儲備林木資源，以供後續採用。

面對林木資源持續不斷的耗用，尤其針對採木燒炭方面，明人曾提出可持續利用的辦法。明代爲供應宮廷柴炭之用，宣德間於北京附近之保定府易州（今河北保定市易縣）設置柴炭廠（又稱「易州山廠」），有工部專官辦理之。〔註 99〕易州山廠採燒辦納之「長裝木炭」（紅蘿大炭），專供御用，其每年派額至萬曆初已達五十五萬斤。萬曆十三年（1585），惜薪司內官題請增派三十萬斤，經工部屯田司郎中葛昕以「欲取之不盡，先用之有節」諫請減免，仍於歲額上增派十五萬斤。〔註 100〕爲此，葛昕復題請撙節、再量行停減，並提出因應辦法：一則增撥八處山場以便採辦供應，並規定於各山場界址內只許「採辦青信、白棗等『甲木』燒造大炭，依期解納，其餘雜木根株不許亂行砍伐」；二則所有山場「但有採過甲木身幹，各嚴行榜諭」，要求官軍「務要加意巡守，長養新枝，以護成材，聽備採用」，並嚴禁盜砍；三則議於易州山廠附近廣行栽植甲木，即時灌溉，以便將來取用。〔註 101〕雖然葛昕不得不以新撥山場、增加砍伐區域爲應對之策，但仍繼續勸說撙節減額，並積極以限制採伐樹種、保育新枝、廣植「甲木」等有利後續利用的辦法，盡可能彌補對山林的加重破壞。葛昕的對策，已充分體現「撙節培養以待用」的觀念。

對上述諸人的論說與政策主張進行歸納，大致呈現明人在林木利用方面的理想目標：「材木不可勝用」。以此爲原則，開展出「斧斤以時入山林」、「撙節培養以待用」兩方面互爲支援的理論與思想，其內涵既受先秦思想滋養，

〔註 99〕易州山廠之設置、燒造木炭，及其對山林生態的影響，將於本書第五章探討。關於易州山廠的設置沿革，可參：張崗，〈明代易州柴炭山場及其對山林的破壞〉，《河北學刊》，1985 年 3 期，頁 64～65；邱仲麟，〈人口增長、森林砍伐與明代北京生活燃料的轉變〉，《中央研究院歷史語言研究所集刊》，74 本 1 分，2003 年 3 月，頁 159～161。

〔註 100〕〔明〕葛昕，《集玉山房稿》（《烏石山房文庫》，台北：台灣大學圖書館藏，清嘉慶九年德平葛氏樹滋堂刊本），卷 1，〈請免新增紅蘿大炭疏〉、〈請減歲增紅蘿大炭疏〉，頁 31 下～37 上。

〔註 101〕《集玉山房稿》，卷 1，〈請更大炭山場疏〉，頁 37 上～40 上。「甲木」一名，萬曆間督理易州山廠的工部主事張新有所解釋：「紅蘿大炭」非雜木可燒，「止用三種：曰青信、曰白棗、曰牛舫，總謂之『甲木』，尊其名也。」見〔明〕周延儒、溫體仁等，《明神宗實錄》，卷 213，頁 7 下，萬曆十七年七月丙寅條。同見〔明〕黃景昉著，陳士楷、熊德基點校，《國史唯疑》（上海：上海古籍出版社，2002 年），卷 9，〈萬曆〉，頁 276。

又有因應現實環境變遷的成分。明代林木利用思想的特色，或許可以「依古適今」概括之。

四、環境問題與山林保護

明代由於人口增長、社會經濟發展等因素，經由開墾、伐取建材、採燒薪炭、開礦等活動，對包含山林在內的生態環境造成持續性破壞。明人對於環境的污染與破壞，尤其是山林的採伐有不少記載，部分資料中則反映出明人關懷環境、保護環境的意識。

（一）明人對山林環境破壞的記述

明人專門論述整體環境變遷、探究山林消失與山林保護關係的文字紀錄，實際上並不多見。以下，筆者將對蒐獲的幾則相關記述予以介紹、說明，藉以管窺明人面對山林環境變遷的意識與觀點。

嘉靖初，本籍福建惠安的張岳（1492～1552）應邀纂修《惠安縣志》，為此「採摭故實，旁徵故老聞見」。〔註 102〕對於惠安的山林與木產，其述論如下：

> 往年風雨時敘，自海隅達之山陬，莫不有茂林蒙密。今則童山而樵矣，擁腫拳曲之給薪蒸者無幾，而況有所謂「材且美」者哉？氣數有盛衰，則草木亦與之消長。噫！可畏哉！〔註 103〕

張岳敘述了惠安縣由氣候穩定（風雨時敘）、山林茂密轉變為林木稀少的情況，其變化原因，除了人為樵採之外，張岳的說辭似乎指向「氣候變異」為草木消長的主導因素。或許其所謂「氣數」另有所指，然而張岳對山林消乏的觀察，及其認為環境變化「可畏」的心理，仍清晰表露於文中。

山東泰山也有林木不盛的情況。萬曆初，查志隆編撰《岱史》，其〈物產志〉述及泰山物產的變化，並推論泰山林相的成因。查志隆首先敘述泰山地區自古以來的物產狀況：

> 譚者謂古昔山東富饒甲天下，利賴於泰山居多，有審然者。自今觀之，石山鮮茂林，剛風罕宿羽，寒窟無群獸，危巖深澗詎復有良玉、

〔註 102〕〔明〕張岳，《小山類稿》（台北：漢學研究中心，據日本內閣文庫藏明嘉靖三十九年序刊本影印），卷 44，〈志論・惠安縣志〉，頁 1 上。

〔註 103〕《小山類稿》，卷 44，〈志論・惠安縣志・木屬〉，頁 6 下～7 上。同見〔明〕莫尚簡、張岳，《嘉靖・惠安縣志》（《天一閣藏明代方志選刊》32），卷 5，〈物產・木屬〉，頁 7 上。

> 仙芝？惟是藥草緣厓，藥石滿谷，……夫泰山之興寶藏詎分古今哉！古昔用之有節，故恒見其富饒；晚近世，費出不經，上既橫斂，下復侈靡，即罄山海之珍，難乎其繼。山東富饒之不逮古，其以是夫！〔註 104〕

查氏以爲，古代泰山資源豐富，至其所處時代，則林木、動物資源已貧乏，唯有可爲藥材的草、石仍多，以現代用語形容之，即「生物多樣性」大不如昔。其中，泰山林木之所以不多，時人多以「岳多石少土，難於滋植；風剛日曬，易致頹朽」解釋之，查氏則提出質疑：「抑自古日尋斧斤，而今莫爲之栽培耶？」〔註 105〕總論泰山的資源日竭，查志隆認爲其主因在於古時使用資源有所節制，明代則用度氾濫，又未加培護，是故物產難以爲繼。〔註 106〕因此，節用資源、培植山林可謂查志隆於描述環境變遷時所欲傳達的核心意念。

此外，明代又有與山林相關的礦業公害記載。萬曆中，礦監指浙江紹興府會稽縣（今浙江紹興市紹興縣）境內富盛、水昌地方有礦金，意欲開採，爲時任會稽知縣的趙士諤所力拒。〔註 107〕趙士諤提出不可開礦的理由，除附近有南宋帝陵，歷來封植保護不可破壞之外，力陳「爐煙之所灼，木無不凋者；砂水之所漬，苗無不稿（槁）者。」因爲會稽縣內的「神山」礦場先前已造成礦業公害，所以爲趙士諤舉陳，藉以抗駁開礦之論：

> 神山自開礦以來，山則童然，田則莽然，稅糧盡與申豁，歲無絲粟之入矣！……富盛、水昌環峙皆山，竹木之產頗饒，爐煙熏灼，勢必枯死；而山之麓，縱橫其畝者皆田也，計不下數十頃，灌溉仰給溪流，開礦必從谿流漾砂，砂水建瓴而下，數十頃盡荒蕪矣！小民失業，必援神山故事告豁，此時何以應之？將狃一礦之利，而棄二

〔註 104〕〔明〕查志隆，《岱史》（《續修四庫全書》史部 722，上海：上海古籍出版社，1997 年），卷 12，〈物產志〉，頁 23 上～下。

〔註 105〕《岱史》，卷 12，〈物產志〉，頁 24 下。另參〔明〕汪子卿，《泰山志》（台北：國家圖書館藏，明嘉靖三十三年濟南郡守項守禮刊本），卷 4，〈物產〉，頁 38 下。

〔註 106〕以今日知識水準觀之，查志隆的論說或許科學證據不足，或敘述不夠精確。然而本節主旨在於呈現明人觀察與想法的原貌，因此不涉及明人論說中的缺陷與各種侷限性之探究與評論。

〔註 107〕〔明〕陳繼儒，〈先中憲中丞趙公傳〉，收入〔明〕趙士諤，《趙蹇卿文集》（台北：漢學研究中心，據日本尊經閣文庫藏明萬曆刊本影印），頁 2 上。趙士諤，萬曆二十九年（1601）進士，初授會稽知縣，在任八年。

十里山田之賦乎？〔註 108〕

山區開礦，設爐冶煉，林木即使不全然充作燃料，也將因爐煙燻灼枯死；而礦砂之揀淨淘洗，於溪流上游作業，廢棄砂水順流而下，平疇之灌溉系統將堙塞毀壞，田禾無收。山區經濟作物（竹木）、平地糧食作物受害，將導致地方稅、賦短收，不以神山為前車之鑑，禍害必然擴大，此即趙士諤力主不可開礦的主因。上文不但表達身為地方官的趙士諤對地方稅收的關切，也明顯呈現其對環境公害的認識與瞭解程度。

上述三例或可略見明人對山林與環境變遷的看法，而生態環境中的水土資源問題明人也有所論，以下接續說明之。

（二）明人對山林與水土資源關係的認知

當代由於人為過度開發，導致頻繁的水患、土石流等自然災變反過來危害人類的生存，森林與水土保育不但已成為學者研究的重要課題，也為世人普遍關注。回顧明代，儘管古時的人為開發與破壞程度無法與現代相提並論，然而古人業已體驗破壞環境所帶來的生命財產損失，對於山林與水土資源關係亦有一定認知。

1. 森林與水土保持關係的認知

在開墾山坡地造成水土流失的問題方面，明人有所記錄，並提出見解。〔註 109〕開墾山地在明代多是流民、貧民尋求生計的辦法，但呂坤（1536～1618）指出開山易災難獲。他認為貧民墾闢荒山古嶺，「雖有三五畝新開之地，然石根土薄，旱則先枯，澇則雨衝；一時雖有青苗，久後乃成廢棄。」〔註 110〕意謂雖然一時能因開墾而有所收穫，然而某些山地土壤層淺薄，若遇旱災，因土淺難以保蓄水分，所以「先枯」；若是豪雨為患，則開墾後缺乏良好覆蓋的地表，其土石將被雨水沖刷而下，墾地終致廢棄。

明中葉，山西太原府祁縣（今山西晉中市祁縣）山區因採木、開墾造成

〔註 108〕《趙蹇卿文集》，卷 3，〈申禁富盛開採繇語〉，頁 16 下。

〔註 109〕因山地植被破壞而導致水土流失、河湖淤塞的現象，至遲於南宋已有人指出。〔南宋〕魏峴著《四明它山水利備覽》，已論述森林具有抑制流速、固結沙土、含蓄水源、保持土壤等作用。參見馬宗申，〈我國歷史上的水土保持〉，《農史研究》，第 3 輯，1983 年 3 月，頁 68；張建民，〈論明清時期的水資源利用〉，《江漢論壇》，1995 年 3 期，頁 41。

〔註 110〕〔明〕呂坤，《呂公實政錄》（台北：文史哲出版社，1971 年），卷 4，〈民務．治民之道．清均地土〉，頁 466～467。

的環境變遷、水土流失爲時人詳細記載，成爲檢視明人對森林與水土保持關係的認識之珍貴史料。此份記載已爲當代學者頻繁引述，今不憚其煩，仍摘錄其大部分內容於下，以資說明：

> （祁縣）東南麓臺上下幘諸山，正德前樹木叢茂，民寡薪採，山之諸泉匯而爲盤陀水，流而爲昌源河，……入於汾。雖六、七月大雨時行，爲木石所蘊，放流故道，終歲未見其徒（徙）且竭焉。以故，由來遠鎮迄縣北諸村，咸濬支渠，溉田數千頃，祁以此豐富。嘉靖初元，民競爲居室，南山之木，採無虛歲，而土人且利山之濯濯，墾以爲田，尋株尺蘖，必劇削無遺。天若暴雨，水無所礙，朝落於南山，而夕即達於平壤，延漲衝決，流無定所，屢徒（徙）於賈令南北，而祁之豐富減於前之什七矣！〔註111〕

明人閻繩芳對於祁縣山區與田野的環境變遷，以正德、嘉靖改元（1521～1522）劃分爲前、後期。整體而言，前期人爲破壞少，山林茂盛，水源充沛，河道穩定，雖大雨，不能成災，田地得灌溉之利，祁縣因而富庶；後期則破壞加劇，伐木、開墾繼至，惡性循環，植被大減，水土流失，河道遷徙不定，灌溉系統受損，農業生產因而衰退。

上文中，森林與水土保持關係的敘述，實爲全篇重點。筆者試以現代觀點進一步闡釋之。閻繩芳認爲早期山林叢茂，大雨時降水可以「爲木石所蘊」：意即森林與森林地能夠保蓄降雨，即使發生地表逕流（surface runoff），也會受地表枯枝落葉的阻絕而減緩流速，不致造成嚴重的破壞。山林破壞後，遇暴雨急降，則「水無所礙」：因缺乏足夠樹林截留降雨、雨水入滲土壤層不及，

〔註111〕〔清〕覺羅石麟、儲大文等，《雍正・山西通志》（《景印文淵閣四庫全書》史部・地理類542～550），卷29，〈水利一・太原府祁縣（明閻繩芳鎮河樓記）〉，頁47上～下。李約瑟在探討中國古代水利工程之河道與森林關係時，援引閻繩芳此文，認爲「至十六世紀山林砍伐，沖刷與洪水間之關係，已被確認。」詳見李約瑟著，陳立夫主譯，《中國之科學與文〔明〕第十冊・土木及水利工程學》（台北：臺灣商務印書館，1977年），頁441～443。其他引述此文的論文尚有：宮崎洋一，〈明清時代森林資源政策の推移——中國における環境認識の變遷〉，《九州大學東洋史論集》，22號，1994年1月，頁25；倪根金，〈試論中國歷史上對森林保護環境作用的認識〉，《農業考古》，1995年3期，頁181；羅茲・墨菲（Rhoads Murphey）撰，楊俊峰譯，〈在亞洲比較觀點下的中國環境史〉，收入劉翠溶、伊懋可（Mark Elvin）主編《積漸所至：中國環境史論文集》（上）（台北：中央研究院經濟研究所，1995年），頁85～86；楊昶，〈明代的生態觀念和生態農業〉，《中國典籍與文化》，1998年4期，頁117～118。

產生水流快速的地表逕流，匯為山洪後，朝落南山，夕達平壤，遷徙氾濫，所以為禍甚烈。〔註 112〕如此觀之，其述說與當代的科學知識相較，可謂雖不中，亦不遠矣。

2. 水土流失問題的整治與認知：湖廣的案例

類似的案例亦見於湖廣，其中甚至有採行積極防治措施者。嘉靖初，湖廣鄖陽府上津縣（治所即今湖北十堰市鄖西縣上津鎮）近城一帶舊有水道，因連年未修，加以寺廟牆垣逼佔水道，導致城內迭遭水患。嘉靖十五年（1536），知縣胡崗實地踏勘後，提出標、本兼顧的整治辦法，並隨即施行。治標方面，令老人徐教督工挑濬水道，於兩岸築砌石隄。治本方面，則為積極之「退耕植林」措施。

胡崗的治本之道，蓋針對水患成因而研擬，並以其勘查結果為根據。對此，他有具體的說明：

> 近城東山，頗為高廣，一經漲湧，水勢甚大。先是，山有林木，及時疏濬，居民安堵。及後，因民圖利，陸續開墾，鋤種麥黍，驟雨淋衝，則石泥滾壅，年復一年，失於濬導，以稅（致）漫沒，危害匪細。余令業主馮激等各自歇荒，多蓄樹木，以供致（稅）糧，是亦弭患塞源之要也。〔註 113〕

上津縣水患同樣肇因於居民濫墾山坡地，由於原有山林遭受破壞，導致水土流失，水道淤塞，加上失於疏濬，因而水災連年。胡崗「弭患塞源」的辦法，則是令墾種山地的業主退耕，於原處廣種樹木，並訂立歇荒山地四至，以為約束。〔註 114〕雖然後續的執行成效無法由記載中得知，然而胡崗對山林與水土保持關係的認識，以及所採整治水土的方法，即使置於現代，仍稱得上觀念先進。

〔註 112〕筆者以上之試解，主要參考陸象豫撰文，唐凱軍、黃昌榕繪圖，《森林與水》（台北：行政院農業委員會林業試驗所，2001 年）一書中「與森林相關的水文因子」、「森林土壤」、「溪流水」、「森林在水土資源保育的功能」等章節，見頁 20～59、82～94。由於森林與水文、土壤之相互作用甚為複雜，限於筆者學識之不足，論述不免有誤，尚祈方家指正。

〔註 113〕〔明〕胡崗，〈疏濬水道記〉，收入〔清〕程光第、葉年棻、李登鰲，《同治・鄖西縣志》（《中國地方志集成・湖北省府縣志輯》62，南京：江蘇古籍出版社，2001 年），卷 18，頁 10 上～下。

〔註 114〕〔明〕胡崗，〈疏濬水道記〉，收入《同治・鄖西縣志》，卷 18，頁 10 下～11 上。

上津縣的開發與水患問題，並非湖廣地區的特例，承天府〔註 115〕亦有相似情況。承天府爲明世宗朱厚熜出生地，據稱春秋時期以來，其地理環境「在西北則山林巖岫，草木蒙茸，阪道傾仄；在東南則雲夢廣漠，坑塍交錯，萑葦叢生。」〔註 116〕大體而言，該地區西北多山地，東南多湖澤，且生態環境良好。事實上，至明代萬曆年間，環境已多所變異，承天府知府孫文龍於纂輯《承天府志》時指出，境內之民「巖居則病乾，水居則病潦，蓋山若童，澤若焦矣。」〔註 117〕孫文龍雖未說明環境變遷的原因，但已隱約透露其認知：經人爲開發、破壞後，西北山地因植被稀疏，無以涵養水分，所以「病乾」；水土流失，東南湖澤淤塞，因而「病潦」。

上津縣、承天府的情形，其實又是湖廣整體水土防治問題的縮影。萬曆中，稍早於孫文龍，湖廣左布政使徐學謨曾論及湖廣山川環境變遷，闡述其防治之法：

> 近年深山窮谷、石陵沙阜，莫不芟闢耕耨。然地脈既疏，則沙礫易崩，故每雨則山谷泥沙盡入江流，而江身之淺澀、諸湖之湮平，職此故也。今可盡心力以捍民患，惟修築隄防一事耳。〔註 118〕

徐學謨與胡崗等人相同，也認識到山區過度墾伐爲水土流失、下游水患的主因。湖廣地質條件不宜的「石陵沙阜」竟在被墾之列，可見其濫墾程度。濫墾濫伐造成的水土流失，又導致長江支流、主幹河床墊高，以及湖泊的淤淺消失。

如以徐學謨的主張與胡崗相較，徐學謨的對策僅及於修隄防、「濬淤河、開穴口」，〔註 119〕相較於胡崗的治本之道，似嫌消極，未能直探本源。然而，胡崗整治山地、水利的區域僅在上津縣城週遭，範圍小，相對的利益糾葛等問題較單純；徐學謨則面對整個湖廣地區，尤其兩湖平原人文、自然條件皆甚爲複雜，標本兼治地大力整頓恐有相當困難度，或許此即徐學謨僅提出修

〔註 115〕轄區約包含今湖北荊門、天門、潛江、仙桃市等地。

〔註 116〕〔明〕孫文龍，《萬曆・承天府志》（《日本藏中國罕見地方志叢刊》），卷 4，〈形勝〉，頁 18 上。

〔註 117〕《萬曆・承天府志》，卷 6，〈方產〉，頁 34 上。孫文龍於萬曆二十九年（1601）任承天府知府。

〔註 118〕《萬曆・湖廣總志》，卷 33，〈水利志二・修築隄防總考略〉，頁 28 下～29 上。

〔註 119〕徐學謨又云：「今日欲濟民艱，莫急于防水患；欲防水患，莫急于修決堤、濬淤河、開穴口。」見《萬曆・湖廣總志》，卷 33，〈水利志二・總論略〉，頁 38 下。

堤濬河對策的背後原因之一。〔註 120〕

綜觀上述人爲開發造成環境惡化的各項實例，可見前述諸人對森林與水土資源關係的認知程度大體一致。這些記載同時顯示明代中葉後環境破壞、自然災害日益增加的現象，在面對與處理環境問題的過程中，明代有識之士對環境變遷的觀察與認識，也進一步深化。尤其退耕植林措施的提出，代表明人亦有具備進步的治山防洪觀念者。

第二節　山林管理與保護的制度及法令

前已自觀念、思想層面探究明人關於山林保護利用的理念、實務構思與風俗習慣，本節則繼由制度與法令方面，探究明代管理山林資源的政府部門及其職掌，以及官方訂定施行的各項與護林相關的法令。

一、典章中的山林資源主管部門

山林屬於自然資源的一部分，以中國傳統用詞而言，即「山澤」或「山林川澤」的一部分。依據劉翠溶對中國歷代中央政府管理山林川澤職官演變的研究，至遲在周代已設專官管理國內的自然資源（山林川澤），並有相當程度的分工。發展至明代，則承襲宋制，以「工部」爲主管山林川澤的機關。不過，在此部分，劉氏僅略舉《明史》〈職官志〉有關工部官署的部分記載，與宋代工部參照比較，並未進一步分析明制。〔註 121〕

工部爲明代中央層級的山林川澤主管機構，下設屬部，各有職掌。其次，中央政府之下，有賴各級地方政府聯繫運作。因此，依明代典章的立法定制，

〔註 120〕明代湖廣地區的水患治理牽涉面廣，人口增長與遷徙、山區開墾、農業發展、水利建設等等，皆與之相關。本節探討的主題僅限於森林與水土保持關係的「認知」與「觀念」層面，其他方面之內容與問題則不屬本節論述範圍。有關明代湖廣環境變遷與水患整治的專論，可參考：王紹良，〈漢江下游明代水患與水利格局〉，《農業考古》，1990 年 2 期，頁 236～240、285；張建民，〈明清漢水上游山區的開發與水利建設〉，《武漢大學學報（哲學社會科學版）》，1994 年 1 期，頁 81～87；張國雄，〈明清時期兩湖開發與環境變遷初議〉，《中國歷史地理論叢》，1994 年 2 期，頁 127～145；魯西奇，《區域歷史地理研究：對象與方法——漢水流域的個案考察》（南寧：廣西人民出版社，2000 年），第五章，〈明清時期漢水流域自然與人文地理面貌的巨變〉，頁 403～518。上述諸學者於相關議題的研究論著亦可參閱，玆不遍舉。

〔註 121〕劉翠溶，〈中國歷史上關於山林川澤的觀念和制度〉，頁 28～35。

工部官署與各級地方政府的設置，及其與山林相關的職責爲何？下文區分層級，援引《諸司職掌》、《大明會典》等文獻考察分析。

（一）中央主管部門：工部

明初承襲元制，在中央設中書省、大都督府、御史臺三大府，而六部直屬於中書省。洪武十三年（1380），明太祖朱元璋廢除丞相制度，裁撤中書省，升六部品秩，直接對皇帝負責，成爲最高一級的行政管理機構。〔註 122〕此後，工部爲正二品衙門，其長官尚書、左右侍郎「掌天下百工營作、山澤採捕、窯冶、屯種、榷稅、河渠、織造之政令」，〔註 123〕其屬有四：營繕、虞衡、都水、屯田，俱稱清吏司。〔註 124〕

1. 營繕清吏司

營繕清吏司，顧名思義，即工程營造的主管部門，「掌經營興造之眾務」。〔註 125〕在營造、工匠管理之外，營繕司也掌管物料儲用。

營繕司所管物料有四大項：磚瓦（含琉璃）、石灰、木植、蘆席（葦席），屬於對自然物資的加工應用，非山林川澤的直接管理。磚瓦、石灰的燒製，明初俱隸虞衡司掌行，由於主要用於營造，永樂後歸營繕司督理。木植採辦於各省，運至北京後，皆於神木廠（崇文門外）、大木廠（朝陽門外）堆放。蘆葦、蘆席（葦席）的徵收，稱爲「葦課」，原隸屯田司，至遲於萬曆初併歸營繕司。〔註 126〕

〔註 122〕羅冬陽，《明太祖禮法之治研究》（北京：高等教育出版社，1998 年）頁 160～162、170～183；王興亞，《明代行政管理制度》（鄭州：中州古籍出版社，1999 年），頁 24～28。

〔註 123〕《（萬曆）大明會典》，卷 181，〈工部一〉，頁 1 上。成書於洪武二十六年（1393）的《諸司職掌》僅簡略記載「尚書、侍郎之職，掌天下百工、山澤之政令。」見該書卷 6，〈工部〉，頁 245。羅冬陽認爲，明代工部兼有唐宋時期尚書工部和少府、將作、都水諸監的職能。參見氏著《明太祖禮法之治研究》，頁 180。

〔註 124〕〔明〕姚廣孝等，《明太祖實錄》，卷 246，頁 7 上～下，洪武二十九年八月庚戌條。洪武二十九年（1396）八月，改六部諸屬部爲「清吏司」。遂改工部之「營部」曰營繕，「屯部」曰屯田，「水部」曰都水，「虞部」曰虞衡，俱稱清吏司。

〔註 125〕《諸司職掌》，卷 6，〈工部・營部〉，頁 245。

〔註 126〕《（萬曆）大明會典》，卷 190，〈工部十・營繕清吏司・物料〉，頁 1 上～12 下。葦課何時改歸營繕司，《（萬曆）大明會典》並未說明。查《正德大明會典》，蘆葦的徵收仍屬屯田司職掌，因此職掌更易當在正德至萬曆間。參見：《正德大明會典》，卷 163，〈工部十七・屯田清吏司・柴炭〉，頁 7 下～8 上。又據《（萬曆）大明會典》記載，營繕司所管葦課，僅及北直隸順天府、河間

2. 虞衡清吏司

虞衡清吏司，設郎中、員外郎、主事，「掌天下虞衡、山澤之事，而辨其時禁。」顯然不僅山林，川澤也在職掌之內。採捕野生動物、製造軍器軍裝、燒製陶器、鑄造錢幣與金屬器物、鐵冶、徵收煉製顏料等等，則是其監督管理的具體事務。〔註 127〕

在自然資源的利用上，制定有管理原則：凡採捕「野味」，取「禽獸及革、骨、羽毛以供祭祀、賓客膳羞、禮器之用」，〔註 128〕「預先行移各司、府、州著落所屬，於山林去處多辦走獸，湖泊去處多辦飛禽」，〔註 129〕而且「獵畋以時，冬春之交，罝罛不施川澤；春夏之交，毒藥不施原野。苗盛禁蹂躪，穀登禁焚燎。」對於野獸之捕捉，「聽爲檻穽獲之，賞有差。」〔註 130〕凡顏料之採取，「非其土產不以征。」〔註 131〕

帝陵、先賢祠墓與名勝古蹟亦有責維護，「凡諸陵山麓，不得入斧斤、開窯冶、置墓墳；凡帝王、聖賢、忠義、名山嶽鎮、陵墓祠廟，有功德於民者，禁樵牧。」至於「山場、園林之利，聽民取之而薄征之。」〔註 132〕

僅就法規、理論而言，審視上述虞衡司的管理原則，明顯可見對於自然資源的調控方針：即「辨其時禁」、「順時取用」，以及「山澤之利，與民共之」的理念。其管理範圍，則非僅止於野生環境，亦涵蓋人力營造的林園山場。

3. 都水清吏司

都水清吏司，「掌川瀆、陂池、橋道、舟車、織造、衡量之事」，〔註 133〕實際事務包含河渠運道（漕運）、農田水利、道路津梁的管理，各式船隻、車輛的督造，絲綢段疋、冠冕服飾、供用器物製造的管控，以及度量、權衡的

府之葦地。

〔註 127〕《諸司職掌》，卷 6，〈工部・虞部〉，頁 267。

〔註 128〕〔清〕張岱，《石匱書》（《續修四庫全書》史部 318～320），卷 28，〈百官志・工部〉，頁 42 下。

〔註 129〕《諸司職掌》，卷 6，〈工部・虞部〉，頁 268。飛禽走獸，「除春夏孕字之時不採外，當於秋間採捕。」

〔註 130〕《石匱書》，卷 28，〈百官志・工部〉，頁 42 下。同見〔清〕孫承澤，《春明夢餘錄》（台北：大立出版社，1980 年），卷 46，〈工部一〉，頁 2 上；《明史》，卷 72，〈職官一・工部〉，頁 1760。

〔註 131〕《明史》，卷 72，〈職官一・工部〉，頁 1761。

〔註 132〕《石匱書》，卷 28，〈百官志・工部〉，頁 42 下～43 上。同見《春明夢餘錄》，卷 46，〈工部一〉，頁 2 上；《明史》，卷 72，〈職官一・工部〉，頁 1760～1761。

〔註 133〕《（萬曆）大明會典》，卷 196，〈工部十六・都水清吏司〉，頁 1 上。

校勘與頒行。〔註 134〕對於川澤之水生動植物，即所謂「鱗介、萑蒲之利，聽民取之，而薄征之。」〔註 135〕由此可見，都水司是明代的水利主管機構，並轄織造、度量衡、器物製造等事，與山林管理關聯甚微。

4. 屯田清吏司

屯田清吏司掌管軍屯事宜、陵寢墳塋的營造、商人興販竹木的抽分，以及柴炭的採辦供應。〔註 136〕

關於柴炭的供應，明初國都在南京，柴炭皆取用自沿江蘆洲，以及龍江、瓦屑壩二場。永樂間遷都北京後，則於北京附近山區採辦。宣德間，始設易州山廠，相繼以工部尚書或侍郎提督廠事，掌督御用柴炭之事。嘉靖八年（1529）改設郎中一員管理，四十四年（1565）又改由主事管理。〔註 137〕

工部四司設置及其關於山林川澤的職掌已如上述，顯然明政府對山林資源的管理，以虞衡司和屯田司爲主要部門。二司相較，前者職司整體山林資源的總調節利用；後者掌管的柴炭採辦，則爲林木及燃料等局部資源的採取使用。

5. 南京工部的職掌

此外，由於明代實行兩京制度，留都（南京）同樣設置一套完整的中央機構，而與京師（北京）的中央機構相應，〔註 138〕因此必須再探「南京工部」的職掌。

以六部而言，南京六部名稱與北京六部相同，但其人員編制和職責與北京六部則有顯著區別。南京六部所管主要爲南京的文武官署與官員，管轄地區則以南京所轄府州縣爲主。〔註 139〕至於南京工部，設正官尚書、右侍郎各

〔註 134〕詳見《石匱書》，卷 28，〈百官志・工部〉，頁 43 上～44 下；《春明夢餘錄》，卷 46，〈工部一〉，頁 2 下～3 上；《明史》，卷 72，〈職官一・工部〉，頁 1761。

〔註 135〕《石匱書》，卷 28，〈百官志・工部〉，頁 43 下。同見《春明夢餘錄》，卷 46，〈工部一〉，頁 2 下。

〔註 136〕詳見《石匱書》，卷 28，〈百官志・工部〉，頁 44 下～45 上；《春明夢餘錄》，卷 46，〈工部一〉，頁 3 下～4 上；《明史》，卷 72，〈職官一・工部〉，頁 1761～1762。

〔註 137〕《（萬曆）大明會典》，卷 205，〈工部二十五・屯田清吏司・柴炭〉，頁 1 上～下；《明史》，卷 72，〈職官一・工部〉，頁 1762～1763。又參：張崗，〈明代易州柴炭山場及其對山林的破壞〉，頁 64～65；邱仲麟，〈人口增長、森林砍伐與明代北京生活燃料的轉變〉，頁 159～161。

〔註 138〕王天有，《明代國家機構研究》（北京：北京大學出版社，1992 年），頁 199～202、212。

〔註 139〕王興亞，《明代行政管理制度》，頁 33～34。留都的官署名稱與官員職銜上加「南京」二字，以別於京師。

一人，其屬亦有營繕、虞衡、都水、屯田四司。其職掌一準北京工部，只是管轄範圍有所侷限，並以供應、服務於南京爲目的。

南京工部所屬四司職責，營繕司主管南京與中都（今安徽滁州市鳳陽縣）各項工程營造，幾乎與自然資源的管理無關。其餘三司，則有自然資源管理的相關事務：虞衡司掌管收納南直隸以及湖廣、浙江、福建、廣東、廣西、四川等布政司歲解鳥獸、皮革、羽毛、生硝等物，監督稽考南京琉璃、磚瓦、石灰的燒造；都水司負責修葺南京橋道、水洞，督理修造南京官用、軍用船隻；屯田司督理沿江一帶蘆課，監督所屬南京龍江、瓦屑壩二抽分竹木局，以及太平府蕪湖（今安徽蕪湖市）抽分廠之竹木、柴炭的抽分、收貯與放支。〔註 140〕

明顯可見，南京工部掌管的事務不但較簡易，其於山林資源的管理，直接相關事項亦少。由此可以判斷，（北京）工部確實爲明代山林資源的一級主管部門，南京工部雖然名義爲同級的中央機構，實際並非另一統理全國資源的單位，反而所管事務更類似於地方政府。

（二）各級地方政府的職掌

前述虞衡清吏司主管「野味」的採捕，「預先行移各司、府、州著落所屬」辦理，可藉此窺測自然資源管理的運作模式，中央機構爲監控、決策與行政督導單位，各級地方政府則是實際承辦單位。

明代的地方行政區劃爲三級制，第一級行政區劃爲「承宣布政使司」，簡稱「布政司」，即省；第二級爲府（州）；第三級爲（州）縣。爲加強省內上、下級間的聯繫，明代在省與府之間設「道」，然而道並不算是一級行政區。〔註 141〕在實際的行政運作上，司（省）、道、府、縣對於自然資源的管理，因層級的等差而負有不同職責，故分層述之。〔註 142〕

〔註 140〕南京工部四司職掌詳見《（萬曆）大明會典》，卷 208，〈工部二十八．南京工部〉，頁 1 上～22 下。屯田司所管蘆課，分布於上起湖廣黃州府（今湖北黃岡市），下抵南直隸揚州府（約至今江蘇南通市）之長江沿岸。

〔註 141〕王天有，《明代國家機構研究》，頁 228。學者柏樺則認爲，明人已將省和府之間所設的「道」視爲一級行政區，因此明代地方行政區劃在實際行政運作中，由三級制向四級制轉變。見氏著《明代州縣政治體制研究》（北京：中國社會科學出版社，2003 年），頁 53。

〔註 142〕明代的地方行政層級，尚存在總督、巡撫制度的問題。大體而言，明代中期後，隨著督撫制度的確立，都、布、按三司權力向督撫轉移，督撫衙門成爲實際上的省級權力機構，三司爲其下屬。然而，三司在名義上仍爲法定的省級權力機

1. 省級政府

明初確立省級最高機構爲都指揮使司（都司）、承宣布政使司（布政司）、提刑按察使司（按察司），合稱「三司」。〔註 143〕都司主掌軍政與治安，按察司職掌司法、監察，而自然資源的管理，應由最高行政機構的布政司承行。

布政司，設正官左、右布政使各一人，左、右參政，左、右參議無定員。布政使「掌一省之政，朝廷有德澤、禁令，承流宣播，以下於有司」，意即布政使具有上承中央政令，下轉地方府州縣執行的承上啓下職能。〔註 144〕布政司的基本職責在於管理一省的民政與財政，其具體職事中有關自然資源者，考諸典籍，於《明史》僅見：「水旱、疾疫、災祲，則請於上蠲振之。凡貢賦役，視府州縣土地人民豐瘠多寡，而均其數。」《呂公實政錄》則稱其「典常經制：水利農桑、養老恤孤、儲畜蠲賑，凡關係軍民利病、地方安危、風教盛衰、政治得失，無不由之。」〔註 145〕據此，布政司職責未見明確的山林管理事務，或許只是被籠統總括於其「典常經制」之中。

然而，由於一省事務繁重，因此或劃分區域，或依事專設，由布、按二司派遣參政、參議、副使、僉事分司諸道。依據地區而劃分者，爲分守道、分巡道，前者屬布政司，後者屬按察司。〔註 146〕其中，布政司「參政、參議分守各道，及派管糧儲、屯田、清軍、驛傳、水利、撫民等事。」〔註 147〕至於因事設置的「專道」，屬布政司者，有督糧道、督冊道等；屬按察司者，有

關，督撫雖節制三司，總領一方，卻始終聽命於中央，並未完全擺脱差遣官的性質。換言之，督撫向地方最高長官的過渡在明代尚未全然完成。因此，關於明代地方政府對於自然資源的管理，本書未將督撫作爲一個行政層級而納入探討。以上對督撫制度的簡述，參閱關文發、顏廣文，《明代政治制度研究》（北京：中國社會科學出版社，1996 年），頁 86～94；白鋼主編，《中國政治制度通史・第九卷・明代》（北京：北京人民出版社，1996 年），頁 210。

〔註 143〕王天有，《明代國家機構研究》，頁 218。明初沿襲元制，於各地設置行中書省，簡稱行省。洪武九年（1376），廢除行中書省的建置，改十二行中書省爲十二承宣布政使司。

〔註 144〕《明史》，卷 75，〈職官四〉，頁 1839。又參王天有，《明代國家機構研究》，頁 220。

〔註 145〕引文分見《明史》，卷 75，〈職官四〉，頁 1839；《呂公實政錄》，卷 1，〈明職・布政司之職〉，頁 124。有關布政司的具體職掌，又可參王天有，《明代國家機構研究》，頁 220；王興亞，《明代行政管理制度》，頁 67～68。

〔註 146〕《呂公實政錄》，卷 1，〈明職・守巡道之職〉，頁 105。並參王天有，《明代國家機構研究》，頁 228。

〔註 147〕《明史》，卷 75，〈職官四〉，頁 1839。

兵備道、提學道、清軍道、驛傳道等。另外，尚有浙江所設「水利道」、河南、山東所設「管河道」，〔註 148〕則屬水利管理機關。不論何種道分，就規章而言，均無以山林管理爲專職者。

2. 府、州、縣

府、州、縣官皆爲地方親民之官，然而在行政地位與權限上有其區別。知府之職主要在於督察下屬州縣，「是知府一身，州縣之領袖，而知州、知縣之總督也」；州、縣官之職，則在於政務的具體施行。知州、知縣號稱民之父母，而職繁任重，本州縣之事無不在其職責之內。〔註 149〕

分論之，府的主官爲知府，掌一府之政，凡府內民政、財政、文教、司法、吏治及上傳下達等，均由其負責。佐貳官同知、通判則「分掌清軍、巡捕、管糧、治農、水利、屯田、牧馬等事。」〔註 150〕州的長官爲知州，掌一州之政，而同知、判官無定員，佐理、分管州之政務。縣爲明代基層行政組織，設知縣一人爲主官，掌一縣之政；縣丞、主簿爲佐貳官，分掌糧馬、巡捕之事。〔註 151〕

考察府州縣官員職掌，實際載明自然資源事務者，《明史》中只有知縣之「若山海澤藪之產，足以資國用者，則按籍而致貢。」〔註 152〕《大明會典》則收錄洪武及永樂年間頒給赴任地方官員的《到任須知》全文，有較詳細的規定。《到任須知》要求各級地方政府首長掌握山林川澤所在之處，並管理所產物資，其相關款項包括：酒、醋、茶、礬、水銀、漆、硃砂、蜂蜜、黑錫、蒲葦等項物資，屬於「各色課程」；境內湖泊位置與歲辦魚課數目的「魚湖」

〔註 148〕《明史》，卷 75，〈職官四〉，頁 1842～1844。浙江按察司水利僉事所管有浙西地區，以及南直隸蘇州、松江等府的水利興修，參見《(萬曆)大明會典》，卷 199，〈工部十九・都水清吏司・水利〉，頁 7 上～8 上。另外，河南、山東爲整治黃河、漕河所設「管河道」職掌，詳見蔡泰彬，《明代漕河之整治與管理》(台北：臺灣商務印書館，1992 年)，頁 365～371。

〔註 149〕柏樺，《明代州縣政治體制研究》，頁 133～134、206。引文爲呂坤語，見《呂公實政錄》，卷 1，〈明職・知府之職〉，頁 93。

〔註 150〕白鋼主編，《中國政治制度通史・第九卷・明代》，頁 216。並參《明史》，卷 75，〈職官四〉，頁 1849。

〔註 151〕《明史》，卷 75，〈職官四〉，頁 1850；柏樺，《明代州縣政治體制研究》，頁 56。州在行政區劃上分爲二等，直轄於布政司者稱爲「直隸州」，地位相當於府而略低；隸屬於府者稱爲「屬州」或「散州」，地位相當於縣而略高。州雖有二等，均設從五品知州一人。

〔註 152〕《明史》，卷 75，〈職官四〉，頁 1850。

項目；金銀礦產（「金銀場」），以及銅鐵錫冶、陶瓷器窯廠（「窯冶」）位置與歲辦數目的調查統計；產鹽地方，則須開報其「鹽場」位置、歲辦鹽課等資料。〔註 153〕此外，地方官也須掌握轄境「打捕戶」名數，責其歲辦翎毛、皮貨等物產。〔註 154〕以上內容顯示，地方政府透過對山林川澤的實際掌管，徵收各種物資，同時應付工部等中央機構的物料派辦。此適可與前述虞衡司因採捕野味，「行移各司、府、州著落所屬」辦理的模式相參照。

再者，呂坤於《呂公實政錄》中「發明職掌，申飭大小職官」，對州縣官有所勸戒：

> 惟守令，人稱之曰『父母』，……稱我以父母，望其生我養我者也。故……樹木不植，我爲植之；……山林川澤果否有利，我爲興之。……使四境之內，無一事不得其宜，無一民不得其所。〔註 155〕

此段呂坤個人對於地方官員施政的期許，提及州縣官管理山林川澤的態度和理念，雖然並非典章所載，仍有參考價值，可視爲明人對地方官員身負管理山林等自然資源之責的一種理解。

綜觀明代地方政府對於山林資源的管理，就職權規範與理論而言，布政司職掌中雖未明確開列，然而既掌一省之政，仍應屬其職權範圍。府、州、縣則是承辦與落實政令，並擔負實際管理責任的基層單位，職務敘述較爲清晰。不過，山林管理的細節與具體內容仍無法由《大明會典》等法制規範中得知。

二、明代與護林相關的法令

明代政府既有主管山林資源的部門，實際對於樹木、山林的保護，又制定法律以爲守則。明代的護林法令見於《大明律》以及榜文、條例等法規之中，〔註 156〕因其規範對象與性質不同，試區分其類別分述如次。

〔註 153〕詳見《（萬曆）大明會典》，卷 9，〈吏部八・關給須知〉，頁 9 下～10 下、29 上～31 下、49 上。《到任須知》列舉地方官應辦事務，共計三十一款。又據《（萬曆）大明會典》所載永樂間須知樣式，關領《到任須知》者，應係除授赴任之府、州、縣主官。

〔註 154〕《（萬曆）大明會典》，卷 9，〈吏部八・關給須知〉，頁 48 下～49 上。

〔註 155〕《呂公實政錄》，卷 1，〈明職引〉，頁 13；〈明職・知州知縣之職〉，頁 81～82、84。

〔註 156〕明代的法律形式有律、令、誥、例、典、榜文等，而律爲最重要者，是其他法律形式制定和發展的基礎。參見張晉藩、懷效鋒主編，《中國法制通史・第七卷・明》（北京：法律出版社，1999 年），頁 8～27。

（一）官民樹木的保護

官有與私有樹木屬於財產中的不動產，皆受到法律保護。〔註 157〕《大明律・戶律・田宅》「棄毀器物稼穡等」條明訂：

> 凡棄毀人器物，及毀伐樹木、稼穡者，計贓，准竊盜論，免刺。官物加二等。若遺失及誤毀官物者，各減三等，並驗數追償。私物者，償而不坐罪。〔註 158〕

此項保護官、私物產的條文，內容包括作為官民產業的樹木，且蘊含幾個要點：其一，官民樹木受到毀損砍伐，准竊盜論。所謂「准竊盜論」，即「凡竊盜已行而不得財，笞五十，免刺。但得財者，以一主為重，併贓論罪。為從者，各減一等。」〔註 159〕其二，明代法律對官私物均加以保護，但一般情況下，對官物保護則從嚴。〔註 160〕根據此原則，「官物加二等」，顯示毀伐官有樹木的罰責重於私有樹木。其三，雖然條文中有「遺失及誤毀」事項，然而據明人雷夢麟解釋：「樹木、稼穡不言誤毀伐者，疆界有定，砍伐為難，安得誤哉？皆『故毀』也。」〔註 161〕意即毀伐樹木皆出於故意，不適用「遺失及誤毀」之例。

在明律之外，洪武間曾有榜文規範草木的利用與保護。當時江淮平原荒閒田地多為權貴、官員佔有，其內草木民不得採為柴薪，於民生有礙。明太祖對此不滿，遂於洪武二十四年（1391）九月，令工部將其旨意出榜張掛：

> 不分江淮南北，凡有公侯、軍官人等，及民間大家所有山場、田地內，天地所生荻葦、蒿草、柴薪、針刺，軍民一概採作柴薪。……

〔註 157〕明代將財產區分為「田宅」與「財物」、「畜產」：「田宅」相當於現代民法上的不動產，主要是土地和建築物；「財物」、「畜產」則相當於動產。明代對不動產所有權的保護，主要為禁止盜賣田宅、盜耕種官民田，以及損壞倉庫、燒毀房屋等侵權行為。樹木作為土地的附著物，因而同受保護。參見張晉藩、懷效鋒主編，《中國法制通史・第七卷・明》，頁 188～189、199、220。

〔註 158〕黃彰健編著，《明代律例彙編》（台北：中央研究院歷史語言研究所，1994 年），卷 5，〈户律二・田宅・棄毀器物稼穡等〉，頁 497。

〔註 159〕《明代律例彙編》，卷 18，〈刑律一・賊盜・竊盜〉，頁 763。免刺，即免刺「竊盜」二字於手臂之意。

〔註 160〕張晉藩、懷效鋒主編，《中國法制通史・第七卷・明》，頁 221～222。

〔註 161〕〔明〕雷夢麟撰，懷效鋒、李俊點校，《讀律瑣言》（北京：法律出版社，2000 年），卷 5，〈户律二・田宅・棄毀器物稼穡等〉，頁 143。嘉靖三十五年（1556）前後，雷夢麟曾任刑部山東清吏司郎中，《讀律瑣言》則成書於此期間。

若公侯百官人等阻當砍斫，致使軍民艱辛，臨期若在山場平野外阻當砍斫者，許令軍民綁縛將來。惟墳塋內樹、本官住處籬隔內針刺草木、園內果木不許動，及不許夾帶正樹株出。〔註 162〕

榜文中顯見兩項草木利用的原則：私有山場、田地內野生的草木，軍民一概得採為柴薪，且山場、田地擁有人不得攔阻；然而，墓園、果園以及官員住宅圍籬內的樹木受到保護，不在開放之列。明太祖規範草木利用的聖旨藉榜文形式而揭佈，其法律效力不在《大明律》之下。〔註 163〕

洪武時期，明太祖時常律外用刑，並以重典治吏，其立法、用法皆甚嚴峻。〔註 164〕洪武二十五年（1392），有鎮南衛卒因造官船，擅伐民樹木為樓櫓，為民所訴。明太祖認為「輦轂之下尚如此，其他可知矣」，於是命斬其為首者一人示眾，餘杖之，謫戍甘肅。〔註 165〕其實，依據明律，毀伐樹木只應計贓，准竊盜論，免刺，然而鎮南衛卒所受之刑卻遠重於律，甚至嚴於軍法。據此，亦可推知昭示聖旨的榜文於明初有重於律的效用。

明代對於軍人毀伐民有樹木是否另有軍法禁治？考諸史籍所載相關條例、軍令，確實有之。嘉靖《條例備考》錄有一則成化十九年（1483）之條例，要求中都留守司、河南都司都指揮領京操班軍上、下班時，於往回經行去處，必須嚴加鈐束，不許班軍「砍伐人樹木」。〔註 166〕明代不僅有赴京操練的班軍，也調內地軍卒輪番備禦邊鎮，稱為「邊班」。〔註 167〕戍邊班軍大抵亦由都指揮率領，其敕諭中載有禁約事宜，內含「不許砍伐樹株」事項。

〔註 162〕〔明〕曹棟等，《南京刑部志》（台北：中央研究院傅斯年圖書館，據美國國會圖書館藏明嘉靖刻本景照），卷 3，〈祥刑篇．一榜洪武二十四年九月初六日為軍民柴薪事〉，頁 36 下～37 上。

〔註 163〕黃彰健認為，明洪武、永樂朝榜文禁例的效力在明律之上，並以榜文為主，律為輔。參見黃彰健，〈明洪武永樂朝的榜文峻令〉，收入氏著《明清史研究叢稿》（台北：臺灣商務印書館，1977 年），頁 262。

〔註 164〕黃彰健，〈明洪武永樂朝的榜文峻令〉，頁 258～259、262；羅冬陽，《明太祖禮法之治研究》，頁 120～122。

〔註 165〕《明太祖實錄》，卷 216，頁 1 下，洪武二十五年二月乙卯條；〔明〕余繼登，《典故紀聞》（《元明史料筆記叢刊》，北京：中華書局，1997 年），卷 5，頁 86。鎮南衛屬於京衛，隸左軍都督府，永樂十八年（1420）之前駐守南京。見《明史》，卷 90，〈兵二．衛所〉，頁 2197。

〔註 166〕〔明〕不著撰人，《條例備考》（台北：漢學研究中心，據日本內閣文庫藏明嘉靖刊本影印），兵部卷 4，〈為事都指揮銓註都司帶俸〉，頁 5 下。

〔註 167〕《明史》，卷 91，〈兵三．邊防〉，頁 2242；劉昭祥主編，《中國軍事制度史．軍事組織體制編制卷》（鄭州：大象出版社，1997 年），頁 385。

〔註 168〕因此，行軍途中禁止軍隊砍伐民家樹木應爲明代通則。

條例與敕諭中僅見禁約軍士砍伐樹木的指示，至於對違犯行爲的處罰，則揭露於軍令。軍令之行，雖然皆稱以軍法從事，實際處置卻不盡相同。如嘉靖間，李遂（1504～1566）禦倭江北，所著《禦倭軍制》收錄當時之「行軍號令」，其中一款曰：「凡經過、止宿，敢有攪擾居民，及取人一草一木者，割耳。」〔註 169〕同時期，戚繼光（1528～1588）將其練兵與作戰經驗總結爲《紀效新書》與《練兵實紀》，所訂軍令多載錄其中。其十八卷本《紀效新書》所載禁令指出，砍伐人樹株，「有犯，決以軍法從事抵命」；〔註 170〕《練兵實紀》則稱，行軍、紮營時若砍伐居民樹木，「犯必以軍法從事，不貸。」〔註 171〕由此可見，軍法處置雖有不同，維護民家樹木的要求則無異。

（二）陵墓樹木的保護

墓園樹木的維護攸關葬地風水、龍脈，社會各階層皆重視之，因而也反映在律法規範中。

《大明律》保護官民墓樹的基本規定見於「盜園陵樹木」條：「凡盜園陵內樹木者，皆杖一百，徒三年。若盜他人墳塋內樹木者，杖八十。若計贓重於本罪者，各加盜罪一等。」〔註 172〕此律條之刑責係根據社會等級而訂定，

〔註 168〕〔明〕孫世芳纂修，《宣府鎮志》（台北：國家圖書館藏，明嘉靖四十年刊本），卷 2，〈詔命考〉，頁 45 上，錄有正統四年（1439）「河南都司都指揮使林祥赴（宣）鎮備禦敕諭」，內載「不許縱容官軍倚恃勢力，作踐人田禾、砍伐人樹木」。〔明〕劉效祖，《四鎮三關誌》（《四庫禁燬書叢刊》史部 10，北京：北京出版社，2000 年），卷 7，〈制疏考．薊鎮制疏〉，頁 46 下～51 上，其中數道薊鎮領班將官敕諭，多有「不許作踐田禾、砍伐樹株」的內容。

〔註 169〕〔明〕李遂，《明代禦倭軍制》（《叢書集成續編》社會科學類 59，台北：新文豐出版公司，1989 年），〈行軍號令〉，頁 25 下。李遂於嘉靖三十六至三十八年間（1557～1559）爲巡撫鳳陽都御史，肅清江北倭患，事詳《明史》，卷 205，〈李遂傳〉，頁 5420～5421。

〔註 170〕〔明〕戚繼光撰，曹文明、呂穎慧校釋，《紀效新書》（十八卷本，北京：中華書局，2001 年），卷 4，〈諭兵緊要禁令篇第四〉，頁 82。十四卷本《紀效新書》的相關內容則爲：「凡師行，動人一草一木，……俱以軍法處治。」見〔明〕戚繼光撰，范中義校釋，《紀效新書》（十四卷本，北京：中華書局，2001 年），卷 8，〈行營篇第八．申軍令〉，頁 189。關於《紀效新書》十八卷本與十四卷本內容之異同，可參閱前引書范中義所撰〈前言〉，頁 1～7。

〔註 171〕〔明〕戚繼光撰，邱心田校釋，《練兵實紀》（北京：中華書局，2001 年），卷 6，〈練營陣第六（行營）〉，頁 131；卷 7，〈練營陣第七（野營）〉，頁 136。

〔註 172〕《明代律例彙編》，卷 18，〈刑律一．賊盜．盜園陵樹木〉，頁 736。

所謂「園陵」，蓋指帝后、藩王等皇室貴族的陵寢墓園；「他人墳塋」，則爲官員與一般民眾的墳墓。在「貴賤有差」的古代社會，盜伐貴族墓樹的罪責自然較重。不過，前代帝王陵寢與名賢墳墓樹木的盜伐，其刑度等同「他人墳塋」，《大明律》另有條文規範之：「凡歷代帝王陵寢，及忠臣烈士、先聖先賢墳墓，不許於上樵採耕種，及牧放牛羊等畜。違者，杖八十。」〔註 173〕對於歷代帝陵，其主要措施在於「禁樵採」，並「以時封培」，〔註 174〕亦即維護陵區樹木不受砍伐，同時定期培土、栽植樹木。

比較上述二法條，明顯可見明代最受重視者即爲明室皇陵。明代皇陵主要包含泗州祖陵、鳳陽皇陵、南京孝陵、天壽山諸陵、承天府顯陵，均受明律與相關條例保護，其山前山後各有禁限，應禁山場內之樹木，必須培養愛護，不得砍伐。〔註 175〕

對於皇陵樹木的保護，除盜伐有罪，陵區失火也有刑責：「若於山陵兆域內失火者，杖八十，徒二年。延燒林木者，杖一百，流二千里。」〔註 176〕明代極力保護皇帝陵寢，在法律上並非僅恃以上條文。正統、成化時，頒行聖旨以爲事例；弘治以後，復多次編修《問刑條例》（刑事法規）附於明律以補充之，皇陵樹木的保護法令因而更爲嚴密，刑度則因此加重。以下，表列正統以迄萬曆之陵樹保護條例，以便進一步說明。

〔註 173〕《明代律例彙編》，卷 11，〈禮律一・祭祀・歷代帝王陵寢〉，頁 588。

〔註 174〕〔明〕林堯俞等纂修，俞汝楫等編撰，《禮部志稿》（《景印文淵閣四庫全書》史部・職官類 597～598），卷 30，〈祠祭司職掌・有司祀典上・前代陵寢〉，頁 15 下～16 上。

〔註 175〕如天壽山陵寢，設有內官、武臣，「率屬巡詰，以愼封守，并令及時于禁山一帶相地種樹，以固藩籬，凡有違禁往來、盜伐，并容隱者，悉寘之法。」參見〔明〕張居正等，《明世宗實錄》，卷 560，頁 1 下，嘉靖四十五年七月壬寅條。

〔註 176〕《明代律例彙編》，卷 26，〈刑律九・雜犯・失火〉，頁 954。另外，「其在外失火而延燒者，各減三等。」對此，雷夢麟解釋爲：「若本在外失火，而延燒山陵林木，及官府公廨、倉庫者，各減在山陵兆域、官府公廨、倉庫內失火三等。」見《讀律瑣言》，卷 26，〈刑律九・雜犯・失火〉，頁 461。

表 2-1 明代皇陵樹木保護條例表

條例來源	主 要 內 容	出 處
正統二年（1437）英宗聖旨〔註 177〕	天壽山係祖宗陵寢所在，山前山後樹木，正要愛養培護。近聞有等無籍小人，往往入山偷砍樹木。『其該管軍衛、有司官員，及旗甲、里老人等，坐視不行鈐束，論罪都該處死。錦衣衛輪差的當官校往來巡視，但有犯的，都拿將來，處以重罪，家屬發遼東邊衛充軍。若差去官校賣放作弊，及託此生事擾人的，也一體治罪不饒。』欽此。	《弘治問刑條例》〔註 178〕
成化十五年（1479）憲宗聖旨	鳳陽皇陵、皇城，并泗州祖陵所在，應禁山場地上（土），巡山官軍務要常川用心巡視，不許諸色人等砍伐樹梡、取土取石、開窯燒造、放火燒山……。如有此等，或被人告發，或體訪得出，『正犯處死，家口俱發邊遠充軍。巡山官軍敢有科歛銀兩饋送，不行用心巡視；及守備、留守等官貪圖賄賂，不行嚴加約束，以致下人恣肆作弊，不能禁治，都一體重罪不饒。』欽此。	《弘治問刑條例》〔註 179〕
成化十六年（1480）事例	偷砍皇陵樹株，枷號〔註 180〕一（個）月，邊衛充軍。	《皇明成化條例》〔註 181〕

〔註 177〕英宗此道聖旨，《實錄》繫於正統二年四月，見〔明〕柯潛等修纂，《明英宗實錄》，卷 29，頁 5 上～下，正統二年夏四月丙子條。英宗爲遏阻盜砍天壽山樹木的行徑而有此嚴詔，其實有往例可循。不數年之前，宣德七年（1432）九月，長陵衛指揮僉事秦英等守陵武官，因召近山軍民五十餘家納布，聽其入山伐樹鬻賣。事覺，法司論其罪當死。宣宗因命：「圖小利而縱伐山陵樹，豈比常犯，其斬之，梟首以徇！」此案件，不論司法部門，或是宣宗皇帝，皆主張處以極刑。參見《明宣宗實錄》，卷 95，頁 9 上，宣德七年九月辛巳條。

〔註 178〕〔明〕不著編人，《皇明制書》（《北京圖書館古籍珍本叢刊》史部・政書類 46），問刑條例卷 13，頁 46 下～47 上。同見《明代律例彙編》，卷 18，〈刑律一・賊盜・盜園陵樹木・弘治問刑條例〉，頁 736。

〔註 179〕《皇明制書》，問刑條例卷 13，頁 46 上～下；《明代律例彙編》，卷 18，〈刑律一・賊盜・盜園陵樹木・弘治問刑條例〉，頁 736～737。

〔註 180〕「枷」爲木製戒具，用於手、頸並繫，其輕重大小皆有常規，依刑罰之不同而有分別。所謂「枷號」，即戴枷處罰之意。參見連啓元，《明代的獄政管理》（《明史研究叢刊》之 2，宜蘭：明史研究小組，2001 年），頁 117～118。

〔註 181〕〔明〕佚名，《皇明成化條例》（台北：中央研究院傅斯年圖書館藏，明鈔本），不分卷，〈偷砍樹株枷號一月邊衛充軍〉，頁 1 上（在電子影像檔 176057.tif）。

嘉靖二十一年（1542）工部題疏	嚴禁居民人等，不許擅入（顯陵）縱放牛馬作踐（栽培之樹木）。違者，聽巡視人等拿送該司官，轉送撫、按衙門，從重問罪。若把總、巡山官軍人等容情，不行拿解，守備、留守等官不行嚴加約束者，聽撫、按官查實，一體究治。	《條例備考》〔註 182〕
嘉靖二十九年（1550）	凡鳳陽皇陵、泗州祖陵、南京孝陵、天壽山列聖陵寢、承天府顯陵，山前山後各有禁限。『若有盜砍樹株者，驗實眞正椿楂，比照【盜大祀神御物】斬罪，奏請定奪。爲從者，發邊衛充軍。取土取石、開窯燒造、放火燒山者，俱照前擬斷。……各該巡守人役拾柴打草，不在禁限，但有科歛銀兩饋送，不行用心巡視，及守備、留守等官不行嚴加約束，以致下人恣肆作弊者，各從重究治。』	《嘉靖問刑條例》〔註 183〕《萬曆問刑條例》〔註 184〕

據上表可知，明英宗、憲宗爲加強保護皇陵而頒布聖旨，其所訂盜砍樹木之罪，乃至於正犯處死、家屬發邊衛充軍，遠重於明律條文，唯恐「法令不嚴，人必輕犯，以震驚神靈、損傷龍脈，危害不小。」因此，明孝宗時繼而收兩道聖旨於《弘治問刑條例》，與律並行。〔註 185〕嘉靖間，針對各地皇陵的保護條例繼續增加，至《嘉靖問刑條例》推出而告底定，此後各朝大致依循未改。

細言之，聖旨與條例的頒行，已直接影響犯案的量刑與審判。如正統八年（1443），「民有盜斫天壽山樹木者，獲之，法司論贖徒」，英宗應是認爲刑

〔註 182〕《條例備考》（嘉靖刊本），工部卷 1，〈嚴陵山之界址〉，頁 34 下。

〔註 183〕《明代律例彙編》，卷 18，〈刑律一・賊盜・盜園陵樹木・嘉靖問刑條例〉，頁 738。主犯問斬部分，復見同書，卷首，〈（嘉靖二十九年定）眞犯死罪・斬罪〉，頁 194。《嘉靖問刑條例》進呈於嘉靖二十九年十二月廿二日（1551 年 1 月 28 日）。

〔註 184〕《明代律例彙編》，卷 18，〈刑律一・賊盜・盜園陵樹木・萬曆問刑條例〉，頁 739。復見同書，卷首，〈（萬曆十三年奏定並新續題）眞犯死罪充軍爲民例〉，頁 201、228～229。《萬曆問刑條例》進呈於萬曆十三年（1585）四月，而此條內容與《嘉靖問刑條例》幾乎完全相同，惟文句順序稍有調整而已。

〔註 185〕《周忠愍公垂光集》，卷 2，〈論正失罰疏〉，頁 11 上。《弘治問刑條例》編訂於弘治十三年（1500），在此之前，弘治二年（1489）鑑於天壽山禁山之後樵牧如故，曾經申明「禁山樵採依正統二年欽降榜例」（英宗聖旨）問罪。詳見《明孝宗實錄》，卷 22，頁 6 上，弘治二年正月丙戌條。另外，正德初年刑部等衙門查開並檢討舊行事例，指出「砍伐山陵樹木者處以極刑」，「皆因情重律輕，故不得不以嚴刑示戒。」見〔明〕費宏等，《明武宗實錄》，卷 25，頁 3 上～下，正德二年夏四月丙戌條。

責過輕，又「命枷於山口示眾」。〔註 186〕九年十二月（1445），景陵神宮監右少監阮菊監守自盜，「擅伐陵樹百餘株私用，事覺，法司論罪應斬」，英宗從之。〔註 187〕自正統二年（1437）下旨重罰盜砍陵樹者後，英宗對此二事件的處置，或許有意形成慣例，凌駕明律原有條文。

英宗之子憲宗朱見深也著意維護皇陵。成化十五年（1479），頒旨維護鳳陽、泗州陵寢後不久，發生天壽山陵樹遭巡山官軍偷砍事件。次年，數名犯案軍人經刑部訊問，擬按「誤盜園陵樹木律」處置，然而憲宗認為其罪當處死，先命以一百五十斤枷號一個月。其間，部分犯人死於枷號之刑，存活者則於刑滿之後獲得憲宗赦免死罪，押發遼東邊衛充軍，家小隨住。同時，憲宗又令都察院申明正統二年英宗聖旨，並以榜文形式於天壽山一帶地方張掛。〔註 188〕憲宗的處置顯然以其稍早的聖旨與英宗舊旨為本，刑度頗重，此次事件則進而化為（成化十六年）條例。〔註 189〕

世宗朱厚熜沿用重懲手段，強化並確立之。嘉靖十七年（1538）十月，巡按直隸御史楊紹芳論擬盜伐皇陵樹木孫紀等罪：如「盜大祀神御物律」斬，家屬仍遵英宗聖旨，發遼東邊衛充軍。都察院議覆，認為山陵樹木生長於野外，不屬「神御在內祭器、帷帳之物」，「所以律擬『盜園陵樹木罪』，止杖一百，徒三年」，不宜比擬前罪。世宗大為不滿，以天壽山陵寢培養林木，關係甚重，英宗特降嚴旨禁治，但近來法令縱弛，肆伐無忌，遂訓斥都察院官員，並裁決此案：

> （賊人）既經御史論死，爾等卻欲寬縱，又不參究該管巡視之人，具以狀對！孫紀等依原擬監候處決，家屬押發遼東邊衛充軍；未獲

〔註 186〕《明英宗實錄》，卷 106，頁 6 下，正統八年秋七月丙子條。

〔註 187〕《明英宗實錄》，卷 124，頁 4 上，正統九年十二月丙辰條。此時間換算西曆，為 1445 年 1 月 19 日。

〔註 188〕詳見〔明〕不著編人，《大明九卿事例案例》（台北：中央研究院傅斯年圖書館藏，明鈔本），不分卷，〈偷砍樹株枷號一個月發邊衛充軍例〉，頁 62 下～64 下（在電子影像檔 176096.tif）。保護鳳陽皇陵的聖旨頒於成化十五年九月四日，盜砍天壽山陵樹事件則發生於同年十二月十九日。另外，明代泗州治所陷於今江蘇淮安市盱眙縣西北洪澤湖中。

〔註 189〕在此之後，成化二十年（1484）有盜伐鳳陽皇陵樹木案，犯者之罪當徒，都察院按「榜例」擬以處死，憲宗有旨貸其死，於近山人眾處枷項一個月，滿日押發浙江沿海衛分充軍。詳見〔明〕傅瀚等，《明憲宗實錄》，卷 251，頁 4 下～5 上，成化二十年夏四月丁卯條。

者，嚴行緝捕，期于必獲，更揭榜申禁。〔註190〕

「盜園陵樹木」與「盜大祀神御物」二律規範本即不同，楊紹芳錯比於前，世宗竟無視於此，惟引正統條例，顯見其加重盜伐陵樹刑責的強烈意志。〔註191〕查照嘉靖二十九年（1550）《問刑條例》相關條文：「若有盜砍樹株者，驗實眞正椿楂，比照『盜大祀神御物』斬罪，奏請定奪。」或許此罰則之更訂，即源於此次事件。

總之，雖言聖旨（或榜文）、條例與律並行，或輔律而行，然則審刑斷案之際，由於條例幾乎等同明律的實施細則，不免以之爲準則，明律條文反居次要地位，當皇帝意念與權力介入時尤其如此。

（三）邊防林木的保護

明初北部邊境，西起甘肅，經寧夏、大同、宣府、大寧等地，迄於遼東，俱建立都司、衛所，鎮以藩王，成爲第一藩籬。又自山西偏頭、雁門等關向東，歷紫荊關、居庸關、喜峰口，直至山海關一帶，「延袤數千餘里，山勢高

〔註190〕詳見《明世宗實錄》，卷217，頁3下～4上，嘉靖十七年十月乙卯條。都察院議覆文如下：「謂大御（應爲『祀』）神御物，皆指神御在內祭器、帷帳之物而言。今山陵樹木雖陵寢護衛之物，然在野所產，較之有間，所以律擬盜園陵樹木罪，止杖一百，徒三年，正以此也。且英宗聖旨但云處以重罪，未有定名。今紀等本以山野愚民，趨利蹈禍，比擬前罪，不無過重。」都察院認爲此案件在犯罪意圖、實際犯情方面並不嚴重，不應牽強比附，處以重刑，只須依律擬罪即可。未料此舉觸怒世宗，或世宗刻意藉此事件確立盜伐陵樹的重罰原則，乃介入獨斷。風波所及，都御史王廷相等引罪，各奪俸一月，都察院首領官兩月。另外，巡按直隸御史「楊紹芳」，紅格鈔本作「楊繼芳」;《明世宗實錄》廣本、閣本，以及《明世宗寶訓》俱作「楊紹芳」，故依此。參見〔明〕呂本等，《明世宗寶訓》(《皇明寶訓》，台北：中央研究院歷史語言研究所，1984年)，卷8，〈正法紀〉，頁17下～18下。

〔註191〕《明代律例彙編》，卷18，〈刑律一・賊盜・盜大祀神御物〉，頁732：「凡盜大祀神祇、御用祭器、帷帳等物，及盜饗薦玉帛、牲牢、饌具之屬者，皆斬。（謂在殿內，及已至祭所而盜者。）其未進神御，及營造未成，若已奉祭訖之物，及其餘官物，皆杖一百，徒三年。若計贓重於本罪者，各加盜罪一等。（謂監守、常人盜者，各加監守、常人盜罪一等。）並刺字。」雷夢麟解釋：「祭器、帷帳，神祇之所御用；玉帛、牲牢、饌具，祀神祇者之所饗薦。御用之物不在殿內，饗薦之儀未至祭所，猶爲未進神御。若在殿內，及至祭所者，不論贓之多寡，但盜者，罪無首從，皆斬。」據此，盜伐園陵樹木，最多僅能比照「其未進神御，及營造未成，若已奉祭訖之物，及其餘官物」部分，刑責恰巧同爲「杖一百，徒三年」，何況其自有專屬條文。顯然，法律不敵世宗皇帝聖旨。前引雷夢麟釋文，見《讀律瑣言》，卷18，〈刑律一・賊盜・盜大祀神御物〉，頁310。

險，林木茂密，人馬不通，實爲第二藩籬。」〔註 192〕雖然北邊山林茂密的地帶攸關國防，但《大明律》中並無保護邊防林木的專門法條，直至明代中葉才有相關條例予以規範。

以特定法令保護北方邊防林木，很可能始於成、弘之際。弘治初年擔任兵部尚書的馬文升（1426～1510）指出，正統朝以前，「邊山樹木無敢輕易砍伐，而胡虜亦不敢輕犯」。然而，成化以後，北京風俗奢侈，官民之家爭起宅第，北邊宣府、大同等地邊防官員也徇私起蓋淫祠、修造宅舍，木材供不應求，導致邊地「應禁樹木」遭到任意砍伐，危害國防安全。因此，兵部曾「節次奏准請給聖旨榜文，發去沿邊張掛，曉諭禁約軍民人等，犯者俱發煙瘴地面充軍。」〔註 193〕

針對北邊山林破壞的問題，兵部採取奏頒聖旨的方式予以禁治，不過其成效顯然不彰，否則不致有「節次奏准事例」。究其原因，「立法在乎上，而行法在乎人」，「各該守臣既不行禁約，又縱人採取」，〔註 194〕執法者違令、玩法，無怪乎聖旨成爲具文。對此，弘治六年（1493）十月，馬文升題請降敕，嚴令大同、山西、宣府、延綏、寧夏、遼東、薊州、紫荊、密雲等處鎮守官員督責下屬推行禁令，並詳訂官員違反法令的刑責。弘治十三年（1500），《弘治問刑條例》編定施行，北方邊防林木的保護首次法條化而納入條例，其具體內容則顯然採取、簡化自馬文升的題疏。在此，表列二者原文以呈現之。

〔註 192〕〔明〕馬文升，《馬端肅公奏議》（台北：中央研究院傅斯年圖書館藏，明嘉靖間刊本），卷 11，〈太子少保兵部尚書臣馬文升等謹題爲禁伐邊山林木以資保障事〉，頁 4 上～下。

〔註 193〕《馬端肅公奏議》，卷 11，〈太子少保兵部尚書臣馬文升等謹題爲禁伐邊山林木以資保障事〉，頁 5 上～6 上。馬文升曾於成化二十一、二十二年間（1485～1486）短暫擔任兵部尚書；弘治二年（1489）二月再度出任，至十四年（1501）十月改任吏部尚書。《明史》稱馬文升「爲兵部十三年，盡心戎務，於屯田、馬政、邊備、守禦，數條上便宜。」參見《明史》，卷 111，〈七卿年表一〉，頁 3432、3434～3437；卷 182，〈馬文升傳〉，頁 4840～4841。

〔註 194〕《馬端肅公奏議》，卷 11，〈太子少保兵部尚書臣馬文升等謹題爲禁伐邊山林木以資保障事〉，頁 6 上。

表 2-2　弘治邊防林木保護條例與馬文升禁伐邊林題疏參照表

《弘治問刑條例》 邊林保護條例全文	馬文升題疏相關內容
一、大同、山西、宣府、延綏、寧夏、遼東、薊州、紫荊、密雲等邊①分守、守備、備禦，并府、州、縣官員，禁約該管官、旗、軍、民人等，不許擅自入山，將應禁林木砍伐販賣。違者，問發南方煙瘴衛所充軍。②若前項官員有犯，軍職俱降二級，發回原衛所、都司，終身帶俸差操；文職降邊遠敘用。③鎮守并副、參等官有犯，指實參奏。④其經過河道，守把官軍容情縱放者，究問治罪。〔註 195〕	（請敕大同、山西、宣府、延綏、寧夏、遼東、薊州、紫荊、密雲等處守臣）查照本部節次奏准事例，①各行所屬分守、守備、備禦等官，并各府、州、縣掌印官員，各要嚴加禁約該管官、旗、軍、民人等，俱不許擅自入山，將應禁林木砍伐販賣。違者，取問如律，俱照榜例，押發南方煙瘴衛所充軍。②其分守、守備、備禦，并府、州、縣官員，敢有私役軍民人等砍伐山木，或起蓋官私房屋，或饋送勢要之人，或令子弟赴京販賣者，事發，參問畢日，軍職俱降二級，發回原衛所、都司，終身帶俸差操，不許管軍、管事；文職俱降邊遠敘用。③鎮守并副、參等官違例擅令軍人，或縱居民砍伐山木者，聽彼處巡撫、巡按，并在京科道官指實劾奏，治以重罪。若巡撫、巡按知而不舉，一體究治。④仍於應禁林木山口、伐木經過河道緊要去處，差委能幹官軍守把。除內外官司奉有明文修理、營造，筏運官木并小木、柴炭，查驗明白，照舊通放外，其餘私自販賣等項大木經過，即便拏送合干上司，依律究問，筏木盡數入官。敢有容情縱放者，事發，俱問受財枉法贓罪，庶法令嚴明，而山林不致其砍伐，險阻不失，而京師實資其保障。〔註 196〕

弘治年間邊防林木保護條例訂立後，爲後續各朝所繼承，《嘉靖問刑條例》〔註 197〕、《萬曆問刑條例》〔註 198〕幾乎無所改動。其間，嘉靖二十七年（1548）刊本《嘉靖新例》別載一道嘉靖二年（1523）刑部題請頒布的聖旨，然全文

〔註 195〕《皇明制書》，問刑條例卷 13，頁 47 上～下；《明代律例彙編》，卷 18，〈刑律一·賊盜·盜園陵樹木·弘治問刑條例〉，頁 737；《正德大明會典》，卷 110，〈兵部五·鎮戍·事例〉，頁 16 上～下。

〔註 196〕《馬端肅公奏議》，卷 11，〈太子少保兵部尚書臣馬文升等謹題爲禁伐邊山林木以資保障事〉，頁 6 上～7 下。馬文升此疏之題奏，見《明孝宗實錄》，卷 81，頁 3 下，弘治六年十月丙子條。

〔註 197〕《明代律例彙編》，卷 5，〈户律二·田宅·盜賣田宅·嘉靖問刑條例〉，頁 490。

〔註 198〕《明代律例彙編》，卷 5，〈户律二·田宅·盜賣田宅·萬曆問刑條例〉，頁 492。《萬曆問刑條例》規定稍有改動：其一，「若前項官員有犯」部分，改爲「文官革職爲民，武官革職差操」，重於舊例。其二，「其經過河道，守把官軍容情縱放者，究問治罪」部分，於「河道」之前加「關隘」二字。另外，砍伐邊方應禁林木者問發南方煙瘴衛所充軍，復見於同書，卷首，〈（萬曆十三年奏定並新續題）眞犯死罪充軍爲民例〉，頁 211。

甚為簡略：

> 朝廷以邊防為重，近邊樹木砍伐盜賣，情犯可惡，都押發南方煙瘴衛所充軍，家小隨住。今後應禁山林樹木地方，及相連之處，著巡撫都御史嚴加禁約。但有遠（應為「違」）犯的，從重治罪，不許輕貸。欽此。〔註199〕

此道聖旨言簡意賅，未詳述規範地區，或許適用於各邊鎮，但其用意應該只在重申與強調前朝禁令，畢竟當時已有《弘治問刑條例》可據。

稍微留意上述歷朝條例與聖旨之內容，可見其規範地區為北部邊鎮，根據條文內容，自東而西依序排列應為：遼東、薊州、密雲、宣府與紫荊（關）、大同與山西、延綏、寧夏，然而西陲重鎮固原、甘肅並未在內。固原與甘肅地區未列入條例，自弘治以迄萬曆皆然，其原因將於本書第五章推論。

另外，諸條例雖然內容大體相同，比附明律條文之處卻有兩種情形。據黃彰健《明代律例彙編》的整理，《弘治問刑條例》、《嘉靖新例》各該條款附於〈刑律・賊盜〉「盜園陵樹木」條後；《嘉靖問刑條例》、《萬曆問刑條例》則改附於〈戶律・田宅〉「盜賣田宅」條之後，其轉變顯然在嘉靖二十九年（1550）重修問刑條例時。條例附律處的更動，顯示其性質的改變：亦即將邊防林木的保護，由類比於陵寢樹木的禁護，改為等同官民產業的維護。〔註200〕沿邊林木為國防武備的一環，與維護帝王家風水較無關聯，但可比為官方所屬的山場產業。是故，此項調整或許較合乎邊防山林的實際性質。

由本章所論明代山林保護的思想、制度及法令等內容，探索與北方沿邊護林的關聯性，可得以下初步結果：首先，在觀念思想方面。出於崇敬山神、樹木，以及維護陵墓風水的觀念，在近邊的山西恒山、北京天壽山皇陵都有利於護林的實際案例；而明人能關注環境變遷，對於山林資源也有由官方管

〔註199〕《明代律例彙編》，卷18，〈刑律一・賊盜・盜園陵樹木・嘉靖新例〉，頁738。黃彰健所引《嘉靖新例》版本，係明人蕭世廷等所編，嘉靖二十七年廣西梧州府知府翁世經刊行，現藏東京大學東方文化研究所。見〈明代律例彙編序〉，頁27。

〔註200〕盜賣田宅律，詳見《明代律例彙編》，卷5，〈戶律二・田宅・盜賣田宅〉，頁485。此條文係針對官民田產、房屋等項產業之遭受盜賣、盜換易、冒認、侵占等侵權行為而訂定，其中，「若強佔官民山場、湖泊、茶園、蘆蕩，及金銀銅場、鐵冶者，杖一百，流三千里」一段，與邊防山林的盜砍與保護最有關係。

理調節（厲禁）、與民共享，並確保不虞匱乏的基本思想。

其次，制度與法令方面。典章中明訂與護林有關的政府部門，中央的工部虞衡、屯田兩司，主管山場、陵墓、柴炭採辦等事務，辨其時禁；地方的州縣官有責植樹，調節山林資源的利用。最爲具體者，則是特別頒訂的天壽山皇陵與邊防林木的保護條例，與沿邊護林直接關涉。至於觀念思想、制度法令在沿邊林木的保護與採伐問題上有何實際影響，將在探討各地情形的後續章節中檢驗呈現。

第三章　林木與北邊防禦戰略

明代官方制定護林的相關法令，北部邊防地帶山林為重要的受保護對象。沿邊林木的保護既與國防安全有關，顯見林木具有軍事防禦的功用。因此，繼論述山林保護的思想、制度和法令之後，本章由國防戰略角度，探討明代的北邊防禦歷史中，基於戰略目的而對林木採取的措施。

首先，概述明代北邊的國防情勢，以及中後期「九邊」各鎮的形成與分布。伴隨國防局勢及戰略的轉變，明政府針對境外和沿邊地區林木所採行的政策與軍事性措施，將接續於後探討。

第一節　國防形勢與邊鎮的形成

一、北邊整體防禦概說

明代北邊的國防規劃，以明朝與蒙古的關係為主軸，隨其情勢流轉而演變。依據田村實造的研究，基於明蒙關係的變化，明代的北邊防禦史可劃分為三個時期：第一時期，自洪武至正統年間（14 世紀後半～15 世紀前半），明朝國力壓制蒙古；第二時期，始於景泰終於嘉靖末年（15 世紀後半～16 世紀後半），蒙古各部族不斷侵擾明朝、威脅京師安全，「九邊」成為防禦蒙古的重心；第三時期，起於隆慶迄於天啓年間（16 世紀後半～17 世紀前半），明蒙和解，開貢互市。〔註 1〕

〔註 1〕田村實造，〈明代の北邊防衛體制〉，收入氏編《明代滿蒙史研究》（京都：京都大學文學部，1963 年），頁 74～76。另一日本學者松本隆晴也採取田村氏明代北邊的軍事佈防，必須溯至開國時期說明。明初，前元勢力被逐出塞外，爲肅清殘餘元軍，朱元璋採取主動出擊、塞外殲敵的積極防禦戰略方針。〔註2〕同時，鞏固邊防，沿邊遍設都司、衛所；內遷邊境蒙漢居民，以防爲北元所乘；又分封諸子爲藩王，命其戍守、巡邊。以洪武晚期的形勢而言，在東北建置以遼陽爲中心的遼東都司，控攝女眞、蒙古等族；燕山山脈以北的大寧等地，建立北平行都司，其西復有隸屬北平都司的開平衛，因而東接遼陽，西聯大同；又在河套以北的東勝置衛築城，東望大同，西南毗連寧夏、甘肅，控制河套（鄂爾多斯）。於是，「自遼以西，數千里聲勢聯絡」，北邊佈置大抵完成。〔註3〕

朱棣靖難篡位，北邊部署一變。永樂元年（1403），改北平行都司爲大寧都司，徙治北直隸保定府（今河北保定市），散置所屬營州等衛於順天府境內，燕山以北大寧地方遂無屯軍戍守，「自是，遼東與宣、大聲援阻絕。」〔註4〕

的分期，並針對第二時期再細部劃分爲五個小期，探討明代中期的北邊防衛，參見氏著，《明代北邊防衛體制の研究》（東京：汲古書院，2001年），頁220～221。

〔註2〕工程兵工程學院《中國築城史研究》課題組，《中國築城史》（北京：軍事誼文出版社，1999年），頁149。另參見林堃輝，《征戰與納降——論明洪武時期的蒙古政策》（台北：中國文化大學史學研究所博士論文，2002年）。

〔註3〕《明史》，卷40，〈地理一・京師〉，頁908；卷91，〈兵三・邊防〉，頁2236；《正德大明會典》，卷108，〈兵部三・職方清吏司・城隍一〉，頁13下～14上、41下～42上；毛佩琦、王莉，《中國明代軍事史》（北京：人民出版社，1994年），頁87～88；毛佩琦、李焯然，《明成祖史論》（台北：文津出版社，1994年），頁142；吳緝華，〈明代東勝的設防與棄防——邊防制度的演變〉，收入氏著《明代制度史論叢》（台北：臺灣學生書局，1971年），下冊，頁333～339；田村實造，〈明代の北邊防衛體制〉，頁78～82；松本隆晴，《明代北邊防衛體制の研究》，頁4～6。開平衛、大寧衛、東勝衛治所，皆位於今內蒙古自治區：開平衛，洪武年間取元上都後開設，在今錫林郭勒盟正藍旗東北閃電河北岸；大寧衛（北平行都司治所），即今赤峰市寧城縣西老哈河北岸大名城；東勝衛，治所即今呼和浩特市托克托縣。

〔註4〕《明史》，卷91，〈兵三・邊防〉，頁2236；毛佩琦、王莉，《中國明代軍事史》，頁88。大寧地區的軍衛建置，最先於洪武二十年（1387）八月設置大寧衛，以將士有罪者往戍；九月，隨即開設「大寧都指揮使司」，以及大寧中、左、右三衛，會州、木榆、新城等衛悉隸之。二十一年（1388）七月，改大寧都司爲「北平行都指揮使司」，置大寧前、後二衛。北平行都司各衛所的建置，實與安置蒙古納哈出部近二十萬降兵、降民有關。參見《明太祖實錄》，卷182，頁8下，洪武二十年閏六月甲戌條；卷184，頁4上，洪武二十年八月辛未條；卷185，頁2上，洪武二十年九月癸未條；卷192，頁2下，洪武二十一年秋

而大寧衛西方的開平衛失去側翼，顯得更突出於關外，難以維持，至宣德五年（1430），遂內徙衛址於宣府獨石堡。大寧都司與開平衛的相繼內撤，原屬後方的宣府、薊州於此後逐漸成爲邊防重鎮。〔註5〕

西北方面，同樣於永樂元年，東勝棄防，衛治徙於畿輔，守備軍馬移入延綏，而衛城遂墟。〔註6〕大同以北，也有撤防措施：山西行都司所屬，位於今內蒙古自治區內的雲川、玉林、鎮虜、宣德等衛，俱南遷長城以內的大同地區。〔註7〕與洪武年間相較，國防線大幅南移，與此相應，一則遷都北京，朱棣親自控制北邊局勢，組織有限出擊，保障正面的安全；二則於甘肅西北建立赤斤蒙古衛、沙州衛和哈密衛，在遼東迤北設置奴兒干都司，進一步鞏固邊防兩翼。〔註8〕

永洪宣時期（1403～1435）明代國力正盛，防線南移的損害尚未明顯化，然而至宣宗末年，邊患漸起。土木之變（1449）後，京軍精銳盡失，北方邊疆則常受侵擾。此後，北邊防禦形勢的主要變化大致爲：東北方面，自正統以後，建州女真的興起，以及朵顏、泰寧、福餘三衛南下據有遼河套、南向侵擾燕北長城，加重遼東和薊州的防衛負擔。西北方面，天順以後，蒙古住牧河套，延綏、寧夏，以及黃河以東的山西偏頭關，直接面臨威脅，軍事地位因而提高。

七月甲申條；《昌平山水記》，卷下，頁 15 上～下；曹樹基，《中國人口史・第四卷・明時期》（上海：復旦大學出版社，2000 年），頁 161～162。因此，永樂元年的措施乃是撤置北平行都司，恢復其大寧都司原稱而遷移防區。

〔註 5〕《明史》，卷 40，〈地理一・京師〉，頁 904、908～909；《明宣宗實錄》，卷 67，頁 2 下～3 上，宣德五年六月癸酉條；頁 5 上，宣德五年六月壬午條；田村實造，〈明代の北邊防衛體制〉，頁 84。開平衛曾於永樂元年徙治京師，改直隸後軍都督府，四年（1406）二月還舊治。宣德五年遷治新築之獨石堡，改屬同年建立於宣府鎮城（治所在今河北張家口市宣化縣）的「萬全都指揮使司」。獨石堡，即今河北張家口市赤城縣北獨石口鎮。

〔註 6〕吳緝華，〈明代東勝的設防與棄防——邊防制度的演變〉，頁 339～344；吳緝華，〈明代延綏鎮的地域及其軍事地位——兼論軍餉的消耗與長城的修築〉，收入氏著《明代社會經濟史論叢》（台北：臺灣學生書局，1970 年），下冊，頁 295～299；田村實造，〈明代の北邊防衛體制〉，頁 84～85。東勝雖然棄守，其地方仍在明軍掌控中，至正統十四年（1449）土木之變後，眞正喪失。

〔註 7〕鄒逸麟，〈明清時期北部農牧過渡帶的推移和氣候寒暖變化〉，收入柏樺主編《慶祝王鐘翰教授八十五暨韋慶遠教授七十華誕學術論文合集》（合肥：黃山書社，1999 年），頁 8～10。鄒逸麟認爲，十五世紀初（永樂之後）大寧、東勝、雲川、玉林等北邊諸衛的內遷，根本原因在於北邊地區氣候轉寒、環境惡化，屯墾已無法維持衛所軍士的基本生活，不得不撤退南遷。

〔註 8〕《中國築城史》，頁 150；松本隆晴，《明代北邊防衛體制の研究》，頁 16～25。

〔註 9〕成化年間（1465～1487）起，明廷的邊防戰略方針，已從積極防禦轉變爲消極防禦，幾乎依賴長城與優勢的火器，實施專守防衛。〔註 10〕在北邊防線內縮，以及邊患日亟的背景下，沿邊重鎮遂陸續增設，「九邊」防禦體系成形。〔註 11〕

圖 3-1　明代九邊簡圖

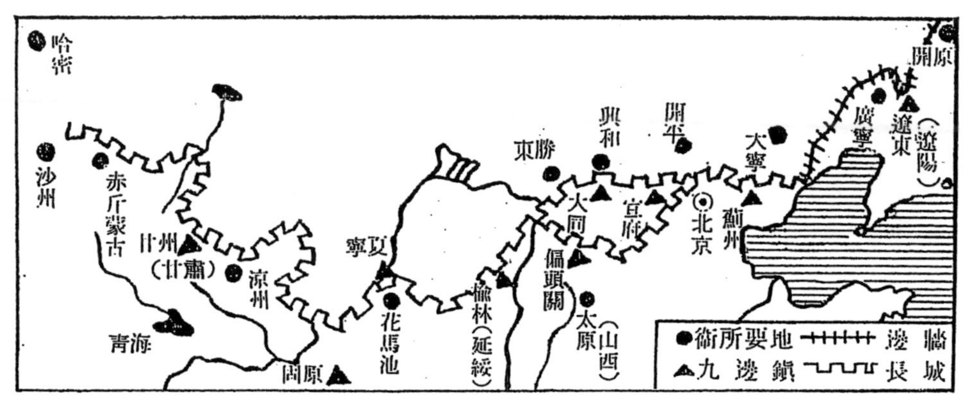

圖片來源：田村實造編，《明代滿蒙史研究》，「明代九邊鎮略圖」，頁 79。

二、北邊各鎮的建置與分布

明代中期以後，北部邊鎮號稱「九邊」，《明史》所謂：「初設遼東、宣府、大同、延綏四鎮，繼設寧夏、甘肅、薊州三鎮，而太原總兵治偏頭，三邊制府駐固原，亦稱二鎮，是爲九邊。」〔註 12〕蓋爲「九邊」之定調。然而，依據學者研究，九邊鎮的成立順序並非如《明史》所載。如以各鎮的鎮守總兵官與巡撫（或總督）都御史的設置時間爲準，九邊自洪武初年開始逐步建立，形成於弘治年間，最後定制於嘉靖初年，其順序爲：初設遼東、甘肅、寧夏

〔註 9〕吳緝華，〈明代東勝的設防與棄防——邊防制度的演變〉，頁 344～348；田村實造，〈明代の北邊防衛體制〉，頁 85～88

〔註 10〕景戎華，〈明代弘治年間的北部邊防〉，收入氏著《追思・俯察・展望——景戎華論文集》（哈爾濱：黑龍江教育出版社，1992 年），頁 121～126；《中國築城史》，頁 150。景戎華論證，成化、弘治年間，歷經余子俊（1429～1489）、馬文升、劉大夏（1436～1516）三任兵部尚書，確立「守爲長策」的總體防禦方針，並成爲明代中後期處置北部邊防的指導思想。

〔註 11〕毛佩琦、王莉，《中國明代軍事史》，頁 88。

〔註 12〕《明史》，卷 91，〈兵三・邊防〉，頁 2235。

三鎮，繼設薊州、大同、宣府、延綏四鎮，山西、固原二鎮最後設置。〔註13〕

其實，明代所設邊鎮不止此數。嘉靖庚戌之變（1550）後，明廷整頓防務，原屬薊州鎮的昌平地方另設提督武臣，護視天壽山陵寢，防守邊關；保定原設鎮守副總兵，至是改設鎮守總兵官。昌平、保定因此成為重鎮。〔註14〕是故，隆慶時（1567～1572）對邊鎮的描述，在上列九邊之外，乃稱：「密雲、昌平、永平、易州俱列戍矣。」〔註15〕

明代中後期北邊諸鎮在整體防禦上，各有其重要性；若以保衛京師的角度而論，則薊州、宣府、大同、山西尤重，其形勢，「宣、大若肩背，薊、晉若肘腋也。」〔註16〕此區域中，山西自太原府保德州黃河岸起，逶邐而東，歷偏頭關，抵老營堡盡境，轉向東北，先後接大同、宣府、薊州邊境線，稱為「極邊」，或謂「外邊」。自山西老營堡轉南而東，歷寧武、雁門等關隘，至平刑關盡境，即達太行山脈，由此轉南向東，為保定鎮的龍泉、倒馬、紫荊諸關；再往東北，則至昌平鎮的白羊口、居庸關。此一線，「皆峻山層岡，險在內者也，所謂『次邊』也」，又稱為「內邊」。「要之，內、外二邊，皆所

〔註13〕范中義，〈明代九邊形成的時間〉，《大同高等專科學校學報（綜合版）》，1995年4期，頁25～28。另參見田村實造，〈明代の北邊防衛體制〉，頁88；松本隆晴，《明代北邊防衛體制の研究》，頁222；蕭立軍，〈九邊重鎮與明之國運——兼析明末大起義首發於陝的原因〉，《天津師大學報》，1994年2期，頁53。

〔註14〕詳參《四鎮三關誌》，卷1，〈建置考·昌鎮建置·沿革〉，頁63下；〈建置考·眞保鎮建置·沿革〉，頁71下；《（萬曆）大明會典》，卷126，〈兵部九·鎮戍一·將領上〉，頁8下、14下～15上；《明世宗實錄》，卷378，頁4上，嘉靖三十年十月甲戌條；〔明〕馮惟敏等，《保定府志》（台北：國家圖書館藏，明隆慶五年刊、萬曆三十五年增補本），卷9，〈職官表下·鎮守總兵官〉，頁1上。

〔註15〕《典故紀聞》，卷18，頁332。早在弘治間，已有「大同、山西、宣府、延綏、寧夏、遼東、薊州、紫荊、密雲等邊」的說法，參見《正德大明會典》，卷110，〈兵部五·鎮戍·事例〉，頁16上；《明代律例彙編》，卷18，〈刑律一·賊盜·盜園陵樹木·弘治問刑條例〉，頁737。其實，除昌平於嘉靖中獨立稱鎮外，密雲、永平俱轄於薊州鎮。而易州或紫荊，皆在保定鎮轄區，在此則為保定鎮之代稱。詳見《正德大明會典》，卷110，〈兵部五·鎮戍〉，頁1下、4上；《（萬曆）大明會典》，卷126，〈兵部九·鎮戍一·將領上〉，頁1下～10下、14下～17上。

〔註16〕〔清〕查繼佐，《罪惟錄》（杭州：浙江古籍出版社，1986年），志卷12，〈九邊志總論〉，頁746。《明史》〈戚繼光傳〉稱：「自嘉靖庚戌俺答犯京師，邊防獨重薊。增兵益餉，騷動天下。復置昌平鎮，設大將，與薊相脣齒。」見《明史》，卷212，〈戚繼光傳〉，頁5616。

以扞蔽燕、晉，保障黔黎。」〔註 17〕

北邊重鎮因所處地理位置不同，建立的背景亦異。以下，按地理分布，自東而西，分別簡述各鎮的設置歷程。

（一）遼東鎮

遼東鎮是明代最早成立的邊鎮之一，初建於洪武年間。〔註 18〕洪武四年（1371），繼平定陝西、四川等地後，朱元璋集中力量經略遼東，至洪武二十年（1387）納哈出降服，並征進松花江等地區後，大抵鞏固對遼東的掌控。此期間，於遼陽城（今遼陽市老城）開設遼東都指揮使司，下轄諸衛所與二州，採軍政合一方式統治遼東地區；〔註 19〕又設總兵官駐箚廣寧城（今遼寧錦州市北鎮市），鎮守遼東，遂有遼東鎮之稱。〔註 20〕

永樂初，在洪武朝對遼東經營的基礎上，繼續向東北進行招撫，先後於鄂嫩河、松花江、黑龍江、烏蘇里江、圖們江等流域，乃至於庫頁島等地區設立百餘衛所，並在黑龍江下游開設奴兒干都指揮使司，作爲統管此一廣大地面的地方權力機構。〔註 21〕永洪宣時期（1403～1435），明廷以遼東都司爲後援，不定期遣官巡視、招撫、賞賜奴兒干各處部落，〔註 22〕由此「互市通貢，事雖羈縻，勢成障蔽，是以疆場無迤北之患。」〔註 23〕

〔註 17〕詳見〔明〕翁萬達撰，朱仲玉、吳奎信校點整理，《翁萬達集》（上海：上海古籍出版社，1992 年），文集卷 10，〈集眾論酌時宜以圖安邊疏〉，頁 296～297。上述「內邊」山險林密，早於翁萬達（1498～1552）的馬文升亦曾謂：「自偏頭、雁門、紫荊，歷居庸、湖（潮）河川、喜峰口，直至山海關一帶，延袤數千餘里，山勢高險，林木茂密，人馬不通，實爲第二藩籬。」馬文升描述的「第二藩籬」，即爲翁萬達所謂「內邊」，加上自居庸關東延的薊州一線（翁氏稱之爲「外邊」）。見《馬端肅公奏議》，卷 11，〈太子少保兵部尚書臣馬文升等謹題爲禁伐邊山林木以資保障事〉，頁 4 下。

〔註 18〕范中義，〈明代九邊形成的時間〉，頁 25。

〔註 19〕楊暘，《明代遼東都司》（鄭州：中州古籍出版社，1988 年），頁 1～42；楊暘，《明代東北史綱》（台北：臺灣學生書局，1993 年），頁 6～18。

〔註 20〕《四鎮三關誌》，卷 1，〈建置考・遼鎮建置・沿革〉，頁 74 上。

〔註 21〕楊暘主編，袁閭琨、傅朗云編著，《明代奴兒干都司及其衛所研究》（鄭州：中州書畫社，1982 年），頁 39～71；楊暘，《明代遼東都司》，頁 39～45；《明代東北史綱》，頁 130～168。

〔註 22〕楊暘等，《明代奴兒干都司及其衛所研究》，頁 72～83；楊暘，《明代遼東都司》，頁 45～62。

〔註 23〕〔明〕魏煥，《皇明九邊考》（《四部叢刊續編》11，台北：臺灣商務印書館，1976 年），卷 2，〈遼東鎮・經略考〉，頁 17 上。

明朝國力達到鼎盛，蒙古勢力亦逐漸恢復。最遲於正統初年，遼東西北面的朵顏、泰寧、福餘三衛已南下住牧遼河以西的遼河套地區，屢有侵擾。東北面的女真勢力亦茁壯，逐漸構成威脅。至於奴兒干都司轄區，明廷管理的積極度，隨國力下降而逐漸減退，控制力不復早期穩固。〔註24〕

（二）薊州鎮

「薊州一邊，拱衛京師，密邇陵寢，比之他邊尤重。」洪武初，逐退元廷勢力，設置北平行都司及衛所，「外山連絡，與遼東、宣府東西並列爲外邊；命魏國公徐達于內，西自古北口，東至山海關，增修關隘一道爲內邊」，〔註25〕是爲薊州設防的由來。自永樂初內徙大寧都司，「止守內邊」一線，鎮守總兵官可能開設於此際，最遲則不晚於天順、成化間。〔註26〕

嘉靖二十九年（1550），俺答南犯，兵臨北京城，史稱「庚戌之變」。事後，爲強化首都防衛，乃於昌平州（今北京市昌平區）先設提督都督一員，至嘉靖三十九年（1560）改爲鎮守總兵官，昌平鎮因而設立。〔註27〕昌平鎮實自薊州鎮劃分、獨立而出，若將薊、昌二鎮合論，則轄境東起山海關，西至鎮邊城，〔註28〕即以燕山山脈、軍都山爲防線。雖然薊州、昌平別爲二鎮，本書將其合爲同一區域，以便於討論。

（三）宣府鎮與大同鎮

宣府，在北京西北，居庸關外，洪武年間，陸續於此設置衛所。當時開

〔註24〕楊暘，《明代東北史綱》，頁223～224；叢佩遠，《中國東北史》（第三卷，長春：吉林文史出版社，1998年），頁603～607。

〔註25〕《皇明九邊考》，卷3，〈薊州鎮・疆域考〉，頁1上～下。

〔註26〕范中義，〈明代九邊形成的時間〉，頁25～26。

〔註27〕胡漢生，《明十三陵》（北京：中國青年出版社，1999年），頁359～360。

〔註28〕隆慶初年，時人將昌平鎮納入薊州鎮併論。如隆慶三年（1569），兵部編撰《九邊圖說》，昌平鎮未在九邊之列，而附於薊鎮。〈薊鎮圖說〉所載「鎮守總兵官二員，一駐三屯營，一駐昌平州」，前者爲薊鎮總兵官，後者即昌鎮總兵官。參見〔明〕兵部編，《九邊圖說》（《玄覽堂叢書・初輯》5），〈薊鎮圖說〉，頁30上。此外，隆慶元年（1567）賞軍給事中鄭大經稱：「薊昌一鎮十路，東起石門寨，西抵鎮邊城，總計二千三百餘里。」隆慶二年（1568），總督薊遼保定軍務兵部左侍郎曹邦輔（1503～1575）則稱：「薊鎮西起鎮邊城，東至山海關，延長二千餘里。」二者皆薊昌合論之例。以上分別參見《四鎮三關誌》，卷7，〈制疏考・薊鎮制疏・賞軍給事中鄭大經請行邊大臣經略薊昌關隘疏略〉，頁152下；〈制疏考・總督曹邦輔巡撫劉應節條陳疏略〉，頁158下。鎮邊城在今北京市昌平區西境。

平衛、大寧都司在北，故「與遼東為唇齒」，聲勢相通。「後自大寧、興和淪棄異域，開平孤懸難守，莫可犄角，乃移衛獨石，而宣遼聲援遂絕。」永樂七年（1409），置鎮守總兵官，佩鎮朔將軍印，駐箚宣府城，始稱「宣府鎮」。宣德五年（1430），開平衛移治的同年，復設立軍政機構「萬全都指揮使司」，統轄宣府地區各衛所。〔註 29〕

大同，在山西北部，為府，領四州七縣。洪武初年，在此設置「山西行都指揮使司」，統攝大同府及其以北，乃至東勝衛所在的廣泛地區。永樂時，東勝棄防，大同以北諸衛南撤，山西行都司轄區縮減，遂與大同府範圍相近。〔註 30〕大同地區，明初多以勳臣充大將軍鎮守，略地建城；約在永樂十二年（1414），始設鎮守總兵官，於是大同稱鎮。〔註 31〕

（四）保定鎮

自居庸關循太行山脈南下，經白羊口、鎮邊城，入保定府境，歷紫荊、倒馬、龍泉等關隘，「皆峻山層岡，險在內者也」，即明代所謂「內邊」之一。〔註 32〕洪武年間，屬北平都指揮使司轄區，此後的設防沿革，則有數次關鍵性發展。

永樂元年（1403），改北平行都司為大寧都司，徙治保定府，同時調整並新設轄下衛所，承擔附近地區防務。〔註 33〕正統十四年（1449），也先自紫荊關等

〔註 29〕《宣府鎮志》，卷 1，〈制置考〉，頁 29 上～31 上；卷 2，〈詔命考〉，頁 42 上；〔明〕楊時寧，《宣大山西三鎮圖說》（《玄覽堂叢書．初輯》4），〈宣府鎮圖說〉，頁 6 上～下、11 下；范中義，〈明代九邊形成的時間〉，頁 26。宣府，本秦漢上谷郡，元代為宣德府（順寧府），明初因元舊名而稱之，實非府也。洪武年間，先後設置開平衛、興和、懷來守禦千户所、宣府前左右三衛、萬全左右二衛、懷安衛等，俱隸北平都指揮使司。永樂以後，衛所又有增置：十六年（1418），裁革北平都司，諸衛所遂直隸後軍都督府，直至萬全都司設立。宣府地區除實土衛所之外，又有直隸隆慶州（延慶州）與屬縣永寧縣，以及直隸保安州。

〔註 30〕《明史》，卷 41，〈地理二．山西〉，頁 967、970～974。大同，秦漢置雲中郡，元為大同路，明代改為大同府。見《宣大山西三鎮圖說》，〈大同鎮圖說〉，頁 2 上。

〔註 31〕范中義，〈明代九邊形成的時間〉，頁 26；〔明〕張欽，《大同府志》（大同：大同市地方志辦公室，1987 年），卷 9，〈宦迹．總帥〉，頁 176；〔明〕王士琦，《三雲籌俎考》（《四部叢刊續編》19），卷 3，〈險隘考．大同總鎮圖說〉，頁 7 下；〈險隘考．大同鎮城〉，頁 32 上；《宣大山西三鎮圖說》，〈大同鎮圖說〉，頁 2 下。

〔註 32〕《翁萬達集》，文集卷 10，〈集眾論酌時宜以圖安邊疏〉，頁 296～297。

〔註 33〕《保定府志》，卷 2，〈地理圖志〉，頁 69 上；卷 9，〈職官表下．大寧都司〉，頁

處入犯北京，事後乃設置守備官，增添守軍，持續強化紫荊等關防務。〔註 34〕而不時差遣都御史巡撫、防守的辦法，至成化八年（1472）亦成爲定制，以都御史巡撫北直隸保定、眞定等府，提督紫荊、倒馬、龍泉等關。〔註 35〕至於保定與附近各關鎮戍將領的設置，原本變動不常，彼此間亦欠缺統屬關係。嘉靖二十年（1541），由於俺答侵襲山西腹裏州縣，紫荊等關有警，乃添設各關參將，並以鎮守保定副總兵統攝之。〔註 36〕二十九年（1550），因俺答犯京，遂改副總兵爲鎮守總兵官，「自此控扼燕薊，雄鎮千里，屹然一大藩鎮矣。」〔註 37〕

（五）山西鎮

所謂山西三關，以狹義言，蓋指山西太原府北境，自西而東的偏頭、寧武、雁門三關；以廣義說，不但包含三關各屬之沿邊隘口、營堡，同時又是「山西鎮」之代稱，因此又云「三關鎮」。

偏頭、寧武、雁門三關所在之地，自明初即開設衛所或屯堡，據險爲守。

---

6 上；《四鎮三關誌》，卷 1，〈建置考・眞保鎮建置・沿革〉，頁 70 下～71 上。

〔註 34〕《保定府志》，卷 2，〈地理圖志〉，頁 69 上；卷 14，〈政事志下〉，頁 8 下、9 下；〔明〕王士翹，《西關志》（北京：北京古籍出版社，1990 年），紫荊關卷 1，〈沿革〉，頁 277～278；倒馬關卷 1，〈沿革〉，頁 415～416；《四鎮三關誌》，卷 1，〈建置考・眞保鎮建置・沿革〉，頁 71 下。

〔註 35〕《保定府志》，卷 14，〈政事志下〉，頁 8 下～11 下；《（萬曆）大明會典》，卷 209，〈都察院一・督撫建置〉，頁 11 下～12 上。成化八年，北直隸從居庸關中分爲二巡撫，除定設整飭薊州等處邊備兼巡撫順天、永平二府都御史外，並專設都御史駐眞定府，巡撫保定、眞定、河間、順德、大名、廣平六府，提督紫荊、倒馬、龍泉等關。紫荊關，在今河北保定市易縣西北；倒馬關，在今河北保定市唐縣西北；龍泉關，在今河北保定市阜平縣西北。

〔註 36〕《西關志》，紫荊關卷 4，〈官司・鎮守副總兵〉，頁 317；《保定府志》，卷 9，〈職官表下・鎮守總兵官〉，頁 1 上。鎮戍將領的增置，乃「撫按會題紫荊、倒馬、故關各添設參將一員，議將保定分守副總兵改陞鎮守副總兵，統攝三關參將，及大寧都司附近各衛所，俱聽節制。」故關，在今山西陽泉市平定縣東北，接河北石家莊市井陘縣界，屬太行八陘之「井陘口」，萬曆初年改名「固關」。故關參將，統轄龍泉關、故關，及順德府所屬隘口，又稱爲「龍故（固）參將」。參見《西關志》，故關卷 1，〈沿革〉，頁 512～513；《四鎮三關誌》，卷 2，〈形勝考・眞保鎮形勝・疆域〉，頁 8 上；《（萬曆）大明會典》，卷 126，〈兵部九・鎮戍一・將領上〉，頁 15 上。

〔註 37〕《保定府志》，卷 9，〈職官表下・鎮守總兵官〉，頁 1 上；《四鎮三關誌》，卷 1，〈建置考・眞保鎮建置・沿革〉，頁 71 下。嘉靖三十三年（1554），又添設馬水口參將一員。馬水口，在今河北保定市易縣西北。參見《（萬曆）大明會典》，卷 126，〈兵部九・鎮戍一・將領上〉，頁 15 上；《四鎮三關誌》，卷 7，〈制疏考・眞保鎮制疏・巡撫都御史艾希淳議處要害疏略〉，頁 299 上。

洪武間，北有山西行都司，其轄境遠達大同以北，西北河套地方又有東勝衛，因此三關位居內地，未爲要害。自永樂以後，北邊內縮；土木之變後，東勝淪喪，三關乃獨當其衝。惟當時蒙古勢力尚未全然南下，故防守猶易。自弘治間蒙古部落入據河套後，不時侵犯，入邊擄掠，三關重要性驟升，防備乃逐步增強。〔註 38〕

山西太原防務，原以巡撫山西都御史駐箚雁門關，鎮守山西副總兵官駐箚偏頭關，臨邊督防。嘉靖間，俺答屢寇山西，三關不能禦。〔註 39〕尤其嘉靖二十、二十一年（1541、1542），接連大舉入犯，越三關直至山西南部，全省騷動。〔註 40〕有鑑於此，改副總兵爲鎮守總兵官，駐箚三關適中之地寧武關，添設沿邊分守參將，加重防守力量。〔註 41〕嘉靖後期，復於巡撫山西都御史之下，增添兵備道官，分地監督，防備益密。〔註 42〕由是，三關「雖太原北境要害之地，與眞定相爲唇齒，非惟山西重鎮，而畿輔之地，安危係焉。」〔註 43〕

〔註 38〕《皇明九邊考》，卷 6，〈三關鎮・保障考〉，頁 1 上；《宣大山西三鎮圖說》，〈山西鎮總圖說〉，頁 2 上～下。

〔註 39〕《皇明九邊考》，卷 6，〈三關鎮・保障考〉，頁 2 上～下。另外，《三關誌》稱，宣德四年（1429）置「鎮守總兵」於偏頭關，應爲「鎮守副總兵」之誤。見〔明〕廖希顏，《三關誌》（《續修四庫全書》史部 738），〈偏頭關地里總考〉，頁 1 下。

〔註 40〕《四鎮三關誌》，卷 7，〈制疏考・眞保鎮制疏・楊恪愍公守謙紫荊考略〉，頁 376 上；《宣大山西三鎮圖說》，〈山西鎮總圖說〉，頁 2 下。

〔註 41〕《（萬曆）大明會典》，卷 126，〈兵部九・鎮戍一・將領上〉，頁 25 下～27 上。鎮守山西總兵官改設於嘉靖二十年，除駐箚寧武關，「防秋，移駐陽方口；防冬，移駐偏（頭）關。」嘉靖四十四年（1565），又添設協守副總兵官一員，專駐偏頭關，萬曆時改駐老營堡。另外，范中義以弘治十三年（1500）定設之鎮守山西副總兵，其職責已與總兵官相同，可視爲山西設鎮之時。參見氏撰，〈明代九邊形成的時間〉，頁 27。

〔註 42〕有關巡撫山西都御史，及其所轄兵備道官設置沿革，詳參〔明〕李攀龍，〈新設寧武兵備道題名記〉，收入〔明〕不著撰人，《崇禎・山西通志》（台北：漢學研究中心，據日本內閣文庫藏明崇禎二年刊本影印），卷 28，頁 47 上～48 下；《（萬曆）大明會典》，卷 126，〈兵部十一・鎮戍三・督撫兵備〉，頁 5 下～6 上；卷 209，〈都察院一・督撫建置〉，頁 13 上；《皇明九邊考》，卷 6，〈三關鎮・責任考〉，頁 3 上～5 上。巡撫山西都御史，全稱「提督雁門等關兼巡撫山西地方都御史」，蓋提督雁門、寧武、偏頭三關兵備，駐省城太原，並鎮守雁門，後改秋冬暫駐寧武關，就近調度。下轄山西地方六兵備道官。其中，三關邊備，原只以「雁門兵備」一道整飭，而「岢嵐兵備」協理之。後數度調整，遂有「雁平」、「寧武」、「岢嵐」三道，分理雁門、寧武、偏頭地方兵備。

〔註 43〕《皇明九邊考》，卷 6，〈三關鎮・疆域考〉，頁 1 上。魏煥又稱：「三關疆域，

（六）延綏鎮

延綏，蓋指陝西延安府綏德州，乃至整個延安府轄區而言，其地位處陝北，西接寧夏鎮，北臨河套（今內蒙古鄂爾多斯高原），東以黃河與山西太原、平陽府分界。洪武年間，明廷在河套外的黃河北岸東勝地區設官置衛，築城佈防，當時延綏係屬內地，並非邊防要區。永樂元年（1403），東勝棄守，然河套仍在明軍掌握中。正統時（1436～1449），因應河套邊患漸起，延綏防務逐步增強，約至天順二年（1458），設置鎮守延綏總兵官，駐劄綏德州，延綏自此稱鎮。

天順時期（1457～1464），蒙古部落開始進入河套水草豐美之地遊牧，擾掠延綏等地。至成化初，勢力茁壯，大舉寇邊，明廷遂有搜河套、復東勝之議，但始終未行。成化七年（1471），於綏德州西北之榆林堡設置榆林衛。九年（1473），在巡撫延綏都御史佘子俊的主持下，興築延綏長城；同時，有紅鹽池之捷，河套蒙古部落遠徙，而後鎮治北徙榆林，是故延綏鎮又名「榆林鎮」。好景不常，自弘治中蒙古火篩部南下住牧後，河套遂失，雖然其後屢有「復套」之議，終明之世未嘗實踐，僅能據牆為守。〔註44〕

（七）寧夏鎮

寧夏也是明代開設較早的軍鎮之一。洪武三年（1370），設寧夏府，不數年撤廢，改置寧夏衛等衛所，駐軍屯守，洪武年間已成重要防區。建文四年（1402），朱棣奪位不久，隨即派設鎮守寧夏總兵官，為寧夏鎮之始建。〔註45〕

所係非輕，與宣大並稱重鎮。」隆慶間，俺答款貢後，邊情趨緩，但明廷反藉此時機大力修邊，整頓各邊軍馬。三關亦不例外，其「守日益戒嚴」，於沿線險隘處所，「塹山湮谷，增高益深。」參見《宣大山西三鎮圖說》，〈山西鎮總圖說〉，頁2下。

〔註44〕以上內容參見：〔明〕許論，《九邊圖論》（《四庫禁燬書叢刊》史部21），〈榆林論〉，頁14上；《皇明九邊考》，卷7，〈榆林鎮·經略考〉，頁10上～下；《九邊圖說》，〈延綏鎮圖說〉，頁99下；〔明〕張燧，《經世挈要》（《四庫禁燬書叢刊》史部75，據山東大學圖書館藏明崇禎六年傅昌辰刻本影印），卷5，〈榆林·榆林事宜〉，頁22下～23上；〔清〕譚吉璁，《康熙·延綏鎮志》（《四庫全書存目叢書》史部227），卷1之3，〈地理志〉，頁1上～下、14下～16下；吳緝華，〈明代東勝的設防與棄防——邊防制度的演變〉，頁334～348；吳緝華，〈明代延綏鎮的地域及其軍事地位——兼論軍餉的消耗與長城的修築〉，頁294～305；艾沖，《明代陝西四鎮長城》（西安：陝西師範大學出版社，1990年），頁2～4、20～25。綏德州，今為陝西榆林市綏德縣；榆林衛，治所在今榆林市榆陽區。明代延安府轄區，相當於今陝西延安、榆林二市範圍。

〔註45〕〔明〕楊壽等纂修，《朔方新志》（台北：國家圖書館藏，明萬曆四十五年刊本），卷1，〈建置沿革〉，頁1上～下；卷2，〈內治·官制〉，頁12下；《皇

寧夏鎮防區，東起花馬池，西北倚賀蘭山爲固，西南盡於寧夏中衛，又憑黃河爲險，被稱爲「四塞之地」。黃河自西南流入，向東北流出，中穿轄境，因此寧夏鎮有「河西」、「河東」之分。成化之前，邊患多在河西，布防重點在於賀蘭山以西的蒙古部落；自河套多事，成化間乃修繕河東邊牆以防禦。弘治中，河套爲火篩所據後，「而河東三百里間，更爲敵衝。」〔註 46〕

（八）固原鎮

固原鎮，因開設於陝西平涼府固原州而得名。明代前期，此地區號稱腹裏，唯有每年冬季黃河封凍，陝西官軍才需布防於臨河的鞏昌府迭烈遜巡檢司附近。天順、成化以後，河套蒙古諸部頻繁南寇，越寧夏、延綏而深入固原等地，成化五年（1469）固原衛即因此設置。弘治中，「火篩入掠之後，遂爲虜衝。」於是，弘治十五年（1502）陞平涼府開城縣爲固原州，設陝西三邊總制府於城中，統轄固原衛、靖虜衛、蘭州衛、甘州中護衛，並分設參將、遊擊、守備等官。「東顧榆林，西顧甘肅，與寧夏爲唇齒，稱巨鎮云。」〔註 47〕

固原鎮創設之初，以防禦蒙古爲務，其防區大致爲自東而西的環縣、固原、靖虜、蘭州一帶，主要在固原州城北面。正德元年（1506），調原居西安的鎮守陝西總兵官駐箚固原城，專掌本鎮防務，因此又稱爲「陝西鎮」。後來，固原鎮又增轄位於陝西西南部，控攝藏族等少數民族的河州、洮州、岷州三衛，以及西固城、階州、文縣三守禦千戶所，防區大幅擴展。固原鎮遂被稱

明九邊考》，卷 8，〈寧夏鎮・疆域考〉，頁 1 下；艾沖，《明代陝西四鎮長城》，頁 5～6、63；范中義，〈明代九邊形成的時間〉，頁 27。

〔註 46〕《九邊圖論》，〈寧夏論〉，頁 18 上～下、20 下；《皇明九邊考》，卷 8，〈寧夏鎮・疆域考〉，頁 1 下；《九邊圖說》，〈寧夏鎮圖說〉，頁 121 下；艾沖，《明代陝西四鎮長城》，頁 64、66、68～70。花馬池，即今寧夏吳忠市鹽池縣；寧夏中衛，治所在今吳忠市中衛縣。

〔註 47〕《九邊圖論》，〈固原論〉，頁 26 上；《皇明九邊考》，卷 10，〈固原鎮・疆域考〉，頁 1 上～下；《九邊圖說》，〈固原鎮圖說〉，頁 140 下；《（萬曆）大明會典》，卷 130，〈兵部十三・鎮戍五・各鎮分例二〉，頁 14 上；《明孝宗實錄》，卷 187，頁 9 下，弘治十五年五月丙申條；《明史》，卷 42，〈地理三・陝西〉，頁 1008、1013；艾沖，《明代陝西四鎮長城》，頁 9～11、149～150；范中義，〈明代九邊形成的時間〉，頁 27～28。固原州，仍隸平涼府，治所即今寧夏固原市原州區。靖虜衛，治所即今甘肅白銀市靖遠縣，迭烈遜巡檢司則在其治所之北。蘭州屬陝西臨洮府，蘭州衛與州同城，治所即今甘肅蘭州市。甘州中護衛，原在甘肅甘州城，建文元年（1399）隨肅王遷入蘭州。此外，固原衛原爲固原守禦千户所，景泰三年（1452）設於故「原州城」。成化三年（1467），徙平涼府開城縣治於此（固原城）；五年（1469），固原衛設置後，衛、縣乃同駐一城。

爲「番胡要害之地」，實「非獨爲套虜設，西番亦賴控制。」〔註 48〕至萬曆二十六年（1598），明軍奪取蘭州以北、靖虜西北，原爲蒙古部落控制的大、小松山地區，由固原、甘肅二鎮劃界分守之，固原鎮西北的防線遂自靖虜、蘭州沿河一線北移。〔註 49〕

（九）甘肅鎮

甘肅鎮，相當於今甘肅省黃河以西，與青海省東北部等地區。洪武五年（1372），明軍攻取元甘肅行省的河西走廊地區後，罷廢行省，棄敦煌，畫嘉峪關爲界，境內設置甘肅、莊浪、西寧等實土衛所；境外別置哈密等羈縻衛所以爲藩籬。

洪武二十五年（1392），明廷考量宜以重臣鎮服邊陲，於是定設鎮守甘肅總兵官；次年（1393），陝西行都指揮使司治所自莊浪衛城徙於甘州城，管轄甘肅諸衛所，遂固定爲管理甘肅地區的最高軍政單位。重鎮建立，史稱：「西控西域，南隔羌戎，北蔽胡虜，實爲西陲孤懸絕塞。」〔註 50〕

上述北邊各鎮，自明初至明中葉陸續建立，形成以九邊爲主體的防禦體系。然而，九邊的成立，其背景卻是明代國力衰退、邊防線內縮的事實，也是國防改採守勢的結果。

〔註 48〕《皇明九邊考》，卷 10，〈固原鎮・保障考〉，頁 2 下；〈固原鎮・經略考〉，頁 17 下；《九邊圖説》，〈固原鎮圖説〉，頁 140 下、141 下～142 上；《經世挈要》，卷 5，〈固原・固原邊政〉，頁 15 下～16 上；艾沖，《明代陝西四鎮長城》，頁 11、16～17、138～139。環縣，明屬陝西慶陽府，今屬甘肅慶陽地區。河州衛，治所即今甘肅臨夏回族自治州臨夏市區；洮州衛，治所在今甘肅甘南藏族自治州卓尼縣東北新城鎮；岷州衛，治所即今甘肅定西地區岷縣。西固城千户所，治所即今甘肅甘南藏族自治州舟曲縣；階州千户所，治所即今甘肅隴南地區武都縣；文縣千户所，治所即今甘肅隴南地區文縣。另外，至嘉靖晚期，俺答所部徙入青海湖地區遊牧，對固原鎮西陲造成威脅，河州衛的防禦因而加重。

〔註 49〕艾沖，《明代陝西四鎮長城》，頁 106、141～142。大、小松山地區，大致在今甘肅白銀市景泰縣境。

〔註 50〕《九邊圖論》，〈甘肅論〉，頁 21 上～下；《皇明九邊考》，卷 9，〈甘肅鎮・保障考〉，頁 2 下；《九邊圖説》，〈甘肅鎮圖説〉，頁 251 下；《（萬曆）大明會典》，卷 130，〈兵部十三・鎮戍五・各鎮分例二〉，頁 15 上；《明史》，卷 42，〈地理三・陝西〉，頁 1013～1016；艾沖，《明代陝西四鎮長城》，頁 7～9；范中義，〈明代九邊形成的時間〉，頁 27。甘肅衛，洪武五年置於甘州城（今甘肅張掖市），二十五年（1392）裁撤。至洪武末，甘州城另有甘州左、右、中、前、後五衛，同城共治。莊浪衛，治所即今甘肅蘭州市永登縣。西寧衛，治所即今青海西寧市。

第二節　北邊境外的燒荒與樵採

明代中後期的國防戰略由積極防禦轉爲消極防禦，防衛性的方針、措施遂成爲邊備考量重點。在各類邊備事項中，本書關注與邊境內外山林樹木有關的防禦措施。事實上，明政府曾在北邊不同地帶，採取以林木爲對象或工具的不同防禦手段。本節將先考察施加於邊境外的「燒荒」措施，及禁止私自出邊樵採的政策。

一、燒荒政策

（一）燒荒政策的形成

明人有謂：「燒荒，乃祖宗舊制，防邊禦虜，寔不可易之經。」〔註 51〕「燒荒」的含義與規定，《正德大明會典》明載，弘治十三年（1500）奏准：

> 凡每歲七月，本（兵）部請勑各邊，遣官軍往虜人出沒之地，三五百里外，乘風縱火，焚燒野草，以絕胡馬，名曰「燒荒」。事畢，以撥過官軍、燒過地方，造冊繳奏。〔註 52〕

據此，「燒荒」爲一種軍事防禦手段，明軍於秋季草長時節，出境焚燒野草，欲使逐水草而居的蒙古等部落，無法南下駐牧，進而阻絕其南侵。

若依正德《會典》所載，明代的燒荒政策似乎制定於弘治十三年，其實早於永樂初年已開始實施。永樂五年（1408）十二月，鎮守大同的江陰侯吳高奏請焚燒邊境野草，明成祖朱棣准奏，並於敕諭中叮囑：

> 爾奏沿邊草盛欲焚之，最當。第慮旁近未知，或生疑怪，且巡徼軍馬倉卒難避，屯堡、房舍將有所損，須預報之使備。〔註 53〕

〔註 51〕〔明〕楊博，《楊襄毅公本兵疏議》（《續修四庫全書》史部 477，據浙江圖書館藏明萬曆十四年師貞堂刻本影印），卷 23，〈覆宣大巡按御史劉良弼議燒荒優家丁疏〉，頁 41 下。

〔註 52〕《正德大明會典》，卷 110，〈兵部五・鎮戍・事例〉，頁 17 下。同一段內容，《（萬曆）大明會典》改爲「正統十四年令」，而非弘治十三年奏准事例，見該書，卷 132，〈兵部十五・鎮戍七・各鎮通例〉，頁 4 下。

〔註 53〕〔明〕張輔等，《明太宗實錄》，卷 74，頁 1 上，永樂五年十二月癸巳條。永樂五年十二月癸巳日，爲西曆 1408 年 1 月 11 日。關於明代的燒荒措施，毛佩琦已先據《明太宗實錄》此段記載，指出「這當是燒荒之始」。松本隆晴也採毛佩琦的說法，論述燒荒與北邊防衛的關係。其後，邱仲麟再次考證，仍得燒荒始於永樂五年的結果，並認爲「其成爲邊軍例行事務應是在這一年」。參見毛佩琦、李焯然，《明成祖史論》，頁 144；松本隆晴，《明代北邊防衛體由敕諭文句判斷，在吳高奏准焚燒邊草之前，明軍恐怕未曾正式施行過此項辦法，也未有統一制定的行動規範、明確的實施區域，故當時有多種疑慮，朱棣也特別命其於舉措前預先週知相關邊防單位。

永樂五年大同獲准燒荒之後，是否隨即成爲每年各邊的防禦常例，目前仍未見史證，難以確定。不過，若根據《明實錄》資料，則顯示明代的燒荒措施自宣德以後逐步形成慣例，並由少部分區域擴及施行於大部分的沿邊軍鎮。據載，宣德四年（1429）九月，大同、宣府、寧夏守邊將領，基於每年「冬初」有遣軍出塞燒草，防範蒙古南向，兼炫耀兵威的慣例，各遣人上奏，「宜及時發兵出塞」。宣宗同意，乃以「燒荒固常例，師行不可不謹」，戒敕諸將出塞燒荒。〔註 54〕七年（1432），原先未曾燒荒的山西三關地區，應鎮守山西武臣之請，准依大同、宣府例，開始於冬初發兵至偏頭關外燒荒。〔註 55〕

正統年間，文獻顯示舉行燒荒地區有所擴大，由正統七年（1442）錦衣衛指揮僉事王瑛的奏疏略可窺測：

> 禦虜莫善於燒荒，蓋虜之所恃者馬，馬之所資者草。近年燒荒，遠者不過百里，近者纔五六十里，胡馬來侵，半日可至。向者甘肅，今者義州，屢被擾害，良以近地水草有餘故也。乞勑邊將，遇秋深，率兵約日，同出數百里外，縱火焚燒，使胡馬無水草可恃。如此，則在我雖有一行之劳，而一冬坐卧可安矣。〔註 56〕

王瑛批評當時燒荒離邊不遠，不能盡絕近邊水草，甘肅、遼東義州即因此受害，建議唯有出邊數百里外舉行，才能確實收效。由此可推知，至遲於正統初年，實施燒荒邊區已包含遼東、甘肅二鎮。

同年十二月，翰林院編修徐珵（即徐有貞，1407～1472）的建言也可作爲參照。徐珵主張，必須使京軍習見邊情，臨敵不懼，辦法則是命其巡邊兼行燒荒，疏中指出：

制の研究》，頁 22；邱仲麟，〈明代燒荒考——兼論其生態影響〉，《臺大歷史學報》，38 期，2006 年 12 月，頁 28。

〔註 54〕《明宣宗實錄》，卷 58，頁 3 上，宣德四年九月辛亥條。

〔註 55〕《明宣宗實錄》，卷 95，頁 1 上，宣德七年九月丁巳條。題奏者爲鎮守山西都督僉事李謙，其疏曰：「偏頭関外，地臨黃河，皆邊境衝要之處，草木茂盛，或有冦盜往來，難於瞭望。請如大同、宣府例，至冬初發兵燒荒。」

〔註 56〕《明英宗實錄》，卷 98，頁 9 下，正統七年十一月壬午條。王瑛建言八事，燒荒爲第一項。奏上，英宗「命所司計議以聞，頗採用之。」

> 我朝太宗皇帝，建都北京，鎮壓北虜，乘冬遣將出塞，燒荒哨瞭。今宜于每年九月盡，勑坐營將官巡邊，分為三路：一出宣府，以抵赤城、獨石；一出大同，以抵萬全；一出山海，以抵遼東。各出塞三五百里，燒荒哨瞭，如遇虜寇出沒，即相機勦殺。〔註 57〕

徐珵上疏後，英宗命兵部與五軍都督府會議，至於是否採納施行，《實錄》並未交待。不過，徐疏首舉永樂成例，又主張於宣府、大同、山海關（薊州鎮）、遼東等地出境燒荒，很可能是根據往例提出的構想，只是將執行燒荒者由邊軍改為京軍，並強調必須遠出塞外三五百里。由王瑛、徐珵的上疏可以推測，正統時期的燒荒政策仍在形塑中。

若考察燒荒政策形成的背景，其措施始於永樂年間，很可能與明初北方邊境的防衛策略及人口分布狀況有關。洪武初年，隨著明軍北進、元人北撤，以及內徙邊境民戶的措施，沿邊地帶（長城附近）形成大片人煙稀少的空曠地區，邊境以北更甚。永樂初年，因北邊衛所、戍軍的內撤，且蒙古勢力尚未南進的情形下，更加重邊境以北地區的空曠荒涼。〔註 58〕為彌補邊防線內縮的缺陷，在明成祖朱棣的戰略規劃中，一方面親征漠北，以維持洪武時期的國防線與戰略優勢；另一方面，由於北邊的空曠地區可視為明蒙之間的緩衝地帶，出塞至此地區燒荒，實欲獲得蒙古部落不得近邊住牧，減少啓釁機會的效果。〔註 59〕如「大同、宣府俱臨極邊，每歲秋深，調撥軍馬出境燒荒。」〔註 60〕何以永樂初大同首先舉行燒荒？宣德間為何以宣府、大同、山西等地為主要實施燒荒的邊鎮？細察之，此地區正是因國防線南移而轉變為前線的

〔註 57〕《明英宗實錄》，卷 99，頁 9 下，正統七年十二月庚戌條。同見〔明〕徐有貞，〈徐武功文集・條議五事疏〉，收入〔明〕陳子龍等，《明經世文編》（北京：中華書局，1997 年），卷 37，頁 3 上。

〔註 58〕毛佩琦、李焯然，《明成祖史論》，頁 142～143。

〔註 59〕參見松本隆晴，《明代北邊防衛體制の研究》，頁 16～23；毛佩琦、李焯然，《明成祖史論》，頁 144。上田信則認為明代舉行燒荒，乃因明英宗自瓦剌放還並復辟後，由於對遊牧民族的畏懼，所以決定在「防衛線的內側數百里」地帶，將荒草焚盡，不讓蒙古騎兵獲得牧草，進而南侵。然而，燒荒措施也導致此地帶的森林遭受破壞。參見氏著，《森と綠の中國史——エコロジカル・ヒストリーの試み》（東京：岩波書店，2001 年），頁 111。明代燒荒始於永樂初年，已論述如上，因此上田氏的說法有誤。另外，明代燒荒的施行地區在於長城以外，上田氏卻認為燒荒地方乃在長城之內，實已認知錯誤。因而，其據此推論明代沿邊內側森林的破壞，係燒荒造成的結果，自然不能成立。

〔註 60〕《明英宗實錄》，卷 65，頁 3 下，正統五年三月庚戌條。

重鎮，配合上述戰略，先於他處防區舉行燒荒，則不難理解。

永樂之後，宣宗繼承成祖的邊防構想，改以親自巡邊維持對北邊境外地區的控制，〔註61〕燒荒更是搭配此策略的重要措施之一。如宣德五年（1430）六月，宣府建設為重鎮，一則開平衛內徙，二則開設萬全都司。〔註62〕十月份，宣宗親赴宣府巡飭兵備，並命在宣府等地備禦之「恭順侯吳克忠、遂安伯陳英、武進伯朱冕、太監劉順等，循例出境燒荒。」〔註63〕此次燒荒，即可視為配合宣宗巡邊、突顯宣府戰略地位的聯合軍事行動。宣宗之後，英宗以幼齡即位，雖未再以親巡邊關控禦邊境，燒荒則已然為邊防成例之一，其辦法亦漸趨完備。

（二）燒荒措施的通則

明代推行燒荒政策後，歷經發展，大約於中期之後產生較固定的具體辦法。燒荒的實施，依慣例由邊臣、將領題奏，經朝廷准許，頒敕後遵旨執行。〔註64〕此類敕諭專載燒荒指令，目前可查得的最早資料，出現於憲宗即位當年。據《明憲宗實錄》記載，天順八年（1464）十月，因遼東邊警，憲宗於十九日命沿邊將領出境燒荒，其敕諭曰：

〔註61〕松本隆晴，《明代北邊防衛體制の研究》，頁18～20、23～25。

〔註62〕《明宣宗實錄》，卷67，頁2下～3上，宣德五年六月癸酉條；頁5上，宣德五年六月壬午條；頁5下，宣德五年六月癸未條；頁7上，宣德五年六月丁亥條。開平衛南移至獨石堡後，仍固定遣將，分班領軍，輪番前往開平故城哨備。

〔註63〕《明宣宗實錄》，卷71，頁6上，宣德五年冬十月丙子條；頁7上，宣德五年冬十月己卯條；頁7下，宣德五年冬十月癸未條；頁8上，宣德五年冬十月丙戌條。查《明實錄》，宣德五年二月間，恭順侯吳克忠奉命充副總兵，武進伯朱冕充左參將，隨鎮朔大將軍總兵官陽武侯薛祿率師巡邊（《明宣宗實錄》，卷63，頁2上，宣德五年二月丁丑條）。四月間，陽武侯薛祿奏陳開平運糧事宜，廷議後，命武進伯朱冕總督獨石城運糧事宜（《明宣宗實錄》，卷65，頁8下～9上，宣德五年四月丁酉條）。遂安伯陳英，宣德五年亦在宣府，至獨石、雲州、赤城、永寧築城堡（《明宣宗實錄》，卷86，頁9上，宣德七年正月丁丑條）。太監劉順，僅知宣德五年九月宣宗出巡京郊時，曾奉命與成國公朱勇共同提督京營官軍，守備京師（《明宣宗實錄》，卷70，頁8下，宣德五年九月乙卯條）。十月宣宗巡邊時，劉順非留守太監，其任務為何、駐守何地，不得而知。根據以上記載，受命出邊燒荒諸臣當時幾乎俱在宣府，因此舉行燒荒地區當在宣府邊外一帶。邱仲麟認為此次燒荒地區為「宣府至山海關一線」，但並未舉證分析，應當有誤。參見氏撰，〈明代燒荒考——兼論其生態影響〉，頁29。

〔註64〕邱仲麟，〈明代燒荒考——兼論其生態影響〉，頁32。原先各邊鎮守、總兵、巡撫，以及分守、守備武官皆可請敕燒荒，成化十四年（1478）後，始規定只許鎮守、總兵、巡撫請敕，分守、守備等官僅能依據敕令謄黃轉達。

即今秋深草枯，正宜燒荒，以便瞭望。爾等可如年例，分遣官軍出境，乘風舉火，凡賊經行出沒之處，盡行燒瞭（應爲「燎」），以破其潛伏之計。仍先遣夜不收之警敏者，四遠哨探，相機進止，務在密切，毋致誤事，愼之！愼之！〔註 65〕

憲宗命邊將循往年事例燒荒，顯見其對「祖宗舊制」的承繼。當時，宣府鎮似乎早已預備，接敕七日內即執行燒荒完畢，此事經過呈現在葉盛（1420～1474）的奏疏中。葉盛時任巡撫宣府都察院左僉都御史，宣府將領出境燒荒後，即於十月二十六日具題，遵照敕諭「其燒過地方，并撥過官軍數目，明白開奏」的要求，回奏朝廷。〔註 66〕此段事蹟也顯示，燒荒敕諭頒布執行後，必須報備考成，而如此模式可能至遲在憲宗時代已成爲慣例。

弘治之後，燒荒敕諭的內容應已定制化，主旨在於諭令各邊總兵、巡撫等官遵照專敕行事，並用以約束轄下官軍，不得虛應故事。各邊所領燒荒敕諭，除受文的鎮巡官員、執行的衛所及燒荒區域不同，其餘內文大體無異。以宣府鎮敕諭爲例，所載燒荒辦法如下：

即目秋深，草木枯槁，正當燒荒，以便瞭望。勅至，爾等須公同計議，通行萬全左、右二衛及各所屬，選委乖覺夜不收，遠出哨探。果無緊關賊情，然後統領精壯慣戰官軍，各照地方，分投布列營陣，且哨且行，出於境外。或二三百里，或四五百里，務將野草、林木焚燒盡絕，使賊馬不得久牧，邊方易爲瞭守。又近來虜賊不時在邊窺伺，此時正係馬肥弓健，難保不來爲患。官軍出境，務要綜理周密，聲勢聯絡，猝遇賊眾，即便應援。不許畏避艱險，止令巡哨官軍、夜不收人等，於附近去處縱火，一發就便回還，及乘機圍獵貪利，致悞軍機大事。事畢，仍將撥過官軍姓名，并燒過地方里數，造冊奏繳，以憑查照。毋得虛應故事，朦朧回奏，取罪非輕。爾等其愼之！愼之！故勅。〔註 67〕

〔註 65〕《明憲宗實錄》，卷 10，頁 8 下，天順八年十月己亥條。

〔註 66〕〔明〕葉盛，《葉文莊公奏疏》（《四庫全書存目叢書》史部 58），《上谷奏草》卷 1，〈題爲邊務事〉，頁 5 上～下。

〔註 67〕《宣府鎮志》，卷 2，〈詔命考〉，頁 50 下～51 上。《宣府鎮志》稱，弘治三年（1490）頒給總兵官右都督馬儀、巡撫都御史楊謐的焚荒敕諭爲「敕命焚荒之始」，事實上，前引天順八年宣府巡撫葉盛題奏所錄燒荒敕諭，明確早於此敕，因此所言有誤。葉盛節錄的敕諭文句可與此相參，其內容爲：「即今秋深，草木枯槁，正當燒荒，以便瞭望。勅至，爾等即行萬全左、右二衛及各所屬，觀其內容，明顯淵源自天順八年的敕諭，其規範與敘述則更爲詳細。此後，正德、嘉靖、隆慶時期的敕諭，仍以弘治之敕爲範本，僅針對官軍出境時不遵規範、虛應故事的情形加強誡斥。〔註 68〕

依據明代中期的燒荒敕諭等資料，可看出燒荒的大致措施與情況。譬如，明軍縱火焚燒的目標物，所謂「務將野草、林木焚燒盡絕，使賊馬不得久牧，邊方易爲瞭守。」作爲一種軍事防禦手段，燒荒的對象不僅有邊境以外的野草，亦包括林木。而率軍出行之前，必須先遣「夜不收」〔註 69〕等哨探人員遠出查探，候無緊要敵情，方可出塞燒荒，謹愼行事之意，明顯可見。其次，燒荒的實施時間，則待「秋深，草木枯槁」的時節。邱仲麟認爲，燒荒基本上在十月執行，直至隆慶年間仍然如此，但不少官方資料由於誤記，出現七月、十一月的情形。〔註 70〕不過，若再檢視相關資料，其實七月至十一月之間各月份皆有案例，而以七、九、十等月記載較多，因此燒荒時間需要進一

照依上年事例，差撥敏捷官軍，分投出境，將賊經行之處，盡行燒燎，以破賊寇潛伏之計。其燒過地方，并撥過官軍數目，明白開奏。欽此！欽遵！」

〔註 68〕正德、嘉靖、隆慶時期的敕諭，可分別參見《大同府志》，卷 12，〈聖朝制敕〉，頁 262；〔明〕毛伯溫，《毛襄懋先生集・御書世彙》（《四庫全書存目叢書》集部 63，據清華大學圖書館藏清乾隆三十七年毛仲愈等刻毛襄懋先生集本影印），卷下，〈敕諭〉，頁 14 下～15 上；《四鎮三關誌》，卷 7，〈制疏考・薊鎮制疏・巡撫順天都御史楊兆燒荒疏略〉，頁 181 下。《大同府志》所錄爲大同鎮的燒荒敕諭，但未標年代，若由編纂府志時間正德八年（1513）推測，當屬正德初年的文本。《毛襄懋先生集》所載爲嘉靖六年（1527）頒給寧夏鎮巡官員的敕諭；〈巡撫順天都御史楊兆燒荒疏略〉則摘錄隆慶年間楊兆所領敕諭。嘉隆間敕諭文句的主要修改處爲：「……務將野草、林木焚燒盡絕，使賊馬不得住牧，邊方易於瞭守，斯稱委任。若出境之時，或計慮不周，或紀律不嚴，或圍獵貪利，或逗遛失期，以致卒遇賊徒，不能應援；或因尋殺零賊，別惹釁隙，致悞事機。甚者，畏避艱險，止令巡哨官軍、夜不收人等，於附近去處急遽縱火，不問燃否，就便回還，虛應故事。有一於此，在法俱不輕貸！事畢，……」

〔註 69〕「夜不收」爲兼具情蒐與特戰能力的人員，據學者研究，其任務大致有：敵後破壞、搜救俘虜、情報偵蒐、傳遞聲息等項。參見：川越泰博，〈明の間諜「夜不收」〉，收入氏著《明代長城の群像》（東京：汲古書院，2003 年），頁 27～28（原載：〈明代北邊の「夜不收」について〉，《（中央大學文學部史學科）紀要》，46 號，2001 年 2 月，頁 69～70）；林爲楷，〈明代偵防體制中的夜不收軍〉，《明史研究專刊》，13 期，2002 年 3 月，頁 12～22。

〔註 70〕邱仲麟，〈明代燒荒考——兼論其生態影響〉，頁 30～32。邱仲麟認爲正德、萬曆《會典》將十月誤記在七月，《四鎮三關誌》又將七月誤爲十一月，故出現燒荒有七月、十月、十一月三種記載。

步商榷。〔註 71〕

以七月、九月的案例而言，每歲七月請敕燒荒的說法，以正德、萬曆《大明會典》爲主，〔註 72〕萬曆年間亦嘗有實例。〔註 73〕九月者，前所引述宣德四年（1429）九月，因大同、宣府、寧夏守邊將領奏請，宣宗「遣將出塞燒荒」即爲一例。〔註 74〕而成化二十年（1484），延綏總兵官岳嵩等奏：「九月中，虜已渡河入套，諸營堡領軍燒荒，爲虜所射傷驅散者四十餘輩」；〔註 75〕隆慶四年（1570），總督陝西三邊軍務侍郎王之誥條陳防秋事宜：「臣竊計，九月以後，正當燒荒之時，宜遠哨三、四百里外，果無虜跡，然後燒荒。」〔註 76〕顯然直到隆慶年間，仍有九月燒荒的實際舉措。

綜合而論，筆者認爲明代實施燒荒的時間具有原則，但極富彈性，因此才有七月、九月、十月等不同時段的記載。而且，即使有規定的月份，也未必完全遵守，可適度調整。如正統初年宣府、大同燒荒以「秋深」爲度，實則「至十月纔往，或遇雨雪，又須延待」；〔註 77〕《宣府鎮志》也稱：「每年冬十月初，間以草枯爲始，本鎮統領官軍出境，焚燒野草」，〔註 78〕其出境燒

〔註 71〕正統五年（1440），行在都察院右僉都御史盧睿奏稱，大同、宣府「每歲秋深，調撥軍馬出境燒荒。近年以來，瓦剌使臣從大同入貢，官軍隄備，至十月纔往，或遇雨雪，又須延待，宜於八月終，使臣未到之前燒荒爲便。」明英宗覽奏，以「事貴從宜，命總兵、鎮守等官議行。」可見，正統初年宣大燒荒的時間以「秋深」爲原則，「十月纔往」實屬不得已，八月終則是盧睿認爲的最適時段。參見《明英宗實錄》，卷 65，頁 3 下，正統五年三月庚戌條。至於十一月燒荒，據載爲薊鎮常例，但查其實際事蹟，似在十月下旬，詳參《四鎮三關誌》，卷 6，〈經略考・薊鎮經略・今制〉，頁 86 上～下。

〔註 72〕《正德大明會典》，卷 110，〈兵部五・鎮戍・事例〉，頁 17 下；《（萬曆）大明會典》，卷 132，〈兵部十五・鎮戍七・各鎮通例〉，頁 4 下。另外，嘉靖《宣府鎮志》所載弘治十三年「邊方禁例」，其內容亦與兩會典同，參見該書，卷 19，〈法令考〉，頁 53 下。

〔註 73〕分見《明神宗實錄》，卷 77，頁 8 下，萬曆六年七月壬申條；卷 460，頁 6 下～7 上，萬曆三十七年七月乙未條。前例，命薊鎮、宣、大諸邊總兵官率軍出境燒荒；後例，則是兵部申飭各邊燒荒。

〔註 74〕《明宣宗實錄》，卷 58，頁 3 上，宣德四年九月辛亥條。

〔註 75〕《明憲宗實錄》，卷 258，頁 3 上，成化二十年十一月庚寅條。

〔註 76〕〔明〕張居正等修纂，《明穆宗實錄》，卷 47，頁 11 上～下，隆慶四年七月戊子條。同見〔明〕王之誥，〈王中丞奏疏・防秋事宜疏〉，收入《明經世文編》，卷 287，頁 9 下。

〔註 77〕《明英宗實錄》，卷 65，頁 3 下，正統五年三月庚戌條。

〔註 78〕《宣府鎮志》，卷 21，頁 35 上。

荒有時也視氣候（雨雪）、物候（野草是否枯黃）等條件而定。

（三）各邊燒荒事例舉要

出塞燒荒爲明代國策，大約在正統之後成爲兵部與沿邊各鎮每年的例行公事。至憲宗即位之初，很可能已開始頒降「燒荒敕諭」於各邊總兵、巡撫等官，令其遵照此道專敕行事，並用以約束轄下官軍，不得虛應故事。然而，就實際執行狀況而言，中央雖頒有定法，但各邊措施未必與之一致，各地區之間也有所差異，茲舉數例以說明之。

如宣府地區，燒荒的舉行時間，前已引述，訂於「每年冬十月初，間以草枯爲始。」另外，雖然敕諭要求必須離邊二、三百里以上，但據宣府鎮之定規，總兵官與各路將領，同日自各處分別率軍出邊，「且行且焚，至晚回兵，凡二日。」其行過里程似乎與敕諭不盡相符。〔註79〕又如薊鎮，約於每年冬十一月舉行，預遣尖哨遠探、分路行營、焚燒草木等程序大致相同，但燒畢後，「存留該班夜不收，照舊哨探。其各路出境官軍，俱已入口，散回各該關營操守。」至於因「溝澗阻截火道，及背陰山谷、積雪、低窪、濕潤處所，一時不能燃燒」，則再令「各官帶領官軍，并該班夜不收，密切補燒。」〔註80〕

遼東地區，由於各民族居住地距邊界不遠，出境燒荒時，又順帶進行撫賞。遼東每年冬季，由將領分路出邊焚燒野草後，並未立即回境，而是聽令安營，賞賜來見「夷人精銳」。而後存留夜不收及總兵標下官軍，其餘兵馬拔營入境休息。存留官軍則繼續接待前來的婦女老幼夷人，「令通事譯傳宣布朝廷恩威、地方利害」，量給日用之物。若有其他首領，或「預有報事等項勤勞者」前來，亦予賞賜。候「夷人出境，兵馬俱在邊宿歇，次日歸城。」〔註81〕不過，隆萬間，由於官軍出邊燒荒俱至二百里之外，「順風舉火，草莽焚燒盡

〔註79〕詳參《宣府鎮志》，卷22，〈兵政考・附兵政諸例・焚荒〉，頁35上～下。

〔註80〕參見《四鎮三關誌》，卷6，〈經略考・薊鎮經略・今制〉，頁86上～下；卷7，〈制疏考・薊鎮制疏・巡撫順天都御史楊兆燒荒疏略〉，頁181下～183下。〈巡撫順天都御史楊兆燒荒疏略〉載有隆慶間巡撫順天都御史楊兆，會同總兵官戚繼光，統領各路官軍出喜峰等口燒荒之經過，前後共計三日。

〔註81〕詳見〔明〕王祥等修，任洛等重修，《遼東志》（《續修四庫全書》史部646，據天津圖書館藏明嘉靖刻本影印），卷3，〈兵食志・邊略・燒荒〉，頁54下～55上；《四鎮三關誌》，卷6，〈經略考・遼鎮經略・今制〉，頁141上～142上。遼東燒荒時，其撫賞對象因地而異：「廣順關，賞海西夷人；鎮北關，賞福餘衛夷人；撫順關，賞建州夷人；鎮遠關，賞朵顏、泰寧夷人。」

絕。賊聞兵馬出境，皆遠遁絕無蹤跡，前項賞賚皆省。」〔註 82〕

雖說燒荒爲通行各邊的政策，事實上仍有不奉此例的地區。昌平鎮，由於所在俱係「陵園重地，不敢輕舉烟火」，「且爨餘尚嚴撲滅之令，叢草惟設刈割之法」，未曾循他鎮之例舉火燒荒。〔註 83〕此外，隆慶五年（1571），俺答求貢之時，曾要求明廷終止搗巢、燒荒。〔註 84〕時宣大山西總督王崇古（1515～1588），爲促成封貢事宜，轉達其意，疏請勿行搗巢燒荒，以免生釁。〔註 85〕經過激烈廷議，雖然封貢得遂，僅許宣大及陝西三邊暫停「擣巢趕馬」，仍令王崇古嚴督宣大山西各官員，依照舊例，「各將境外荒草，務要焚燒盡絕。」〔註 86〕因此，宣大等地的燒荒措施似乎仍延續至明末，而實際辦法是否有所改變，無法確知。

（四）燒荒成效與對自然環境的影響問題

學者 Eduard B. Vermeer 於探討中國北部邊疆政策的生態影響時，曾提及明代規定北邊駐軍每年必須出邊縱火燒荒，但是此方法確實施行至何程度，其實並不清楚。〔註 87〕其所言誠是，事實上，即使文字史料充足，仍難明確

〔註 82〕《四鎮三關誌》，卷 6，〈經略考・遼鎮經略・今制〉，頁 142 上。

〔註 83〕詳參〔明〕李日宣，《昌鎮奏議》（台北：國家圖書館藏，明崇禎間刊本），卷 4，〈進繳燒荒敕諭疏〉，頁 1 上～6 上；卷 10，〈繳燒荒敕諭疏〉，頁 59 上～69 上。

〔註 84〕葛根高娃等學者指出，草原荒火對於游牧人而言，實屬嚴重災害，不僅草場被毀，人畜生命也受到威脅，因此蒙古人注重防範草原荒火，並制定相關法令條文以爲約束。至於明軍對蒙古牧場草原的破壞，薄音湖認爲燒荒搗巢、趕馬打帳嚴重破壞蒙古地區的經濟，因此俺答求貢時，首項條件即爲請求明廷禁約邊將燒荒搗巢。參閱：葛根高娃、烏雲巴圖，《蒙古民族的生態文化——亞洲游牧文明遺產》（呼和浩特：內蒙古教育出版社，2004 年），頁 140～143；烏雲巴圖，〈論蒙古族生態觀的演變與發展〉，《內蒙古社會科學（漢文版）》，23 卷 2 期，2002 年 3 月，頁 28、31～32；薄音湖，《明代蒙古史論》（台北：蒙藏委員會，1998 年），〈伍、論俺答求貢〉，頁 66。俺答封貢後，於謝表中曾稱：「近年各邊時常調兵出搗，殺虜家口，赶奪馬匹，邊外野草盡燒，冬春人畜難過，實臣等罪惡自取，委因趙全等誘引。」見：〔明〕俺答，《北狄順義王俺答謝表》（《玄覽堂叢書・初輯》1，據明隆慶間刊本影印），不分卷，頁 1 下～2 上。

〔註 85〕參見《三雲籌俎考》，卷 2，〈封貢考〉，頁 3 下～4 上。

〔註 86〕詳見《楊襄毅公本兵疏議》，卷 23，〈覆宣大巡按御史劉良弼議燒荒優家丁疏〉，頁 40 下～42 上。

〔註 87〕Eduard B.Vermeer, "Population and Ecology along the Frontier in Qing China," in Sediments of Time: Environment and Society in Chinese History, ed. by Mark Elvin and Ts'ui-jung Liu, p.238 (New York: Cambridge University Press, 1998). 另外，尹鈞科認爲，燒荒措施「雖然有利於長城沿邊的防禦，但無疑也造成長城之外的

推斷明代燒荒措施的效果，或是對於自然環境產生的影響。

筆者認為，就實際措施而言，不易由史料推測燒荒成效的原因主要有二。其一，明廷要求雖嚴，恐怕實心任事者少，懈怠虛應者多。〔註 88〕如成化六年（1470），巡撫陝西左副都御史馬文升奏陳，榆林「每年燒荒，將官視為虛文，虜騎得以牧馬」，請令「于冬初草枯，賊寇未入之時，挑選精兵，結布營陣，離邊三五百里，務將達賊出入去處野草，焚燒盡絕。」〔註 89〕弘治三年（1490）頒降的燒荒敕諭，其內容亦戒將領「不許畏避艱險，止令巡哨官軍夜不收人等，於附近去處縱火，一發就便回還，及乘機圍獵貪利，致悞軍機大事。」〔註 90〕虛應故事的情形既多，加上「朦朧回報」，境外荒地、草木的焚毀狀況，不但明廷無從掌握，各邊官員恐怕亦不明瞭。

其二，則是燒荒的日標物與燒荒時的環境因素。燒荒敕諭開載，「務將野草、林木焚燒盡絕」，則野草、樹木為主要目標。實際上，大多數史料所顯示者，仍以可供馬匹食用的野草為多，甚至燒荒之地仍保有林木。例如隆慶間，薊鎮為修建沿邊敵臺，差遣「尖夜出邊外數十百里燒荒之地採取」所需工程用木。〔註 91〕木材既然取自燒荒地方，表示若非焚燒對象僅限野草，否則便是燒荒一向不確實，敷衍了事而已。另外，燒荒時節如非秋末，即是冬初，雖然草木枯槁，有利燃燒，但出塞當時的氣候條件，以及燒荒地方的地理情況，對燒荒效果的影響頗大。隆慶時，楊兆、戚繼光領軍出境燒荒的案例，可資證明。燒荒後，楊兆回奏舉行經過，提及：「溝澗阻截火道，及背陰山谷、

植被被嚴重破壞的後果。」並僅據《宣府鎮志》所載宣府鎮的燒荒辦法，即稱：「像這樣幾萬官軍同時行動，湧到長城外，縱火燒荒，連續兩天，可以肯定，燒光的不僅是遍野枯草，那些灌叢小樹也會同歸於盡的。」見：尹鈞科，〈永定河中、上游流域森林植被的破壞〉，頁 267。如此研判，恐怕失於粗率。

〔註 88〕除沿邊官員個人怠職之外，邊臣與蒙古部落是否私相往來，恐怕也是造成官員虛應故事的原因之一。本書未能處理此疑問，有待將來蒐集史料求解。

〔註 89〕《明憲宗實錄》，卷 78，頁 8 上～下，成化六年四月乙亥條。

〔註 90〕《宣府鎮志》，卷 2，〈詔命考〉，頁 51 上。可見「虛應故事，朦朧回奏」之例頗多，才必須寫入敕諭中，明白警告。雖然弘治時已降敕嚴令，怠忽情事仍層出不窮。如嘉靖十二年（1533），宣府官軍出邊，僅離約七十里處下營，責令夜不收四散燃火。不久後，便起營回還。歸途中，煙霧蔽天，遭遇藏伏林中之敵騎，官軍望風退縮，四散奔逃。參見〔明〕韓邦奇，《苑洛集》（台北：國家圖書館藏，明嘉靖三十一年刊本），卷 13，〈怯懦將官燒荒遇賊奔敗事〉，頁 14 下～17 下。

〔註 91〕〔明〕譚綸，《譚襄敏公奏議》（台北：國家圖書館藏，明萬曆二十八年宜黃知縣顧所有刊本），卷 7，〈流言亂正搖動人心懇乞聖明遣官會勘敵臺以定國是以全忠計疏〉，頁 29 下。

積雪、低窪、濕潤處所，一時不能燃燒」。由此可看出當時燒荒地方的時空背景：一則「溝澗」、「背陰山谷」等地理條件不利火勢蔓延；再則「積雪、低窪、濕潤處所」，表明出境前數日，薊鎮以北降過雪，致使草木濕潤，環境中溼度上升，恐怕起火亦難。〔註 92〕是以需要查勘效果，擇日再次出邊「密切補燒」。此案例或許可算「盡心負責」的表現，其燒荒效果已因自然條件干擾而大打折扣。反之，若是「行禮如儀」，馬虎怠惰者，則更不堪聞問。因此，文字紀錄蘊藏的環境背景資料，亦制約對燒荒實際影響的推測結果。

二、出邊樵採禁令的理想與實際

（一）禁令的制定及其內容

明代的北面邊防情勢，自開國以後，幾乎未曾鬆懈，邊界內外的往來交通，基於國防安全的理由，受政府嚴格管控。在此背景下，禁止軍民私自出境樵採、砍木，其著眼點，主要在於避免人員被敵殺害，或拘留後，「遂用爲鄉導，侵犯邊境。」〔註 93〕然而，明確以樵採或伐木爲限制內容的法令，並非自明初即已頒訂，而是遲至成化年間，才藉聖旨與事例加以規範。

明初對出境活動的管制，見於律令。洪武二十二年（1389）有令：「守禦邊塞官軍，不得與外夷交通。如有假公事出境交通，及私市易者，全家坐罪。」〔註 94〕《大明律》亦有相關條款：

> 凡無文引，私度關津者，杖八十。……若越度緣邊關塞者，杖一百，徒三年。因而外出境者，絞。守把之人，知而故縱者，同罪。失於盤結者，各減三等，罪止杖一百。軍兵又減一等，並罪坐直日者。〔註 95〕

〔註 92〕該次燒荒時間，據楊兆奏疏所載，係隆慶五年十月二十六日至二十八日（1571.11.13～11.15）。戚繼光年譜則繫此事於隆慶四年（1570），出塞日期相同，但未載回軍日期。參見《四鎮三關誌》，卷 7，〈制疏考・薊鎮制疏・巡撫順天都御史楊兆燒荒疏略〉，頁 182 下～183 上；〔明〕戚祚國彙纂，李克、郝教蘇點校，《戚少保年譜耆編》（《戚繼光研究叢書》，北京：中華書局，2003 年），卷 9，頁 309。

〔註 93〕《大明九卿事例案例》，不分卷，〈禁約軍民私出境外并管軍頭目私役出境及守把之人縱放該管官旗人等符（扶）同隱蔽例〉，頁 50 下（在電子影像檔 176082.tif）。

〔註 94〕《（萬曆）大明會典》，卷 132，〈兵部十五・鎮戍七・各鎮通例〉，頁 12 下。

〔註 95〕《明代律例彙編》，卷 15，〈兵律三・關津・私越冒度關津〉，頁 679。此外，

> 凡守邊將帥，非奉調遣，私自使令軍人於外境虜掠人口財物者，杖一百，罷職充軍。所部聽使軍官及總旗，遞減一等，並罪坐所由。……若軍人不曾經由本管頭目，私出外境虜掠者，爲首，杖一百；爲從，杖九十。傷人，爲首者，斬；爲從，杖一百，俱發邊遠充軍。〔註 96〕
>
> 凡管軍百户，及總旗、小旗，軍吏，……若私使出境，因而致死，或被賊拘執者，杖一百，罷職，發邊遠充軍。至三名者，絞。本管官吏，知情容隱，不行舉問，及虛作逃亡，符同報官者，與犯人同罪。〔註 97〕

以上律令，內容簡要，實屬原則性規範，未詳列各種活動項目。就法理而言，私自出境的採木或樵採行爲，已犯「越度緣邊關塞」與「因而外出境者」之律，同時又有「與外夷交通」，或於「外境虜掠」的嫌疑，甚至被執、致死，自然皆在法律規範之中。不過，也因爲法令文字無法巨細靡遺，有心違禁者尚能遊走法令邊緣。

由於違禁私出邊外樵採的案例與日俱增，〔註 98〕大約至成化時，明廷開始另行規範。當時，山西緣邊有軍民「不務生理，數十爲群，各帶器械，私出外境釣豹、捕鹿，回家貨賣」；軍官亦往往私役軍人，「前往外境砍伐木植，掘取黃鼠。」〔註 99〕然而「猝遇虜寇拘執，其人冀得免死，遂用爲嚮導，侵犯邊境。」〔註 100〕出境伐木捕獸，危害非細，於是成化十七年（1481）五月，巡撫山西都御史何喬新（1427～1502）奏准：通行各邊撫按等官，嚴禁軍民

在「關津」門下，又有「私出外境及違禁下海」條款：「凡將馬牛、軍需鐵貨、銅錢、段疋、紬絹、絲綿，私出外境貨賣，及下海者，杖一百。……若將人口、軍器出境及下海者，絞。因而走泄事情者，斬。其拘該官司，及守把之人，通同夾帶，或知而故縱者，與犯人同罪。失覺察者，減三等，罪止杖一百。軍兵又減一等。」見：前引書卷，〈兵律三・關津・私出外境及違禁下海〉，頁 687。不過，後來開放的邊境市易（馬市等），以及朝貢貿易，另有規範。

〔註 96〕《明代律例彙編》，卷 14，〈兵律二・軍政・縱軍虜掠〉，頁 648。

〔註 97〕《明代律例彙編》，卷 14，〈兵律二・軍政・縱放軍人歇役〉，頁 656。

〔註 98〕如景泰間，宣府地區曾有守備官擅令夜不收軍「出境採材木私用，被賊追趕凍死」，守墩官亦隱匿不報。事發後，命巡按御史「執問如律」。參見：《明英宗實錄》，卷 249，頁 1 上，景泰六年正月丁未條。

〔註 99〕《大明九卿事例案例》，不分卷，〈禁約軍民私出境外并管軍頭目私役出境及守把之人縱放該管官旗人等符（扶）同隱蔽例〉，頁 50 上～下。

〔註 100〕〔明〕栗在庭等撰，《九邊破虜方略》（台北：漢學研究中心，據日本內閣文庫藏明萬曆十五年序刊本影印），卷 5，〈詔巡撫何喬新禁邊民從虜〉，頁 26 下。

私自出境捕獸，亦不許「管軍頭目私役軍人出境砍木、掘鼠等項」，如有違犯，事發俱問擬如律。〔註 101〕此項裁決，係依據上列《大明律》相關條款而訂，補強原先的規範內容。

數年後，又有類似違禁行為被提請處置。弘治二年（1489），因宣府沿邊守備官縱令軍餘「辦納工作，出境樵採，以致胡虜乘虛，多被殺虜。」經巡撫宣府都御史張錦奏陳，遂准：嚴禁「一應官員，有使令軍餘出境樵獵，啓釁招寇者，杖一百，罷職充軍。」〔註 102〕《大明律》的「縱軍虜掠」條款，再度援用於此。至弘治十三年（1500）編修《問刑條例》，其中亦包含禁止軍民私出境外伐木捕獸的款項：

> 各邊將官并管軍頭目私役，及軍民人等，私出外境，釣豹、捕鹿，砍木、掘鼠等項，并守把之人知情故縱，該管里老、官旗、軍吏扶同隱蔽者，除眞犯死罪外，其餘俱調發烟瘴地面，民人、里老爲民，軍丁充軍，官旗、軍吏帶俸食粮差操。〔註 103〕

成弘間部分地區的規範事例，不但在此化身正式條例，也成爲通行各邊的禁例。

（二）違禁現象與出邊禁令的變化

《弘治問刑條例》頒行後，雖然出邊禁令獲得強化，但出境樵採的活動實際上依舊存在。如薊州鎮，「一墻之外，即爲夷穴，故關隘之禁，已載令典。」然猶多有「私自開關而與夷貿易，遂以小忿而招釁啓亂」之例。是故，萬曆初年又曾申明，「嚴禁各官不許擅開邊關採木，軍士不許私自貨換。違者，即照條例施行。」〔註 104〕又如遼東地區，因「境外多物產，如貂皮、人參、材

〔註 101〕詳參《大明九卿事例案例》，不分卷，〈禁約軍民私出境外并管軍頭目私役出境及守把之人縱放該管官旗人等符（扶）同隱蔽例〉，頁 49 下～52 上；《九邊破虜方略》，卷 5，〈詔巡撫何喬新禁邊民從虜〉，頁 26 上～下。

〔註 102〕《明孝宗實錄》，卷 22，頁 5 下～6 上，弘治二年正月丙戌條。

〔註 103〕《皇明制書》，問刑條例卷 13，頁 38 下～39 上；《（萬曆）大明會典》，卷 132，〈兵部十五・鎮戍七・各鎮通例〉，頁 12 下～13 上；《讀律瑣言》，卷 15，〈兵律三・關津・私出外境及違禁下海〉，頁 274～275。《讀律瑣言》所收爲《嘉靖問刑條例》，並將此項條例比附於《大明律》「私出外境及違禁下海」條。

〔註 104〕《四鎮三關誌》，卷 7，〈制疏考・薊鎮制疏・巡按御史王湘條陳疏略〉，頁 240 下～241 上。另外，嘉靖初所刊《薊州志》曾載：「各邊軍士出關采木、采樵，雖獲一時之利，實有無窮之害存焉。未免結識達賊，使得探知虛實，一也。往往境外被殺，捏稱在墩被害，二也。林木既伐，寇路益多，三也。甚至圖賊分賍，導使爲寇，四也。遠慮君子常當禁約。」見：〔明〕熊相纂修，《薊州志》

木、魚鮮之類，邊人圖利往取，多被虜害。」〔註 105〕不僅一般軍民，守邊將領同樣有無視明禁的案例。如嘉靖四十五年（1566），有延綏入衛將領協防薊鎮，卻役軍出關砍木，遭敵殺傷而隱匿不報之事。〔註 106〕可見禁令雖嚴，牟利之心難止，沿邊軍民出境樵採、貿易，以及將領「役軍取木」，實已成爲常態，也因此屢見官員重申禁例。

出邊活動不能禁止，表面看似肇因於違禁者的趨利之心，邊外資源爲境內軍民生活與各項用度所需，才是關鍵與根本因素。北邊境外地區，不乏草木茂盛之地。如遼東邊外，森林資源豐沛；〔註 107〕薊鎮地區，「山谷狹隘，林莽蓊翳，邊外迤北之形也」；〔註 108〕宣大境外，亦有「樹木陰森，草薪茂密」之區。〔註 109〕由於富有天然資源，若遇修邊工程的木料需求，在不得採伐邊林的禁令下，沿邊官員乃有差軍採木邊外的情形，其中又以薊鎮地區最爲常見。如嘉靖間，總督薊州軍務兵部右侍郎胡守中遣官軍採伐潮河川林木；隆慶三年（1569），薊鎮曾遣軍出邊採木，以應修築敵臺木料之需。〔註 110〕又如隆慶六年（1572），爲重建灤陽驛，戚繼光率軍「鳩材塞外，依山澗以陶磚埴。」〔註 111〕

（台北：國家圖書館藏，明嘉靖三年刊本），卷 12，〈雜志・經略〉，頁 151 下。

〔註 105〕《四鎮三關誌》，卷 6，〈經略考・遼鎮經略・雜防〉，頁 153 下。《四鎮三關誌》並稱：「又恐與虜交通，我太祖高皇帝詔定大明律令，有私出境外，及違禁下海，軍民違犯，或守邊官故縱者，皆從重治。今永遵守。」

〔註 106〕詳見《楊襄毅公本兵疏議》，卷 20，〈覆順天巡按御史鮑承蔭等參薊鎮隱匿夷情疏〉，頁 10 下～12 下。

〔註 107〕遼東邊外林木，多藉馬市、木市輸入遼境，以供應遼人需求，詳見第四章第三節，「遼東邊外的山林狀態」，頁 149～150。

〔註 108〕《戚少保年譜耆編》，卷 7，頁 223。薊鎮以北爲舊大寧地，《經世挈要》描述：「薊門之北，有山巍然千仞，茂林豐草，蓊蔚其間。東連遼左，西接上谷，北控大漠，南遶薊門，沃野千里。」見《經世挈要》，卷 1，〈大寧・大寧內徙遺患〉，頁 34 下。

〔註 109〕〔明〕盧象昇，《盧象昇疏牘》（杭州：浙江古籍出版社，1985 年），卷 8，〈請停禁止樵採疏〉，頁 202。

〔註 110〕嘉靖間胡守中遣官軍採伐潮河川林木事件，詳見第四章第一節，「主要毀林區域的個案分析」之「潮河川伐木建樓事件」，頁 137～141。隆慶間遣軍出邊採木事，見《譚襄敏公奏議》，卷 7，〈流言亂正搖動人心懇乞聖明遣官會勘敵臺以定國是以全忠計疏〉，頁 29 下。

〔註 111〕〔明〕戚繼光，《止止堂集》（《戚繼光研究叢書》，北京：中華書局，2001 年），橫槊稿中，〈創修灤陽驛記〉，頁 151。灤陽驛在遵化縣境三屯營（薊州鎮城）西里許，爲朵顏等三衛貢市所必經。

至於境內資源缺乏的地區，如大同鎮，尤其依賴邊外的草木，出境樵採遂不可免。如嘉靖二十二年（1543）前後，北邊情勢緊張，大同修築邊牆，仍留暗門方便樵採人員出入，可見出邊樵採在大同地區是公開常態，且不受邊情影響。只是在常受侵擾的情形下，有「墩軍不敢打柴取水，每以行糧買物賄虜，苟全生路。」隆慶五年（1571），俺答封貢，邊情緩和，明廷遂依據舊情故例，訂立制度，令俺答定差「巡邊夷人」，由其巡邊首領約束所部不許近邊，以免侵盜求索；大同方面則裁減墩軍，並扣減墩軍原領行糧，以此「減哨銀」專備撫賞蒙古巡邊之人，換取墩哨人員出邊活動的安全。〔註 112〕

同時，明廷亦與俺答方面訂立條約，內含兩方合作的樵採新制：「各城堡採打木植者，或上一百出口者，許守口夷人引領採打，回邊完日，賞叚二疋，梭布八疋。」〔註 113〕所謂「守口夷人」，即是受任用「守口，專巡賊夷生事」的蒙古族人，〔註 114〕由其引領漢人出境樵採，不但熟悉地理，兼可保障漢人安全。若非締結和平，何能致此！此後，雖然邊情復有變化，並未影響出境活動。如崇禎九年（1636），盧象昇（1600～1638）陞任兵部左侍郎總督宣大山西軍務，抵達陽和城（今山西大同市陽高縣）治所時曾說：「見臣衙門設有『樵採木牌』，其來舊矣。標營將士與附近居民，每月出口數次，皆負薪曳木以歸，地方稱便焉。」〔註 115〕

由盧象昇的記述，可進一步瞭解宣大地區的出邊樵採情形。盧象昇當年自居庸關西出，經宣府赴大同，查知宣府也有「出口樵採」事例，但於崇禎

〔註 112〕詳參《三雲籌俎考》，卷 2，〈封貢考〉，頁 19 下～21 下。薄音湖指出，明朝的哨軍雖處於危險前線，卻暗中與蒙古人私相貿易，彼此融洽，甚至有「虜代軍瞭望軍代虜牧馬」的情形。同時，沿邊將領亦相率交通蒙古。參見薄音湖，《明代蒙古史論》，〈伍、論俺答求貢〉，頁 66～67。因此，沿邊的漢蒙關係實際上頗爲複雜，無法純粹以軍事敵對角度視之。

〔註 113〕《三雲籌俎考》，卷 2，〈封貢考〉，頁 13 下。隆慶五年（1571），俺答受封順義王時，首度訂立「規矩條約」。此係「萬曆五年（1577）虜王西行迎佛重立規矩」的新增款項。

〔註 114〕參見《三雲籌俎考》，卷 2，〈封貢考〉，頁 13 上、15 上。萬曆五年新增條約中，可見「守口夷人」之制：「原分守口夷人，各照該堡分管地方，專巡守做賊生事、走去人口。每日早起，同該堡通丁，各哨界路，免致賊人生事。」此項蒙古人協助漢人管理沿邊地區的辦法，應始於隆慶五年首次議定條約之後，或許即由「巡邊夷人」演變而來，至萬曆五年，則明確寫入新增條款中，強化其約束效力。

〔註 115〕參見《盧象昇疏牘》，卷 8，〈請停禁止樵採疏〉，頁 202～203。

七年（1634）已禁，「蓋向來任宣者，慮軍民出口不便，故特閉之，然亦未奉明旨。」盧象昇既接任宣大山西總督，見原有「樵採木牌」，且陽和城新建營房需木，乃上疏請停禁止樵採，並陳述出境樵採之便：

> 建造營房千間，計需大小木植二三萬根，皆採之口外，經月而辦，亦可省公帑二千餘金。況乎邊堡貧軍，每月出口四五次，所得薪木便値銀二三錢，即謂之活命之膏可矣。是故樵採之便有五：資貧乏之生，一也。壯軍民之膽，二也。城堡修築，就近取材，不糜公帑，三也。出口人多，可佐哨丁之所不及，四也。使邊外無長林豐草，到處爲□人駐牧之場，五也。〔註 116〕

由此可見，宣、大地區的出邊活動，似乎至明末連私出樵採已不受禁限，不分公、私，「出口」樵採已成習以爲常、司空見慣的現象，而且官員亦認爲此類活動利多於弊。尤其出邊樵採不但確爲大同定制，還成爲地方日常生活之重要部份。

此外，尚有專以出境爲務的特殊活動，因現實面存在灰色地帶，亦隱然衝擊出邊樵採禁令的執行。明代沿邊皆有身負情報蒐集或傳遞任務的人員，如間諜、哨探、夜不收、墩軍等，〔註 117〕必須出境工作，因此其行動合法，不受禁限。也由於有出入之便，常遭役使樵採。如嘉靖間，大同鎭修築邊牆敵臺，「隨處各留暗門、水口，以便往來樵採傳報」，〔註 118〕顯然爲出境人員而設計。又如薊州鎭有所謂「採柴砍板撫賞舊規」，隆慶三年（1569）增築沿邊敵臺時，其所需木料，「聽各路取屬夷一二人爲質，以『尖夜』出邊外數十百里燒荒之地採取。」〔註 119〕

類此哨探人員「奉調遣」出境樵採、伐木之事，皆屬公開、合法活動，

〔註 116〕《盧象昇疏牘》，卷 8，〈請停禁止樵採疏〉，頁 202～203。

〔註 117〕參見川越泰博，〈明の間諜「夜不收」〉，頁 27～28；林爲楷，〈明代偵防體制中的夜不收軍〉，頁 12～22。

〔註 118〕《翁萬達集》，文集卷 13，〈及時修武攘夷安夏以光聖治疏〉，頁 403。崇禎間，總督宣大山西軍務兵部左侍郎盧象昇曾述：「夫祖制，邊墻之下多留暗門，政如人身之有孔竅。人身不因風邪易入而閉塞其五官，且風邪亦不從五官入也。」見：《盧象昇疏牘》，卷 8，〈請停禁止樵採疏〉，頁 202。

〔註 119〕《譚襄敏公奏議》，卷 7，〈流言亂正搖動人心懇乞聖明遣官會勘敵臺以定國是以全忠計疏〉，頁 29 下。「採柴砍板撫賞舊規」之實際內容爲何，由於文中未載，無法得知。至於「屬夷」，蓋指居住大寧等地的朵顏等三衛之人而言。「夷」字，原文缺損，筆者逕補。

不違禁例。但利弊相隨，樵採非其職責，既受差遣於採伐，不但妨礙本務，且易生非法牟利情事。如「薊鎮最喫緊，惟是哨探」，可慮者不止於哨探不實，又恐「尖夜不肯出口赴撥，而私行樵採，斧聲震山谷，往往被虜搜獲」，致使「我無耳目」，失察敵情。〔註 120〕隆慶間，戚繼光亦表示：「夫用兵之道，當先諜虜之情，惟有走虜尖哨。」然而，「近各路走虜尖夜，一概計日採木，責取價銀，非所以厚勸養而專責成也。」爲免影響情報工作，戚繼光遂下令各路將領，盡免哨探人役「工採之勞」。〔註 121〕

綜論之，明代的塞外燒荒與出邊樵採禁令，俱屬邊防措施，其作法看似彼此相反，對於國防線外自然環境的影響也似乎相互牴觸，然而探討分析後，實是複雜，絕非想當然耳。每年秋冬時節，明軍出境燒荒，對於塞外草木具有破壞性，然成效難以論定；出邊樵採雖有律令禁止，有利於維護境外的草木，但除犯禁私出者屢見不鮮外，合法出境者更多，而且當中又包含藉合法身分，行非法之事的情形。實情雖然複雜，但可確定者，有明一代，境外的自然環境，不因邊防嚴肅而少受內地漢人影響。〔註 122〕

隆慶年間，薊鎮有令，每年燒荒之際，不得縱火燒毀沿邊栽培之林木。〔註 123〕由此證明，境外草木與沿邊林木的價值和重要性確實不同。至於明廷對沿邊林木採取何種保護政策及措施，緊接於下節論述之。

第三節　保護邊林的政策與措施

古代的軍事防禦，在硬體方面固然依靠各種人工設施，地形卻是制約設備的關鍵因素。備受推崇的《孫子兵法》，揭示地理形勢的重要性：「夫地形

〔註 120〕〔清〕顧炎武，《天下郡國利病書》（《四庫全書存目叢書》史部 171，涵芬樓輯四部叢刊三編影印手稿本），原編第 1 冊，〈北直隸上・遵化縣志・各路哨探說〉，頁 102 上～下。

〔註 121〕參見：〔明〕戚繼光撰，張德信校釋，《戚少保奏議》（《戚繼光研究叢書》，北京：中華書局，2001 年），補遺卷 2，〈免哨探入（人）役柴木〉，頁 207～208。

〔註 122〕明代北方邊境內外，扣除雙方敵對的戰爭行爲外，平時的往來活動多而頻繁。職是之故，若要進一步探討明代北邊境外廣泛地帶人類活動對於草木或自然環境的影響，殊爲不易。單由漢人的樵採活動與燒荒措施而論，只能確定明代近三百年間，漢人對於北邊境外的環境，確實不斷進行破壞，但難以深入推論其確切的影響程度。

〔註 123〕《四鎮三關誌》，卷 6，〈經略考・薊鎮經略・邊關條約〉，頁 97 上。

者，兵之助也。料敵制勝，計險阨遠近，上將之道也。知此而用戰者必勝，不知此而用戰者必敗。」〔註 124〕明代北邊關隘、牆壕的陳設，莫不選擇險要，隨形勢爲之。〔註 125〕尤其自山西偏頭關至北直隸山海關一線，更有山林險阻之天然屏障，是故馬文升曾說：「禦虜之道，固賴乎邊兵，亦藉乎山險。山險之要，林木爲先。」〔註 126〕而邊山林木「可以礙戎馬」，「可以伏銃弩」，顯示其防禦效用。〔註 127〕

邊防線上的林木既有防禦功能，〔註 128〕明廷對此重視與否，關係邊林的保護及破壞程度。若純粹由邊方林木保護條例於弘治年間訂立推測，是否遲至明代中葉，邊林才眞正受到重視？針對此問題，亦即明廷態度與政策的演

〔註 124〕漢・曹操等注，郭化若譯，《十一家注孫子》（台北：里仁書局，1982 年），頁 175～176。嘉靖間，王士翹撰〈故關圖論〉，於文中表達據險防備的看法：「孫子曰：『地形者，兵之助也。料敵制勝，計險阨遠近，上將之道也。』是故安不忘危，治不忘亂，觀險察勢，預爲之所。此又今日所當講求，亦作志之微意，而不覺其僭也。」參見《西關志》，故關卷，〈故關圖論〉，頁 511。

〔註 125〕參閱《中國築城史》，頁 151～155。

〔註 126〕《馬端肅公奏議》，卷 11，〈太子少保兵部尚書臣馬文升等謹題爲禁伐邊山林木以資保障事〉，頁 6 上。《西關志》更誇稱森林的軍事防禦功效：「夫三軍之勇猛，不如一林之叢茂，禦狄却寇，莫此爲上。」參見《西關志》，紫荊關卷 3，〈山廠〉，頁 310。

〔註 127〕〔明〕徐鑾，《職方疏草》（台北：漢學研究中心，據日本內閣文庫藏明刊本影印），卷 7，〈覆山西巡按條陳安邊十二策疏〉，頁 23 下～24 上。另外，又有謂：「平原曠野，虜易馳驅；密樹深林，騎難奔突。」顯然平原地帶的森林，同樣有阻敵之效。見：〔明〕項篤壽，《小司馬奏草》（《續修四庫全書》史部 478，據北京圖書館藏明刻本影印），卷 2，〈題爲承平日久邊備漸弛懇乞聖明乘時破格議處以資戰守以肅疆場事〉，頁 42 上。

〔註 128〕古人對於森林具有國防功能的認識，以及中國利用種植林木構築軍事防禦工程的歷史，發源甚早，至少可追溯到西周時期。自戰國以迄秦漢，更大規模營造人工林帶，或利用天然林作爲阻塞。下抵北宋，由於北邊險要多在敵境，邊防吃緊，宋廷相當重視與遼、夏交界地帶軍事防護林的保護及栽植，而河北地區的平原造林成效尤其突出。對於明代之前的邊防林木歷史發展，明人應當有基本認識。以上所述，參見：倪根金、盧星，〈中國軍事防護林史略〉，《農業考古》，1988 年 2 期，頁 244～245；張全明，〈簡論宋人的生態意識與生物資源保護〉，《華中師範大學學報（人文社會科學版）》，38 卷 5 期，1999 年 9 月，頁 84～85；郭文佳，〈簡論宋代的林業發展與保護〉，《中國農史》，22 卷 2 期，2003 年 5 月，頁 29～30；謝志誠，〈宋代的造林毀林對生態環境的影響〉，《河北學刊》，1996 年 4 期，頁 97；謝志誠，〈從生態效益看宋代在平原區造林的意義〉，《中國農史》，16 卷 3 期，1997 年 8 月，頁 16～17；江天健，〈北宋河北路造林之研究〉，《宋史研究集》，32 輯，2002 年 10 月，頁 234～247。

變，以下劃分時期探討之。

一、洪武至正統年間：1368～1449

有明開國後，洪武大部分時期處於征伐北元、戡定北疆的狀態。此期間軍力強盛，如前所述，國防線達於今長城以北的內蒙古地區，即使仍沿燕山山脈、太行山脈北段，以及山西雁門關一帶修繕關隘、烽堠，設衛戍守，〔註 129〕並未見特意保護沿邊林木、種植軍事防護林的措施。或許在積極防禦、塞外殲敵的戰略方針下，邊林的戰略價值並不高。永樂年間，儘管防線南移，但塞北仍在明軍威懾範圍內，邊林的重要性並未提升。然而，遷都北京，卻開啓了北直隸沿邊林木破壞加劇的序幕，以迄於明亡。檢視北畿邊林，或可推知此時期邊林地位的輕重。

永樂元年（1403），以北平爲北京，一系列移民充實、營造新都的措施於焉展開。〔註 130〕北京城區，以及順天府地區人口的成長，帶動燃料需求與消耗量的增加。〔註 131〕北京宮廷、官府所用柴炭，「則於白羊口、黃花鎭、紅螺山等處採辦。」〔註 132〕這些地點，分布於居庸關東西，即軍都山脈一帶，蓋爲邊關。〔註 133〕永樂時，此附近林木稠密，乃役沿邊宣府、隆慶等衛軍士採辦薪炭，供應京師。〔註 134〕

仁宣時期（1425～1435），除維護天壽山陵區周圍森林外，仍開放軍都山附近樵採。永樂二十二年（1424）九月，爲解決北京軍民用柴問題，仁宗命

〔註 129〕參見《明史》，卷 91，〈兵三・邊防〉，頁 2235～2236。

〔註 130〕參閱韓光輝，《北京歷史人口地理》（北京：北京大學出版社，1996 年），頁 261～264；曹樹基，《中國移民史・第五卷・明時期》（福州：福建人民出版社，1997 年），頁 326～331；曹樹基，《中國人口史・第四卷・明時期》，頁 218～219、284～286。

〔註 131〕邱仲麟，〈人口增長、森林砍伐與明代北京生活燃料的轉變〉，頁 148。

〔註 132〕《正德大明會典》，卷 163，〈工部十七・屯田清吏司・柴炭〉，頁 6 上；《明史》，卷 72，〈職官一・工部〉，頁 1762～1763。

〔註 133〕白羊口（白楊口），在今北京市昌平區西境；黃花鎭，在天壽山之北，即今北京市懷柔區黃花城鄉；紅螺山，則在懷柔區北境。

〔註 134〕《明武宗實錄》，卷 2，頁 7 上，弘治十八年六月丙辰條；《明孝宗實錄》，卷 222，頁 7 上，弘治十八年三月己亥條。《明史》則載：「永樂中，後軍都督府供柴炭，役宣府十七衛所軍士採之邊關。」見《明史》，卷 82，〈食貨六・柴炭〉，頁 1994。隆慶衛駐守居庸關，後改名延慶衛，亦隸屬後軍都督府。

工部弛西山樵採之禁，惟居庸關以東因與天壽山相接，禁止樵採。〔註 135〕次年，洪熙元年（1425）七月，順天府懷柔縣奏陳：「本縣山場旧禁樵採，輸官薪炭措辦實難。自今黃花鎮東至紅螺山，去天壽山已遠，乞弛禁以便民。」宣宗許之，並令以時取用，禁傷根本。〔註 136〕前一年被禁的居庸關以東地帶，至此復開其禁。

宣德間，又調整邊軍採柴之役：「以邊木以扼敵騎，且邊軍不宜他役，詔免其採伐。」改令原應役衛所每歲納銀，由（行在）後軍都督府召商買辦柴炭。〔註 137〕此時雖已提及邊木有「扼敵騎」的作用，邊軍也得免辦差，直至宣德末年，仍無損於北京近郊邊山林木的採伐盛況。〔註 138〕明廷採辦柴炭於北京西北近郊的邊林，應是取其資源豐富，又具地利之便，然亦可見當時的考量著重於燃料供應，而非軍事防禦。

在熱絡的伐取邊山木材風氣之下，英宗時已有種植邊林以利防禦的建議，以及禁伐邊林的敕令。首先，正統元年（1436）三月，湖廣布政司檢校程富上言：

> 沿邊地方，東起遼陽，西抵甘肅，與虜接境，山川險阻者固多，疆場平易者不少。戎狄桀黠，竊肆其侵陵，邊氓耕牧，或死於虜掠。乞遴選大臣巡視邊塞，凡戎虜出沒之地，皆高其城堡，深其溝塹，

〔註 135〕《明仁宗實錄》，卷 2 上，頁 3 下，永樂二十二年九月乙亥條。或許由於朱棣將入葬長陵，乃禁於天壽山附近樵採。黃花鎮、紅螺山皆在居庸關以東、天壽山後，至此應列入禁採範圍。另外，西山弛樵採之禁後，卻「有拔本而取之者」。仁宗聞知，感嘆「其于古人斧斤以時之義何如」，遂命行在户部禁止此類連根砍伐的樵採行爲。參見《明仁宗實錄》，卷 9 下，頁 6 下，洪熙元年四月丁卯條。

〔註 136〕《明宣宗實錄》，卷 3，頁 12 下，洪熙元年秋七月戊寅條。

〔註 137〕《明史》，卷 82，〈食貨六・柴炭〉，頁 1994。《明史》言「宣宗初」詔免軍士採辦柴炭，《明宣宗實錄》之相關記載約有幾處：一、卷 14，頁 3 下，宣德元年二月甲戌條載，陽武侯薛祿乞罷宣府諸衛軍士歲辦柴炭之役，宣宗允之。二、卷 50，頁 4 下，宣德四年春正月己巳條載，宣府十七衛歲辦薪炭給京師，又每歲運糧給開平，邊軍因而重困，宣宗聞之，遂詔免其役。三、卷 60，頁 6 下～7 上，宣德四年時二月癸巳條則載，巡關給事中李蕃奏請暫免隆慶等衛採運柴炭「不急之務」，宣宗命行在兵部、户部、工部議行之。可見免除邊軍採柴之役，多生波折。相應於此的替代方案，則是於易州設置山廠，專辦柴炭。

〔註 138〕《明英宗實錄》，卷 2，頁 6 下，宣德十年二月辛亥條。英宗初即位，以上太皇太后尊號，及封宗室禮成，詔示天下。其中一款有云：「北京及山西、宣府所屬地方產木山場，除山陵禁約外，其餘去處聽人採取，仍依舊例抽分，不許妄自增添，違者罪之。」可見截至宣德末年，居庸關內外均有「產木山場」，且其採運已發展至一定規模，是故「抽分」以收其利。

> 謹其關隘，廣植榆柳。虜來，則林木遏其列騎，勢分而易制；虜去，則伏兵邀其歸路，勢困而易擒。〔註 139〕

程富建議，修繕城塹之際應「廣植榆柳」，以形成整體防禦配置，因為林木有其特別的禦敵功效。對於此項提議，實錄僅載英宗「嘉納之」，是否落實，史無明載。其次，禁伐沿邊山林之令，見於西北的寧夏鎮。正統五年（1440），參贊寧夏軍務右僉都御史金濂上奏，賀蘭山障蔽寧夏腹裏地區，關係重大，但歷年遭地方官民入山斬伐林木，危害邊防，懇請頒令「不得於賀蘭山縱伐，以規利目前，貽患無窮。」英宗贊同之，並「勑寧夏總兵官史昭嚴加禁約。」〔註 140〕寧夏賀蘭山林的禁約縱伐，可能是明代明令禁伐邊林的首例，然而在正統時期似乎只是特例，並未擴展、援用於其他邊區。

二、景泰至成化年間：1450～1487

明朝國力，至正統時已現疲弊，土木一役，盛世虛象破毀。英宗被俘的一個半月後，正統十四年（1449）十月，也先率瓦剌軍連陷紫荊關、白羊口，入圍北京，攻城數日不勝，乃退卻北歸。〔註 141〕北京保衛戰後，明廷開始全面檢討邊防缺失，著手重整邊備，邊林議題因此再度出現。

敵退不久，翰林院侍講劉定之（1409～1469）建言邊務，批評也先入犯之時，「紫荊、居庸等關，既不能禦虜之入，又不能遏虜之出，名為關塞，實則坦途。」宜增兵戍守，砌塞山徑，完善防禦工事，「或多植榆柳，以制奔突；或多招土兵以助官軍。此皆古所嘗為，必有效驗。」〔註 142〕由於土木之敗，

〔註 139〕《明英宗實錄》，卷 15，頁 11 下～12 下，正統元年三月庚寅條。

〔註 140〕《明英宗實錄》，卷 72，頁 8 上，正統五年十月甲午條。

〔註 141〕詳參毛佩琦、王莉，《中國明代軍事史》，頁 75～79；吳智和，〈明景帝監國登極時期居庸紫荊兩關之城防〉，《明史研究專刊》，5 期，1982 年 12 月，頁 279～281、291～296。紫荊關，在今河北保定市易縣西北。參見〔明〕李賢等纂修，《大明一統志》（西安：三秦出版社，1990 年，據明天順間刊本景印），卷 1，〈順天府・關梁〉，頁 23 上；卷 2，〈保定府・關梁〉，頁 10 下。

〔註 142〕參見《明英宗實錄》，卷 184，頁 23 下～24 上，正統十四年冬十月乙亥條。同見〔明〕鄭立彬輯，《籌邊纂議》（台北：國家圖書館藏，明萬曆十九年原刊本），卷 5，〈太學士劉定之建言時務七事〉，頁 7 上～下；《宣府鎮志》，卷 25，〈經略考・明翰林侍講學士劉定之邊務疏〉，頁 25 上；《明史》，卷 176，〈劉定之傳〉，頁 4692～4693。劉定之所議守備之法為：「今宜增兵士、繕亭障、塞蹊隧。如古者畫境分守之法，因其陸地，則縱橫掘塹，名曰『地網』；因其水泉，則遏處停蓄，號曰『水櫃』。或多植榆柳，以制奔突；或多招土兵

軍力空虛，國防轉趨守勢，邊防設施倍受重視，乃有劉定之援引古例，建議植樹禦敵之舉。

數月後，景泰元年（1450）二月，兵部亦提出檢討報告與建議：

> 紫荊、居庸、雁門一帶等關口，綿亙數千里，舊有樹木，根株蔓延，長成林麓，遠近爲之阻隔，人馬不能度越。近來，以公私砍伐，斧斤日尋，樹木殆盡，開山成路，易險爲夷。以此，前日虜寇不由關口，俱漫山而入。乞敕各關守備內外文武官，嚴加禁約，仍差人巡捕，敢有仍前斫伐者，治其罪。〔註 143〕

據兵部調查，太行山、軍都山，以及山西雁門一帶山林，由於先前不斷的人爲砍伐，以致由茂密而疏闊，甚至「殆盡」，形同自撤藩籬，使敵人「漫山而入」，釀成巨禍。爲求彌補，兵部建議嚴禁砍伐邊林，景帝則從其所請。由此可證，正統末年，明廷嘗受了永樂以來開採邊林的苦果，也迫使其鄭重思考邊林在國防上的重要性。

景泰以後，蒙古各部雖仍不時侵擾，大致而言，國勢轉危爲安。在整頓邊備後，邊防林木似乎較前受到保護。〔註 144〕英宗復辟，對於邊關林木亦有所重視。〔註 145〕雖然此後邊務仍然緊要，但燃料與木材供應問題並未消失，因此邊林的採伐與禁護，持續糾結拉鋸。在世局稍見承平之中，防備又趨鬆弛。至遲於成化年間起，邊方林木遭受破壞的程度加劇，成弘之際，問題遂浮上檯面。

三、弘治至嘉靖年間：1488～1566

孝宗即位，檢討邊林狀況的呈報陸續提出，植樹建議、護林之策亦相繼產生。成化二十三年（1487）末，掌國子監事禮部右侍郎丘濬進呈《大學衍義補》於孝宗，書中述及北直、山西邊林的破壞情形：

> 今京師切近邊塞，所恃以爲險固者：內而太行西來一帶，崇岡連阜；

以助官軍。此皆古所嘗爲，必有效驗。」

〔註 143〕《明英宗實錄》，卷 189，頁 3 上～下，景泰元年二月己卯條。

〔註 144〕如太行山紫荊、倒馬等關，「景泰初，隄備增嚴，率用都督重臣，增戍防秋。時警備最密，山木成長，隘口阻塞。」參見《西關志》，紫荊關卷 8，〈紫荊關社學紀事〉，頁 403。

〔註 145〕如天順元年（1457），「令易州一帶山場，係關隘人馬經行去處，不許採取柴炭。」見《正德大明會典》，卷 163，〈工部十七・屯田清吏司・柴炭・事例〉，頁 6 下～7 上。

> 外而渾、蔚等州，高山峻嶺，蹊徑狹隘，林木茂密，以限虜騎馳突。不知何人、始於何時，乃以薪炭之故、營繕之用，伐木取材，折枝爲薪，燒柴爲炭，致使木植日稀，蹊徑日通，險隘日夷。〔註146〕

其所描述者，爲成化末年「內邊」的山林狀態。丘濬分析，由於薪炭及木材需求，而「近甸別無大山茂林，不取之邊關，將何所取邪？」尤其自易州柴炭廠設置後，沿邊林木損害加劇。爲此，丘濬建議「移置易州柴廠於近京之地」，改變經營辦法；同時，於邊關一帶，「東起山海，以次而西，於其近邊內地，隨其地之廣狹險易，沿山種樹，一以備柴炭之用，一以爲邊塞之蔽。」〔註147〕

丘濬的建議內容甚善，是否獲採實行，無法確知。數年後，弘治六年（1493）閏五月，平江伯陳銳（1439～1502）反映，「居庸、倒馬、紫荊、山海諸關，黃花、密雲、古北口、喜峯諸鎮」，「山木爲人砍伐，險阻變爲坦途」。因而奏准，往後巡邊官員應實地踏勘，擇樹種植。〔註148〕陳銳所奏雖然疏略，建議不比丘濬周到，但確實獲得兵部與孝宗皇帝贊同，亦可見明廷對於種植邊林有一定重視。

同年十月，職掌兵部的尚書馬文升復詳奏邊林狀態：「居庸關左右、山後林木，實乃天險，爲我藩籬。近年以來，砍伐過半。」「今以數十年生成之木，供官私砍伐之用，即今伐之，十去其六七，再待數十年，山林必爲之一空矣！」〔註149〕邊關山林漸趨空乏，馬文升與兵部官員究其原因，指向成化以後風俗奢侈，北京與邊鎮官民競造豪宅，木材消耗量陡增、價格攀升，遂致沿邊禁

〔註146〕《大學衍義補》，卷150，〈治國平天下之要・馭夷狄・守邊固圉之略上〉，頁3上～下。「渾、蔚等州」，蓋指山西大同府所轄「渾源州」、「蔚州」等州縣，在太行山以西、恒山以北。渾源州，即今山西大同市渾源縣；蔚州，即今河北張家口市蔚縣。

〔註147〕詳參《大學衍義補》，卷150，〈治國平天下之要・馭夷狄・守邊固圉之略上〉，頁4上～6下。丘濬建議廣植樹木，提出種植之法：「每山阜之側、平衍之地，隨其地勢高下曲折，種植榆柳，或三、五十里，或七、八十里。若其地係是民產，官府即于其近便地，撥與草場及官地，如數還之；其不願得地者，給以時價，除其租稅。」另外，又有囚犯種樹贖罪、責成專業種植人栽植、遣官巡察採取，以及擴大以煤炭代薪等提案。

〔註148〕《明孝宗實錄》，卷76，頁15上～下，弘治六年閏五月戊午條。陳銳奏請：「此後巡邊大臣，宜同巡關御史及鎮巡等官，徧歷踏勘，某地可增墩堡、某地可置溝墻、某樹可植、某岩可削……，逐一處置，務求至當。」陳銳所言，下兵部覆奏，孝宗從之。

〔註149〕《馬端肅公奏議》，卷11，〈太子少保兵部尚書臣馬文升等謹題爲禁伐邊山林木以資保障事〉，頁6上、5下。

山林木遭受大量砍伐。其中，守邊官員怠忽護林職責，又縱人採取，同爲邊林破壞加劇的推手。馬文升題請整治，敕令各邊嚴禁砍伐應禁林木，違例官員亦治以重罪，庶「險阻不失，而京師實資其保障。」〔註 150〕在陳鋭請植樹木之後，馬文升題准嚴禁伐木，皆是補救邊備，維護邊林的舉措。

觀察此後弘治時期的邊林政策，在史料上常見者多爲申明禁約，栽培林木則較少反映。如弘治十三年（1500）三月，《問刑條例》頒布施行，內含已化約爲條例的原馬文升題疏。邊林之禁伐成爲條例，可視爲邊林保護法令地位的鞏固。〔註 151〕然而同年間，官員藉星變陳言機會，指摘「守邊內臣奏伐沿邊林木，以便調軍追虜」，其實「必苟圖木植之利者也」。〔註 152〕事下兵部議，兵部以其爲害不細，奏准禁止。〔註 153〕可見，律令固已齊備，終究只能治標，未能治本。何況又有徒具形式、成效不彰的弊病。

正德年間（1506～1521），於遏阻伐木、申嚴禁令之外，種植邊林似已落實爲部分地區的經常性措施。禁約伐木方面，規範內容有所補強。正德十年（1515）二月，提督山西三關都御史陳天祥（？～1516）上奏：「雁門、寧武、偏頭關舊有山隘峻險，以扼北虜。近因勢豪伐木、居民開墾，山坡漸成通衢，易以衝突。」〔註 154〕同年四月間，陳天祥再提分析報告：

> 各邊關禁例，砍伐林木者治罪，而未有開墾山場之禁。以故姦豪往往墾田立莊，道路日闢、關險寖夷，較之伐木，爲患尤甚，乞一體重治。

兵部受命議處，覆奏：

> 此弊不獨山西三關爲然，紫荊、倒馬、居庸、龍泉等關亦有之，達虜深入，實由於此。宜令提督都御史，及各鎭巡官嚴加禁約，凡墾禁山、毀關隘者，悉以砍伐林木例治之，遇赦不宥。〔註 155〕

〔註 150〕詳參《馬端肅公奏議》，卷 11，〈太子少保兵部尚書臣馬文升等謹題爲禁伐邊山林木以資保障事〉，頁 5 上～7 下；《明孝宗實錄》，卷 81，頁 3 下，弘治六年十月丙子條。

〔註 151〕《明代律例彙編》，卷首，〈問刑條例題稿〉，頁 4。關於《弘治問刑條例》之邊林保護條例與馬文升題疏內容的比較，詳見第二章第二節，表 2-2，頁 63。

〔註 152〕《明孝宗實錄》，卷 164，頁 10 下，弘治十三年七月甲戌條。

〔註 153〕《明孝宗實錄》，卷 166，頁 5 下，弘治十三年九月丁丑條。另外，弘治十八年（1505）三月，又「申嚴砍伐沿邊林木之禁」。見《明孝宗實錄》，卷 222，頁 7 上，弘治十八年三月己亥條。

〔註 154〕《明武宗實錄》，卷 121，頁 2 下，正德十年二月壬辰條。針對陳天祥的題奏，兵部議准，令總制、提督、巡撫等官以時整飭。

〔註 155〕《明武宗實錄》，卷 123，頁 5 上～下，正德十年四月戊申條。與陳天祥同時，陳天祥指出邊林保護法令的重大闕漏，即護林禁例僅以伐木業者、樵採取薪者、盜採者等爲規範及懲治對象，開墾山坡地卻無禁限！兵部之計，除仍舊敕令各邊鎮官員嚴加禁約外，同時填補法律漏洞，增添墾山禁令，違者得比照砍伐林木例處置。此決議報可實施。

至於邊林的種植，居庸、紫荊等關地帶，已著落巡關御史督責持續推動。據正德十五年（1520）受差巡視居庸直抵龍泉關一帶監察御史孫元所領敕書記載，巡關御史於閱視邊關軍備之際，亦要維護邊林：

> 其沿邊柵木，尤宜嚴加禁約，不許官軍人等採柴燒炭，圖利肥己，致成空曠，引惹賊寇。或已經砍伐者，督令趁時補種，務要林木稠密，以資障蔽。〔註 156〕

孫元巡視的關隘，沿太行山脈，北起居庸，中歷紫荊、倒馬等關口，南迄龍泉關、故關等地，此一線又稱爲「西關」。〔註 157〕或許由於鄰近保定府易州柴炭廠，如前引丘濬等人所言，此地帶邊林常受破壞，因而特別注重林木的補植。明廷交付巡關御史護林植樹之責的起始時間難以稽考，若就孫元敕書推論，至少正德年間應已實施，並成爲固定督責事項。〔註 158〕

給事中黃鍾亦言：「自渾源以西，至雁門、寧武、偏頭等關，三、四百里皆爲禁山，蓋借林木以資形勢。邇年，規利之徒斬伐平曠，致使盜賊逃竄，姦細出沒，邊關失險，夷狄乘便。」兩疏俱下兵部議。

〔註 156〕《西關志》，居庸關卷 6，孫元〈陳言邊務疏（正德十六年九月）〉，頁 123。孫元於此奏疏中抄錄所奉敕書原文。至於孫元受差巡關時間，據同書，居庸關卷 3，〈官司・巡按西關御史〉，頁 56 載，乃在正德十五年。

〔註 157〕北直隸西、北兩線關隘，明代分爲西關、東關二路，各差御史巡視。以居庸關劃分東、西，自居庸關迤西而南，歷白羊口、紫荊關、倒馬關、龍泉關、故關等關隘，謂之「西關」。自黃花鎮（在居庸關東北）以東，歷古北口、馬蘭峪、喜峰口等關口，直抵山海關，謂之「東關」。參見：戴順居，〈明代的巡關御史〉，《明史研究專刊》，14 期，2003 年 8 月，頁 171、176。

〔註 158〕據戴順居研究，明代分差御史巡視東關、西關，始於宣德七年（1432）；巡按西關御史定制每歲一差，則不晚於天順七年（1463）。參見戴順居，〈明代的巡關御史〉，頁 172～175。查《西關志》所錄巡按西關御史敕書，未見早於孫元所領者。因此，在缺乏進一步證據的情形下，無法論斷其護林植樹職責於始派之時已定。孫元在〈陳言邊務疏（正德十六年九月）〉提及，正德十三年（1518）兵部曾奏，閱視事宜每年巡關御史敕內俱已開載，不必每三年另又請敕，只需令巡關御史「照見奉敕書內事理欽遵閱視」。據此，孫元奉差領敕於正德十五年，其敕書內容應與其前任相同，故推論正德年間應已有護林植樹責任。下至嘉靖年間，巡關御史敕書仍有此事項，則已成定制無疑。以上分參：《西關志》，居庸關卷 6，孫元〈陳言邊務疏（正德十六年九月）〉，嘉靖時期，在違禁毀林持續不絕的情形下，伐木禁令時有重申；雖然部分邊區已推動栽種樹木，議植邊林的呼聲仍與日俱增。例如，針對易州山廠採買薪炭商人盜採紫荊關一帶邊林的舊問題，嘉靖元年（1522）正月，巡撫保定都御史周季鳳（1464～1528）奏請：「申明舊約，犯者如法勿貸。」兵部議准：「其緣邊隙地，令所司築墻種樹，列卒戍守。」〔註 159〕其實，申明禁令、種植樹木雙管齊下，至遲已在正德年間成爲明廷維護此地帶邊林的方針，周季鳳與兵部所議不過舊調重彈。此可反映邊林的維護工作成效不彰，護林與採木的利益衝突甚爲嚴重。〔註 160〕

嘉靖前期，屢見植樹建議。如嘉靖四年（1525）二月間，四川整飭威茂兵備按察副使余珊應詔陳言，對於沿邊防備，指述：「近年以來，因循怠弛，斬木捕獸，自折其藩籬；壅水決沙，自塡其溝壑，虜得馳騁，肆無顧忌。」如欲修補屏障，除浚深塹隧，「凡榆柳、要徑，可植、可塞，可以分據而參脩者，靡不條具。」〔註 161〕余珊的建議，與正統初程富的建言大抵相同，即以種植榆柳爲防禦工事之一。又如十九年（1540）六月，御史舒鵬翼奏請，京師沿邊宜培山林以固藩籬，並加厲禁。〔註 162〕另外，此期間陸深（1477～1544）亦記述對於邊林種植的看法。陸深曾任職山西，〔註 163〕指陳「山西三關比諸邊爲弱」，設備之計，「若蒙恬之累土爲山，植榆爲塞，因地形制險，最爲上策。近有栽柳之法，尤便易於榆。」〔註 164〕以上諸人所論，並無新穎之處，

頁 123；居庸關卷 5，〈制勑・勑監察御史王士翹〉，頁 92。（王士翹於嘉靖二十六年奉差巡關）

〔註 159〕《明世宗實錄》，卷 10，頁 2 下，嘉靖元年正月庚戌條。

〔註 160〕嘉靖四年，監察御史浦鋐（1482～1542）巡視西關時的奏報可資證明。浦鋐指出，該地區因迫近易州柴廠，加以居民開墾山地，林木遭竊伐破壞。「雖云節年栽補，培植失宜，灌溉不時，見今生活之樹，未及百分之一。」參見〔明〕浦鋐，《竹堂奏議》（台北：中央研究院傅斯年圖書館藏，明萬曆十一年刊本），卷 1，〈陳邊務疏〉，頁 12 上～下。

〔註 161〕《皇明疏鈔》，卷 4，余珊〈陳言十漸疏〉，頁 364。另參《明史》，卷 208，〈余珊傳〉，頁 5495～5496。余珊建議植樹，似乎主要針對延綏、寧夏、甘肅等地，因其續言：「聽總制楊一清料理，以責成功。」時楊一清正以兵部尚書總督陝西三邊軍務。

〔註 162〕《明世宗實錄》，卷 238，頁 2 上～下，嘉靖十九年六月庚午條。

〔註 163〕嘉靖初，陸深因忤輔臣桂萼，自經筵日講官外放，後乃改陞山西提學副使。參閱《明史》，卷 286，〈陸深傳〉，頁 7358；〔明〕何良俊，《四友齋叢說》（《元明史料筆記叢刊》，北京：中華書局，1997 年），卷 17，〈史十三〉，頁 147～148。

〔註 164〕〔明〕陸深，《儼山外集》（台北：國家圖書館藏，明嘉靖二十四年雲間陸氏

惟顯示邊林保護確爲時人關注的議題。另一方面，植樹建議不斷，若非建議人所識未明，與事實不符，則形同質疑各級官府歷年保護與栽培邊林的成績。

嘉靖二十九年（1550），俺答入侵，繼土木之敗後，蒙古軍再次兵臨北京城下，是爲庚戌之變。〔註 165〕事變之後，明廷上下檢討邊備，重整防務。或許由於軍政弊端頗多，邊林的培護相較之下並非急務，是以嘉靖末年才見改採積極造林的政策。嘉靖四十五年（1566）中，薊州鎮修繕防禦工事，總督薊遼保定軍務兵部右侍郎劉燾題請，於天壽山後禁山地帶「栽種樹株，以固藩籬。」兵部覆議，請令薊遼總督劉燾督同其他官員，「各將應用樹株相地栽種，務使錯雜成行，培植如法，足以限隔虜馬，方爲長計。仍不時差人巡視，以禁軍民盜伐。」世宗隨後裁決：「邊山樹木，著通行各鎮栽種培植，如有私伐的，重行禁治。」〔註 166〕觀察其旨意，或許因體認邊林的重要性，所以不僅同意天壽山後的局部地區應植樹固防，且政策性宣布北邊各鎮通行栽培防護林木。然而，數月後世宗身故，此項政令恐不及落實，只能視爲隆慶間邊方植樹熱潮之先聲。

四、隆慶至明末：1567～1644

穆宗即位，改革嘉靖積弊，推動新政。軍政新務部分，如強化軍政領導系統、選任優秀將領、修建長城防禦工程、戚繼光練兵薊州等等，連串措施，使邊備獲得改善，國勢亦見起色。〔註 167〕隨著明廷強力整頓國防，栽培軍事防護林的建議密集出現，因而展開以北直隸地區爲主的大規模植樹造林活動。

隆慶元年（1567），賞薊遼軍吏科給事中鄭大經條陳薊州鎮防守事宜，建請薊鎮各路「多植榆柳，以刺（制）奔逸。」〔註 168〕鄭大經之後，又有其他

家刊本），卷 20，〈續停驂錄中〉，頁 3 下。

〔註 165〕參見毛佩琦、王莉，《中國明代軍事史》，頁 83～87。

〔註 166〕《楊襄毅公本兵疏議》，卷 19，〈覆巡撫順天都御史耿隨卿等防守陵山徑路疏〉，頁 31 上～32 上。另參《明世宗實錄》，卷 560，頁 1 下～2 上，嘉靖四十五年七月壬寅條。天壽山陵寢由於離邊不遠，具有「邊塞」陵區的特色，軍事防禦實爲第一要務。參見胡漢生，《明十三陵》，頁 8～9。因此，天壽山山後一帶林木的種植與保護，不但有培固風水的作用，又具軍事防禦功能。

〔註 167〕參見林乾，《明帝列傳——嘉靖帝・隆慶帝》（長春：吉林文史出版社，1996 年），頁 416～424；謝承仁、寧可，《戚繼光》（上海：上海人民出版社，1959 年），頁 112～129。

〔註 168〕《四鎮三關誌》，卷 7，〈制疏考・薊鎮制疏・賞軍給事中鄭大經條陳薊鎮事

官員陸續建議，並開始逐步推動植樹措施。隆慶二年（1568），整飭薊州邊備兼巡撫順天都察院右僉都御史劉應節提出薊鎮植樹計畫，令北直隸大部分府州縣出辦樹株，運交沿邊軍人栽種，「以復山林之險」。〔註 169〕議上，獲准施行。〔註 170〕次年（1569），劉應節方推動植樹中，巡按直隸監察御史房楠「恐沿邊將領諸臣或不覩其利，而必爲之志不堅；或少見其難，而施爲之方有昧」，乃上疏論述邊關種樹之「五難」與「七利」，懇請穆宗堅持成命，敕令兵部查議申飭，並行撫臣嚴督各道及將領等官確實植樹。穆宗深表贊同，除令劉應節「嚴督兵備等官上緊種植」，復諭：「仍通行各邊一體修舉，每年終，各該巡按御史查勘種過數目奏報，如有不著實舉行的，指名參來處治！」〔註 171〕此令一下，植樹活動遂自薊州一鎮，擴及於各邊。〔註 172〕

隆慶四年（1570），在穆宗的指示下，武備整頓重點由邊方轉至京畿地區，〔註 173〕腹裏栽種軍事防護林的提議則隨之出現。首先，兵部承旨，條爲十事

宜疏略〉，頁 155 下。《明穆宗實錄》，卷 11，頁 10 上，隆慶元年八月庚子條載：「吏科給事中鄭大經奉命賞薊遼軍還」。鄭大經建言如下：「各路有險可憑，則縱橫坑塹，以爲『地網』；水泉通流，則隨處停蓄，以爲『水櫃』。多植榆柳，以刺（制）奔逸；埋伏地雷，以資暗擊；密設釘版，以防潰襲；層壘木樁，以遏冲突。此則關隘有守，防禦有法，多方備禦，或可無虞。」此與正統末年劉定之建議極爲相似。

〔註 169〕《四鎮三關誌》，卷 7，〈制疏考・薊鎮制疏・總督曹邦輔巡撫劉應節條陳疏略〉，頁 160 下。隆慶元年十月，穆宗重新安排邊鎮督撫，在此波人事調整案中，劉應節自巡撫河南調任。參見《明穆宗實錄》，卷 13，頁 8 上，隆慶元年十月己亥條。

〔註 170〕《明穆宗實錄》，卷 16，頁 6 下，隆慶二年正月戊辰條。另外，隆慶三年，巡按直隸監察御史房楠種樹題疏亦稱：「先該巡撫順天都御史劉應節題爲欽奉聖諭事，已將種樹奏奉欽依。」參見《保定府志》，卷 20，〈兵政志・懇乞聖明申飭種樹之議以固疆圉以圖永賴題疏〉，頁 19 上；《四鎮三關誌》，卷 7，〈制疏考・薊鎮制疏・巡按御史房楠申飭種樹疏略〉，頁 178 下。

〔註 171〕《保定府志》，卷 20，〈兵政志・懇乞聖明申飭種樹之議以固疆圉以圖永賴題疏〉，頁 20 下～21 上。房楠所言「五難」、「七利」，詳見該題疏，頁 19 上～20 下。

〔註 172〕隆慶四年正月，兵部條陳提及，山西巡撫靳學顏（1514～1571）亦曾疏議種樹之利，並奉准施行。參見《保定府志》，卷 20，〈兵政志〉，頁 21 上～下。（靳學顏巡撫山西期間：隆慶二年十二月～四年二月）

〔註 173〕《明穆宗實錄》，卷 41，頁 1 上～下，隆慶四年正月乙亥條；《保定府志》，卷 20，〈兵政志〉，頁 21 上。穆宗傳諭兵部曰：「畿輔近邊地方，武備廢弛已久，近來言者都詳於外而畧於內，豈是萬全之計！你每便悉心詳議，凡可以捍外衛內者，著實條具來行。」

上之，其一「栽植樹株」謂：「畿輔內地，平衍空闊，虜騎得以長駈（驅）。宜于各城堡外多栽樹木，不惟利民，且因可以捍虜。」穆宗以爲然，「令各該撫、按，督率兵備等官著實舉行。」〔註 174〕北直隸地區順天、保定兩巡撫都御史因而接獲兵部咨文，轉令所屬兵備道，嚴督府州縣掌印官執行植樹令，「每年將春、冬二季栽種及成立過樹株，各造冊報（兵）部，以憑轉行巡按御史查考。」〔註 175〕

畿輔植樹政策獲得推動，影響所及，似乎形成一種議題，直至萬曆年間仍有官員提出相關建議。隆慶時，如都察院左都御史葛守禮（1505～1578）有疏「脩復井田遺意以防水患以止虜馬馳驅」，建議於北京東、南兩面地勢平曠低窪之處，恢復井田制，修舉水利，使「千溝萬渠，縱橫錯落」，岸邊皆樹榆柳。如此，「既正疆界，亦備旱潦」，且爲「民之地險，限胡之天塹也。」〔註 176〕萬曆初，名將俞大猷（1503～1579）奏請於京城四面各三十里之外，「將民閒園地周圍各五里之遠，暫免租稅，責令各管園地之家，種植榛、栗、棗、梨、桃、柿等菓，縱橫一丈」，使如陣如隊，「數年之後，森然成林，菓利歸民」；若敵「萬一有至，藩籬重列，馬難馳突。」〔註 177〕葛氏、俞氏的植樹提議，雖俱言及民

〔註 174〕《明穆宗實錄》，卷 41，頁 2 上～下，隆慶四年正月乙亥條。「栽植樹株」該款條議，詳見《保定府志》，卷 20，〈兵政志〉，頁 21 上～下。《保定府志》作者稱此爲「樹渠之制」，略述其歷史，蓋「昉於《周禮》，所以表道路、正疆界、限衝軼也。」又稱，北宋神宗熙寧中（1068～1077），程顥（1032～1085）等奉使察農田水利，曾於保州（明保定府）築堤植木，「作溝以限戎馬」。至隆慶時，「我皇上軫慮及此，傳諭內外守臣廣植樹木，一以前民用，一以限戎馬，誠萬世之計也。」事實上，熙寧間負責在保州等地植樹禦敵者，應是皇城使程昉，《保定府志》誤作程顥。有關北宋於河北保定一帶的造林措施，詳參江天健，〈北宋河北路造林之研究〉，頁 234～244。

〔註 175〕參見《保定府志》，卷 20，〈兵政志〉，頁 21 下～22 上。《保定府志》所載爲「總理紫荊等關保定等府地方兵備兼理馬政山東提刑按察司副使何東序」，奉「巡撫保定等府地方兼提督紫荊等關都察院右僉都御史朱大器」諭令執行朝廷政策的內容。

〔註 176〕參見《保定府志》，卷 23，〈屯政志〉，頁 13 上～14 上。葛守禮於隆慶四年十一月自刑部尚書改左都御史掌都察院。參閱《明史》，卷 112，〈七卿年表二〉，頁 3471～3472。

〔註 177〕〔明〕俞大猷，《正氣堂續集》（《四庫未收書輯刊》5 輯－20，北京：北京出版社，1997 年，據清道光孫雲鴻味古書室刻本影印），卷 7，〈爲伏陳戰守要務以備採擇疏〉，頁 2 下～3 上。俞大猷約於萬曆三年（1575）前後起爲署都督僉事，於後軍都督府僉書管事，提調京營兵車。訓練車營三年有成，陞署都督同知。萬曆六年（1578），上疏乞歸。參閱《正氣堂續集》，卷 7，〈乞歸

生、阻敵之利，恐怕窒礙難行，難獲採納。因爲，京畿地區村落分布、土地利用與土地擁有者的情形複雜，不僅有民屯、軍屯，又有皇家、勳貴、官方的莊田、牧馬草場、蔬果栽種地等等，〔註 178〕不但復井田難以著手，即使民間園地周圍植樹，在地理分布上亦未必能連結爲「藩籬重列」，而收阻敵實效。不論如何，仍可看出植樹議題的後續效應。

隆慶數年間，君臣一體推動植樹措施。迨神宗以沖齡踐阼，邊方植樹持續推動，同時亦出現檢討聲音。先看植樹最力的薊鎮地區。隆萬間，劉應節由巡撫順天陞任總督薊遼保定，與接任順天巡撫的楊兆，〔註 179〕繼續推動其植樹計畫。薊鎮植樹，雖於隆慶四年已見初步成效，〔註 180〕「承委大小官員已蒙欽賞」，然而劉應節亦發現植樹作業的缺失與弊病。如「報種者未必實數，而生活者旋復焦枯」；「各路大小將領，及原委人員，仍復泄泄，怠緩坐視。」爲此，劉、楊下令補種，聽候查覆，命兵備道官嚴格督辦，並訂立條約以爲規範。〔註 181〕

薊鎮與京師最近，最受關注，卻已出現後繼乏力、貫徹不易的問題。其實，若環顧當時的時空背景，或許可求得癥結所在。隆慶伊始，邊防整頓如火如荼展開，一時間眾務多頭並進。時鎮守薊州等處，總理練兵的戚繼光〔註 182〕曾有

疏〉，頁 7 上～10 上；《正氣堂集》（《四庫未收書輯刊》5 輯－20），〈名山藏本傳〉，頁 17 上～18 上；《明史》，卷 212，〈俞大猷傳〉，頁 5608。

〔註 178〕詳參尹鈞科，《北京郊區村落發展史》（北京：北京大學出版社，2001 年），頁 177～234。

〔註 179〕隆慶四年十月，劉應節自巡撫順天拜兵部右侍郎，兼右僉都御史，總督薊遼保定；同時，楊兆由永平兵備副使陞右僉都御史，巡撫順天。萬曆二年（1574）七月，劉應節改任南京工部尚書，遺缺由楊兆以兵部右侍郎兼右僉都御史接任。參見吳廷燮撰，魏連科點校，《明督撫年表》（北京：中華書局，1982 年），卷 1，〈薊遼〉，頁 5；〈順天〉，頁 37。

〔註 180〕隆慶四年四月，兵部議覆巡按直隸監察御史房楠條陳，穆宗允行，其中一款爲：「永平、昌、薊諸路種樹已成，嚴行地方守視」。顯然薊鎮植樹已見成效。參見《明穆宗實錄》，卷 44，頁 10 下，隆慶四年四月己未條。

〔註 181〕參見《四鎮三關誌》，卷 6，〈經略考・薊鎮經略・邊關條約〉，頁 97 上。《四鎮三關誌》所載薊鎮〈邊關條約〉，爲總督侍郎劉應節、巡撫都御史楊兆議立，共二十四款，「栽培林木」蓋其中之一。

〔註 182〕隆慶二年，劉應節新任順天巡撫，倡言植樹未久，同時間最受矚目之事，即譚綸（1520～1577）自兩廣接任薊遼總督，戚繼光亦北調總理練兵，兩人奉命推動整頓軍隊、修築邊墻墩臺等要務。其中，戚繼光先以都督同知總理薊州、昌平、遼東、保定練兵事務，總兵官以下悉受節制。後改以總理銜任鎮守薊州、永平、山海等處總兵官。參見《明史》，卷 212，〈戚繼光傳〉，頁 5613

評述：

> 薊鎮急務，惟有四事：曰建臺，曰練戰，曰營田，曰種樹。使其人各一役，相濟而不相妨可也。但主、客邊軍有額數，日漸消減，未見增益，四事何以並舉？〔註 183〕

百事固然待興，但實際執行任務的守邊官軍人力有限，在承擔諸務的情形下，必然捉襟見肘，事相排擠，難有實效。〔註 184〕何況「北方風寒土燥，雖有樹木，竟是稀疏，不比南方土濕雨多，藤木糾纏，猿猱莫扳」，〔註 185〕如栽培技術不能克服自然因素，植樹成效亦不免大打折扣。

在此之後，植樹熱潮逐漸冷卻。萬曆六年（1578），巡撫山西右僉都御史高文薦題請於山西沿邊「栽樹株以固藩籬」，兵部卻有不同意見。兵部官員認爲，廣培邊木，事雖可行，仍應多方計慮。一者，樹木必合地宜而後生長，「若邊地砂磧，瘠薄鹹鹵，千里之遠，有寸草不生者，況種樹乎！」再者，「查得別鎮先年亦有行之者，徒爾勞人，終成畫餅。況今閑暇，設險練兵，當務者多，工程通完，軍伍充備，徐議可也。」〔註 186〕兵部駁文中，所謂「別鎮先年亦有行之者」，當指實行最力的薊鎮而言。若此，則前述劉應節的補救之計，在其離任之後竟成虛文。薊鎮經驗受到檢討，亦使主管邊林的兵部於審查植樹建議之際更趨嚴格。

～5615；卷 222，〈譚綸傳〉，頁 5835～5836；歐陽祖經，《明譚襄敏公綸年譜》（《新編中國名人年譜集成》第 12 輯，台北：臺灣商務印書館，1981 年），頁 89～90、102～104、114～116；《戚少保年譜耆編》，卷 7，頁 211；卷 8，頁 240。

〔註 183〕《戚少保奏議》，重訂批點類輯練兵諸書卷 3，〈薊鎮急務〉，頁 106；《戚少保年譜耆編》，卷 8，頁 250。此篇條議繫於隆慶三年秋八月條下。

〔註 184〕戚繼光又舉例說明：「若分一班種田，又分一班操練，又分一班築臺，又責一班種木，是一歲之間，一防之內，僅可得臺十座，……工役相尋，尚無已時。今必欲一面築臺、一面種田、一面種木、一面教戰，四事並舉，須得如此三四項人，始可辦之。恐竭國之力，亦有所不能也！」參見《戚少保奏議》，重訂批點類輯練兵諸書卷 3，〈薊鎮急務〉，頁 107；《戚少保年譜耆編》，卷 8，頁 251～252。

〔註 185〕《戚少保奏議》，重訂批點類輯練兵諸書卷 3，〈薊鎮急務〉，頁 107；《戚少保年譜耆編》，卷 8，頁 251。

〔註 186〕《小司馬奏草》，卷 2，〈題爲承平日久邊備漸弛懇乞聖明乘時破格議處以資戰守以肅疆埸事〉，頁 42 上～下。兵部覆議所稱「況今閑暇」，指隆慶五年（1571）俺答封貢後，西北邊境獲得休息而言。此與題名「承平日久邊備漸弛」相呼應。

上述事例，正好標誌出萬曆時期邊林事務的特徵：官員陸續建議並推動植樹，相關檢討意見亦始終不斷。植樹活動部份，如薊鎮，萬曆十二年（1584）前後，總督薊遼保定軍務兵部尚書張佳胤（1527～1588），「移文各路，令沿邊皆種棗栗。」〔註 187〕數年後，順天府寶坻縣知縣袁黃，復建請撫按延續前人施政，命守邊軍士於山坡種植果樹，鞏固藩籬。〔註 188〕又如山西沿邊，萬曆二十年（1592）前後，呂坤以都察院右僉都御史提督雁門等關兼巡撫山西，題請「禁砍伐、嚴栽種」。植樹部分，一則命守備官員督率軍壯，於沿邊「衝路、平梁、寬溝、陂嶺」地帶栽種樹木；二則令居民取荊棘類植物，遍植山谷。〔註 189〕十餘年後，萬曆三十七年（1609），巡按山西監察御史劉光復（1566～1623）建請邊塞植樹，兵部以爲遍植棗、栗、榆、柳等木，既有利邊防，又可以辨別田畝疆界，題准「通行將各邊軍民種植樹株若干本，歲終造報。」〔註 190〕

至於檢討植樹措施者，除論及自然生長環境之外，多將成效不彰歸咎於官員虛應故事，劉應節所稱官員「怠緩坐視」即是一例。此外，又如萬曆中，瞿汝稷（1548～1610）有言：「近之籌邊者，欲於近塞諸山悉樹榆、棗，以拒衝突，惜費鉅而功難成，乃中止耳。」〔註 191〕萬曆三十七年，徐鑾任職兵部

〔註 187〕〔明〕袁黃，《了凡雜著・寶坻政書》（《北京圖書館古籍珍本叢刊》子部・叢書類 80，據明萬曆三十三年建陽余氏刻本影印），政書卷 16，〈邊防書・復撫按邊關十議〉，頁 43 上～下。原文僅載「近年總督軍門張」，並未署名。同文頁 28 上曾書「總督軍門崌崍張公」，所指當爲同一人。崌崍張公，即張佳胤（號崌崍山人），萬曆十一年（1583）九月至十三年（1585）閏九月，以兵部尚書兼都察院右副都御史總督薊遼保定軍務。另參吳廷燮，《明督撫年表》，卷 1，〈薊遼〉，頁 7。

〔註 188〕《了凡雜著・寶坻政書》，政書卷 16，〈邊防書・復撫按邊關十議〉，頁 43 下～44 上。袁黃由禮部觀政進士授寶坻縣知縣，萬曆十六年（1588）六月到任，蒞縣五年，有善政，擢兵部主事。參見《了凡雜著・寶坻政書》，政書卷 14，〈祀神疏・到任祭城隍文〉，頁 1 上～下；政書卷 17，〈邑侯袁公生祠碑記〉，頁 34 上；國立中央圖書館，《明人傳記資料索引》（台北：國立中央圖書館，1978 年），頁 426。

〔註 189〕〔明〕呂坤，《呂新吾先生去僞齋文集》（《四庫全書存目叢書》集部 161，據北京大學圖書館藏清康熙三十三年呂愼多刻本影印），卷 1，〈摘陳邊計民艱疏〉，頁 65 下～66 下。呂坤巡撫山西期間，自萬曆十九年（1591）十二月，至二十一年（1593）五月。

〔註 190〕《職方疏草》，卷 7，〈覆山西巡按條陳安邊十二策疏〉，頁 23 上～24 上。

〔註 191〕〔明〕瞿汝稷，《瞿冏卿集》（《四庫全書存目叢書》集部 187，據上海圖書館藏萬曆三十九年張養正刻本影印），卷 12，〈與文侍御論五臺伐木書〉，頁 25 下。

職方清吏司，曾概括指出邊林種植難成的原因：

> 看得邊塞種樹之說，非自一日，惜未有實行之者。蓋其經營在溝塍之間，或薄之以不屑，爲收効在歷年之後；或迂之以爲不急，茍圖眉睫，委棄長利，誠所謂不蓄則終身不得者矣。〔註192〕

徐鑾點明官員坐視而不作爲的心態，正因爲樹木栽培於山野田間，事鄙而勞，況且收效緩慢，對其考績升遷無大利。改善之道無它，「是在督撫鎮道，家事視國，督率所屬，躬爲勸誘」而已。

萬曆年間，邊林種植成效儘管常遭質疑，畢竟林木有助防禦，是故仍在檢討聲浪中持續推動。萬曆末年，國勢急轉直下。以北邊而言，建州女眞興起，遼東兵連禍結，及至天啓元年（1621），遼陽城陷落於後金，則邊務孔棘，大勢已去。在朱明王朝所剩不多的統治歲月中，國事糜爛，財政瀕臨崩潰，實已無力再推植樹措施；況且，兵馬倥偬之際，栽植邊林緩不濟急，恐已淪爲末務，鮮有人提。由此推測，明代種植邊林的措施，大體隨萬曆時期結束而中止，即使天啓之後仍有提議，應是零星而難以落實。〔註193〕

總論林木與明代北邊防禦戰略的關係，基於維護國家自身利益、保障國家安全的立場，明廷對待沿邊與邊外林木的態度與政策殊異。歷朝針對邊方的護林植樹措施與倡議，蓋爲邊備之一環，因此對於沿邊林木生長之處，以法律政令保障之，以官方力量培護之，企圖使之形成另一道邊防藩籬。至於境外的草木，在明廷的損益評估下，放縱軍民出邊採取，有開啓邊釁之虞，不如明令禁止之；然而草木豐茂，徒資蒙古南掠，其害不可勝計，故定策派遣官軍燒荒焚除之。〔註194〕

〔註192〕《職方疏草》，卷7，〈覆山西巡按條陳安邊十二策疏〉，頁23上～下。對於包含植樹在內的各類官員題奏與建議，明神宗甚至回應：「近來條陳雖多，實効甚少。這所奏既經覆議停妥，俱著實行，不得以虛文了事！」顯見政府欠缺執行力，乃君臣咸知的問題。神宗語，見同文頁27下。

〔註193〕如天啓三年（1623）正月，兵科給事中王志道奏請，在山海關以北至寧前中左所二百里之間（遼西走廊南段），「于平地廣野築垣掘溝」，「仍多種榆柳、荊棘以限禁之。疏下部，行督撫官參酌料理。」其提議，料想難有結果。參見〔明〕溫體仁等修纂，《明熹宗實錄》，卷30，頁1下～2上，天啓三年正月乙未條。

〔註194〕在明代官員的態度方面，或與國策相合，主張出邊樵採則「林木既伐，寇路益多」；或另作變通，提議開放樵採，「使邊外無長林豐草」，「虜人」不得駐牧，既得柴木之利，又具燒荒之相同效果。以上分見《薊州志》，卷12，〈雜

中央政府頒定的國策與律令判然若此，如要檢討實際的執行狀況，則禁止出邊樵採與燒荒措施，皆有落實不力、成效不彰的問題。扣除邊方官員純粹怠忽職守、馬虎敷衍的因素，則不論軍民的圖利維生、「敵我」暗通款曲，或部分地區某些出境行爲的就地合法化，其背後皆與地方利益、邊情生態、雙邊的檯面上下關係相連結。至於各邊鎮地區林木維護的實際演變與發展，以及對於邊防是否確實有所助益，將接續於爾後兩章探討。

志・經略〉，頁 151 下；《盧象昇疏牘》，卷 8，〈請停禁止樵採疏〉，頁 203。

第四章　薊、遼、宣大地區的山林生態

明代官方頒禁且有法源依據的受保護林木，除陵寢樹木外，北部邊防地帶山林蓋為主要對象。禁令雖嚴，實際上由於沿邊地區公、私兩方面的木材需求與伐用，損害邊林的情形遂難避免。〔註 1〕

歷來學者探討明代北邊山林的採伐與破壞，多引述弘治初年兵部尚書馬文升奏疏，指稱北方邊林自成化起，官商軍民「糾眾入山，將應禁樹木任意砍伐」，〔註 2〕從此往後，每下愈況，邊林遭受徹底破壞，或演替為荒山禿嶺，一望平沙。〔註 3〕邊林受破壞固為事實，然而是否真為「山林一空」？各地區是否互有差異？歷史進程中有無變動因素？類此問題，顯然不是片面數語便能斷然概括，有必要進一步分析，才有更深入一層了解明代北邊山林演變或生態的可能。

〔註 1〕 參見宮崎洋一，〈明清時代森林資源政策の推移——中國における環境認識の變遷〉，頁 20～21。

〔註 2〕 詳見《馬端肅公奏議》，卷 11，〈太子少保兵部尚書臣馬文升等謹題為禁伐邊山林木以資保障事〉，頁 5 上～下。筆者曾於前章略述馬文升所奏成化間邊林遭受破壞的原因，請見第三章第二節「邊防林木的保護」部分。

〔註 3〕 認為明代邊林普遍破壞嚴重，幾乎殆盡的論著不少，例如：暴鴻昌、景戎華，〈明清濫伐森林對生態的破壞〉，收入平準學刊編輯委員會編《平準學刊——中國社會經濟史研究論集》第 3 輯（上）（北京：中國商業出版社，1987 年），頁 146～147；陶炎，《中國森林的歷史變遷》（北京：中國林業出版社，1994 年），頁 109～111；史念海，《黃河流域諸河流的演變與治理》（西安：陝西人民出版社，1999 年），頁 244、252、345；李心純，《黃河流域與綠色文明——明代山西河北的農業生態環境》（北京：人民出版社，1999 年），頁 71～73；韓大成、楊欣，〈明代林業概述〉，收入朱誠如、王天有主編《明清論叢》第 5 輯（北京：紫禁城出版社，2004 年），頁 297～298。

明代的北邊防區，東起遼東，西迄甘肅，地域遼闊，前章已概述之。由於國防線主要以長城（邊牆）為根據，因此本書所探討的北邊山林，聚焦長城沿線，而輻射及於週邊區域。為便於討論，筆者參照北邊各鎮建置，分割為數個區段與地域，並以北京為著眼點，先選擇同屬「外邊」的薊州、遼東、宣府、大同四鎮，依序於本章各節探討。至於皆為「內邊」的保定、山西二鎮，陝西四鎮地區，將隨後於次章論述。〔註 4〕此部分討論的開展，主要以邊林之禁為準則，藉毀損邊林要因和事件的舉述，審視護林措施與伐木活動的發展與變化。

圖 4-1　薊州、宣府與保定鎮長城圖

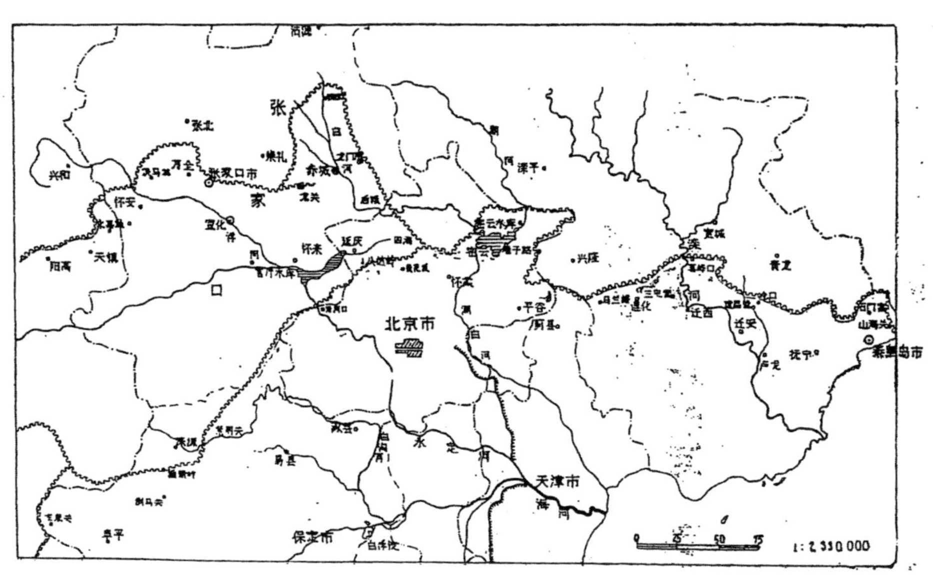

圖片來源：華夏子，《明長城考實》，「河北省天津市北京市所轄明長城圖」，頁 82。

〔註 4〕明人有謂：「京東之外鎮，營、薊、遼陽也。京西之外鎮，宣、大、偏頭也。京東之內險，山海也。京西之內險，居庸、白羊、紫荊、倒馬、雁門、寧武、平型、龍泉也。」見〔明〕蔣一葵，《長安客話》（北京：北京古籍出版社，2001 年），卷 7，〈關鎮雜記‧邊關〉，頁 139。本書探討各邊的順序，略仿於此。至於明代的邊鎮設置，及其個別所轄區域，曾數度變動，前章已略述。筆者對明代北邊地區的劃分，以《(萬曆) 大明會典》卷 126 所載邊鎮設置內容為依據。以軍事設置（邊鎮）而非以自然地理劃分區域，有利於與明代對各邊頒布護林政令的實際情形相結合，亦符合本章以邊防線為主軸的論述主旨。

第一節　薊鎮山林的維護與採伐

一、薊鎮地理概說

薊州自洪武初年設防，至嘉靖中設置昌平鎮前，轄區東起永平府之山海關，西至昌平州之黃花鎮。〔註5〕昌平鎮設後，薊、昌二鎮的個別防區，以萬曆初年情形而言：薊鎮，「東自山海關，連遼東界，西抵石塘路并（开）連口，接慕田峪昌鎮界，延袤一千七百六十五里」；昌鎮，「東自慕田峪，連石塘路薊鎮界，西抵居庸關鎮邊城，接紫荊關真保鎮界，延袤四百六十里。」〔註6〕二鎮合論，則東起山海關，西至鎮邊城，即燕山山脈、軍都山一帶。

燕山、軍都山脈一線，「山雖斷續，險處亦多」，〔註7〕其中永平、山海、古北、喜峰等關口「山川形勢，險阻隔絕。」〔註8〕馬文升則形容：「山勢高險，林木茂密，人馬不通，實為第二藩籬。」〔註9〕至於山脈以北的「外邊」，「山勢連亙千里，山外撒江環繞，誠自然之險也。」〔註10〕弘治以後，薊州沿邊山林明確受條例保護，禁止砍伐。尤其，境內天壽山陵區逼近邊界，最受重視。如山北之黃花鎮，「係屬陵寢後門，邊長地要，守備宜密」；〔註11〕「其山陵後面撞道、紅門等口，逼近四海冶虜賊出沒去處，邊墻、林木尤宜加謹隄備，多方保護。」〔註12〕此地帶山林兼有禦邊及護陵雙重作用，為薊

〔註5〕《皇明九邊考》，卷3，〈薊州鎮．保障考〉，頁2下；《薊州志》，卷12，〈雜志．經略〉，頁155下。

〔註6〕《四鎮三關誌》，卷2，〈形勝考．薊鎮形勝．疆域〉，頁2上；〈形勝考．昌鎮形勝．疆域〉，頁5上。昌平鎮大略以渾河（永定河）與保定鎮分界。另外，慕田峪在今北京市懷柔區。

〔註7〕《皇明九邊考》，卷3，〈薊州鎮．經略考〉，頁14下。

〔註8〕〔明〕于謙，《少保于公奏議》（台北：國家圖書館藏，明嘉靖二十年杭州郡守陳仕賢刊公牘紙印本），卷10，〈兵部為邊務事〉，頁18下～19上。

〔註9〕《馬端肅公奏議》，卷11，〈太子少保兵部尚書臣馬文升等謹題為禁伐邊山林木以資保障事〉，頁4下。

〔註10〕《皇明九邊考》，卷3，〈薊州鎮．疆域考〉，頁1下；〈薊州鎮．經略考〉，頁13下～14下。

〔註11〕《譚襄敏公奏議》，卷9，〈重地增兵防禦以保萬全疏〉，頁39上。

〔註12〕《西關志》，居庸關卷6，胡效才〈查處重鎮武備以防不測疏（嘉靖七年六月）〉，頁134。撞道口，應在黃花鎮之北，歸黃花鎮守備管轄。參見《四鎮三關誌》，卷1，〈建置考．昌鎮地形圖〉，頁15下；卷2，〈形勝考．昌鎮形勝．乘障〉，頁42上；《九邊圖說》，〈薊鎮圖說．薊鎮分圖〉，頁60下。四海冶，屬宣府鎮，其地即今北京市延慶區四海鄉。

昌地區最特別之處。

二、護林機制

薊昌沿邊山林的維護，由邊區各級官員擔負責任。薊昌二鎮守邊官員，自明初迄於明末，設置多變，難以詳述。觀察其沿革變化，世宗朝應爲關鍵時期。嘉靖十八年（1539）以前，除有自永樂年間以來所設的鎮戍將領，又有相應的各級監軍宦官，以及成立較晚的文臣監軍系統。〔註 13〕以庚戌之變後的嘉靖晚期而言，薊昌地區的鎮戍將領有鎮守薊州總兵官、鎮守昌平總兵官，以及轄下各路參將、遊擊、守備等將官；〔註 14〕文官監控體系，則在總督薊遼保定等處軍務官之下，〔註 15〕以「順天巡撫」爲本區最高軍政官員，下轄薊州、昌平等兵備道官，〔註 16〕復有巡按、巡關御史協同並相互監察。〔註 17〕另外，天壽山陵區特設之內、外守備官，亦受巡撫、總兵等官統領節制。〔註 18〕

〔註 13〕《皇明九邊考》載：「永樂間，始命内臣鎮守遼東、開源（原），及山西等處。自後各邊以次添設，至嘉靖十八年五月，爲星變事，奉特旨裁革。」見：《皇明九邊考》，卷 1，〈鎮戍通考・沿革〉，頁 2 上。關於明代監軍制度與鎮戍制度的關係，以及宦官、文官的監軍體系與組織結構，詳參李渡，《明代皇權政治研究》（北京：中國社會科學出版社，2004 年），頁 156～189。

〔註 14〕薊昌二鎮的鎮戍將領設置，可參《（萬曆）大明會典》，卷 126，〈兵部九・鎮戍一・將領上〉，頁 1 下～10 下。

〔註 15〕「薊遼總督」（簡稱），節制順天、保定、遼東三巡撫官，管轄薊州、昌平、遼東、保定四鎮，始設於嘉靖二十九年。參見吳廷燮，《明督撫年表》，卷 1，〈薊遼〉，頁 1；劉振仁，《明代總督巡撫研究》（台北：政治大學政治研究所碩士論文，1995 年），頁 43；靳潤成，《明朝總督巡撫轄區研究》（天津：天津古籍出版社，1996 年），頁 125～126。

〔註 16〕魏煥認爲：「鎮戍莫重于巡撫，餘皆待其人而後行耳。」見《皇明九邊考》，卷 1，〈鎮戍通考・巡撫〉，頁 2 上。「順天巡撫」，全名「整飭薊州等處邊備，兼巡撫順天等府地方」，統薊州兵備、昌平兵備、永平兵備、密雲兵備、霸州兵備五道，轄境主要爲順天、永平二府地方。參見張哲郎，《明代巡撫研究》（台北：文史哲出版社，1995 年），頁 39～41。關於明代兵備道的設置，及其職權運作，可參閱：謝忠志，《明代兵備道制度——以文馭武的國策與文人知兵的實練》（《明史研究叢刊》之 5，宜蘭：明史研究小組，2002 年）。

〔註 17〕參見《明代皇權政治研究》，頁 186～187；戴順居，〈明代的巡關御史〉，頁 181～194。

〔註 18〕天壽山陵區之內、外守備官，即「守備天壽山太監」與「守備天壽山都指揮」。「守備天壽山太監」一員，天順間設，專一提督各陵内（神宮監）、外官員，守護陵寢山場。「守備天壽山都指揮」，則於景泰間始設，統領各陵衛軍，協同守備太監守衛陵寢；嘉靖中，成爲新設鎮守昌平總兵官之下屬，而職掌仍原則上，各體系之各級守邊官員均有護林之責，茲就筆者所見史料，舉例說明之。首先，監督體系中，嘉靖間整飭薊州等處邊備之順天巡撫，其敕諭有載：「如有權豪勢要之人，侵欺盜賣粮草，及砍伐邊關樹木、沮撓軍務等項者，體訪得實，具奏處治。」〔註 19〕而巡察邊關之巡關御史，前已述及，至遲於正德年間起，不僅有責禁止砍伐邊林，更肩負植樹的督導工作。至隆萬間，由於適逢植樹熱潮，其敕諭內容蓋與時事相應：

> 其沿邊樹木，尤宜嚴行禁約，不許居民盜伐。遇有稀踈處所，責令各該地方官，及時補植完密。如有視爲末務，不行用心栽種者，指名參來處治。〔註 20〕

此時期，植樹活動雖由順天巡撫劉應節首先推動，於護植邊林工作上，巡關（巡按）御史的視導之責，其實更重。〔註 21〕

其次，守邊的鎭戍將領，職在率領官軍護林植樹。如分守居庸關參將，其責任有謂：

> 其沿邊樹木，尤宜嚴加禁約，不許官軍人等採柴燒炭，圖利肥己，致成空曠，引惹賊寇。或已經砍伐者，督令趁時補種，務要林木稠

舊。守護陵區之內官、武官建置沿革，詳參胡漢生，《明十三陵》，頁 355～363。

〔註 19〕參見〔明〕毛伯溫，《毛襄懋先生集・御書世彙》，卷下，頁 16 下；《西關志》，居庸關卷 5，〈制勑〉，頁 91。前者爲嘉靖十一年（1532）十二月十五日命毛伯溫（1482～1545）之敕，後者則是嘉靖二十六年（1547）孫應奎所領敕諭，二人所受之命，俱是「前往薊州、永平、山海、密雲、居庸關、白羊口等處整飭邊務（備），兼巡撫順天、永平二府地方」。

〔註 20〕《四鎮三關誌》，卷 7，〈制疏考・薊鎮制疏・勑巡按直隸監察御史賀一桂〉，頁 10 上～下。隆慶三年至萬曆十一年期間（1569～1583），裁革專差之東、西巡關御史，令各該巡按御史帶管。其「居庸、紫荊，以至山海等關事務，分屬順天等府巡按御史管理。」參見：前引文，頁 10 上；《明穆宗實錄》，卷 36，頁 7 上，隆慶三年八月戊午條；戴順居，〈明代的巡關御史〉，頁 173～174。

〔註 21〕前章曾引述，隆慶三年穆宗令劉應節「嚴督兵備等官上緊種植」，「每年終，各該巡按御史查勘種過數目奏報，如有不著實舉行的，指名參來處治。」參見《保定府志》，卷 20，〈兵政志・懇乞聖明申飭種樹之議以固疆圉以圖永賴題疏〉，頁 20 下～21 上。可見各兵備道官承巡撫之命，分投督辦工作，巡按（巡關）御史則總司稽查。另外，筆者又查《四鎮三關誌》所載隆慶四年順天巡撫楊兆、萬曆二年順天巡撫王一鶚之敕諭，其內容已無護林事項，原因不明。雖然其敕諭未開列護林植樹之務，但實際上責有攸歸，畢竟「其勑內開載未盡，凡有裨於邊備，及便於軍民者，亦許爾從宜處置。」詳見《四鎮三關誌》，卷 7，〈制疏考・薊鎮制疏〉，頁又 7 下～9 下。

密，使賊寇不得通行，遇警易於守備。〔註22〕

居庸關東鄰之分守黃花鎮參將，由於扼守陵寢之後，「其附近天壽山處」，「宜設法禁、養樹木，杜絕賊路。」〔註23〕至於守護陵寢的天壽山內、外守備，維護陵區樹木更屬其重要職務：「山林樹木，仍照榜例禁約，毋得縱人砍伐」，合行事宜，彼此「計議停當而行」。〔註24〕

三、植樹措施舉要

薊鎮沿邊正式推動植樹，大約始於弘治六年（1493），准平江伯陳銳所奏，令「巡邊大臣，宜同巡關御史及鎮巡等官」擇樹栽種。〔註25〕在此之後，植樹記載並不多見。如正德間，監察御史蕭鳴鳳（1480～1534）曾奉命巡視山海諸關，遍歷邊徼，「廣樹材木」。〔註26〕確切可見的植樹內容，仍屬隆萬間的栽培活動。

隆慶二年（1568），順天巡撫劉應節獲准於薊鎮推動植樹。劉氏指出，當時「薊鎮地方屢經虜馬蹂躪，人煙稀曠，種樹之事，取辦一方，其力實難，似當議令北直隸等處協力為之。」據其規劃，北直隸除最南之廣平、大名二府不計外，其餘順天、永平、保定、眞定、河間、順德六府皆須出辦。屬保

〔註22〕參見《西關志》，居庸關卷5，〈制勑〉，頁93；《四鎮三關誌》，卷7，〈制疏考・昌鎮制疏・勑居庸關參將貫斌〉，頁59下～60上。前爲嘉靖間命都指揮僉事張元勳分守居庸關之敕諭，後之參將貫斌則應任職於隆萬間。兩敕內容幾無差異，唯居庸關參將舊僅爲「分守」，嘉靖四十三年（1564）改爲「分守參將」。見《（萬曆）大明會典》，卷126，〈兵部九・鎮戍一・將領上〉，頁9上。

〔註23〕《四鎮三關誌》，卷7，〈制疏考・昌鎮制疏・勑黃花鎮參將蔡勛〉，頁60上。黃花鎮參將轄下之黃花鎮守備，其敕諭中亦見相同辭句：「禁、養樹木，杜絕賊路。」見：前引書卷，〈制疏考・昌鎮制疏・勑黃花鎮守備劉動〉，頁65上。

〔註24〕《四鎮三關誌》，卷7，〈制疏考・昌鎮制疏・勑昌平守備葛紹忠〉，頁64下～65上。按「昌平守備」即「守備天壽山都指揮」，本文中，葛紹忠蓋以都指揮體統行事任職守備。另外，「守備天壽山太監」之敕諭亦可參照：「天壽山係祖宗陵寢所在，今命爾與都指揮共管領各衛官軍，在於本山守備，……巡視山林樹木，仍照榜例禁約，毋得縱人砍伐，……樹木枯槁之處，務要以時栽補，仍躬自往來看驗，恒加敬慎。」參見：《皇明九邊考》，卷3，〈薊州鎮・責任考〉，頁8上～下。此篇係嘉靖間敕諭。

〔註25〕《明孝宗實錄》，卷76，頁15上～下，弘治六年閏五月戊午條。

〔註26〕〔明〕薛應旂，《方山先生文錄》（《四庫全書存目叢書》集部102，據蘇州市圖書館藏明嘉靖三十三年東吳書林刻本影印），卷21，〈靜菴蕭先生墓表〉，頁1下。蕭鳴鳳登正德九年（1514）進士，選授監察御史，巡視山海諸關當在此後，且應爲巡視東關御史。

定巡撫管轄之府份，則請督令所屬取辦易生之樹，雇車運送至薊鎮，由順天巡撫派員分投栽種，「若栽植不活，仍令陪補。」〔註27〕實際的栽植作業，乃令沿邊各提調官督責軍人，「每名種樹百株，量爲犒賞。其種樹法，必縱横曲直，參錯蔽翳，務使虜馬不得馳驟。但有砍伐，則治以重罪。」〔註28〕

隆慶三年（1569），巡按直隸監察御史房楠針對薊鎮種樹，條陳「五難」、「七利」，意在補充劉應節植樹計畫之不足。其涉及栽植辦法的建議，約有數項：一、種植範圍，自山海關至居庸關，延袤二千餘里，其中險絕若天塹者十居六七，可通人馬之處僅十之二三。「是故緩者勿種，衝者樹之，不必徧種，而自無不徧矣。」二、沿邊衝處，盡係水口，性喜窪下之榆柳，自無不宜。但不必拘泥於此，惟隨土之所宜，「宜槐而槐，宜桑而桑，宜棗而棗，宜栗而栗。他若桃李之類，及荊棘之屬，惟取其易生者種之，則何地不生財乎！」三、「兹欲種樹，當於老圃而求焉，固不當責之軍也。」應僉派沿邊州縣「曾經藝樹之人」，量給工食銀，分發要害之衝，委官督責，可獲速效。倘若力有不足，尚有標兵可助。四、樹木應種於邊牆、敵臺內側，以便官軍看守。且砍伐邊林向有嚴禁，邊方軍民家喻戶曉，利於維護。〔註 29〕房楠的題疏獲得穆宗認同，而其建言除僉派民間老圃承擔植樹一項之外，大體與主事者劉應節的辦法相合，或得其採納。〔註30〕

隆慶四年（1570）十月，劉應節陞任薊遼總督，楊兆接任順天巡撫，二人繼續主持邊林栽植，並針對先前的施作弊端，訂立條約規範。其補弊措施

〔註27〕《四鎮三關誌》，卷7，〈制疏考·薊鎮制疏·總督曹邦輔巡撫劉應節條陳疏略〉，頁160下。劉應節訂定樹木分派辦法：「柳木者，以高五尺，徑圍三、四寸爲度。每府出辦萬株，每州出辦七、八千株，每縣出辦五、六千株，量動官銀，雇車運送至鎮。」由於該疏只是節略，僅錄柳木部分，未見其他樹種。另外，保定巡撫所轄府份，有保定、眞定、河間、順德、廣平、大名六府。

〔註28〕《四鎮三關誌》，卷7，〈制疏考·薊鎮制疏·總督曹邦輔巡撫劉應節條陳疏略〉，頁160下。

〔註29〕詳見《保定府志》，卷20，〈兵政志·懇乞聖明申飭種樹之議以固疆圉以圖永賴題疏〉，頁19上～20上。房楠所謂「五難」，即：「徧種之難」、「得地之難」、「動眾之難」、「取效之難」、「看守之難」。「七利」則無定名，仍請參閱原文。上述栽植辦法，主要整理自「五難」之內容。

〔註30〕萬曆初年，《四鎮三關誌》對劉應節在薊昌二鎮的植樹情形有所描述：「（薊鎮）沿邊墻内外，虜馬可通處，俱發本路主客軍兵，種植榆、柳、桃、杏，以固邊險。」昌鎮情形大致相同，唯所種樹爲「榆、柳、雜樹」。經此對照，種樹任務仍由官軍承擔，而種植虜馬可通的衝要處、多選適宜樹種等項，房楠建議與實際措施基本契合。

主要如下：

> 每歲各兵備道即分投委官，嚴查某路原栽樹若干、生死若干，續又領銀買到桲栳子種，種過若干，原係何人管理，嚴限補種。仍省令不許一人擅入樵採，及每歲終燒荒之日，不許縱火燒毀。違者拿來，照例問發烟瘴地面充軍。每春初派種一次，每歲終查覆具奏。〔註31〕

由此可見，自隆慶二年以來，植樹雖有初步成果，維護已栽林木，以及持續工作績效，卻是關係措施成敗的要害，此亦倡導人劉應節著意克服之處。

四年後，萬曆二年（1574）七月，劉應節改任南京工部尚書，離開掌理近七年的薊昌地區。其遺缺雖由曾共事的順天巡撫楊兆陞任接管，然原先推動的植樹措施，恐怕亦隨劉氏離任而趨於停息。至此，據《四鎮三關志》所載，總結劉應節在薊遼總督任上的植樹成績，其栽種範圍仍在薊、昌二鎮，未隨職務調陞而擴及於遼東、保定等地。以下爲此期間薊昌各路種植成績的表列。

表 4-1　隆萬間薊昌二鎮邊林種植成績表〔註32〕

鎮別	地　　區	栽　種　數　量
薊州	密雲道： 墻子、曹家、古北、石塘四路〔註33〕	共栽過榆、柳一百六十八萬四千一百五十三株。種過桃、杏等種子五十九石九斗。
	薊州道： 太平、喜峯、松棚、馬蘭四路	共栽過榆、柳、雜樹四百四十七萬一千一百四十七株。種過桃、杏等種子一百石。
	永平道： 石門、臺頭、燕河、山海四路	共栽過榆、柳、雜樹三百一十二萬五千一百八十七株。種過桃、杏等種子三百九十石六斗。
昌平	黃花、居庸、橫嶺三路（昌平道）	栽過柳木等樹六萬三千六百六十二株。
二鎮總計	栽過榆、柳、雜樹九百三十四萬四千零九十九株； 種過桃、杏等種子五百五十六石五斗。	

上表顯示，薊、昌二鎮的植樹措施，不限單一樹種，很可能「隨土所宜」而種植之；同時，兼採「栽植」與「播種」兩種方法進行造林。就造林方式

〔註31〕《四鎮三關誌》，卷6，〈經略考．薊鎮經略．邊關條約〉，頁97上。

〔註32〕本表製作，依據《四鎮三關誌》，卷6，〈經略考．薊鎮經略．雜防〉，頁144下～145上；〈經略考．昌鎮經略．雜防〉，頁147上～下。

〔註33〕表中所謂「道」，如密雲道、薊州道，是爲兵備道名稱；「路」，則爲鎮戍將領的分區信地。以「道」統「路」，乃以兵備道官監督路將之制，亦顯示植樹作業的分工體系。

而言，不論何種造林法，皆有一定的栽培技術與造林限制，如不能顧及各自的限制因素，必然提高造林的失敗率，〔註 34〕此或許即是房楠主張由有技術與經驗的「老圃」承擔植樹工作的直接原因。事實上，此項建議未獲採納，因而隆萬間植樹活動的專業程度頗值得懷疑。後來劉應節所發現的缺失：「報種者未必實數，而生活者旋復焦枯」，〔註 35〕很可能起因於此。栽培技術對造林成效的影響，於焉可見一斑。〔註 36〕

劉應節植樹後的十餘年間，薊鎮曾於萬曆十二年（1584）前後再令「沿邊皆種棗栗」，〔註 37〕又於十六年（1588）之後，有寶坻知縣袁黃的建議植樹。袁黃認爲：「今薊州、密雲一帶，最宜棗、栗，又宜桃、杏」，如能沿邊種植，「實安邊之至計，足國之良圖也。」〔註 38〕其種樹建議，乃與屯墾相結合，並分二類實施。其一，令沿邊戍守墩臺的「南兵」，〔註 39〕「各以附近山場畫界而授之，給以資本，責其成功。至來年春月，特遣官巡視，有懶惰不植者，責而遣之。」〔註 40〕藉安頓南兵而行植樹之法。其二，其餘屯種區田者，「亦

〔註 34〕上文所稱兩種造林方法，其一，所謂「栽過榆、柳、雜樹」若干株，屬於「栽植造林法」(reproduction by planting)。栽植造林，或稱爲「植樹造林」，乃將苗圃中育成的苗木栽植於造林地，以建成新林的方法，此種方法最適於荒山造林。域外引種進造林，與跡地更換樹種，爲人工造林法中引用最多的方法。惟此法耗費較大，且造林地生育環境不適，極難建成良好的森林。其二，「種過桃、杏等種子」，則爲「播種造林法」(reproduction by seeding)。播種造林法，或稱「直播造林法」(direct seeding)，乃將種子直接播於造林地，令其發芽成苗，以建立新林的方法。省工省費爲其優點，但許多種子稀少的樹種，或跡地荊棘叢生的造林地，皆不宜採用此法。詳參陶玉田、謝經發編著，《林學通論》，頁 133～136。

〔註 35〕《四鎮三關誌》，卷 6，〈經略考・薊鎮經略・邊關條約〉，頁 97 上。

〔註 36〕由於史料記載有限，無法肯切並進一步探析其問題，僅能推論至此。

〔註 37〕此爲總督薊遼保定軍務兵部尚書張佳胤的措施，參見《了凡雜著・寶坻政書》，政書卷 16，〈邊防書・復撫按邊關十議〉，頁 43 上～下。

〔註 38〕《了凡雜著・寶坻政書》，政書卷 16，〈邊防書・復撫按邊關十議〉，頁 43 上～下。

〔註 39〕「南兵」蓋相對於北方的薊鎮邊兵、輪班入衛兵而言，其主體即是「浙兵」。自隆慶初譚綸、戚繼光規劃薊鎮防務，練兵築臺之際，開始徵調並招募「浙兵」北上，以重整軍紀，並分守墩臺。《明史》記載，戚繼光「請募浙人爲一軍，用倡勇敢」；「會臺工成，益募浙兵九千餘守之。」參見《明史》，卷 212，〈戚繼光傳〉，頁 5613～5615；卷 222，〈譚綸傳〉，頁 5835～5836；《戚少保年譜耆編》，卷 7，頁 237；卷 9，頁 320～321。

〔註 40〕《了凡雜著・寶坻政書》，政書卷 16，〈邊防書・復撫按邊關十議〉，頁 43 下。除督責南兵，主管官員亦須負起成敗責任：「該管提調，有三分以上荒

各給一園地，棗、栗、梨、杏，聽從其便；而區田周圍皆令種樹，縱橫交蔭，亦嚴爲之罰，而責成之于三通判。」如此施行「三年之後，果木成林，戎馬難馳，此金湯之固也。」〔註 41〕袁黃的計畫，蓋以果木林的種植爲主體，期收軍事防禦和照顧軍民生計之利。由於係屬建議案，是否受上級青睞而實行之，未見史載，因此難論其成效。不過，觀察自劉應節以來的植樹措施與建議，果樹栽培的多重效益似乎漸受重視，是以在薊鎮軍事防護林的建設中，呈現果樹由配角轉爲主角的發展。

四、主要毀林區域的個案分析

薊鎮沿邊林木雖有禁伐令保護，仍不能阻絕人爲破壞。就史料記載而言，薊鎮有數個毀伐情形較嚴重的區域，並各具原因，茲分案探述於下。

（一）居庸關、黃花鎮一帶的樵採

居庸關北枕京師，號稱「北門鎖鑰」；黃花鎮在居庸之東，天壽山後，「昔

而不植者，即爲不稱職罷去；參將及該道，亦以此而遞坐之，法在必行。」《皇明世法錄》對於臺兵種植的相關記載，亦可對照參考：「南兵分發（薊州）全鎮邊墻，以臺爲家。」「其種植一節，通限近臺，一里之間，山坡之上，相度地之廣狹，堪種田禾者，即種田禾；堪種菜、種樹者，即種菜、樹。務使臺臺耕獲，寸土不遺。南將官置立邊種文冊，一路一本，備載部、司、局、隊開墾丈尺。每歲春耕之際，有將親自巡歷沿邊，查勘勤惰，賞罰以示勸懲。……以後調操歸臺之日，將種過地土，局自交局，隊自交隊。」詳參〔明〕陳仁錫，《皇明世法錄》（《四庫禁燬書叢刊》史部 13～16，中國史學叢書影印明崇禎刻本），卷 59，〈薊鎮邊防・守關寨〉，頁 38 下～39 上、45 上～47 下。

〔註 41〕《了凡雜著・寶坻政書》，政書卷 16，〈邊防書・復撫按邊關十議〉，頁 43 下～44 上。明代軍屯制度破壞後，出現屯地轉佃、民佃，乃至於民田化等情形。是故，屯田的實際狀況複雜，墾種者不僅屯軍，民户也所在多有。袁黃的相關描述，亦可爲佐證：「薊昌沿邊一帶，則荒地至多，不煩清查，自有餘地。」屯田原係明初之制，「後因兵逃田鬻，屯粮爲累，愈累愈荒，歷年奏減粮額。今所清屯田，皆非軍所自種；所納屯粮，皆計畝起科，與民田一例。」且「今各衛屯粮計畝起科，官責之軍，軍責之佃户，不足則軍賠，有賣妻鬻子而不能償者。」由此推論，袁黃所議的植樹方案，其承擔對象應該軍、民兼有。另外，袁黃所謂「區田」，若由其所述「誠于山坡之地，間行區田；平衍之處，皆爲井地（井田）」而論，當爲開墾山坡地的一種方式。其詳細內容如何，由於已在探討範圍之外，故未深究。上述屯田內容，參見：前引書卷，〈邊防書・閱視八議〉，頁 71 上～72 下；王毓銓，《明代的軍屯》（北京：中華書局，1965 年），頁 314～321、329～342。

人所謂擁護山陵，勢若肩背者也」，〔註 42〕兩地重要如此。據載，明初此地區林木茂密，更見關隘形勝。然而，其後遭受何種人爲破壞？山林狀態如何變化？不妨先由毀伐與保護的歷程說起。

圖 4-2　居庸關附近圖

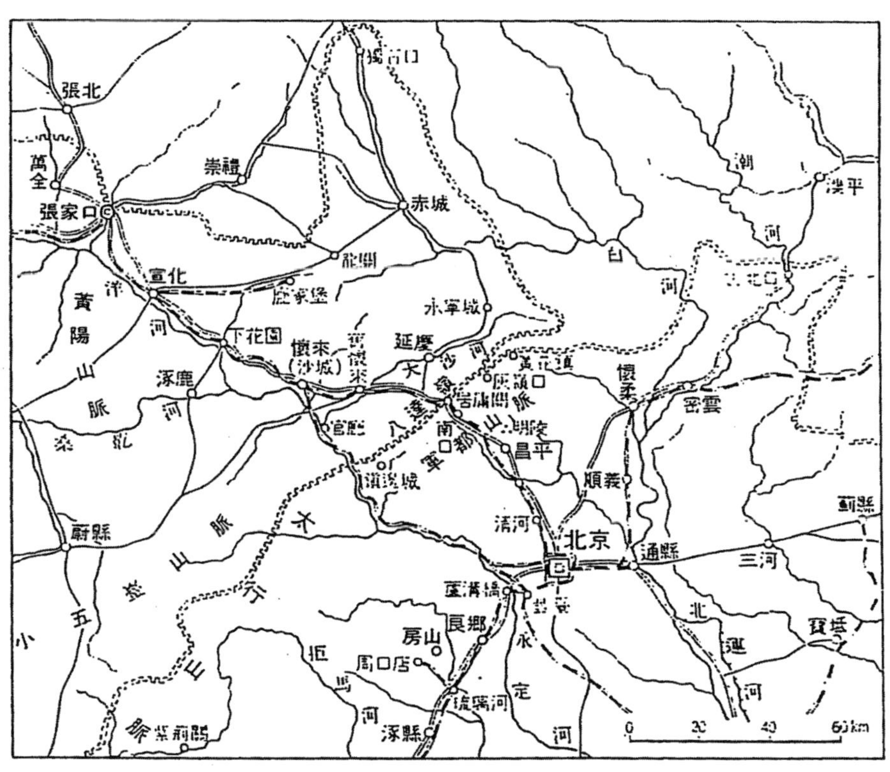

圖片來源：日比野丈夫，《中國歷史地理研究》，〈居庸關の歷史地理〉，「河北省北部要圖」，頁 294。

永樂初遷都北京，爲供應北京宮廷、官府日用柴炭，明廷著眼於當地豐富的林木資源，令官軍於白羊口、黃花鎮、紅螺山等處採辦，遂開啓此地帶大規模的山林破壞。洪熙、宣德年間（1425～1435），原令居庸關以東與天壽山接連地帶，禁止樵採，〔註 43〕然而黃花鎮東至紅螺山一帶的懷柔縣（今北京市懷柔區）山場，因去天壽山稍遠，旋即弛禁。〔註 44〕歷年既久，至景泰初歲，因懲

〔註 42〕《昌平山水記》，卷上，頁 23 下。

〔註 43〕《明仁宗實錄》，卷 2 上，頁 3 下，永樂二十二年九月乙亥條。

〔註 44〕參見《明宣宗實錄》，卷 3，頁 12 下，洪熙元年秋七月戊寅條；《明英宗實錄》，

也先入犯之創，林木保護開始受到重視，故而景泰、天順年間（1450～1464），邊林禁伐令執行較嚴，此地帶山林應在禁限內。然而，成化二十餘年間，管理轉趨鬆弛。孝宗即位初期，乃有丘濬、陳鋭、馬文升等人相繼痛陳毀林嚴重。於是繼景泰之後，弘治起再度重視邊林，並開始以申禁令、補植樹之策，雙管齊下，企圖維護此區林木的完整。下至隆慶、萬曆時期，栽植樹木更成爲彌補毀損的主要手段。縱觀之，林木保護雖自景泰、弘治後成爲明廷關注的焦點，實際上採伐活動並未因此中止，而是進入禁、伐拉鋸的時期。

分析明朝時期居庸關、黃花鎮一帶的毀林，顯然因應北京地區柴炭、建材等木料需求的採伐是最主要原因。永樂開始，官方首先將此地區劃爲柴炭的採辦「山場」，固然順應需求，卻也是毀林的最大推手。景泰初，對於居庸關地區的山林破壞，兵部查報的原因爲：「公私砍伐，斧斤日尋。」〔註45〕所謂「公私砍伐」，語意不清，合理推測，在官方與民間的採柴燒炭外，應含取供建材、器用等其他需求。此在孝宗時丘濬的奏詞中獲得證實：「以薪炭之故、營繕之用，伐木取材，折枝爲薪，燒柴爲炭。」〔註46〕馬文升的題報更爲詳細，並指陳官員怠忽職責、監守自盜的危害行爲。〔註47〕弘治以後，沿邊林木應已嚴禁採伐，若官方的採辦措施受限終止，〔註48〕則所剩破壞活動應屬

卷2，頁6下，宣德十年二月辛亥條。

〔註45〕《明英宗實錄》，卷189，頁3上，景泰元年二月己卯條。

〔註46〕《大學衍義補》，卷150，〈治國平天下之要・馭夷狄・守邊固圉之略上〉，頁3下。另外，《日下舊聞考》引馬中錫（1446～1512）《東田集》，亦稱居庸關一帶「山川錯雜，路徑紆迴，向以林密地險，敵不得騁。近年樵采，林木漸疏，往來無所阻矣。」見：〔清〕于敏中等編纂，《日下舊聞考》（《北京古籍叢書》，北京：北京古籍出版社，2001年），卷154，〈邊障〉，頁2488。馬中錫爲成化十一年進士，仕宦成化、弘治、正德三朝，上文當作於此期間。馬氏生平，參見《明史》，卷187，〈馬中錫傳〉，頁4950～4953。

〔註47〕馬文升關於山林破壞原因的題奏已略引兩次於前，其所論亦不限居庸關，主要指宣府、大同地區。由於具參考價值，爲便利讀者查考，不憚其煩，摘錄其文於此：「永樂、宣德、正統年間，邊山樹木無敢輕易砍伐，而胡虜亦不敢輕犯。自成化年來，在京風俗奢侈，官民之家爭起第宅，木植價貴。所以大同、宣府窺利之徒、官員之家，專販筏木，往往僱覓彼處軍民，糾眾入山，將應禁樹木任意砍伐。中間鎮守、分守等官，或徼福而起蓋淫祠，或貽後而修造私宅，或修蓋不急衙門，或饋送親戚勢要，動輒私役官軍入山砍木，牛拖人拽，艱苦萬狀，怨聲盈途，莫敢控訴。其本處取用者不知其幾何，販運來京者，一年之間，豈止百十餘萬。」見《馬端肅公奏議》，卷11，〈太子少保兵部尚書臣馬文升等謹題爲禁伐邊山林木以資保障事〉，頁5上～下。

〔註48〕所謂官方的採辦措施，係指供應北京宮廷、官署的柴炭用度而言。由於自宣德

民間的盜採，以及守邊官員的犯禁私採。〔註 49〕

樹木本有其生長與衰亡的自然規律，加以人類樵採、取材等毀林行為不止，禁伐、栽植的保護與彌補措施亦始終不斷，因此山林的盈縮消長，實變動難論。明人對於居庸地區的山林狀態，歷有描述，可資參考，亦須嚴加分辨。先就毀林狀況的呈報檢視之。景泰元年（1450），兵部報稱：「樹木殆盡，開山成路，易險為夷。」〔註 50〕所謂「樹木殆盡」，應為毀林嚴重的形容詞，〔註 51〕或僅指局部地點的稀疏、光禿景象，並非全區山林一空，否則短短十

起已設易州山廠專辦，並免邊軍採辦柴炭之役（改為納銀），居庸關一帶應不再擔負供應北京柴炭的任務。弘治末，經略邊務太常寺少卿孫交的奏疏，亦可為佐證：「隆慶等衛，歲征柴炭銀二萬九百餘兩，輸于後府，備上供之用。蓋因永樂間邊關樹木稠密，乃起近邊軍人採辦柴炭，因循至今，久未釐革。今邊關樹木稀少，且禁例嚴重，莫可採伐，所以每年銀兩皆自軍出，歲復一歲，其累有不可勝言者。」見《明孝宗實錄》，卷 222，頁 7 上，弘治十八年三月己亥條。

〔註 49〕邱仲麟認為，北京附近森林遭到盜砍，與明代中後期北京城市與城郊人口迅速增加，以及燃料、建材需求的增長有關。參見氏撰，〈人口增長、森林砍伐與明代北京生活燃料的轉變〉，頁 144～155。除盜採牟利外，駐邊官員、軍士有日常的柴炭耗用，邊軍樵採以供當地使用必不能免。如隆慶間，戚繼光見「沿邊軍士既有採柴、撫夷之斂，又有買馬朋銀之攤」，竟歲修工，勞苦不堪，「猶且需彼出力採辦柴炭，供我炊爨，為勞更劇。」於心不忍，遂下令以後不許採辦。參見《戚少保奏議》，重訂批點類輯練兵諸書卷 3，〈禁約樵採〉，頁 101；《戚少保年譜耆編》，卷 7，頁 236。因而，在嚴禁砍伐邊林的限制下，若遵守禁令，則需於非禁之處取之，或另尋解決辦法。如嘉靖六年（1527），居庸關因官軍雜處，無樵蘇之所，乃重開鄰近的白羊口鎮舊有煤窯，取煤供爨。參見《明世宗實錄》，卷 78，頁 2 上，嘉靖六年七月丁丑條。反之，必然監守自盜，私採禁林。是故，沿邊官軍的燃料需求仍威脅邊林的維護。至於沿邊駐軍究竟於何處取用柴炭，如何解決實際燃料問題，仍有待進一步研究。

〔註 50〕《明英宗實錄》，卷 189，頁 3 上～下，景泰元年二月己卯條。

〔註 51〕「殆盡」一詞，意謂幾乎盡絕，鮮有剩餘。若非有實際數量統計可據，則多屬強調用意，甚至於誇張渲染。隆慶間有一事例可資參考。隆慶三年二月，正值興築邊牆與栽植邊林之時，總理九邊屯田都察院右僉都御史龐尚鵬上奏：「薊鎮舊多林木，可遏虜騎，近以工興，斬伐殆盡，宜及時種植，以資障蔽。」兵部覆奏，報可。次年四月，兵部議覆巡按直隸御史房楠條陳，其中一款曰：「永平、昌、薊諸路種樹已成，嚴行地方守視。」穆宗採用之。以上分見《明穆宗實錄》，卷 29，頁 13 下，隆慶三年二月癸巳條；卷 44，頁 10 下，隆慶四年四月己未條。比較龐尚鵬、房楠的奏報，短短一年間，其山林景況竟然懸殊如此，矛盾至極，而兵部前後態度卻又平淡泰然，狀若無事。顯然，官員公文用語含糊不清，乃至誇大不實，本為官場現象，習以為常。合理解釋之，則龐尚鵬意在督促明廷不可放鬆對邊林栽植的管控，故以「斬伐殆盡」之危言聳之，純屬語言策略，並非實況。由此可見，古人用語未必以精確為重，往往又有絃外之音、別具用

餘年間，何至成化時尚有林木可供採伐！亦不可能出現日後丘濬、陳銳的「木植日稀」、「險阻變為坦途」等敘述。〔註 52〕

再視馬文升的報告：「居庸關左右、山後林木，……近年以來，砍伐過半，……倘年久山空，萬一有警，將何以禦伏？」〔註 53〕雖其說詞仍不算精確，猶可見至弘治初年，居庸一帶山林約略「砍伐過半」，如再不禁約，才有「年久山空」之虞。歷經弘治、正德時期（1488～1521）的補救，嘉靖初，兵部職方清吏司主事鄭曉（1499～1566）撰《九邊圖志》，評論此地林相：「居庸東去舊有松林數百里，……今以供薪炭，荐伐條枚，林木日疎薄。樹渠藩塞，豈無謂耶！」〔註 54〕乍見其說，則此前三十年的護林努力，似可一筆勾消，然而鄭曉並未詳述毀伐時程，亦僅稱：「林木日疎薄」。據此，可以反證此地區仍存有數百里松林，惟日漸疏薄。但所謂「供薪炭，荐伐條枚」究竟為何時之事？以及供應對象為誰？難以憑此判斷。

至於讚賞林木茂密者，亦不乏其說。萬曆初，劉效祖（1522～1589）形容：「昌平諸山，皆巃嵸巀嶭，蔽日干雲。」〔註 55〕劉氏所述為昌鎮（東起慕田峪，西抵鎮邊城）境內諸山的總體形象，似乎林相完好，未有損毀跡象。再看局部地帶。萬曆中，蔣一葵描述黃花鎮：「二百年來，松楸茂密，足為藩籬。」〔註 56〕由於為「皇陵之玄武山」，亦是一片樹蔭濃密景色。數十年後，崇禎末年，昌鎮官員勘報境內植被，先述全境：「第查本鎮黃花、居庸、鎮（邊）

意，吾人當明察細究，不宜信手拈來，隨意相信。

〔註 52〕分見《大學衍義補》，卷 150，〈治國平天下之要・馭夷狄・守邊固圉之略上〉，頁 3 下；《明孝宗實錄》，卷 76，頁 15 下，弘治六年閏五月戊午條。

〔註 53〕《馬端肅公奏議》，卷 11，〈太子少保兵部尚書臣馬文升等謹題為禁伐邊山林木以資保障事〉，頁 6 上。

〔註 54〕〔明〕鄭曉，《端簡鄭公文集》（《四庫全書存目叢書》集部 85，據北京大學圖書館藏明萬曆二十八年鄭心材刻本影印），卷 8，〈書直隸三關圖後〉，頁 6 上～下。《明史》記載，鄭曉於「嘉靖元年舉鄉試第一。明年成進士，授職方主事。日披故牘，盡知天下阨塞，士馬虛實強弱之數。尚書金獻民屬撰《九邊圖志》，人爭傳寫之。」見《明史》，卷 199，〈鄭曉傳〉，頁 5271～5272。

〔註 55〕《四鎮三關誌》，卷 2，〈形勝考・昌鎮形勝・山川〉，頁 16 上。劉效祖另稱：「天壽山風氣結幕，襟帶潮河。」

〔註 56〕《長安客話》，卷 7，〈關鎮雜記・黃花鎮〉，頁 143。此外，弘正間，李夢陽（1472～1529）有〈黃花鎮詩〉：「往年趨北路，今繞泰陵西。晝黑垂蘿密，山青禁木齊。獨僧攀杪出，怪鳥趁陰啼。寂寞黃花堞，遙臨古塞溪。」見《日下舊聞考》，卷 153，〈邊障〉，頁 2468。在李夢陽文學性的描繪下，當時似乎也是山林完好，未見毀伐。

一帶，延袤二百餘里，俱爲陵寢表裏龍脈，王氣所鍾」，「山勢深邃，草木茂密。」〔註 57〕復提及東界情形：

> 惟審黃花東盡，即屬薊地；一墻相接，直抵宣邊、海子。墻內逼陵，實係慕、渤之境；墻外荒落，難辨薊、宣之交。此中道路險巇，草樹蓊翳，人盡以獸蹄鳥跡之道棄之。〔註 58〕

據其所述，則不論全鎮山區或偏隅地帶，非森林叢茂，即是荒煙漫草。

以上諸說，俱屬萬曆以後的敘述，粗略觀之，似乎反映隆萬以後此地區的護林植樹確有成效。若加以辨析，則其中仍隱含問題，未可盡信。就劉效祖、蔣一葵所述而言，二人的說辭皆爲概括性描述，且以讚頌景致爲主旨，各局部地點的山林狀態自非其觀照對象，況且作者未必遍歷各地，通曉其狀。至於崇禎間守邊文武官員的呈報，或許有實地勘查的根據，但地連天壽山陵，關係匪淺，恐怕也有誇大溢美之情，不能不辨明存疑。〔註 59〕

正反陳述如上呈現，古史資料對山林生態描寫之不精確，亦明顯可見。若僅據現有文字記載，推估居庸一帶山林狀態的變遷，大致可說：弘治以前，居庸關、黃花鎮地區的山林毀伐行爲確實嚴重，馬文升「砍伐過半」的敘述可能較接近事實。弘治以後，雖然既申禁又復育，砍伐仍因難以阻絕而持續，惟情形應較前穩定，規模亦轉弱。經過隆萬年間的強化護植，其林木覆蓋率可能有所增加，遂能提供明末勘報時，描繪「草木茂密」的撰寫空間。〔註 60〕

〔註 57〕《昌鎮奏議》，卷 4，〈進繳燒荒敕諭疏〉，頁 4 上～下。此疏題於崇禎十年（1637）十月。

〔註 58〕《昌鎮奏議》，卷 10，〈繳燒荒敕諭疏〉，頁 68 上。頁 66 上又有謂：「惟是渤海、慕田之外，宣、薊、昌三鎮交界之區，本道、本鎮閱歷最久，中間一線之地，叢草不多，舉火恐碍皇陵，唯有刈割一著耳。」此疏題於崇禎十一年十二月二十一日（1639 年 1 月 24 日），與前註引疏，同爲辨析昌鎮例不燒荒而發。文中所謂「本道」、「本鎮」，係「昌平監軍道官（按察僉事）」、「鎮守昌平總兵官」之自稱。

〔註 59〕另外，清代亦有相關記載可供參考。清乾隆年間纂修《延慶衛志略》，以「疊翠聯峯」爲居庸八景之首（「居庸疊翠」亦爲「京師八景之一」），並有說明：「距衛南九里，層巒聳翠，雲斷峯連，……昔年與明陵天壽山接脉，禁止樵採，樹木陰翳，黃羊、麋鹿往來不絕，爲畿北名勝。」據其敘述，居庸關地區不但山林茂密，而且生態良好，可見「黃羊、麋鹿往來不絕」。不過，此時與明末隔越百餘年，且屬後世對前代的整體性回顧與評說，必須考慮印證上的侷限性。參見：〔清〕李士宣修，周碩勳纂，《延慶衛志略》（《續修四庫全書》史部 718，據北京圖書館藏清乾隆抄本影印），〈紀事〉，頁 77；〈山川〉，頁 121。

〔註 60〕受文字與史料的限制，以上的論證仍稱不上堅實，蓋亦盡力求解而已。

（二）遵化鐵冶廠與鄰近邊林

遵化鐵冶廠，爲明代最大的官營煉鐵廠。據考證，遵化鐵冶創置於中唐，歷經宋、元，至明初，洪武年間並未續置。永樂元年（1403），重新設置鐵冶廠，以供應北邊逐漸增加的軍需器用。〔註 61〕

圖 4-3　遵化附近邊關圖

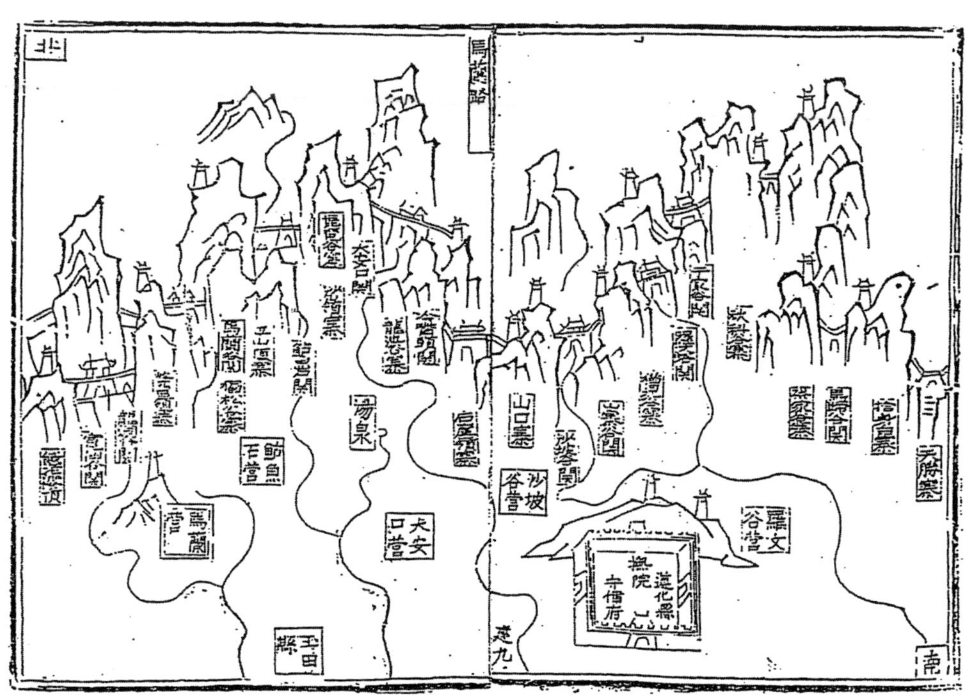

圖片來源：〔明〕劉效祖，《四鎮三關誌》，卷 1，〈建置考・薊鎮地形圖・松棚路、馬蘭路〉，頁 9 上～下。

遵化鐵冶廠在明代置廢不常，並曾數度遷徙。永樂元年建廠時，沿用元代鐵冶舊址，設於遵化縣西北的沙坡峪（谷）。永樂末年，一度關閉；宣德元年（1426）重新開冶，遷廠於縣治東北的松棚峪。宣德十年（1435），英宗於即位詔書中停罷之；次年（正統元年，1436），因行在工部奏請，仍於松棚峪復廠。時隔未久，

〔註 61〕參見張崗，〈明代遵化鐵冶廠的研究〉，《河北學刊》，1990 年 5 期，頁 75～76。並參《長安客話》，卷 5，〈畿輔雜記・遵化縣〉，頁 111。遵化縣，明代屬順天府薊州，北臨邊牆，有喜峰口、馬蘭峪、松亭等關。今爲河北唐山市遵化市。參閱《明史》，卷 40，〈地理一・京師〉，頁 888。

正統三年（1438），廠址遷至縣治東南的白冶莊，此後則不再遷移。〔註 62〕鐵冶廠自正統後持續營運，於萬曆九年（1581）關廠停冶。〔註 63〕

該廠之建置，永樂時，以遵化等衛指揮領其事，宣德末，始差掌山林川澤的工部虞衡司官提督，因此其官署稱爲「工部分司」。〔註 64〕遵化廠的生產項目爲生鐵、熟鐵與鋼鐵，以供應工部兵仗局打造軍器、製作軍裝，或派作其他用項。其歲辦常額平均約爲二十萬八千斤，但實際年產量遠高於此。煉鐵的基本原料爲鐵沙，遵化地區蘊藏豐富，採取亦易。燃料則爲木炭，薊州、

〔註 62〕詳參張崗，〈明代遵化鐵冶廠的研究〉，頁 76。本文所述遵化鐵冶廠的設置遷徙，係採張崗的考證結果。據張崗論述，松棚峪即今「松棚營」；白冶莊則以「白冶山」得名，今更名爲「鐵廠鎮」。筆者另查史料，沙坡峪地方有「沙坡峪關」，關南有「沙坡峪（谷）營」。參見《四鎮三關誌》，卷 1，〈建置考・薊鎮地形圖〉，頁 9 上；卷 2，〈形勝考・薊鎮形勝・乘障〉，頁 32 上。

〔註 63〕《明神宗實錄》，卷 110，頁 3 上，萬曆九年三月甲戌條；《（萬曆）大明會典》，卷 194，〈工部十四・冶課・遵化鐵冶事例〉，頁 19 上。另外，據《明熹宗實錄》記載，天啓三年（1623），順天巡撫岳和聲條陳安攘七事，其首款，建請於灤州設廠開採鉛礦，並復設遵化鐵冶廠。對於岳和聲各項建言，熹宗「以所奏關繫邊計，著即行議覆」。鐵冶廠是否復設，未見交代。不過，《春明夢餘錄》所載遵化鐵冶廠的部分，有「遵化撫臣欲開鉛礦，竟阻於士紳而止」的記述，但未繫年月。明代未有遵化巡撫，文中的「遵化撫臣」，蓋即駐箚遵化縣的順天巡撫。是故，疑此條記載即指天啓三年岳和聲奏請復廠之事。復查《康熙・遵化州志》，僅見「萬曆辛巳年（九年）革」，未見其後重設。根據以上資料，如推測無誤，則遵化鐵冶廠復設案恐怕亦胎死腹中。以上分見《明熹宗實錄》，卷 30，頁 20 上～21 上，天啓三年正月乙卯條；《春明夢餘錄》，卷 46，〈工部一・鐵廠〉，頁 60 上；〔清〕鄭僑生修，葉向升等纂，《康熙・遵化州志》（《清代孤本方志選》1-1，北京：綫裝書局，2001 年，據清康熙間刻本影印），卷 3，〈建置志・城池・鐵冶廠〉，頁 2 上。

〔註 64〕〔明〕黃訓編，《皇明名臣經濟錄》（台北：國家圖書館藏，明嘉靖三十年原刊本），卷 52，邵寶〈遵化縣鐵廠志〉，頁 1 上；《（萬曆）大明會典》，卷 194，〈工部十四・冶課・遵化鐵冶事例〉，頁 19 上。鐵冶廠於宣德間遷至松棚峪後，始設工部主事。正統元年復廠，「仍添設主事一員提督（宣德十年裁革）。」至弘治十年（1497），改差郎中，三年一更。另參《明英宗實錄》，卷 24，頁 9 下，正統元年十一月辛酉條。遵化鐵冶廠的勞動力來源，有從附近州縣徵集的民夫、民匠和輪班匠，自各衛所抽調的軍夫、軍匠，以及因犯流罪遣發的囚徒。據《薊州志》載，民夫來自於薊州、遵化縣、豐潤縣（俱屬薊州）、灤州、樂亭縣（屬永平府灤州）、遷安縣、昌黎縣（俱屬永平府）。軍夫則抽調自縣境與臨境的遵化衛、忠義中衛、東勝右衛、興州前屯衛、興州左屯衛、興州右屯衛。永樂間領鐵冶事的衛指揮，應選自於此六衛。參見《薊州志》，卷 2，〈地里志・公署・工部分司〉，頁 23 上。至於鐵冶廠匠役的生產與運作，請參閱張崗，〈明代遵化鐵冶廠的研究〉，頁 78～79。

遵化、豐潤、玉田、灤州、遷安等地專設「山場」供應之。本廠的生產量，約於正德四年（1509）、六年（1511）達最高峰，然而此時已出現危機，導致此後限縮產量，最終於萬曆九年停止營運。〔註 65〕鐵冶生產難以支持的原因，主要爲人事與夫役開銷巨大，以及冶鐵燃料耗費過高，造成額辦課鐵造價太高，得不償失。其中，自正德起，由於山場樹木日漸稀少，柴炭供應短缺，更爲影響生產的關鍵問題。〔註 66〕

遵化鐵冶廠先後設於三處，沙坡峪、松棚峪俱臨邊關，白冶莊去邊較遠，但仍屬鄰境，況且設有專屬柴炭山場的薊州、遵化、遷安等地，其北界皆爲邊牆。由此看，鐵冶生產與邊林維護之間或許隱含著衝突關係。先論廠址與邊林的關係。〔註 67〕鐵冶廠設廠地，除冶鍊鐵料外，其週遭是否亦爲取柴地，關係邊林是否遭受破壞。令人遺憾，此部分由於史籍缺載，難以判斷。抑或因爲另有專用山場，不需於廠邊採辦。然而，廠址遠離邊關，至少對於邊林的維護有所助益，或者可避免冶鍊造成的公害。

其次，探究柴炭山場的採伐情形。薊州、遵化等州縣山場，「舊額共四千五百六十一畝九分六釐，採柴燒炭。」〔註 68〕鐵冶廠開設之初，「林木茂盛，柴炭易辦。」然而，頻年採伐，自「天順等年以來，山場光潔。」〔註 69〕意

〔註 65〕詳參張崗，〈明代遵化鐵冶廠的研究〉，頁 76～77、79。冶鐵另有一種助熔劑，史籍稱爲「石子」，應爲「螢石」，產於遵化縣治南二十餘里的水門口。此外，上文所提遵化、豐潤、玉田三縣，俱屬薊州；灤州、遷安縣，俱隸於永平府。除薊州今爲天津市薊縣外，其餘州縣今俱屬河北唐山市，其中遵化、遷安爲市，灤州爲灤縣。

〔註 66〕張崗，〈明代遵化鐵冶廠的研究〉，頁 79～80。相較於柴炭，原料鐵沙始終未見匱乏。

〔註 67〕張崗認爲，雖然文獻缺載，但能肯定鐵冶廠早期的停冶與遷徙，與燃料等方面的因素無關，因爲柴炭資源在建廠初期仍然充足。參見氏撰，〈明代遵化鐵冶廠的研究〉，頁 76。推衍其意，則早期的停冶、遷廠，並非由於樹木砍盡、柴炭匱乏。不過，張崗並未探討鐵冶廠與邊林的關係。至於遷廠緣故，筆者試由國防角度解釋之。遵化鐵冶廠，永樂初與宣德初分別設廠於沙坡峪、松棚峪，雖在邊關，然當時國力強盛，邊外大寧等地仍在軍力投射範圍，或許對於設防較無妨礙，也不易遭受侵擾。正統三年遷廠時，邊患已起，而白冶莊新址則遠離邊防線，顯然更有利於正常生產，免於直接遭受戰禍。雖然如此，白冶莊鐵冶廠似乎爲防禦計，築有牆垣，「城小而堅」，唯不知建於何時。參見《康熙・遵化州志》，卷 3，〈建置志・城池・鐵冶廠〉，頁 2 上。

〔註 68〕《（萬曆）大明會典》，〔明〕韓大章，〈遵化廠夫料奏〉，收入《明經世文編》，補遺卷 2，頁 7 上、2 下。卷 194，〈工部十四・冶課・遵化鐵冶事例〉，頁 21 下。

〔註 69〕〔明〕韓大章，〈遵化廠夫料奏〉，收入《明經世文編》，補遺卷 2，頁 7 上、2 下。

謂樹木消耗頗多，不復初時茂密。由於鐵冶未停，仍需持續採木，於是「山有木則供柴炭，山作地則納稅粮」，成化年間起，聽軍民人等開種山地，徵收「山場租稅」，「肥地每畝納炭二十斤，瘠地半之。」〔註 70〕似乎山場樹木伐去後，原先的林地未再復育培護，反而轉爲墾地，並開徵炭料，以另一種形式維持原地的木炭供輸。

雖然林地採伐，墾地徵炭，看似燃料供應無虞，其實至正德初已爆發問題。正德元年（1506），工部官員韓大章上奏遵化廠事宜，提及山場林木：

> 經今建置一百餘年，山場樹木斫伐盡絕，以致今柴炭價貴，若不設法禁約，十餘年後，價增數倍，軍民愈困，鐵課愈虧。合無行令本廠郎中，出給榜文，嚴加禁約，著落各該衛所、州縣巡捕官員，曉諭地方軍民人等，不許在于應禁山場，擅自樵採，開墾耕種，燒窑燒炭。違者，許本廠郎中捉拏，照例問發。每月各該巡捕官員，仍具不致扶同容隱狀，申繳本廠郎中知會。則人知警惧，木漸滋生，而日後之用可供矣。〔註 71〕

據韓大章所述，自永樂元年起，山場隨鐵冶廠建置逾百年，樹木日漸減少，乃至於「斫伐盡絕」，所以柴炭價格升高。進一步解析，則樹木的消減，除爲供應煉鐵所需而採伐外，應有當地軍民對鐵冶廠專屬的「應禁山場」，私自樵採、毀林濫墾，以及私取木柴燒製窯器、木炭等侵權行徑，加速山場林木的消失，是以建議巡捕官員張榜曉諭，並由工部管廠郎中捉拏犯禁者。同時，藉由申禁法辦的手段遏阻盜伐，能使「木漸滋生，而日後之用可供矣」。此說法，透露出採伐後的林地，仍有復育的可能，而非逕供開墾。

正德元年（1506）之後，由於四年（1509）、六年（1511）兩年度鐵冶廠

〔註 70〕參見《大明九卿事例案例》，不分卷，〈工部一本鉄冶利弊事〉，頁 14 下～15 上（在電子影像檔 176086.tif）；《（萬曆）大明會典》，卷 194，〈工部十四・冶課・遵化鐵冶事例〉，頁 21 下。然而，「山地與民地不同，瘠石者多，平肥者少。」

〔註 71〕〔明〕韓大章，〈遵化廠夫料奏〉，《明經世文編》，補遺卷 2，頁 7 上～下。據奏疏中多處建議，以「合無自正德二年以後」、「自正德二年爲始」等語句表述，判定此疏應於正德元年奏陳。此外，〈明代林業概述〉一文作者，僅憑此段奏疏，便稱：「『遵化地區』原來林木茂盛，經遵化鐵廠一百餘年的肆意砍伐之後，林木已被“斫伐盡絕”。隨之而來的就是“柴炭價貴”。在這種情況下，不去立即種植林木，縮減鐵廠生產規模，反而請求禁約柴炭之價，禁止樵採開墾，眞令人啼笑皆非。」見：韓大成、楊欣，〈明代林業概述〉，頁 299。不愼思明辨史料與問題之複雜性，妄下斷語，無益於釐清問題。

產量攀上高峰，山場樹木必然減損更多。正德六年，即因「山木漸消」，題准減免採辦軍夫的木炭辦納額度；正德十四年（1519），「山木愈加光潔」，辦額再降。〔註 72〕可見，樹木資源日趨匱乏，未有好轉。其實自弘治年間起，人匠輸銀解廠，召商買納柴炭的辦法逐漸普及，因應山場樹木不敷採用或許為原因之一。〔註 73〕下至嘉靖四十五年（1566），山場題准「聽民開墾，永為世業」，恐怕所剩林木已然不多。萬曆九年（1581），鐵廠停罷，山場亦同時封閉。〔註 74〕

山場樹木既然日益消亡，鐵廠所屬軍夫、匠役，是否可能迫於環境，進而盜伐邊林，以求不虧採辦之額？此問題仍須自山場設置地點思索之。遵化鐵冶廠專屬山場，分布於薊州、遵化、豐潤、玉田、灤州、遷安等地，至於確切坐落位址，未見史籍記載，無法掌握。〔註 75〕不過，就與邊牆接界的州縣而言，薊州、遷安分處遵化西、東，彼此接鄰，三州縣北界邊關，亦連為一線：大致西起黃崖口關，歷寬佃峪、馬蘭峪、鲇魚石、沙坡峪等關，東迄喜峰口。〔註 76〕因此，在距離上，薊州、遵化、遷安三地的採辦軍夫較便於接近邊山。此地帶邊林，亦曾有遭到破壞的紀錄。如弘治六年（1493），陳銳奏陳邊山林木「為人

〔註 72〕《大明九卿事例案例》，不分卷，〈工部一本鉄冶利弊事〉，頁 17 上～下。

〔註 73〕鐵冶廠所需木炭，除軍夫、民夫於山場採辦外，成化以後有山場炭稅，由山場墾户設法納辦。弘治十三年（1500），民夫每年得給均徭銀，買辦柴炭，亦即以銀代役，改為徵銀召商買納柴炭。其後推廣此法，如輪班匠（應指「燒炭人匠」）得以解銀召商買炭。各衛軍夫亦曾繳交「封銀」，免其上納。然因招致物議，旋遭查革。此後直至撤廠，軍夫似乎維持承擔辦納之役，未改輸銀。至少史料顯示嘉靖初年仍是如此。另外，嘉靖五年（1526），山場租稅亦改徵銀兩，取代納炭。詳參《大明九卿事例案例》，不分卷，〈工部一本鉄冶利弊事〉，頁 14 上～18 上；《（萬曆）大明會典》，卷 194，〈工部十四・冶課・遵化鐵冶事例〉，頁 19 下～20 下、21 下～22 上。另參張崗，〈明代遵化鐵冶廠的研究〉，頁 78～80。

〔註 74〕《（萬曆）大明會典》，卷 194，〈工部十四・冶課・遵化鐵冶事例〉，頁 22 上、19 上。

〔註 75〕薊州城東二十五里有「川方峪」，「廣三里，深十五里，正統間曾為『柴廠』，景泰間廢。」然不知此「柴廠」究竟何屬，是否與遵化鐵冶廠有關聯。見《薊州志》，卷 1，〈地里志・山川・薊州〉，頁 8 上。

〔註 76〕參閱《明史》，卷 40，〈地理一・京師〉，頁 887～888、900；《四鎮三關誌》，卷 1，〈建置考・薊鎮地形圖〉，頁 8 上～10 上；卷 2，〈形勝考・薊鎮形勝・乘障〉，頁 30 下～33 下。以上諸關後方，又有黃崖口、松棚、三屯（薊鎮總兵官駐劄地）等營。此外，山場與邊林的距離，觀察點有二。其一，薊州、遵化、遷安三州縣界臨邊牆，所設山場接近邊山的可能性較高。其二，山場設自永樂初年，當時對邊林的關注薄弱，仍可能如居庸關一帶，區劃於邊山或其附近。

砍伐，險阻變爲坦途」，其中包括喜峰口等處。〔註 77〕又如嘉靖二十六年（1547），兵部尚書陳經（1483～1550）等題奏：「燕河、三屯、建昌等營，太平、擦崖等寨，黃崖、古北等口，皆京師近邊要地，邇來樵採成徑，險阻漸闢。」〔註 78〕上述喜峰口、三屯營、黃崖口正屬遵化鐵冶之山場分布範圍內。然而，以上兩件記載並未指出實際的邊林破壞者，因此僅能顯示此段邊林至嘉靖中仍爲人砍伐，與遵化鐵冶廠的關聯，必須保留，繼續查考。

附帶探討黃崖口關至喜峰口一段的山林狀況。此段邊林之部分地帶既於弘治初年獲奏遭受破壞，顯然至遲成化年間已有砍伐活動。弘治以後雖然嚴令保護，實未能遏阻樵採，乃有嘉靖中的兵部陳報。然而，自隆慶之後，事態發展增加兩項變因。一爲隆萬年間的植樹造林，二爲萬曆九年遵化鐵冶廠裁廢，山場封閉。此二者，皆是保護與恢復邊林的正面因素。此後護林成效如何，或許可藉坐落此處的清東陵進一步檢視。

清東陵位於遵化縣治西北的馬蘭峪，以豐臺嶺爲主山，東鮎魚關距陵十五里，西寬佃峪距陵十五里，北抵邊外二十里，蓋介乎邊關之間。〔註 79〕清東陵首先營造者，爲清世祖順治皇帝的孝陵。據記載，其基址乃順治皇帝行獵京東時，見「此山王氣葱鬱」而親自選定。〔註 80〕馬蘭峪豐臺嶺一帶既獲

〔註 77〕《明孝宗實錄》，卷 76，頁 15 上～下，弘治六年閏五月戊午條。陳銳所述邊關爲：「居庸、倒馬、紫荊、山海諸關，黃花、密雲、古北口、喜峯諸鎮。」

〔註 78〕《明世宗實錄》，卷 324，頁 2 下，嘉靖二十六年六月癸巳條。

〔註 79〕參見《康熙・遵化州志》，卷 1，〈皇陵志〉，頁 1 上～下、5 上；《日下舊聞考》，卷 143，〈京畿附編・遵化州〉，頁 2293～2294；〔清〕崑岡等奉敕撰，《欽定大清會典事例》，（台北：啓文出版社，1963 年，據國家圖書館藏光緒二十五年刻本景印），卷 428，〈禮部・大祀・陵寢一〉，頁 6 上。豐臺嶺在遵化縣治西北七十里，居馬蘭峪西，高數百仞，「一峰拄笏，眾山朝拱」。清順治年間賜名「鳳臺山」，康熙二年（1663）又封爲「昌瑞山」。遵化縣，康熙十五年（1676）以陵寢重地，升爲州；乾隆八年（1743），又升爲直隸州。另外，清東陵興修之時，因豐臺嶺明長城有礙陵區風水，故而拆除。參閱劉沛林，《風水——中國人的環境觀》，頁 243。

〔註 80〕參見晏子有，《清東西陵》（北京：中國青年出版社，2002 年），頁 72；劉沛林，《風水——中國人的環境觀》，頁 240。清東陵始建於順治十八年（1661）。此外，豐臺嶺一帶的風水環境，可能明末時已受青睞。據傳崇禎年間，明思宗鑑於天壽山陵區已無「吉壤」，曾有建陵馬蘭峪的構想，但未能付諸實際。參閱胡漢生，《明十三陵》，頁 7；劉沛林，《風水——中國人的環境觀》，頁 240；蘇天鈞主編，《北京考古集成・第十四卷・北京名勝古迹》（北京：北京出版社，2000 年），頁 34～35。以上諸書皆未說明根據，指出史料來源。筆者翻檢史籍，查得《罪惟錄》有相關記載，附誌於此：「崇禎初年，徧求天壽，

選爲清世祖的陵寢所在地，顯示此地帶山林茂密，環境絕佳。〔註 81〕再者，選址之時，上距明亡至多十餘年，明代末期之山林景象，必然與此時相近。由此，足證晚明此段邊林的維護，確實卓有成效。〔註 82〕

圖 4-4　清東陵圖

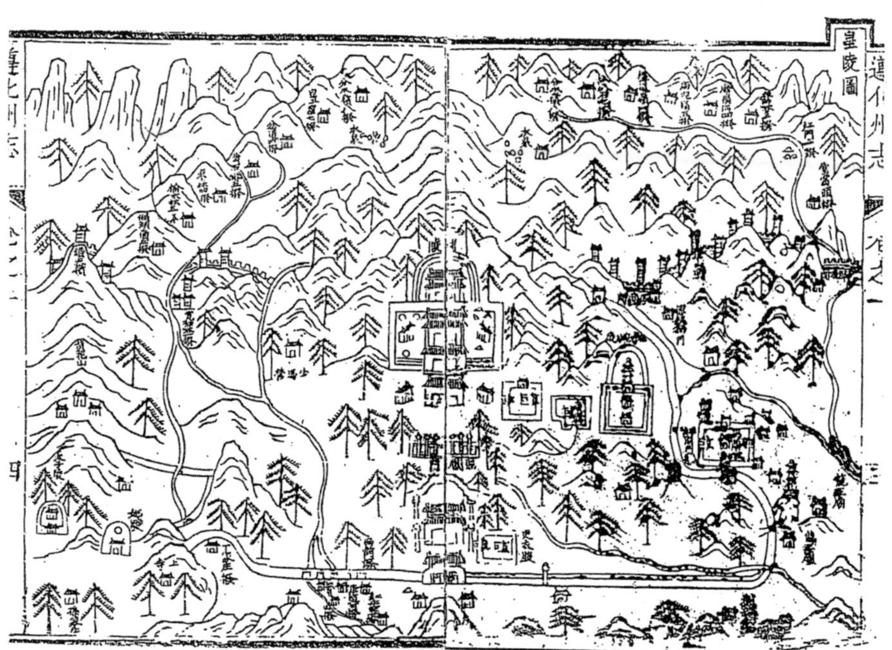

圖片來源：〔清〕鄭僑生修，葉向升等纂，《康熙・遵化州志》，卷 1，〈皇陵圖〉，頁 3 下～4 上。

無吉壤。至十三年，始召劉誠意孔昭，及張眞人甲，協視地，得薊州鳳台山，云地善而難得治陵起工之吉。吉在甲申以後，不及事。（後爲董貴妃葬處）」見《罪惟錄》，志卷 16，〈陵志〉，頁 809。

〔註 81〕清東陵的選址有其良好的水文、地質、土壤及氣候條件，從而構成秀麗的小環境。清東陵的形勢環境，據史籍描述：主峰昌瑞山（豐臺嶺）發脈於燕山山脈，山勢龐大，東西蜿蜒，諸陵依此爲後靠。東側馬蘭峪、鮎魚關諸山，「巽峯秀麗，勢盡西朝，儼然左輔」；西側寬佃峪、黃花山諸山，「昴日高騫，勢皆東向，儼然右弼」。千山萬壑，回環朝拱，左右兩水，分流夾繞。參見《康熙・遵化州志》，卷 1，〈皇陵志〉，頁 5 下；晏子有，《清東西陵》，頁 2、14；劉沛林，《風水——中國人的環境觀》，頁 240～242；馮建逵，〈清代陵寢的選址與風水〉，收入王其亨主編《風水理論研究》，頁 139、142。

〔註 82〕此外尚需留意者，則是各區段的差異性問題。清東陵的案例僅能反映自黃花山、寬佃峪以迄鮎魚關諸山周圍邊林完好，其他地段是否亦然，無法藉此證明。

（三）潮河川伐木建樓事件

潮河川，源出塞外，由古北口流入邊內，南與白河諸水會合，最終於天津直沽入海。〔註 83〕今名潮河，即河北北部、北京市境潮白河上游支流之一。潮河流入古北口處，其地、關塞亦名「潮河川」。古北口、潮河川在密雲縣治東北，俱稱要害。明人有謂：「潮河川乃陵京門戶」，〔註 84〕「殘元避暑故道，尤爲虜衝。」〔註 85〕此地「居兩山間，廣百餘丈，水漲成巨浸，水退則坦然平陸，寇得長驅直入。」〔註 86〕顯見潮河川爲開闊山口，不利防禦。

圖 4-5　古北口、潮河川邊關圖

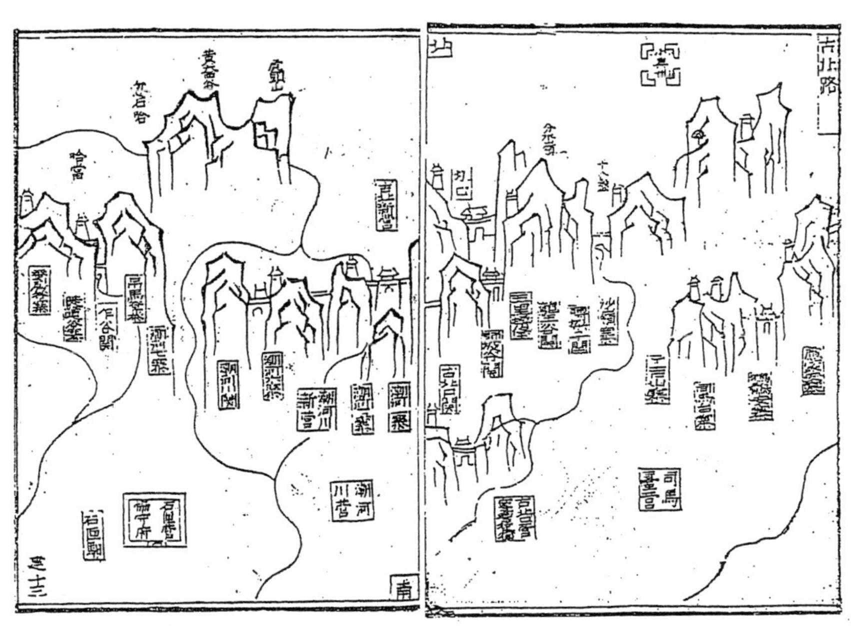

圖片來源：〔明〕劉效祖，《四鎮三關誌》，卷 1，〈建置考・薊鎮地形圖・古北路〉，頁 12 下～13 上。

〔註 83〕參看《明史》，卷 86，〈河渠四・運河下・海運〉，頁 2109；《四鎮三關誌》，卷 7，〈制疏考・薊鎮制疏・楊恪愍公守謙大寧考〉，頁 365；《長安客話》，卷 7，〈關鎮雜記・古北口潮河川〉，頁 153。楊守謙（？～1550）著〈大寧考〉，紀錄宣府人馮寶的遊歷口述：「寶常（應爲『嘗』）游四海冶東十五里，有大川，寬處可一二里，前人斫大樹，倒著川中。狹處僅二三丈，以巨木爲柞，蓋即潮河川。」《長安客話》記載與此雷同，或即本於此。四海冶，屬宣府鎮。馮寶出宣府邊外東十五里處所見，可能爲白河（潮白河另一支流），而非潮河（川）。

〔註 84〕《明史》，卷 204，〈丁汝夔傳〉，頁 5390。

〔註 85〕《皇明九邊考》，卷 3，〈薊州鎮・經略考〉，頁 16 下。

〔註 86〕《明史》，卷 187，〈洪鍾傳〉，頁 4958。

嘉靖間，潮河川一帶發生擅伐邊林事件，並疑與修建城樓有關。據《明世宗實錄》記載，嘉靖二十年（1541）十二月，總督薊州軍務兵部右侍郎胡守中，因「冒破修邊銀兩、擅出口外採木諸不法事」爲言官論劾，逮治京師。〔註 87〕三法司官員會訊，認爲胡守中擅作威福，蠹政欺君等事，罪已不赦；「至于修建來遠樓、砍伐潮河川一帶林木，自撤藩籬，寘之極典，尚有餘辜。」奏入，得旨，胡守中監候處決而後棄市。〔註 88〕由於胡守中奸貪濫權，惡名昭彰，〔註 89〕其敗沒案件遂遺臭後世，明人多有記述。然而時間愈後，部分記載差異愈大，甚至於出現邊林殆盡之說。筆者試析論胡守中伐木與建樓事件於下，期能稍加釐清。

查對案發當時的相關文獻，有助於掌握事件內容。禮科給事中章允賢首劾胡守中，其奏疏之節略載於《實錄》，內有「來遠樓」修建事。章允賢抨擊胡守中「浮誇欺罔，取玩四夷，如道遇補貢夷人，隨賞花紅段疋」；「且不事撫邊要略，而區區來遠樓之建，不顧馭夷大體，而拳拳欽賞之乞。夫遠人叛服，豈眞係一樓之修圮！」〔註 90〕胡守中繫獄後，給事中沈良才（1506～1567）亦上疏劾其不忠有十，首云：「夫足食足兵，安邊至計也，未聞有築樓以禦虜者。」且胡守中妄行奏請，隆冬之際大啓工役，督責嚴苛，致軍民哭聲載道。〔註 91〕明

〔註 87〕《明世宗實錄》，卷 257，頁 4 上，嘉靖二十一年正月庚子條。

〔註 88〕《明世宗實錄》，卷 256，頁 7 上～下，嘉靖二十年十二月庚辰條；〔明〕焦竑，《國朝獻徵錄》（《中國史學叢書》6，台北：臺灣學生書局，1965 年，據國立中央圖書館藏明萬曆四十四年錢塘徐象橒刊本影印），卷 40，〈胡守中傳〉，頁 62 上。胡守中繫獄後，又兩載始棄市，時年僅四十。

〔註 89〕胡守中，《明史》無傳，其事蹟雜見他人傳中。《國朝獻徵錄》有無名氏撰〈胡守中傳〉，然內容亦簡略。胡守中行多不法，嘉靖間，御史謝瑜劾疏稱兵部尚書張瓚、武定侯郭勛、禮部尚書嚴嵩、總督侍郎胡守中爲當世之「四凶」。給事中王暐亦曾論劾張瓚，並及嚴嵩、胡守中，「與巨奸郭勛相結納」。終因給事中章允賢條列其罪狀，詔捕下獄論死。參見《明史》，卷 210，〈謝瑜傳〉，頁 5549；〈王暐傳〉，頁 5550；《國朝獻徵錄》，卷 40，〈胡守中傳〉，頁 61 上～62 上。

〔註 90〕《明世宗實錄》，卷 256，頁 6 下～7 上，嘉靖二十年十二月庚辰條。《實錄》所載章允賢劾疏，未見砍伐邊林之事，或因其爲節略之故。

〔註 91〕〔明〕沈良才，《大司馬鳳岡沈先生文集》（《四庫全書存目叢書》集部 103，據中國社會科學院文學研究所藏清鈔本影印），卷 1，〈備述大臣奸貪實跡懇乞聖明嚴加究治以正國法疏〉，頁 446。「築樓以禦虜者」，原文無「虜」字，空缺，蓋筆者爲便於引述所補。沈良才，嘉靖十四年（1535）進士，由庶吉士授兵科給事中，後遷吏科都給事中。其彈劾胡守中奏疏，提及胡氏曾遣人入京，載紙遍送各衙門，名爲公用。沈良才等「隨將原紙封記在『科』，密行廉

制，朵顏、福餘、泰寧三衛，每歲三貢，其貢使俱從喜峰口驗入，〔註 92〕撫賞「三衛屬夷」遂成薊鎮要務。〔註 93〕因此，胡守中所建「來遠樓」當在喜峰口，而胡氏好大喜功，或許意在建樓以威服遠人。

沈良才劾疏的第二項，則述及伐木之事：

> 沿邊一帶，先年栽植林木，茂密盤拱，□騎不得長驅，邊民倚爲障蔽。守中乃以瞭望不見爲辭，盡行剪伐，外示節省，曲遂侵漁。然程期迫促，苟且報完，毀舊邊之磚石，甃新樓之基址。作無益而害有益，因小利而決大防，此其陰壞邊計，不忠二也。〔註 94〕

上文包含二事，且彼此間似有關聯性。一是以不利瞭望爲藉口，砍伐邊林。所謂「外示節省，曲遂侵漁」，似乎暗示所伐林木可充建材，「節省」材料費，實則趁機貪圖木利。二是「新樓」（應爲來遠樓）修建，工程期迫，乃毀損舊邊牆，取其磚石甃基。然而，究竟所伐邊林在於何處、毀損情形如何、木材是否移作建樓木料等等，並未說明。對照《實錄》記載三法司訊後陳奏：「修建來遠樓、砍伐潮河川一帶林木，自撤藩籬」，以及《實錄》修纂者敘述：「冒破修邊銀兩、擅出口外採木諸不法事」二語，則伐木、建樓應當別爲二事。其中，伐木地點的敘述，三者並不一致，如「潮河川一帶」、「口外採木」、「沿邊」等詞，各有說法，混淆不清。

數年之後，復有論及此事者。趙時春（1509～1567）曾評論：「近日胡守中不伐古北之木，何以有庚戌八月之變！」〔註 95〕據趙時春所述，則胡守中所伐爲古北口（潮河川）一帶樹木，並導致嘉靖二十九年（1550）俺答循此道入寇。〔註 96〕萬曆年間，胡守中之事已成傳聞，仍見時人評述。萬曆二十

訪根由，以憑參究。」據此，沈良才劾奏之時，當任職於六科。

〔註 92〕《明史》，卷 328，〈外國九・朵顏福餘泰寧傳〉，頁 8506。

〔註 93〕明廷對三衛的撫賞，起自永樂初年。喜峰口爲三衛入貢之處，每年除兩度入貢撫賞外，仍行歲賞一度。薊鎮其餘關口，亦根據所在位置，分別承擔相鄰口外「夷人部落」的撫賞責任。各關每歲大賞二度，小賞並扣關乞討無定。詳參《四鎮三關誌》，卷 6，〈經略考・薊鎮經略〉，頁 87 下～89 上。

〔註 94〕《大司馬鳳岡沈先生文集》，卷 1，〈備述大臣奸貪實跡懇乞聖明嚴加究治以正國法疏〉，頁 446。

〔註 95〕〔明〕趙時春，《趙浚谷文集》（《四庫全書存目叢書》集部 87，據首都圖書館藏明萬曆八年周鑑刻本影印），卷 7，〈論禁五臺一帶伐木書〉，頁 38 上。

〔註 96〕嘉靖二十九年八月，俺答寇邊，循潮河川南下至古北口，潰牆而入，遂剽掠各地，進圍北京。參見《明史》，卷 204，〈丁汝夔傳〉，頁 5390；卷 214，〈楊博傳〉，頁 5656；卷 327，〈外國八・韃靼傳〉，頁 8480。其實，即使斬伐古

年（1592）前後，呂坤於奏疏中稱：「查得嘉靖二十年，臣邑人兵部侍郎胡守中總督薊鎮，曾伐邊樹作望敵樓，為給事中王堯日所劾，斬於西市。」〔註97〕呂坤指出胡守中砍伐「邊樹」以建望敵樓，顯然將伐木與建樓（應指來遠樓）合為一事。此後，蔣一葵著《長安客話》更云：「嘉靖中，胡守中以都御史奉璽書行邊，乃出塞盡斬遼金以來松木百萬，於喜峰口創建來遠樓。」〔註98〕與呂坤相同，蔣一葵合伐木與建樓而述，但蔣氏指陳伐木地點在邊塞之外，同樣未交代確切位置，而且誇稱「盡斬遼金以來松木百萬」。另外，《國朝獻徵錄》收有無名氏撰，而寫作時間不詳的〈胡守中傳〉，內稱：「先是，舊植樹隘口，制胡騎奔突，久則合抱矣。守中下令聽斬伐，凡五十餘萬，悉貨之。」〔註99〕此說未明言伐樹地點，只云「隘口」，但指陳所伐木皆為其所變賣，與沈良才「曲遂侵漁」說法相近，惟伐除樹木五十餘萬，未知計算單位為何。

相關事證與傳述陳列如上，胡守中伐木之事仍多渾沌不明之處。辨析以上記述後，僅能確定：胡守中確實令邊軍砍伐林木，以及在喜峰口修建來遠樓。其伐木地方，筆者推測，以古北口一帶邊牆外林木，乃至於古北口外的潮河（川）流經地帶較有可能。如此，「砍伐潮河川一帶林木，自撤藩籬」、「伐古北之木」、「以瞭望不見為辭，盡行剪伐」、「擅出口外採木」，以及「曾伐邊樹」、斬伐「隘口」植樹等說法，可以一併獲得解釋。而樹木採伐後，木材或可藉潮河川水運送入關，較具採運之便。採伐數量、毀伐情形，則無法自史料中得知。其中，「斬伐凡五十餘萬」一說，數量單位不明，根據亦不知何在。而蔣氏所謂「出塞盡斬遼金以來松木百萬」恐怕純屬渲染，畢竟「盡斬松木百萬」，已屬大規模工役，若非動員大量邊軍出關，暫棄防禦等項工作全力投入，並耗費一段時間，豈能辦理。若是，既嚴重危害防務，又有開啓邊釁之

北口、潮河川一帶林木，也未必與俺答擇此路入寇有直接因果關係。因為，如上文曾述，此地形勢不利防禦，為蒙古騎兵驅馳侵犯的主要對象之一。如弘治十年（1497）五月，小王子犯潮河川。弘治十一年（1498），洪鍾以都察院右副都御史巡撫順天，其任內（至十七年八月調任）修築潮河川關城、隄堰，試圖增強防禦，依舊勢難孤守。參見：《明史》，卷15，〈孝宗本紀〉，頁190；卷187，〈洪鍾傳〉，頁4958；《皇明九邊考》，卷3，〈薊州鎮・經略考〉，頁16下。

〔註97〕《呂新吾先生去偽齋文集》，卷1，〈摘陳邊計民艱疏〉，頁68上。此疏為呂坤巡撫山西期間（萬曆十九年十二月～二十一年五月）所奏。

〔註98〕《長安客話》，卷7，〈關鎮雜記・喜峰口〉，頁151。

〔註99〕《國朝獻徵錄》，卷40，〈胡守中傳〉，頁62上。

虞。因此，純就事理判斷，其可能性並不高。〔註 100〕至於伐木與建樓的關係，尚欠有力佐證，仍須存疑。

薊昌二鎮，沿邊長達二千餘華里，採伐與損害邊林的因素仍多，各地段情形可能亦不盡相同。以上探析的案例，僅是其大要者，其餘如修邊毀損、開墾山地等行爲對於邊林可能的影響，或未必有連續性，或不侷限於一處，其情況複雜，有待日後繼續研究。

第二節　遼東的沿邊山林

一、遼東的地理形勢與邊牆修築

明代的遼東地區，東起鴨綠江，西至山海關，南至旅順口，北至開原，相當於今遼寧省的大部。位處明代疆域東北一隅的遼東，《皇明九邊考》對於其整體形勢有所描述：「三面瀕夷，一面阻海，惟山海一線之路可以內通，亦形勝之區也。」〔註 101〕就地理環境而言，自西而東，主要包括遼西海岸平原、遼河平原、遼東山地丘陵三大部分。〔註 102〕如論明代遼東的防區與行政區，則以遼河下游之三岔河爲界，劃分爲東、西，而有「河東」、「河西」之稱。〔註 103〕

〔註 100〕何況，回顧案發前後，言官劾奏、法司審訊等史料，對於伐木部分的內容，語多不清，除沈良才指控胡守中「盡行剪伐」邊林語氣稍似外，並無「出塞盡斬遼金以來松木百萬」一類的描述。兩相對照，《長安客話》所述證據薄弱，不知以何爲本。

〔註 101〕《皇明九邊考》，卷 2，〈遼東鎮・經略考〉，頁 17 上。

〔註 102〕遼西海岸平原，約在山海關與錦州（今遼寧錦州市）之間，西倚松嶺山脈，東臨遼東灣，背山面海，又稱「遼西走廊」，爲遼東地區與關內聯絡，所謂「惟山海一線之路可以內通」的陸路交通孔道。錦州、廣寧以西，包含遼陽、海州衛（今遼寧鞍山市海城市）、瀋陽、開原等地，屬於遼河與大、小凌河沖積的平原地帶。遼陽城以東、以南，包括遼東半島在內，則是千山山脈縱貫構成的遼東山地丘陵地區（長白山脈向西南的延伸部分）。參閱李孝聰，《中國區域歷史地理》（北京：北京大學出版社，2004 年），頁 398～399、403、411；中國自然資源叢書編撰委員會編著，《中國自然資源叢書・遼寧卷》（北京：中國環境科學出版社，1995 年），頁 6～7。

〔註 103〕參見《四鎮三關誌》，卷 7，〈制疏考・遼鎮制疏・參議張邦土經略邊備議〉，頁 385 下；卷 2，〈形勝考・遼鎮建置・疆域〉，頁 9 上～10 上；卷 6，〈經略考・遼鎮經略・今制〉，頁 123 上～124 下；《（萬曆）大明會典》，卷 126，〈兵部九・鎮戍一・將領上〉，頁 11 上～下。如鎮守遼東總兵官駐廣寧城，雖管轄全鎮將領、兵馬，但以三岔河以西爲主要信地；河東地區，實由駐守遼陽

圖 4-6　明遼東鎮長城圖

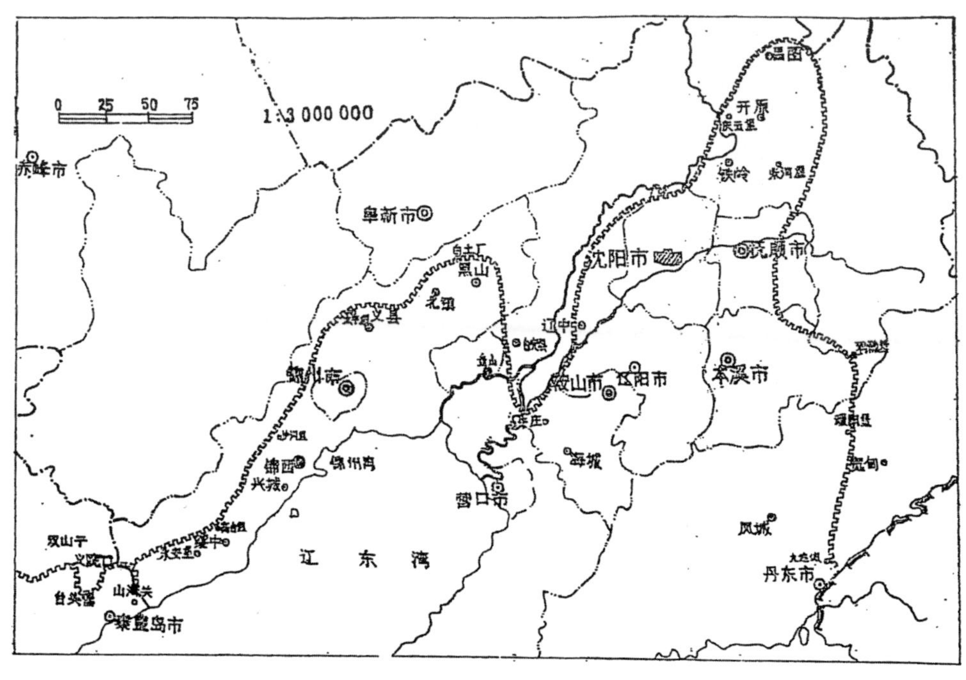

圖片來源：華夏子，《明長城考實》，「遼寧省所轄明長城圖」，頁 286。

遼東於洪武年間成爲邊鎮，早期尚能向東北招撫奴兒干各處部族，至正統初年形勢有變，須修築邊牆以利防禦。正統二年（1437），因防衛南下住牧遼河套的朵顏、泰寧、福餘三衛之需要，定遼前衛指揮僉事畢恭奏准於遼河支流太子河東側始修一段邊牆；七年（1442）起，在提督遼東軍務都御史王翺（1384～1467）的主持下，修成西南連接山海關附近邊牆，東經遼河，北至開原鎮北關的「西段」遼東長城，遼河套成爲邊外棄地。

天順間，遼東北境的女真勢力茁壯，爲防禦計，初修開原至撫順方向的邊牆；成化五年（1469）開始，更新修、增修北起開原鎮北關，東南迄鴨綠江的「東段」長城。至此，整體曲折呈「凹」字型的遼東長城大致完成，日後另有重修，邊界也有盈縮。〔註 104〕

城的副總兵官節制分守。三岔河，因渾河、太子河匯於遼河入海，故稱。見《明史》，卷 41，〈地理二・山東・遼東都指揮使司〉，頁 953。

〔註 104〕詳參劉謙，《明遼東鎮長城及防禦考》（北京：文物出版社，1989 年），頁 17、26～27、38～46；楊暘，《明代東北史綱》，頁 223～224；叢佩遠，《中國東北史》（第三卷），頁 607～613。西段長城，西南起「吾名口台」（在今遼寧遼東既築長城，則邊界粗定，其局面亦轉為守勢，其沿線是否有可資防守的天然或人力培植林木？是否與薊州鎮有相同的保護邊林措施？謹析論於下。

二、邊林狀態

據《弘治問刑條例》開載，沿邊林木的保護，由各級守邊官員負責，「禁約該管官、旗、軍、民人等，不許擅自入山，將應禁林木砍伐販賣」，遼東亦不例外。〔註 105〕嘉靖初，曾謫戍瀋陽的兵部左侍郎胡世寧（1469～1530），亦稱遼東「先年禁伐近邊樹木，以制胡馬之衝突。」〔註 106〕實際上，遼東邊牆墩堡的修築，雖然均擇於險要之地，但非俱沿山脈、丘陵陳設，所過亦未必皆有森林。因此，遼東沿邊的護林情形，具有區域性差異。

再者，遼東邊牆全長一千餘公里，然而有關沿線邊林維護的記載，不論整體或局部地帶，俱不多見。最明確的文字記述，目前僅見嘉靖初胡世寧的建議。〔註 107〕不過，胡世寧認為應適度砍伐遼東邊林，其持議理由如下：

葫蘆島市綏中縣境），與薊鎮長城相連於「錐子山」，東北至開原鎮北關（在今遼寧鐵嶺市開原市）。東段，北起開原鎮北關西側大台山，東南至鴨綠江西側江沿臺堡的邦山臺（在今遼寧丹東市寬甸滿族自治縣虎山鄉境的虎山南麓）。遼東長城與薊鎮長城不同，並非完全連貫，部分地區呈段落型態，陳列於山丘、隘口等險要地點。至於與遼東長城相配合的邊臺、關堡等防禦體系，萬曆初年劉效祖的評論可供參考：「遼之乘障，東西幾二千里，臺堡又以千百數。先所刱建者，歲月湮沒無攷，乃近自隆慶間，版築漸興，睥睨相望於道」；「遼東乘障至疎，即有之，多築土為墉，外即壕，所恃以避虜者，獨近邊之臺堡耳。然往年亦隔越難依，近始稍稍密。」參見《四鎮三關誌》，卷 2，〈形勝考・遼鎮建置・乘障〉，頁 64 上～下。

〔註 105〕《明代律例彙編》，卷 18，〈刑律一・賊盜・盜園陵樹木・弘治問刑條例〉，頁 737。

〔註 106〕〔明〕胡世寧，《明胡端敏公奏議》（台北：國家圖書館藏，清光緒癸巳浙江書局刻本），卷 5，〈陳言邊務情弊疏〉，頁 13 上。

〔註 107〕又如《四鎮三關誌》記載：「自山海關至開原城，延袤一千四百餘里，行旅、居民時懼虜害，乃創制『路臺』，設兵瞭守，量地衝緩建置，緩者五里一臺，衝者二里或三里一臺」；「又重築土墻，斸品字濠塹，栽植柳林。瞭守軍五名，共一千一百五名，各置號旗、銃砲、火器、弓矢，專守傳報，行旅、居民遇急，趨避於內。」（自嘉靖中至萬曆初，歷年增置。）見《四鎮三關誌》，卷 6，〈經略考・遼鎮經略・今制〉，頁 135 下～136 上。據此，遼東邊防中似乎也有植樹防護的措施。分析之，則遼東「路臺」建於驛路兩側，雖屬於烽燧傳遞系統，但未必鄰近邊牆。嚴格而論，路臺週遭柳林即使具有防禦性質，恐怕難以歸類於邊林。關於路臺的規制，參閱劉謙，《明遼東鎮長城及防禦考》，頁 170～172。

> 惟遼東各邊達賊，止是潛進搶虜，多被藏伏樹林內，苦於瞭望不見，以致失事，與他處事情不同。合無行彼查勘，果如臣言，聽其斬伐，不在禁例。〔註108〕

依其所言，遼東邊林生長茂盛，似乎維護良好，未料，因當時邊外部族僅有小規模搶掠行爲，林木反而有利於彼之藏匿，不利於邊軍的守瞭。即使如此，究竟何段邊林茂密可伐、其建議是否獲得採行等問題，仍無法由此瞭解。

遼東邊林問題的探討，既然直接記載的史料不多，只能就邊牆所在位置，劃分區域，間接推測之。

（一）遼西走廊與錦州、廣寧地區的山林狀態

遼西走廊西側邊牆，自錐子山吾名口台起，向東北經錦州、義州（今遼寧錦州市義縣），轉折而東，過廣寧醫巫閭山一帶，大抵沿丘陵山地築設；此後，邊牆趨向東南，進入遼河平原地帶。〔註109〕

此地段邊界多在山地，依據可見的史籍記述，不乏森林叢茂之區。如遼西走廊南端的廣寧前屯衛城（在今遼寧葫蘆島市綏中縣境），據《遼東志》載，其西北十五里有「萬松山」，「東西四百餘里，連山海、永平界，山多松。」〔註110〕萬松山應指松嶺山脈而言，邊牆蜿蜒於此山巒間，可以推想其景色與林況。不僅萬松山爲人稱述，遼西走廊亦多處分布叢林。洪熙元年（1425），廣寧中屯衛軍士馮述上言，北京往遼東驛路，經由錦州（廣寧中屯衛城）、瑞州（廣寧前屯衛城），「而二州相去三百里，多荒山密林，虜寇出沒，使命往來未便」，建議於二州之間擇地，修城置衛，以保無虞。〔註111〕宣德十年（1435），又有官員陳奏，「自山海關至寧遠衛一路，山木陰翳，賊人或時藏伏。乞將遼東罪囚，量其輕重，以伐其木。」〔註112〕可見，明代早期遼西走廊實爲多林木地帶。

〔註108〕《明胡端敏公奏議》，卷5，〈陳言邊務情弊疏〉，頁13上。

〔註109〕參見劉謙，《明遼東鎮長城及防禦考》，頁27～28、70～97。

〔註110〕《遼東志》，卷1，〈地理志・山川〉，頁27上。

〔註111〕《明宣宗實錄》，卷2，頁9下～10上，洪熙元年六月壬戌條。馮述的建議，三年後方見落實。宣德三年（1428），分廣寧前屯、中屯二衛地，置「寧遠衛」（今遼寧葫蘆島市興城市），修建城池。見楊暘，《明代遼東都司》，頁23～24。至於錦州、瑞州，俱爲元代舊州，明洪武初州廢。洪武末，分別於二州舊址設置廣寧中屯衛與廣寧前屯衛。其後，廣寧左屯衛又自他處徙入廣寧中屯衛城，二衛共一城。參見《明史》，卷41，〈地理二・山東・遼東都指揮使司〉，頁955。

〔註112〕《明英宗實錄》，卷11，頁1下，宣德十年十一月庚午條。

至於錦州以東，義州、廣寧一帶邊牆，也在山嶺之間。其中醫巫閭爲遼東名山，被封爲「北鎮」，頗多勝景。〔註113〕沿邊若有山林，自然爲禁令所保護。

（二）遼河兩側的邊牆與環境

遼東邊牆過廣寧後，折向東南，沿遼河中下游的西部地區南下，至三岔河口，復沿太子河、遼河東岸迤邐北上，以達開原。此段爲遼東邊牆向南凹進的部分，整個遼河套地區則在其北，邊牆之外。〔註114〕

邊牆沿遼河下游兩側沖積平原修築，而「廣寧至海州一帶路途，每年夏秋水淹，報傳應援，爲所隔阻，甚爲害事。」〔註115〕加以邊牆多爲土築，有坍塌衝決之患。〔註116〕此地段是否有天然生長，或人工培植成帶狀的邊林？史籍中未見記載，無從判斷。〔註117〕北上至鐵嶺衛（今遼寧鐵嶺市鐵嶺縣）、開原城附近後，則多山崗、丘陵，確有森林地帶。如松山堡，西至開原五十里，乃「開原材木所從出也」。〔註118〕然而，實際的護林情形，依舊不明。

（三）遼東東南部的地理環境與山林狀態

遼東的東南地區，明人有謂：「遼之東南，崇山大海」；〔註119〕「海、蓋東南一帶，山谷甚大，土產頗豐」，〔註120〕「宜材木、雞豚、牛羊、狗馬之利」，〔註121〕「各營軍伍，賴以充實；各處驛遞，資其幫助，誠全遼命脈所係之地。」

〔註113〕參見《遼東志》，卷1，〈地理志·山川〉，頁20下～21下。

〔註114〕參見叢佩遠，《中國東北史》（第三卷），頁 609；劉謙，《明遼東鎮長城及防禦考》，頁28～29、98～114。

〔註115〕《明胡端敏公奏議》，卷5，〈陳言邊務情弊疏〉，頁13上。

〔註116〕參見《四鎮三關誌》，卷 7，〈制疏考·遼鎮制疏·巡按御史李輔條陳遼東八事疏略〉，頁328下；劉謙，《明遼東鎮長城及防禦考》，頁28～29、103～104。

〔註117〕據調查，現今的遼河平原區已無原始森林，基本是人工林，而且森林覆蓋率僅有 5%，遠低於遼寧全省平均水平。在明代狀況不明的情形下，此或可作爲推測與參照的依據。參見中國自然資源叢書編撰委員會編著，《中國自然資源叢書·遼寧卷》，頁40。

〔註118〕〔明〕馮瑗輯，《開原圖說》（《玄覽堂叢書·初輯》5，據明萬曆間刊本影印），卷上，〈松山堡圖說〉，頁58上。鐵嶺城附近，《開原圖說》有所描述：「層山曲水，襟束肘腋，風氣藏聚。」見：前引書卷，〈鐵嶺城圖說〉，頁16上。

〔註119〕《皇明九邊考》，卷2，〈遼東鎮·經略考〉，頁23上。

〔註120〕《四鎮三關誌》，卷7，〈制疏考·遼鎮制疏·參議張邦土經略邊備議〉，頁388上。海（州衛）、蓋（州衛）東南一帶，指遼東半島的蓋州衛（今遼寧營口市蓋州市）、復州衛（今遼寧大連市瓦房店市復州城鎮）、金州衛（今遼寧大連市金州區），及其在千山山脈所轄地方。

〔註121〕〔明〕李輔等纂修，《重修全遼志》（台北：國家圖書館藏，明嘉靖四十五年

〔註 122〕所述指出，遼東丘陵（千山山脈）、半島地區，物產豐沛，爲支應全遼東的經濟命脈。此地區，有東起鴨綠江畔，西抵遼陽，橫貫丘陵地帶的「朝鮮入貢之路」。〔註 123〕正統初，往來的朝鮮使臣描述此路「山高水險」，其間「開州、龍鳳等站，絕無人煙，草樹茂密。」〔註 124〕

至於遼東東段邊牆，所經之地，均屬山地、丘陵，不但層巒疊嶂，且多山林茂密之處。〔註 125〕如遼陽迤東，成化初年添設東州、馬跟單、清河、鹻場、靉陽五堡，「北接撫順城，南連鳳凰山，相去七百餘里，山嶺陡峻，林木稠密。」〔註 126〕由於東面邊堡距離遼東都司所在的遼陽城遙遠，面對活躍的

刊本），卷 4，〈方物志〉，頁 83 上。

〔註 122〕《四鎮三關誌》，卷 7，〈制疏考・遼鎮制疏・參議張邦土經略邊備議〉，頁 386 上。嘉靖間，監察御史史褒善巡按遼東，陳述黃骨島堡、湯站堡地方（鴨綠江以西，至遼東半島東岸一帶），「山場林木、荒田蕪湖，在在可耕，生齒浩繁，半係各省流移，或充發逃竄，蟻聚蜂屯，燒山煮海，坐享地利。」一片開闢草萊、發展農林業的景象。參見〔明〕史褒善，《沱村先生集》（台北：國家圖書館藏，明萬曆三十三年澶州史氏家刊本），卷 2，〈地方事宜〉，頁 7 下。而嘉靖末，巡撫遼東都御史王之誥亦稱：「惟此東南一隔（應爲『隅』），幅隕千里，居民散處，孳畜繁盛，全鎮命脉，實寄於此。」見《四鎮三關誌》，卷 7，〈制疏考・遼鎮制疏・巡撫王之誥議處極邊要害添設兵將控扼虜衝以永安重鎮疏略〉，頁 325 下。有關遼東軍丁逃移東南部山區，可參朱誠如，〈明末遼東軍屯與軍丁的反抗鬥爭〉，收入氏著《管窺集：明清史散論》（北京：紫禁城出版社，2002 年），頁 273～274。

〔註 123〕《四鎮三關誌》，卷 7，〈制疏考・遼鎮制疏・巡撫王之誥議處極邊要害添設兵將控扼虜衝以永安重鎮疏略〉，頁 325 下。遼陽往朝鮮（高麗）道路，元代沿線設置驛站，明代則是先後修築城堡、墩臺（部分即位於元代驛站舊址），撥軍戍防，以維護交通安全。參見叢佩遠，《中國東北史》（第三卷），頁 643～645；楊暘，《明代東北史綱》，頁 173～175；譚其驤主編，《中國歷史地圖集釋文匯編・東北卷》（北京：中央民族學院出版社，1988 年），頁 211；楊正泰，《明代驛站考》（上海：上海古籍出版社，1994 年），頁 127；劉謙，《明遼東鎮長城及防禦考》，頁 187～191。

〔註 124〕〔日〕前間恭作訓讀，末松保合編纂，《訓讀吏文》（日本京城府：末松保合，1942 年），卷 2，〈請通剌榆寨道路奏〉，頁 83。開州、龍鳳，俱爲元代驛站名。開州站，明代爲鳳凰城堡，在今遼寧丹東市鳳城市；龍鳳站，明代爲通遠堡，即今鳳城市西北境之通遠堡。參見譚其驤主編，《中國歷史地圖集釋文匯編・東北卷》，頁 211、218。

〔註 125〕叢佩遠指出，遼東「東段邊墻因有叢林蔽護，加強了防護作用，所以多無壕塹。」見叢佩遠，《中國東北史》（第三卷），頁 617。

〔註 126〕《余肅敏公奏議》，本兵類，〈處置地方事〉，頁 9 上。並參《明憲宗實錄》，卷 160，頁 8 下，成化十二年十二月壬辰條；叢佩遠，《中國東北史》（第三卷），頁 612。撫順城，在今遼寧撫順市老城區；東州堡，即今撫順市東南大

建州女眞，地曠兵寡，分防不周，明代中後期一方面增築城堡，強化防禦；另一方面，也有拓展邊地的構想。尤其險山堡（在今遼寧丹東市鳳城市東南）及其東面一帶，「山澗錯互，賊易潛藏；樹木交加，兵難哨望。」〔註 127〕

險山一帶的拓邊計畫，醞釀於嘉靖時期。至萬曆元年（1573），閱視邊防兵部侍郎汪道昆行抵遼東，鎮守遼東總兵官李成梁（1526～1615）藉機獻議，向東移建孤山、險山等六堡，「可拓地七八百里，益收耕牧之利。」道昆上於朝，報可。〔註 128〕於是，在李成梁與巡撫遼東都御史張學顏的共同主持下，以六年時間完成六堡的遷建與拓地工作。〔註 129〕「凡此，昔皆林箐幽翳，虜可蔽形，出沒無時，遠戍莫能追捕；今則門庭禦寇，其險與我共之。」〔註 130〕東拓邊地，「山林叢秀，土地膏腴」，堡成之日，軍民爭告占地納糧，乃令「各堡周圍山場地土，先儘移住軍士。」〔註 131〕因此，雖然新邊林木茂密，經過開荒墾種，仍造成一定程度的破壞。〔註 132〕

東州；馬跟單堡，今撫順市東南馬群鄲；清河堡，今遼寧本溪市本溪滿族自治縣北清河城；鹻場堡，今遼寧本溪市本溪滿族自治縣碱廠；靉陽堡，在今遼寧丹東市鳳城市境；鳳凰山，在今鳳城市東南。

〔註 127〕《四鎮三關誌》，卷 7，〈制疏考・遼鎮制疏・巡按御史李輔補議經略未盡事宜以安邊境疏略〉，頁 333 上。

〔註 128〕《明史》，卷 238，〈李成梁傳〉，頁 6191。李成梁曾爲分守險山參將，熟知此方地利。孤山堡，在今遼寧本溪市本溪滿族自治縣蘭河峪鄉新城子村。

〔註 129〕叢佩遠，《中國東北史》（第三卷），頁 614。新建六堡爲：寬奠、長奠、雙墩兒（永奠）、長嶺（新奠）、散等（大奠）、孤山新堡。其中，「奠」又作「佃」、「甸」。險山、孤山等六堡的新舊位址、名稱，以及此次拓地始末，詳參：叢佩遠，《中國東北史》（第三卷），頁 613～615；楊暘，《明代東北史綱》，頁 311～314；劉謙，《明遼東鎮長城及防禦考》，頁 130～140。

〔註 130〕〔明〕汪道昆，《太函集》（《四庫全書存目叢書》集部 117～118），卷 89，〈遼東善後事宜疏〉，頁 13 上。

〔註 131〕《四鎮三關誌》，卷 7，〈制疏考・遼鎮制疏・巡撫兵部右侍郎張學顏條陳遼東善後事宜疏略〉，頁 357 下～358 上。

〔註 132〕險山東拓地面，約在萬曆三十四年（1606）之後，因孤懸難守、減緩與建州女眞衝突等因素，復由李成梁主持，放棄部分防禦區（並未棄堡），以及新墾土地，內徙其民。參見叢佩遠，《中國東北史》（第三卷），頁 615；朱誠如，〈明末遼東"棄地"案考實〉，收入《管窺集：明清史散論》，頁 27～32。六堡的淪陷，有說在於天啓元年（1621），努爾哈赤攻取遼陽後，乃俱降於後金。見：〔清〕楊同桂、孫宗翰輯，《盛京疆域考》（《遼海叢書》第 4 冊，瀋陽：遼瀋書社，1985 年，據聚學軒叢書本影印），卷 6，〈明〉，頁 2 下。然而，遼陽喪失後，寬奠等堡似乎並未隨即降附後金，明軍仍據以抗衡。如張燧於《經世挈要》論述遼陽失陷後的備禦方略，有謂：「今宜

圖 4-7　險山拓地示意圖

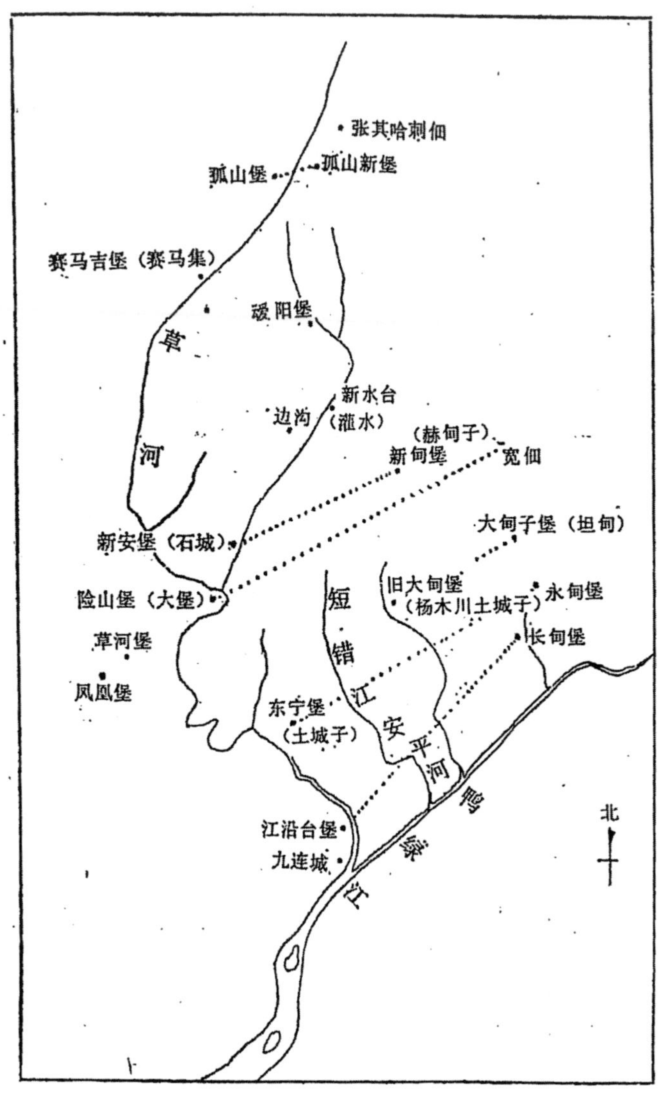

圖片來源：劉謙，《明遼東鎮長城及防禦考》，「圖六八・寬甸新疆六堡遷移前後位置圖」，頁 138。

使寬（奠）、靉（陽）之兵，協同寬、靉之民，把守寬、靉隘口，使虜不得入，而斷我草河要路。」又稱：「奴酋入踞我遼陽，以三面迫我：西則我三岔河，西南則我旅順口，東南則我鎮江城、寬奠五堡等處。彼以三面迫之，我以三方應之。」參見《經世挈要》，卷 3，〈遼東・遼東備禦〉，頁 8 上、10 下～11 上。

（四）遼東邊外的山林狀態

明代遼東地區，除藉東南地利支持全鎮外，其餘物產，如林木、禽獸等項，境外更爲豐富。《遼東志》即稱：「遼邊四壁近虜，境外多物產，如貂皮、人參、材木、魚鮮之類。人圖其利，往往踰境而取之，多爲虜所害。」〔註 133〕貂皮、人參、材木，皆是山區物產，遼東邊外的山林狀態，不難想見。

遼東邊牆外的遼河套，在遼河中下游西側，「三岔河南北，亙數百里，遼陽舊城在焉，草木豐茂，更饒魚鮮。」〔註 134〕明人莫不歎惋「山河之險，反在虜境。」〔註 135〕又如開原西北邊外，有「東金山」、「西金山」，「二山樹木俱茂，故夷人相呼爲『島』。」〔註 136〕開原東北，永樂至宣德間曾於今日的吉林市一帶採伐林木，並於松花江畔設廠造船，以載運供應奴兒干都司的物資。〔註 137〕該處既被擇爲伐木造船之地，足證其林木資源的豐沛。

遼東邊外山林茂盛，其所產木材，亦經由民族間的貿易，供應遼東軍民所需。明代曾於遼東沿邊關堡，設置十數個馬市、木市，與蒙古、女眞各部族進行官民性質合一的商品貿易，木材主要藉此輸入遼東各地。〔註 138〕首先，嘉靖年間，由於遼西沿邊兀良哈諸部伐木求售，遂先後在錦州、義州、

〔註 133〕《遼東志》，卷 3，〈兵食志・邊略・外禁〉，頁 55 上。嘉靖十六年（1537）重修之《遼東志》又稱：「國初瘡痍新愈，民習勤苦。百餘年來，兵戢不試，事簡俗質。是故田人富穀，澤人富鮮，山人富材，海人富貨，其得易，其值廉，民便利之。邇年以來，產薄而入微，價踴而用索，豈其地爾殊耶？賦役繁，游惰眾，奇靡日滋，採取愈竭，難乎其弗匱爾！」參見前引書，卷 1，〈地理志・物產〉，頁 46 下～47 上。遼東經過百餘年的開發，至嘉靖初年，物產及自然資源漸少，與境外資源的落差可能因此加大。

〔註 134〕《皇明九邊考》，卷 2，〈遼東鎮・經略考〉，頁 17 下。

〔註 135〕《開原圖說》，卷上，〈開原疆場總圖說〉，頁 11 上。遼河套的山河之險棄於邊外，是以明代「有志之士，猶惓惓於復舊遼陽云。」然終明之世，未能收復其地。

〔註 136〕《開原圖說》，卷下，〈捨刺把拜等十三營枝派圖說〉，頁 17 上。

〔註 137〕參見叢佩遠、宋德金，〈明清時代吉林船廠建置年代考〉，《社會科學戰線》，1979 年 4 期，頁 177～179；楊暘，《明代東北史綱》，頁 41～42、108～109。

〔註 138〕有關明代遼東的馬市、木市交易，詳參叢佩遠，《中國東北史》（第四卷），頁 1062～1090；劉謙，《明遼東鎮長城及防禦考》，頁 229～234；杜婉言，〈明代木市初議〉，《社會科學戰線》，1985 年 2 期，頁 146～147。朱誠如的兩篇文章有相關之處，亦可參考：〈論明代女眞與中央王朝的關係〉，收入《管窺集：明清史散論》，頁 22～23；〈明代遼東開原的民族貿易市場〉，收入《管窺集：明清史散論》，頁 33～38。

寧遠設置數個木市，但置廢不常。〔註 139〕木市的開設，可有效紓解該地區的木材短缺問題。如萬曆二十三年（1595）復開義州木市，其理由即是：「河西無木，皆在邊外，叛亂以來，仰給河東，以邊警又不時至。故河西木貴於玉，市通則材木不可勝用。」〔註 140〕其實此地區並非無樹木，應是堪充建材者日少，加以邊林有禁，是故無法滿足需求。

除遼西地區外，東段邊界也有木材交易。萬曆初年，險山拓地之後，隨即應建州女眞要求，開設寬奠馬市，建州地區木材亦曾經此販運入關。另外，遼陽長安堡曾於嘉靖間設有馬市，萬曆末重開後，改稱木市，遂成爲附近蒙古部落販售木材的重要場合。〔註 141〕以上木市案例，除反映遼東境內、境外的木材供需情形，亦見遼東邊外森林分布的概況。

第三節　宣大地區的沿邊山林

一、地理形勢

明人稱：「夫西北形勢，重宣、大。」〔註 142〕宣、大古爲上谷、雲中地，「上谷拱護京陵，勢若輔車；稍折而西北，則雲中；又折而西南，則山西之雁、平、寧武、偏頭等關焉。」〔註 143〕分論其形勢，宣府有「紫荊控其南，長城枕其北，

〔註 139〕詳參叢佩遠，《中國東北史》（第四卷），頁 1066～1068；杜婉言，〈明代木市初議〉，頁 146～147。

〔註 140〕《明史》，卷 228，〈李化龍傳〉，頁 5983。另參叢佩遠，《中國東北史》（第四卷），頁 1081；關亞新、張志坤，〈遼西地區生態的歷史變遷及影響〉，《社會科學輯刊》，2002 年 1 期，頁 123。所謂「河西」，叢佩遠於《中國東北史》直述爲「大凌河西」，不知所據何在。筆者認爲，「河東」、「河西」乃明人描述遼東地區的習慣用語，即以三岔河（遼河）爲分界。「河西」無木，仰給「河東」，蓋「全遼命脈所係」的遼東東南部，以及東界邊外的木材產量較豐，能供應廣寧、義州、錦州等地需求之意。

〔註 141〕參見叢佩遠，《中國東北史》（第四卷），頁 1068～1070。寬奠，即寬奠堡，爲險山堡戍軍遷移後的新址，在今遼寧丹東市寬奠滿族自治縣。長安堡，在今遼陽市遼陽縣西北「二台子」。《經世挈要》稱：「寬奠等堡，正當奴巢之後，……其巢前有城，後依叢林密菁以自固。」顯示建州女眞居住地林木茂密，有木材之利。見《經世挈要》，卷 3，〈遼東・遼東恢復・寬奠諸堡〉，頁 17 上。

〔註 142〕《崇禎・山西通志》，卷 24，〈武備上・形勢〉，頁 6 下。

〔註 143〕《宣大山西三鎮圖說》，〈宣大山西三鎮總圖說〉，頁 2 上。

居庸左峙，雲中右屛，內拱陵京，外制胡虜」；〔註 144〕大同則「與保定、山西相爲唇齒，特建重鎭，以爲倒馬、紫荊、雁門、寧武之扞。」〔註 145〕

其實，「宣大地方本相聯屬」，在地理上同屬桑乾河流域，而分爲兩個盆地。〔註 146〕宣府地區，「山川糾錯，地險而狹」，〔註 147〕除西境有桑乾河流經外，東北又有白河上游的龍門川。大同盆地，東南側爲太行、恒山山脈，因此東南部蔚州、渾源州、廣昌縣等處，多爲山地。〔註 148〕然而，盆地中西部，「川原平衍，無山設險，故多大舉之寇。」〔註 149〕嘉靖間，翁萬達曾對宣、大、山西的邊防形勢有所評論：

> 山西、宣、大外邊共二千餘里，北虜往年侵犯，俱在山西、大同，及宣府之西、中二路，以其地千百餘里多平曠，易馳突也。而宣府北、東二路，共幾八百里，高山峻嶺，大舉罕通。〔註 150〕

宣府、大同腹裏皆有「山險難行」之處，〔註 151〕臨邊一帶，卻多平曠之地。即使「宣大邊垣多在坡原漫衍之地，不如薊門一帶層巒疊嶂，密邇相聯，可

〔註 144〕《宣大山西三鎭圖說》，〈宣府鎭圖說〉，頁 6 上。

〔註 145〕《崇禎・山西通志》，卷 24，〈武備上・形勢〉，頁 6 下。《宣大山西三鎭圖說》亦稱：「蓋上谷者，京陵之肩臂也；雲中者，三關之藩籬也。」見《宣大山西三鎭圖說》，〈宣大山西三鎭總圖說〉，頁 2 下。

〔註 146〕參見《崇禎・山西通志》，卷 24，〈武備上・形勢〉，頁 6 下；李孝聰，《中國區域歷史地理》，頁 163。

〔註 147〕《經世挈要》，卷 2，〈宣府・宣府形勢〉，頁 20 上。

〔註 148〕參見《大同府志》，卷 1，〈形勝〉，頁 10～11；李孝聰，《中國區域歷史地理》，頁 161、163。《大同府志》描述：「渾源州，八山旋而環繞，八水合而渾流」；「蔚州，萬山環拱，諸關固阻，足以控制夷虜」；「廣靈縣，有隘口山，層崖刺天，古道極險」；「靈丘縣，四圍皆山，巍然相接」；「廣昌縣，紫荊咽喉，倒馬衝路，四山圍繞，二水合流。」

〔註 149〕《皇明九邊考》，卷 5，〈大同鎭・疆域考〉，頁 1 上。《崇禎・山西通志》亦稱：「大同川原平衍，虜易長驅。」見《崇禎・山西通志》，卷 24，〈武備上・形勢〉，頁 6 下。

〔註 150〕《翁萬達集》，文集卷 16，〈與鄭篁溪書・其一〉，頁 609。

〔註 151〕如「蔚州、廣昌，山險難行。」見《明世宗實錄》，卷 368，頁 7 下，嘉靖二十九年十二月丁丑條。廣昌爲蔚州屬縣，俱隸大同府。兩處又設蔚州衛、廣昌守禦千户所，原分屬山西行都司與山西都司，後改屬萬全都司。同時，兩地之民屬大同，軍馬屬宣府，爲特殊的分治情形。參見《宣大山西三鎭圖說》，〈宣府鎭圖說〉，頁 32 上、35 下、40 下；〈大同鎭圖說〉，頁 14 下、15 下；《（萬曆）大明會典》，卷 124，〈兵部七・職方清吏司・城隍一・都司衛所〉，頁 31 上～32 上；卷 126，〈兵部九・鎭戍一・將領上〉，頁 18 上、19 下、20 下。

以因勢修築者」，加強防禦工事，「築濬牆壕，錯布品窖」，〔註 152〕仍爲必然措施，邊林的防護亦應同具重要性。

圖 4-8　明大同鎮轄境圖

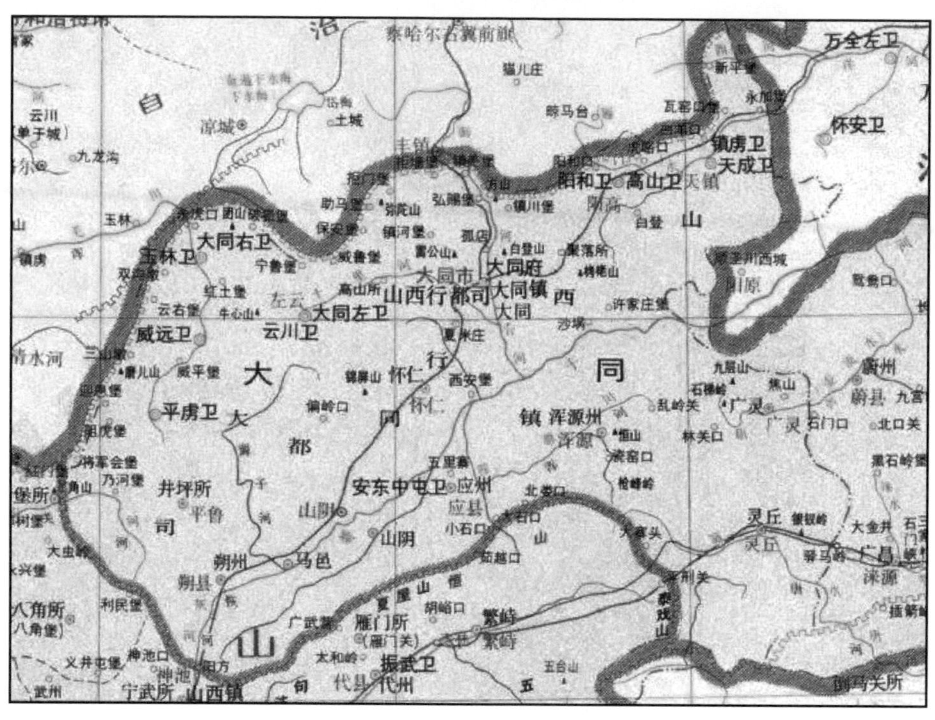

圖片來源：擷取自譚其驤主編，《中國歷史地圖集・第 7 冊・元明時期》，〈明・山西一〉。

二、宣大地區的山林採伐

弘治十三年（1500），明廷頒行「邊方禁例」，邊林保護條例亦在其中。〔註 153〕在此之前，宣大地區早已有「產木山場」，並開採沿邊林木。

至遲於宣德年間，宣大地區已有官方管控的伐木活動。宣德三年（1428），宣宗聞北京附近居民採運柴薪甚爲艱難，乃諭行在工部：「自今止發軍夫，於白河、渾河上流山中採伐，順流運至通州，及蘆溝橋積貯以供用，可少蘇民

〔註 152〕分見：前東北圖書館編輯，《明內閣大庫史料》（台北：文史哲出版社，1971 年），卷 4，〈兵部尚書張爲敬陳安邊定論等事（第八十三號）〉，頁 213；《翁萬達集》，文集卷 16，〈與鄭篁溪書・其一〉，頁 609。

〔註 153〕詳見《宣府鎮志》，卷 19，〈法令考〉，頁 52 上～53 下。

力。」〔註 154〕宣宗所謂「白河、渾河上流山中」，並未明指地點，可能在順天府境，也可能遠及宣大山區。因爲，宣府東北部的龍門川等河，即爲白河上游支流；渾河則是流貫宣大的桑乾河之下游名稱，宣大山區不能排除於採伐範圍之外。

宣大的採木地點，於宣德九年（1434）獲得披露。時行在工部尚書吳中（1372～1442）奏陳，宣大地區蔚州、美峪守禦千戶所、九宮口、五福山等處，「俱產材木，宜長養以資國用。今軍民擅自採伐，亦乞禁止。」宣宗不同意，但言「山林川澤之利，古者與民共之，今不必屑屑，姑已之。」〔註 155〕雖然如此，仍有令「蔚州，及美峪、九宮口、五福山、龍門關等處山場，除成材大木不許採取，其小木及椽枋之類，聽人採取貨賣。」〔註 156〕可見，此時宣大的採木地點主要在桑乾盆地的東南側，沿太行山西麓一帶，以及宣府東北白河流域的龍門關附近，皆俱水運便利。另一方面，宣大各山場的採木活動，開始以法令規範之，不但合法化，官府亦藉抽分獲利。〔註 157〕次年（1435）正月，英宗即位，次月有詔：

> 北京及山西、宣府所屬地方產木山場，除山陵禁約外，其餘去處聽人採取，仍依舊例抽分，不許妄自增添，違者罪之。〔註 158〕

此詔可視爲英宗新朝對宣宗舊政策法令的再確認，在限定舊山場與禁止損及天壽山陵區的原則下，宣大地區仍許繼續採木。同時，此又可作爲明廷尚未重視邊林的另一佐證。

〔註 154〕《明宣宗實錄》，卷 40，頁 1 下，宣德三年三月癸巳條。

〔註 155〕《明宣宗實錄》，卷 111，頁 7 上，宣德九年六月甲戌條。蔚州，即今河北張家口市蔚縣。蔚州城東有「九宮山」，九宮口即在此，可通往保定府易州。美峪守禦千戶所，在直隸保安州南（今河北張家口市涿鹿縣南），「本在州西之美峪嶺，永樂十二年（1414）置。十六年（1418）二月徙於董家莊。景泰二年（1451）又移於此，與山西蔚州界。」五福山，確切位置不明。參見《大同府志》，卷 1，〈山川〉，頁 14；《明史》，卷 40，〈地理一・京師〉，頁 901～902；卷 41，〈地理二・山西〉，頁 968。另外，九宮口，《明宣宗實錄》作「九龍口」，此據《（萬曆）大明會典》改。

〔註 156〕《（萬曆）大明會典》，卷 204，〈工部二十四・抽分〉，頁 8 上。龍門關，在龍門衛城西二十里。龍門衛城，在今河北張家口市赤城縣西南「龍關」。參見《宣大山西三鎮圖說》，〈宣府鎮圖說〉，頁 75 上～76 下。

〔註 157〕官府所徵木稅：「經過抽分去處，每十根抽三根。」見《（萬曆）大明會典》，卷 204，〈工部二十四・抽分〉，頁 8 上。

〔註 158〕《明英宗實錄》，卷 2，頁 6 下，宣德十年二月辛亥條。此非英宗即位詔，而是因上太皇太后、皇太后尊號，及封宗室禮成，詔示天下。

宣大地區的採伐活動，似乎因宣德末年的官方認可而日益興盛。正統十四年（1449），也先入犯，宣大地區遭受蹂躪，當地軍民日常活動中斷，至瓦剌撤軍後，才逐漸復常。景泰元年（1450）七月，有官員自瓦剌回京，「過宣府、懷來，見各處官軍出郊牧牛羊，採薪芻，收穫黍粟，伐運材木，人心稍安，生意頗盛。」〔註 159〕宣府往日的山場採木作業，已擺脫戰禍的影響。至於大同地區，至成化間似有新闢採木山場。成化二十年（1484）前後，宣大修築墩臺、製造兵車，所用木料，俱令官軍往蔚州、渾源州、寧武關山場採打。〔註 160〕蔚州山場係舊採之處，〔註 161〕渾源州、寧武關山場則無法確知開於何時。此外，英宗朝雖早已禁止採伐天壽山附近林木，且有正統二年（1437）陵樹保護禁例，仍難有效制止宣府官軍的就近樵採。如弘治二年（1489），巡撫宣府都御史張錦（1440～1501）奏言，南臨天壽山的四海冶堡，「各官曾不究心，樵牧如故，請嚴爲之禁。」〔註 162〕

至弘治初年爲止，宣大地區獲官方准許的採木地點，見於史料者大致有宣府東北面臨邊的龍門關，南境與蔚州接界的美峪；大同東南的蔚州、九宮口，以及南部的渾源州、寧武關。以上山場俱接近邊關：龍門關離「外邊」（極邊）最近，美峪、蔚州、渾源州、寧武關雖屬宣大的「腹裏」地區，卻是紫荊、倒馬、雁門等關所在「內邊」的外藩。因此，諸山場所採林木，就廣義而言，均有邊林性質。由於範圍界定不易，內外利益衝突，自然產生糾紛，衝擊邊林的保護。〔註 163〕

〔註 159〕《明英宗實錄》，卷 194，頁 15 下，景泰元年七月丁卯條。

〔註 160〕詳見〔明〕余子俊，《余肅敏公奏議》（《四庫禁燬書叢刊》史部 57，據上海圖書館藏明嘉靖刻本影印），總督類，〈軍務等事〉，頁 10 下～11 上；〈軍務等事〉，頁 28 上。《明史》載，成化二十年，余子俊以户部尚書兼左副都御史，總督大同、宣府軍務。見《明史》，卷 178，〈余子俊傳〉，頁 4738。渾源州，即今山西大同市渾源縣。寧武關，即今山西忻州市寧武縣。渾源州、寧武關山場，應在恒山山脈北麓。

〔註 161〕爲供應北京地區用材，地處渾河（永定河）上游的蔚州，早在金元時期即已大規模採木，元代更於此設置專責採木機構。明代《蔚州志》亦載，蒙古至元四年（1267），爲建造大都城門，命採木於蔚州，並有「採木提舉」、「採木使」等官辦理之。參見尹鈞科，〈永定河中、上游流域森林植被的破壞〉，《歷史地理》，19 期，2003 年 6 月，頁 262～265；〔明〕來臨纂修，《蔚州志》（台北：中央研究院傅斯年圖書館藏，明崇禎八年刊本），卷 4，〈楊氏先塋碑銘〉，頁 42 下～43 下。

〔註 162〕《明孝宗實錄》，卷 22，頁 5 下～6 上，弘治二年正月丙戌條。

〔註 163〕宣府、大同採木，與保定、山西邊防的關係，乃至於與保護邊林的衝突，詳宣大開放採伐，少有限制的結果，則是山林的破壞加劇。於是，成弘間丘濬、陳鋭、馬文升等人接連痛陳其狀，提議補救之道。如丘濬述及「渾、蔚等州」，不知始於何時，伐木取材，採製柴炭，「致使木植日稀，蹊徑日通，險隘日夷。」〔註 164〕馬文升指陳「大同、宣府窺利之徒、官員之家，專販筏木」，僱覓或私役軍民，入山砍伐應禁樹木，山林「十去其六七」。〔註 165〕經此，遂申令各邊禁止砍伐應禁林木，並差官軍把守禁林山口、伐木經行河道等要處，「除內外官司奉有明文修理、營造，筏運官木并小木、柴炭，查驗明白，照舊通放外」，其餘私販大木一概禁止，查獲者依律究問。〔註 166〕

弘治年間的政策，顯然旨在兼顧護林與伐木需求，一面禁伐「應禁林木」，一面管制採伐地點與對象，只准官方憑許可文件採辦，嚴禁私伐行爲。此後，宣大各採木山場並未關閉，僅可能管制趨嚴，或避免伐及應禁邊林而已。事實上，宣大的採木山場在明代中期以後似有所變遷，官方取木方式也有變化。萬曆四十六年（1618），宣府官員以鎮城年久失修，報請修繕整建。其題疏中稱：「合用木植，照往時鎮城修理舊例，發銀於上、下北、中三路產木去處買運。」官銀交納「宣府在城同知」驗收，「不得濫委卑官，致有勒索。」〔註 167〕據其所述，可知宣府上北路、下北路、中路三地區爲產木處所。此三路位於宣府東北部，皆屬白河流域，而龍門關即在中路西部。因此，此區域可能於明代早期即已開始採木，也可能自龍門關一處，陸續增闢新山場。不過，三路皆處極邊，〔註 168〕其採木山場應在遠離邊牆、邊林之

見下章的論述。

〔註 164〕《大學衍義補》，卷 150，〈治國平天下之要・馭夷狄・守邊固圉之略上〉，頁 3 上～下。

〔註 165〕《馬端肅公奏議》，卷 11，〈太子少保兵部尚書臣馬文升等謹題爲禁伐邊山林木以資保障事〉，頁 5 上～5 下。

〔註 166〕《馬端肅公奏議》，卷 11，〈太子少保兵部尚書臣馬文升等謹題爲禁伐邊山林木以資保障事〉，頁 6 下～7 下。弘治十三年的邊林保護條例，在此部分僅述「其經過河道，守把官軍容情縱放者，究問治罪」，未說明管制細則。見《明代律例彙編》，卷 18，〈刑律一・賊盜・盜園陵樹木・弘治問刑條例〉，頁 737。

〔註 167〕〔明〕趙士諤，《撫宣疏稿》（台北：漢學研究中心，據日本尊經閣文庫藏明萬曆刊本影印），〈欽差巡撫宣府等處地方贊理軍務都察院右僉都御史臣趙謹題爲查理城垣以預綢繆以愼封守事〉，頁 16 上、17 上、18 下。

〔註 168〕參見《宣大山西三鎮圖說》，〈宣府鎮圖說〉，頁 41 上～42 上、56 上～57 下、66 上～67 上。上北路「逼隣虜穴，三面受敵，於九邊中最稱衝要」；下北路東面，亦屬「極衝」；中路「蓋鎮城北面之藩籬也」，「與虜止隔一

地，否則違反禁令，亦有礙邊備。另外，所需木植係「發銀買運」，且由駐城同知經辦，顯示此時已由文職官員監管、出納宣府鎮城財用；而山場林木的採伐，已另有專門經營者，官府有需，發銀買運即可。

三、宣大沿邊的山林狀態

宣大地區的官方採木作業，歷時甚久，至明末而未止。然而，具體或細部地點不明，其山林毀伐狀況亦難瞭解。若論宣府、大同沿邊地界（北面），其邊林狀態如何，相關記載鮮少。茲以所見少量史料，姑且述之，不足之處，惟待日後發掘補充。

對於宣府邊外乃至沿邊一帶的地貌，《罪惟錄》有所記載：

> 宣府邊，西北望爲叢林，或曰宜焚之以衰鹵（虜）射獵。中路北望，雖山深林密，不便大舉。宣府東路，相望重巒疊嶂，環繞于外，爲陵寢藩屏最要。〔註 169〕

據其所述，宣府邊外多屬山林茂密之地；東路一帶，在天壽山之北，「重巒疊嶂」，可能也有較佳林相。檢閱萬曆三十一年（1603）刊行之《宣大山西三鎮圖說》，其中有部分描述可資補充印證。如宣府西北邊，接近大同鎮界處有「渡口堡」，其所屬「沿邊如牛心、大尖等山，獨多險峻，墩臺聯絡，林木稠密，從來虜無由此入犯者。」〔註 170〕又如宣府東路，「寶山寺、黑牛山、大安山、天屹力等處，層崖疊嶂，深林叢棘，虜尤易於潛逞」；黑漢嶺堡，「北面臨邊，南翰陵寢，特所當鶯窩梁之後，山峻多林，虜騎未易馳也。」〔註 171〕宣府東路多見深林，或許與鄰近天壽山，禁令較嚴有關。

至於大同地區，史籍記載中，幾乎未反映其邊林狀態，較常見者，則是明人對地貌的描述，如：「大同之北，川原漫衍，難以守望」；〔註 172〕「大同中路起，西至偏頭關接界去處止，東西地遠六百餘里，地勢平坦，無險可據。」

牆」。

〔註 169〕《罪惟錄》，志卷 32，〈外志・大事逸・勝國原俗〉，頁 1058。

〔註 170〕《宣大山西三鎮圖說》，〈宣府鎮圖說〉，頁 27 下。渡口堡屬宣府「下西路」，分管邊牆十四里。

〔註 171〕分見《宣大山西三鎮圖說》，〈宣府鎮圖說〉，頁 80 上、85 下。黑漢嶺堡，在今北京市延慶區黑漢嶺鄉。

〔註 172〕《毛襄懋先生集》，〈明故前光祿大夫柱國太子太保兵部尚書東塘毛公行狀〉，頁 5 上。

〔註 173〕即使崇禎十年（1637），總督宣大山西軍務兵部左侍郎盧象昇曾上言宣大山西沿邊環境的惡劣，亦難見其詳細情形。盧象昇表示：

> 竊見宣、大、山西各邊，一墻之外，樹木陰森，草薪茂密。而墻以內，則童山赭土，一望平沙。束草三分，擔柴百錢，如此其貴也。〔註 174〕

據盧象昇所述，大同與宣府地區邊牆以內，「童山赭土，一望平沙」，毫無林木景象，木柴與草束只得採於邊外，是以價格昂貴。然而，此說法只宜視爲盧氏的整體觀感，以及此地區生態環境惡化之總趨勢的呈現，不宜據此斷言宣大山西全邊之森林、草原皆已破壞殆盡。因爲，如前論述，宣大各區域的地理環境不同，植被狀況必有差異，畢竟如宣大之交、宣府東路等地，仍有密林存在之記載。此外，據今人實地考察，大同邊牆所經之地，平原、山坡、峻嶺皆有；〔註 175〕而明代邊林保護條例施行範圍包含大同鎮，是故大同沿邊未必無邊林存在。只是，前人記述甚爲不足，其邊林的分布與變化情況，難以繼續追究。

〔註 173〕《余肅敏公奏議》，總督類，〈軍務事〉，頁 3 下。

〔註 174〕《盧象昇疏牘》，卷 8，〈請停禁止樵採疏〉，頁 202。

〔註 175〕詳參華夏子（董耀會、吳德玉、張元華），《明長城考實》（北京：檔案出版社，1988 年），頁 167～186。

第五章　保、晉、陝西地區的山林生態

前章已探討薊州、遼東、宣大等邊區的山林狀態，本章則接續討論保定鎮（太行山沿線）、山西三關（恒山山脈沿線）、陝西四鎮地區的山林問題。

第一節　保定鎮長城沿線內外的山林問題

一、地理形勢

保定鎮，爲北京西面與山西交界的防禦重鎮，屬「內邊」之一。其地東臨海河平原，西側爲太行山脈，其「內徑則多疎也」。〔註 1〕所屬邊關，北起渾河南岸「沿河口」，與昌平鎮分界，南迄故關所轄順德府境「馬嶺」諸隘口，達北直、山西、河南之交。〔註 2〕

保定鎮沿太行山脈設防，依山谷等地形建置眾多關口，而主要關口自北而南有紫荊、倒馬、龍泉、故關等。紫荊關，「負山臨河，勢非不險，而近在

〔註 1〕《四鎮三關誌》，劉效祖〈四鎮三關誌序〉，頁 4 上。山西有多條河流切穿太行山脈，形成峽谷，向東流入河北，以至於渤海灣。古代山西、河北間的交通，多利用適合通行的峽谷、隘口，最著名者，即是「太行八陘」。參閱李孝聰，《中國區域歷史地理》，頁 181。

〔註 2〕詳參《四鎮三關誌》，卷 1，〈建置考・眞保鎮地形圖〉，頁 27 下；卷 2，〈形勝考・眞保鎮形勝・疆域〉，頁 7 上；〈形勝考・眞保鎮形勝・乘障〉，頁 45 上～55 上；《西關志》，故關卷 1，〈關隘〉，頁 522～523；故關卷 2，〈軍馬〉，頁 531。沿河口，在順天府宛平縣西，設有守禦千户所，即今北京市門頭溝區沿河城。馬嶺口，或作「馬陵口」，共有隘口二十四處，分布於順德府內丘、邢臺、沙河等縣地方（今河北邢台市之內丘縣、邢台縣、沙河市），以馬嶺口管總千户一員統之。另參《明史》，卷 40，〈地理一・京師〉，頁 885。

內地，不足以據一關之樞，所恃為固者，群隘耳。」〔註 3〕倒馬關，「絕壁崇崗，仰觀萬仞；巨川深匯，俯瞰無涯。」〔註 4〕然而，「紫荊、倒馬二關，隘口既多，守備不能專」，〔註 5〕為最大弱點。龍泉關「險絕，林木叢茂，盤礴五臺，襟帶滹沱」；故關為「井陘舊道，車不得方軌，騎不得成列」，但「無險可依」，所幸「猶在腹裏」。〔註 6〕

若由軍事防禦角度分析，「四關之險，龍泉為上，倒馬次之，紫荊、故關又次之。通論四關之勢，紫荊為急，倒馬次之，故關、龍泉又次之。」〔註 7〕四關形勢，大抵如此。

圖 5-1　紫荊關附近圖

圖片來源：擷取自譚其驤主編，《中國歷史地圖集・第 7 冊・元明時期》，〈明・順天府附近〉。

〔註 3〕《西關志》，〈紫荊圖論〉，頁 275。

〔註 4〕《西關志》，倒馬關卷 1，〈形勝〉，頁 416。倒馬關有上、下兩城，相為表裏。

〔註 5〕《端簡鄭公文集》，卷 8，〈書直隸三關圖後〉，頁 6 下。

〔註 6〕參見《西關志》，〈故關圖論〉，頁 511；故關卷 1，〈形勝〉，頁 513。故關有舊城、新城（舊城以北）；龍泉關原有下城，景泰間廢，「北徙一舍」，築為上城。

〔註 7〕《四鎮三關誌》，卷 7，〈制疏考・真保鎮制疏・巡撫都御史艾希淳議處要害疏略〉，頁 298 下。另參《西關志》，〈故關圖論〉，頁 511。

二、危害保定邊林的主要因素

保定邊關俱在太行山脈，沿線不乏林木茂密之處，然而其邊林維護頗不容易，此地區的誘人地利蓋為主要因素。桂萼曾述，北直隸「迤山一帶，則樵採、耕牧之利居多，奸人每竄其中，有司病之。」〔註 8〕不僅如此，太行山地區法紀鬆弛，治安欠佳：

> 各關內外，軍民私自樵採、伐薪燒炭、出口墾田，而守把人員通同容縱，弊端深痼；山西廣昌等處，礦徒強賊，動號數千，放火殺人，白晝行劫。〔註 9〕

又如龍泉關所屬隘口之外，「澗谷盤旋，逋逃盈藪，盜木通商，日捕日犯。」〔註 10〕僅據此數段記載，已見太行山兩側情勢之複雜，正所謂「利之所在，民日爭趨」，〔註 11〕樵採、墾山、開礦、伐木，加以守邊官員瀆職縱容，邊林的生存與維護，遭受莫大威脅。以下分項探究危害保定邊林的主要因素，以利瞭解此地區的山林生態。

（一）易州山廠的柴炭採辦

易州山廠，或稱為易州柴炭廠，專為供應宮廷柴炭而設。宣德五年（1430），山廠開設於保定府易州，柴炭多採辦自附近的沙峪等口山場。景泰元年（1450），因原採伐地點林木不足，兼以鄰近紫荊關，不久前也先方自此入犯，採辦不利邊防，於是遷廠至眞定府平山縣、靈壽縣等處。景泰間（1450～1456），山廠一度移至保定府滿城縣。天順元年（1457），復因路途遙遠，轉輸不便，廠址遷回易州，此後未再變動。〔註 12〕

山廠的設置，擇於林木資源豐富之處，而柴炭的採辦，經年累月後，必然破壞原有的山林生態。除景泰間廠址離邊關較遠外，山廠長期設於易州，西去

〔註 8〕《皇明名臣經濟錄》，卷 20，桂萼〈北直隸圖敘〉，頁 1 下。「奸人」逃竄，「蓋賦繁民困，户口流亡。」

〔註 9〕《西關志》，紫荊關卷 6，〈議復兵備憲臣以重邊防疏〉，頁 348。

〔註 10〕《四鎮三關誌》，卷 7，〈制疏考・眞保鎮制疏・巡撫都御史劉隅請定設把總官疏略〉，頁 291 上。

〔註 11〕《西關志》，〈倒馬圖論〉，頁 413。

〔註 12〕參見張崗，〈明代易州柴炭山場及其對山林的破壞〉，頁 64～65；邱仲麟，〈人口增長、森林砍伐與明代北京生活燃料的轉變〉，頁 159；《明英宗實錄》，卷 188，頁 13 下，景泰元年閏正月丙辰條。平山縣、靈壽縣，今屬河北石家莊市；滿城縣，今屬河北保定市。

紫荊關不及九十里，〔註13〕其採伐山場則更貼近關隘。天順元年復開易州山廠前，英宗先命工部左侍郎孫弘等官度地，履勘後回奏：「（易州）奇峰等口山木，皆所以屏蔽邊塞，不可動。止有沙峪、東馬頭二口，樹木蒙茂，不妨關隘，宜立山場。」於是定案，「仍命弘會同守備紫荊關署都指揮左能等，於要衝之處置立界牌，令守關官軍數加巡視，務令官民、關隘兩不相妨。」〔註14〕易州山廠的重設，明廷確實欲兼顧供應柴炭與鞏固邊防的不同需求，既選擇無礙山場，又訂立界牌，命官軍巡視。然而，採伐山場終有匱乏之日，因此採辦柴炭與維護邊林之間的衝突，早已隱伏待發。

天順年間起，易州一帶持續採伐作業，不過十餘年，成化年間已有變化。山廠原自北直、山西、山東所屬州縣僉派民戶，充當砍柴夫、擡柴夫，令其「自行採燒柴炭，委官管押，解赴（需用柴炭）各衙門交納。」然而，鑑於「年久樹木砍伐殆盡」，以及服役艱苦，民夫時或逃亡等因素，開始逐步採行納銀代役、召商買辦的措施。〔註15〕樹木消乏，以及納銀召商，逐漸改變易州山廠的經營型態，並進而加重對於邊林維護的衝擊。

柴炭的採辦，原本在於易州柴炭廠附近的專屬山場，至成化末年，原有山場林木銳減，不敷採辦，違禁採取邊林之事日多，官員因而屢次陳報反映。丘濬曾謂：「木生山林，歲歲取之，無有已時。苟生之者不繼，則取之者盡矣。」「況今近甸別無大山茂林，不取之邊關，將何所取耶？」〔註16〕弘治六年

〔註13〕紫荊關東至易州九十里，山廠則在易州城西北二里許。參見《西關志》，紫荊關卷1，〈疆域〉，頁278；〔明〕戴敏修，戴銑纂，《弘治・易州志》（《天一閣藏明代方志選刊》7，據明弘治刻本重印），卷3，〈公署・山廠〉，頁7下。

〔註14〕《明英宗實錄》，卷277，頁9上～下，天順元年四月戊申條；卷276，頁15下，天順元年三月辛卯條。同時，又令「易州一帶山場，係關隘人馬經行去處，不許採取柴炭。」見《正德大明會典》，卷163，〈工部十七・屯田清吏司・柴炭・事例〉，頁6下～7上。

〔註15〕《保定府志》，卷25，〈倉廠志・工部山廠〉，頁11下：「成化十等年，添設判官、主簿五十六員，……年久樹木砍伐殆盡，將柴夫每名收銀三兩在官，差委州縣領運。」關於易州山廠砍柴夫與擡柴夫的設置與變化，參閱張崗，〈明代易州柴炭山場及其對山林的破壞〉，頁66～67；邱仲麟，〈人口增長、森林砍伐與明代北京生活燃料的轉變〉，頁160～161。

〔註16〕《大學衍義補》，卷150，〈治國平天下之要・馭夷狄・守邊固圉之略上〉，頁4上～5上。早在成化七年（1471），監察御史左鈺已奏：「易州等處柴廠，採辦柴薪以供惜薪司之用。近運到者，根株悉拔，歲久山空。若不預先措置，恐日後無以應用。」見《明憲宗實錄》，卷89，頁8上～下，成化七年三月乙未條。

（1493），李東陽藉旱災時機，應詔陳言：「易州諸處柴炭，所需林木已空，漸出關外一二百里。」〔註17〕弘治十五年（1502）所刊《易州志》亦稱：「昔以此州林木蓊鬱，便於燒採，今則數百里內，山皆濯然。」〔註18〕此說或許誇大，但山場林木不足，採伐邊外，乃及於沿邊林木，其勢難止。

至於納銀代役的措施，始於成化初年，此後至正德間，反覆調整，由局部而全面，或召商或復役。〔註19〕嘉靖元年（1522）後，納銀與召商之制大抵確定。柴炭既已召商買辦，直接運解京師各衙門，民夫亦不再赴廠服役，山廠似無存續必要。但「惟有『大炭』一事，應合出關買辦，」仍需官員在易州調度管控，於是精簡管廠官員，山廠遂轉型爲商戶往來關內外採辦的中繼站。〔註20〕其實，柴炭的出關採辦，早在正德十年（1515），已從民夫的私出採伐行爲，成爲合法的作業原則。當時奏准：「山廠採運柴炭官夫、商人，經過紫荊關口、蔚州、靈丘、廣昌等處，守備等官即便放行，不許阻滯。」〔註21〕或許迫於易州山林匱乏，官府乃於此際認可山西蔚州等地爲採辦地區，且令紫荊關、蔚州等處守備官員不得阻攔。

關隘開放採辦人員通行，雖是不得不然的措施，但轉變之初，規範不明，弊端與衝突因而爆發。嘉靖元年，巡撫保定都御史周季鳳上奏：「緣邊隘口山木，先朝皆有厲禁」，而易州「山廠薪炭，雖稱出自廣昌、蔚州、靈丘等處，其實姦商不利遠涉，各就紫荊、倒馬二關取以供命，皆禁山也。」建議申明舊禁，並嚴格管制商人的買辦作業。〔註22〕此項爭議，至嘉靖五年（1526）

〔註17〕《懷麓堂稿》，卷19，〈應詔陳言奏〉，頁17上。同見《明孝宗實錄》，卷76，頁5上，弘治六年閏五月甲辰條。

〔註18〕《弘治・易州志》，卷3，〈公署・山廠〉，頁8上。

〔註19〕詳參《（萬曆）大明會典》，卷206，〈工部二十六・屯田清吏司・夫役〉，頁3下～7下。另參張崗，〈明代易州柴炭山場及其對山林的破壞〉，頁66。

〔註20〕參見《保定府志》，卷25，〈倉廠志・工部山廠〉，頁11下～14上；《明世宗實錄》，卷98，頁3下，嘉靖八年二月庚午條。由於廠務已然簡略，嘉靖六年（1527）曾裁減原設官員。嘉靖八年（1529），復批准工部尚書劉麟題奏，將同知以下官員盡行裁革，原設總理山廠工部侍郎撤回，改差郎中一員前往易州接管廠務。另外，大炭，又稱「長裝木炭」、「紅蘿大炭」，專供御用，召商後，由「廠户執批出關，採辦、領價。」

〔註21〕《（萬曆）大明會典》，卷205，〈工部二十五・屯田清吏司・柴炭〉，頁7上～下。正德十年，仍在制度轉變期間，故見採運民夫、買辦商人並存。另外，靈丘、廣昌俱爲蔚州屬縣。

〔註22〕《明世宗實錄》，卷10，頁2下，嘉靖元年正月庚戌條。

才奏准：「山廠柴炭鋪戶，出入紫荊關收買大炭，不許夾帶別項柴炭，并不明之人出入禁關，亦不許樵採應禁山林。」同時，只許易州廠商出關買辦，其山廠鋪戶個人資料並買辦數量應造冊爲三本，分送巡關御史、把關官員、易州山廠，以便管控盤查。〔註 23〕管制措施雖已加強，但違紀行爲無法就此停止。嘉靖中，《西關志》對此曾有評論：

按關山樹木私擅砍伐偷盜者，俱問發南方煙瘴地面充軍，例禁甚嚴。山廠人户，止令執批出關，採辦領價，其初立法甚善。奈何法久人玩，歲久弊滋，廠户乘機多結夥伴，名爲出關採辦，實則取諸關内，公行砍伐，莫敢誰何，千里關山，若彼濯濯矣！〔註 24〕

《西關志》之語，和嘉靖元年周季鳳所奏主旨相同，歷數十年，沿邊林木的破壞未因法令實施而減緩，卻是日甚一日。此不僅應歸咎人心趨利，根本原因更在於宮廷柴炭消耗量的與日俱增，〔註 25〕毀林遂無已時。

（二）太行山脈兩側的伐木取材

太行山脈沿線森林資源豐富，除供柴炭採辦外，又有松、柏等樹可伐作木材。〔註 26〕尤其處於太行山脈北段的北直隸眞定府、保安州，山西蔚州及

〔註 23〕《（萬曆）大明會典》，卷 205，〈工部二十五．屯田清吏司．柴炭〉，頁 7 下～8 上。

〔註 24〕《西關志》，紫荊關卷 3，〈山廠〉，頁 310。嘉靖六年（1527），亦有官員反映：「射利之徒，以易州山廠柴炭，及惜薪司楊木供應爲辭，往往越關樵採，而守關軍不能禦，宜嚴行禁革。」見《明世宗實錄》，卷 78，頁 2 上，嘉靖六年七月丁丑條。

〔註 25〕關於易州山廠柴炭的歲辦與派辦數額，及其額度的增長，請參閱張崗，〈明代易州柴炭山場及其對山林的破壞〉，頁 65～66；邱仲麟，〈人口增長、森林砍伐與明代北京生活燃料的轉變〉，頁 161～165。

〔註 26〕自植物學分類而言，松、柏類植物甚多，「松柏目」下有松科、杉科、柏科等。松柏類絕大多數爲常綠樹，幹莖高大，樹形美觀。由於其樹形高大挺直，木材的材質鬆軟，紋理平直，易於加工。參見耿煊，《詩經中的經濟植物》（台北：臺灣商務印書館，1996 年），頁 61～62；劉棠瑞、廖日京，《樹木學》（台北：臺灣商務印書館，1994 年），頁 102、109、140。松、柏的用途，依樹種而異。例如，「油松爲棺材上料」。明代北京內府，有內官監「金殿廠」預備宮人、內官棺器，其用材即爲「松木板枋」，取自通州、盧溝等抽分竹木廠局。分見：〔清〕嚴如熤，《三省邊防備覽》（《續修四庫全書》史部 732，據天津圖書館藏清道光刻本影印），卷 9，〈山貨〉，頁 4 上；〔明〕周夢暘編輯，《水部備考》（台北：中央研究院傅斯年圖書館，據日本內閣文庫藏萬曆丁亥刊本景照），卷 9，〈供億考．內官監例〉，頁 5 上～6 上。

其所屬州縣、太原府的五臺山地區，皆有產木山場。上述地方之伐木處所，部分鄰近邊關，於邊防有所妨害。

先論關內地區。眞定府在保定府西南，太行山東麓，屬保定鎭腹裏地區，沿邊則有龍泉、故關等關隘。〔註 27〕眞定府除有平山、靈壽等縣，於景泰間曾爲工部柴炭廠採辦地之外，嘉靖間亦曾採伐松木、柁木等木料，以供北京營繕之用。〔註 28〕惟不論柴炭或木材的採辦，其確切位址俱未見史載。其次，保安州爲北直隸的關外地區，處太行山西麓，即在保定鎭所轄沿河口、馬水口之西北，屬桑乾河流域。其境內有美峪山場，至遲宣德年間已開採林木。保安州西南，與山西蔚州接境，在馬水口、紫荊關之西。蔚州地方，屬桑乾河上游，產松、柏等木，〔註 29〕其採木山場歷史更爲悠久。眞定、保安、蔚州等地採伐樹木，勢必破壞當地原有山林，若以邊防觀點論，眞定在關內，影響或許不及爲「諸關固阻」〔註 30〕的蔚州、保安州。然而，明人似乎較未關注上述地方採木與邊防的關係，因史料中仍未見明確記載。

自蔚州向西南行，進入太原府境，乃五臺山地區。〔註 31〕五臺山，在龍

〔註 27〕明代眞定府轄區，相當於今河北石家莊市與衡水市之合境。其境內自北而南，有數條發源於太行山脈而橫向東流的河水。其中，源自山西五臺山，流經府治的滹沱河更屬主要河川，有運輸之利。

〔註 28〕嘉靖三十一年（1552），由於工部所貯工程用木料已盡，將柁木、散木等派行山西、眞定，另各該地方官員收買解運，抵張家灣交割。三十六年（1557），因北京紫禁城三殿火災，爲重建宮殿，差遣工部官員分赴各地採木，內有郎中一員在眞定府採伐松木。分見：〔明〕趙時春，《浚谷先生集》（《四庫全書存目叢書》集部 87，據山東省圖書館藏明萬曆八年周鑑刻本影印），卷 4，〈乞禁五臺一帶伐木疏〉，頁 14 上～下；《（萬曆）大明會典》，卷 181，〈工部一・營繕清吏司・營造一・內府〉，頁 10 上。

〔註 29〕《蔚州志》，卷 1，〈物產〉，頁 24 上～下。其境內「九宮山」爲著名山場，「松子山」（松子嶺）則因多松樹而名。參見《大同府志》，卷 1，〈山川〉，頁 14、15、16。

〔註 30〕《大同府志》，卷 1，〈形勝〉，頁 11。蔚州「萬山環拱，諸關固阻」。其東則與保安州美峪口接界。

〔註 31〕五臺山在太原府東北境，五臺縣東北一百四十里處，方圓五百里內有山峰五座，古稱「五峰山」。五臺山有狹義、廣義之分。狹義者，指五臺山系東北部五峰內外的山區。廣義則指整個五臺山系所在地區，包括今山西五臺縣全境、繁峙縣南區、代縣東南山區、原平縣東山區、定襄縣和盂縣北山之一小部分，以及河北阜平縣龍泉關以西的山區，此範圍內有山岳、丘陵及部份平川盆地，面積約 6530 平方公里。發源自該山系東北的滹沱河，曲流回繞大半個山區，而後流出山西省境。參見翟旺，《五台山森林與生態歷史變遷》（忻州：忻州地區林業局、忻州地區林學會，1987 年），頁 2～3；陳玉女，〈明五臺山諸佛

泉關之西，屬「龍泉四險」之一。〔註32〕「山之所恃以爲險者，惟林木茂密，積於累代；谿谷崕嶂，羅生疊布，胡馬不得長驅直突。」〔註33〕五臺山早有採木活動，永樂四年（1406），爲營建北京宮殿，差都察院右僉都御史史仲成，率山西軍民採木於本山。〔註34〕此後，五臺山遂成明廷採辦營建木料的主要地區之一。如嘉靖三十一年（1552），召商買辦松木、柁木、散木等木材；〔註35〕三十六年（1557），因重建北京外朝三殿，差工部郎中一員採松木；〔註36〕萬曆十二年（1584），爲預作壽宮（定陵），召商收買松木五萬九千五百餘根。〔註37〕然而，嘉靖間「節因屢派大木，有司無以應命」，已伐及五臺山近邊一帶林木。〔註38〕

五臺山有林木之利，不但爲官採之地，也有木商在此經營，採伐販運，供應官方及民間市場需求。五臺山鄰近邊關，追逐木利之民商，不免有「違禁私砍」之情事。〔註39〕尤其「五臺多寺，遊僧往來，奸細莫辨」，嘉靖間巡

寺建築材料之取得與運輸——以木材、銅、鐵等建材爲主〉，《成大歷史學報》，27期，2003年6月，頁56～57。本文所謂五臺山或五臺山區，係採廣義而論。由於五臺山系之東北、北面兩側，亦鄰近山西內邊平刑關等關隘，在此僅著重與保定鎮龍泉關相鄰之地帶。

〔註32〕《西關志》，〈故關圖論〉，頁510。龍泉之險有四：林木蓊鬱也，道路阻艱也，五臺峙其西，滹沱遶其南也。

〔註33〕《瞿冏卿集》，卷12，〈與文侍御論五臺伐木書〉，頁24上。

〔註34〕《國朝獻徵錄》，卷59，〈史仲成傳〉，頁112上；〔明〕王世貞，《弇山堂別集》（北京：中華書局，1985年），卷62，〈卿貳表・都察院左右僉都御史〉，頁1162。

〔註35〕《浚谷先生集》，卷4，〈乞禁五臺一帶伐木疏〉，頁14下～15下。

〔註36〕《（萬曆）大明會典》，卷181，〈工部一・營繕清吏司・營造一・內府〉，頁10上。《會典》僅稱差郎中「往山西」採松木，未載明確地點，但五臺山應爲採木地之一。同書卷，頁8上載：「永樂四年，以將建北京宮殿，遣大臣詣四川、湖廣、江西、浙江、山西，督軍民採木。」山西部分，同樣未言明採木處，但顯然即指史仲成採木五臺山之事。類此情形者，如成化十一年（1475），乾清宮門火災，內閣大學士商輅（1414～1486）奏請停採南方木植，所需松木，改「差人先行山西產有去處，僱人採取，或兩平收買，順水撐放，實爲便利。」五臺山既產松木，且有滹沱河繞經，與其敘述相符，當在採木之列。參見〔明〕商輅，《商文毅公集》（台北：國家圖書館藏，明隆慶六年淳安知縣鄭應齡編刊本），卷3，〈請停採木疏〉，頁5上；《明史》，卷29，〈五行志二・火災〉，頁463；卷176，〈商輅傳〉，頁4689。

〔註37〕詳參《集玉山房稿》，卷1，〈壽宮營建事宜疏〉，頁4上～下；〈議取官木以濟工用疏〉，頁17下～18下。

〔註38〕《浚谷先生集》，卷4，〈乞禁五臺一帶伐木疏〉，頁15下。

〔註39〕《浚谷先生集》，卷4，〈乞禁五臺一帶伐木疏〉，頁16下～17上。

關御史王士翹曾論龍泉關一帶情形：

> 未築邊墻之先，四望山林悉屬關隘，砍伐有禁。今則墻以內，官軍守之；墻以外，僧、商合黨，旦旦而伐之，無所畏憚。〔註 40〕

若不論假僧之名入山求生的「遊僧」，明初對五臺山僧人頗為照顧。明廷「頒賜州邑租糧，資僧焚修；詔免本山征賦，聽僧自食其地利」，「寔以僧之衣食苟足，則可無事樵採，」有利保護林木。然其後部分僧人苦於應付官府「天花、香蕈」的徵索，「貧無以給，因貿易以充誅求之費」，而戕伐山林。〔註 41〕

五臺山木利不僅商、僧謀取，宗藩貴族亦垂涎之。萬曆二十四年（1596），北京乾清、坤寧二宮焚毀，旋命重建。「兩宮初興，鑽刺請託，蟻聚蜂屯」，西河王亦趁機奏採五臺山沿邊樹木。時經管兩宮重建事務的工部營繕司郎中賀仲軾，以為「此事關邊防，西河特借大工為名耳」，覆稱宮殿「一榱一角，純用香楠、杉木」，「沿邊不過油松、雜木，工無所用，相應停採。」所幸，事為賀氏覆奏所止。〔註 42〕邊林維護的困難，由此可進一步理解。

（三）五臺山等地區的開發與墾山

五臺山自古為佛教聖地，歷代重視有加，明朝亦復如是，其敕建寺宇繁多，分布山區之內。五臺山區不但僧籍人口頗眾，又有因應寺院各項活動的相關行業從業人員，以及逃移入山開墾謀生的流民，可謂僧俗混雜，呈現不同樣貌的開發景象。〔註 43〕

五臺山區的各種開發活動，造成山林面積減少，不獨由於前述官、商的伐木取材。首先，五臺山梵宇林立，屢有興造，寺僧就地取材，隨意伐林造寺而無禁，同為破壞五臺山林的重要因素。而且佛寺的不斷修築，成為另一木材消費市場，也是所謂奸商、流民違禁採木的一項動因。〔註 44〕

〔註 40〕《西關志》，〈故關圖論〉，頁 510。

〔註 41〕參見《瞿同卿集》，卷 12，〈與文侍御論五臺伐木書〉，頁 24 上～下。

〔註 42〕詳參〔明〕賀仲軾撰，陳繼儒訂正，《冬官紀事》（《筆記小說大觀》5 編 4 冊，台北：新興書局，1974 年），頁 3 上、10 上、14 下。西河郡王，封於山西平陽府，係晉王（藩邸在太原）支裔。見《明史》，卷 100，〈諸王世表一〉，頁 2532～2533。

〔註 43〕參見陳玉女，〈明五臺山諸佛寺建築材料之取得與運輸——以木材、銅、鐵等建材為主〉，頁 55～60、66～68、74～75。五臺山之五峰之內，俗稱「臺內」，為一處平坦之地，臺懷鎮在此，屬五臺縣內重要市集之一，又有冶鍊與鑄造業，以及不少與佛寺建材相關之店舖。而五臺山諸寺院之營建工程，亦促進周邊地區手工業發展，提供手工匠更多工作機會。

〔註 44〕參見陳玉女，〈明五臺山諸佛寺建築材料之取得與運輸——以木材、銅、鐵等

圖 5-2　五臺山形勢與位置圖

圖片來源：〔清〕陳夢雷編，《古今圖書集成・方輿彙編・山川典》，卷 31，〈五臺山部部彙考二・五臺山圖〉。

其次，五臺山的墾種，對於山林的危害不下於採伐木材。明中葉以後，五臺山附近州縣之農民，不堪重賦，流入山區，開闢森林，墾佃維生。〔註 45〕此類行爲，以墾闢爲目的，毀林則屬連帶的損害。不過，山區肥饒之地本少，尤其「崇巒陟磵，且盛夏冰雪不解」，「惟產苦蕎、燕麥，數歲間得一獲。」部分願意承糧佃種的流民，並非不知所產不足以供賦稅，「蓋以承佃爲名，則可占有其地，得以肆然伐木。其所利在伐木，不在墾田，林木既盡，則星散鬼匿矣。」〔註 46〕不論墾山謀生，抑或假稱佃種，實則伐木圖利，均破壞當地山林，間接影響龍泉等關的外防，亦不利沿邊林木的保護。

開墾山地的情形，並不限五臺山區，其他地帶亦有。保定鎮沿邊，「各關

建材爲主〉，頁 71～73；翟旺，《五台山森林與生態歷史變遷》，頁 36。

〔註 45〕陳玉女，〈明五臺山諸佛寺建築材料之取得與運輸——以木材、銅、鐵等建材爲主〉，頁 67～68；翟旺，《五台山森林與生態歷史變遷》，頁 34～35。

〔註 46〕《瞿冏卿集》，卷 12，〈與文侍御論五臺伐木書〉，頁 25 上。

軍民私出口外，樵採耕種，守把人員通同容縱，其弊多端」，〔註47〕法紀維護不易。如紫荊關西十里外有一軍站，名爲「盤石驛」，設管驛事千戶一員、軍三十一名，專司走遞，無差操之勞。其軍卻藉走遞名義，影射差役，隱下餘丁二百餘人，私開山坡，占種地土。又「往往於早夜之間，窺伺巡捕未至，則潛入禁山，盜砍樹木，其爲關邊蠹害，蓋亦有年矣。」至嘉靖十年（1531），才因盜砍事發，遭到整頓。〔註48〕又如馬水口一帶，其口外屬北直隸保安衛、保安州，以及山西蔚州地方，「山林叢茂，正所以保障口外，而往往爲民間樵採、墾種，有司不能禁止。」〔註49〕關內情況未必較佳，如保定府唐縣，「山有薪蒸，野民樵蘇利之」，「木炭皆取給于山村。」但「山之生材有限，而民之採取無窮。山麓既盡，取之危崖；危崖既盡，取之虎穴矣。」〔註50〕唐縣臨邊，其西北即是倒馬關，山民之樵採，對邊林而言，或許也是隱患之一。

（四）邊關內外的採礦活動

太行山脈產礦處多，也有鄰近邊關者。嘉靖初，巡視西關御史倪組奏報，紫荊、倒馬等關，有礦洞所在數多，「逃軍、逃囚，并地方慣熟人等，嘯聚山峪中，至少不下千餘人，各帶弓矢槍刀，日入匿作」，有經月潛聚不散者。或乘機劫掠村落，夜入人家，深擾地方；或徑劫官寨，殺傷官軍，勢莫能止。〔註51〕可見採礦活動對沿邊防務、地方治安多有擾害，事實上對邊林亦帶有威脅。

保定鎮沿邊地帶，有數個礦徒聚集採礦的主要區域。如山西蔚州地方，所屬廣昌、靈丘二縣，在紫荊、倒馬關外，「山谷幽邃，林木茂密，四方亡命及奸

〔註47〕《四鎮三關誌》，卷7，〈制疏考·眞保鎮制疏·勅易州兵備山東按察司副使高文薦〉，頁70上。

〔註48〕詳見《西關志》，居庸關卷6，〈陳言邊務疏〉，頁152～154。盤石驛官軍直隸後軍都督府，散住紫荊地方，不屬守備管轄，故無所忌憚。

〔註49〕《明穆宗實錄》，卷33，頁2下，隆慶三年六月辛巳條。馬水口所屬邊隘，東北起沿河口，西南止金水口，計二百五十餘里。另外，保安衛、保安州、蔚州，《實錄》原文作「保定衛、保定州、尉州」，校勘記並未校正。按馬水口口外之地爲北直隸保安州，保安衛則與州同城共治。參見《明史》，卷40，〈地理一·京師〉，頁901。

〔註50〕〔清〕王政修，張珽、陳瑺纂，《唐縣新志》（《稀見中國地方志彙刊》2，據清康熙十一年刻本影印），卷10，〈土產志〉，頁1上、4上。

〔註51〕詳見《西關志》，居庸關卷6，〈陳愚見以裨邊務疏〉，頁139～141。倪組對於沿邊礦洞，「只舉其槩者」：「紫荊關有神堂庵、木積洞；浮圖峪有南山洞、銀山洞、燈草湖、吳家莊洞等處；倒馬關有白道安口、塔子溝、角場、東溝、吳王口、石碑溝、葦箔嶺口、十八盤西口等處。」

民避罪者，皆竄居之，時時竊挖礦砂，私作銀冶。」〔註 52〕延及嘉靖元年（1522），巡撫保定都御史周季鳳「移檄諭散其黨，捕賊首韋良富等以聞。」於是，朝命「各處礦洞隸山西、宣府者，令各巡撫都御史嚴禁錮守之。」〔註 53〕礦洞封閉，其實收效有限，靈丘等地仍是「礦盜時發，防範不易。」〔註 54〕另一方面，官府也有濫採搜括之惡行。萬曆中，礦稅大興，內監以礦使名義四出，蔚州、廣昌同受採礦之擾，軍民苦之。〔註 55〕

廣昌、靈丘之南，倒馬關一帶亦有礦徒嘯聚。眞定府阜平縣西北「茨溝村」，南接龍泉關，東連倒馬關，中有銀礦；〔註 56〕其迤南「扒背石、銀村、胡家庄、柳樹溝、天橋兒、蓮子崖等處山內，俱各產有礦砂，招聚山西四外流民，時常盜空礦洞。」〔註 57〕茨溝村等地，其實正當邊關要路，〔註 58〕故受官員重視。嘉靖二十八年（1549），奏准創設茨溝巡檢司，不時稽察。〔註 59〕勢不能已，三十三年（1554），裁革巡檢，改設守備一員，禁治管理附近礦洞，並召募土軍一

〔註 52〕〔明〕張萱，《西園聞見錄》（《明代傳記叢刊》綜錄類 30，台北：明文書局，1991 年，據民國二十九年哈佛燕京學社排印本影印），卷 92，〈工部六・坑冶〉，頁 38 上。崇禎間，明人仍描述：靈丘縣「爲倒馬等三關之要衝之要衝，十七隘口之咽喉」，「以礦山磐礴於中，大盜時爲竊發。」參見《明內閣大庫史料》，卷 3，〈兵部尚書張爲天險輿圖如故等事（第七十八號）〉，頁 200、202。

〔註 53〕《明世宗實錄》，卷 10，頁 2 上，嘉靖元年正月己酉條。《實錄》此條記載，對於此地區礦洞情勢的描述，與前引《西關志》內容相近，可對照參考：「直隸紫荊、倒馬等關，與山西廣昌、靈丘諸縣犬牙相錯。其地有木集山、神堂菴諸礦洞，山西流民往往越關啓封，聚爲盜藪，畿輔游俠、亡命，聞風嘯集。急之，則相爭殺，吏不能禁。」

〔註 54〕《宣大山西三鎮圖說》，〈大同鎮圖說〉，頁 12 下。

〔註 55〕參見《宣大山西三鎮圖說》，〈大同鎮圖說〉，頁 14 下、15 下。

〔註 56〕《明世宗實錄》，卷 347，頁 3 下，嘉靖二十八年四月戊申條。茨溝村，《實錄》作「次溝村」，此據《四鎮三關誌》等記載改。

〔註 57〕《四鎮三關誌》，卷 7，〈制疏考・眞保鎮制疏・巡按御史曾佩議處兵馬并地方事宜疏略〉，頁 297 上。同書卷，〈巡撫都御史艾希淳議處要害疏略〉，頁 299 下，亦載有「茨溝等村產礦處所」，但地名稍異：「銀河、扒背石、大小柳樹溝、黃土梁、黃石堂、天橋兒、蓮子崖。」

〔註 58〕巡按御史曾佩稱茨溝村在「龍泉關之北，吳王口之外」；巡撫保定都御史艾希淳亦描述：倒馬關之落路、吳王二口均當要害，「接靈丘、繁峙等縣僅百餘里，內抵阜平縣不過百里，又切近茨溝等村。」分見《四鎮三關誌》，卷 7，〈制疏考・眞保鎮制疏・巡按御史曾佩議處兵馬并地方事宜疏略〉，頁 297 上；〈制疏考・眞保鎮制疏・巡撫都御史艾希淳議處要害疏略〉，頁 298 下、299 下。

〔註 59〕《明世宗實錄》，卷 347，頁 3 下，嘉靖二十八年四月戊申條。

千名，常川住守。〔註 60〕然而，隆萬間，礦徒益聚，已成聚落三千餘家，守備官收賄縱容，原募土軍亦結黨同行。萬曆初，乃裁革守備，改令龍固（故）關參將移駐茨溝村，量帶部兵赴彼彈壓，緝捕礦徒。〔註 61〕此後開礦活動是否因此禁絕，不得而知，但採礦人曾聚居山區達三千餘家，可合理推測，不論開礦、樵採、冶鍊，附近邊林必然遭受一定程度的破壞。

自茨溝村越關而西，則至五臺山區。「五臺一山，周圍千里，山勢巑岏」，不但寺僧、木商、流民居住往來其間，礦徒亦潛藏山中，由來已久。萬曆初年，「張守清遂爲雄長，何傻子等各以類附，嘯聚召呼，遂至三千餘眾。」〔註 62〕張守清在五臺山聚眾開採銀礦，經營鐵舖，成爲富商。張氏蓄養死士，又善於邀結人心，不時齋僧濟貧，籠絡官員，山西潞城、新寧二郡王甚至向其借貸，與之聯姻。〔註 63〕萬曆十五年（1587）前後，雖曾「敕守清解散徒黨，諭二王絕姻」，〔註 64〕情勢並無實際改變，仍是「道路洶洶，謂旦夕且有變，有司不敢孰何。」〔註 65〕至十九年（1591），乃發兵擒剿，逮守清伏法，閉塞諸礦洞，「拆毀房舍四千餘間，堆積磚木二百餘萬」，〔註 66〕形同蕩平原先礦民的居住區。由開礦區的發展規模看，與茨溝村等處不相上下，當地山林所受人爲破壞應相當可觀。

至於採礦破壞山林的直接記載，萬曆中保定府唐縣有實例可言。萬曆二

〔註 60〕參見《四鎮三關誌》，〈制疏考・眞保鎮制疏・巡撫都御史艾希淳議處要害疏略〉，頁 299 下；《太函集》，卷 90，〈保定善後事宜疏〉，頁 3 下。茨溝村又稱爲「茨溝營」，當是嘉靖時添設守備、募軍駐守後之名稱。

〔註 61〕參見《太函集》，卷 90，〈保定善後事宜疏〉，頁 3 下～5 上；《四鎮三關誌》，卷 7，〈制疏考・眞保鎮制疏・勑龍固關參將何勳〉，頁 75 下～76 上。閱視邊防兵部侍郎汪道昆等人認爲，「茨溝非直虜患，患在礦徒。蓋以人情趨利如流，不避湯火，滔滔不絕，遂成江河。守備官薄權輕，見利易動，始而染指，既則濫觴，久之貓鼠同眠，卒以賄敗。」

〔註 62〕〔明〕喬壁星，《喬中丞奏議》（台北：漢學研究中心，據日本內閣文庫藏明萬曆三十九年序刊本影印），卷 3，〈平礦盜功罪疏〉，頁 17 上～下。

〔註 63〕詳參《喬中丞奏議》，卷 3，〈平礦盜功罪疏〉，頁 17 下～18 上、20 下～21 上；《明史》，卷 233，〈張貞觀傳〉，頁 6083；陳玉女，〈明五臺山諸佛寺建築材料之取得與運輸——以木材、銅、鐵等建材爲主〉，頁 88；衛廣來，〈明代山西手工業考察〉，《山西大學學報（哲學社會科學版）》，1992 年 4 期，頁 52。

〔註 64〕《明史》，卷 233，〈張貞觀傳〉，頁 6083。

〔註 65〕《西園聞見錄》，卷 92，〈工部六・坑冶〉，頁 38 上。

〔註 66〕參見《喬中丞奏議》，卷 3，〈平礦盜功罪疏〉，頁 18 上～下、19 下～20 上；《西園聞見錄》，卷 92，〈工部六・坑冶〉，頁 38 下。

十四至二十九年間（1596～1601），內監採礦於唐縣，閭閻騷動。礦監役民爲礦夫，恣意濫採，「或火爆石裂，鏨鑿而搜之；或深濬黃泉，汲水而覓之，終歲不得砂。」然而採礦支用甚多，皆搜括於民間，於是「富者貧于供，貧者亡于役。山中百里之內，林木竭，烟火絕。」〔註 67〕倒馬關附近同樣遭殃，當地有「河家片洞」，由於石堅不可鑿，「乃伐山木塞洞內，火焚數日，石爆而烈（裂），然後施鏨；及不入，又焚如前。」〔註 68〕「礦害」爲期或許不若礦徒營聚長久，但隨處濫採，工法粗劣，已對邊林造成浩劫。

三、保定邊林的維護措施與保存狀況

（一）守邊官員的護林措施

邊林禁伐，朝有明令，〔註 69〕保定與其他各邊相同，由各級官員擔當責任。第一線的執行人員，自是駐邊官軍。而地方「各該巡捕官員并巡檢司，務要嚴爲禁約，常加巡邏。」〔註 70〕即使臨邊的關外州縣，也須配合護林。如山西蔚州，至遲於成化間已令蔚州官司出給告示，禁約居民不許砍伐鄰近紫荊關之樹木。守備蔚州都指揮，則「差人巡禁，敢有犯者，拏送蔚州，治以重罪發落。」〔註 71〕

督責護林者，則爲各兵備道官、巡視西關御史，以及巡撫保定都御史。就兵備道而言，嘉靖中期以後，保定鎮地方設有易州、井陘、大名三兵備道官，分轄沿邊關隘，以及北直隸與山西之鄰近州縣。〔註 72〕以易州兵備道爲

〔註 67〕《唐縣新志》，卷 12，〈賦役志・礦害〉，頁 28 上～下。

〔註 68〕《唐縣新志》，卷 12，〈賦役志・礦害〉，頁 29 下。

〔註 69〕弘治間頒定的邊林保護條例中，「紫荊」即代表沿太行山的內邊，蓋當時保定尚未設鎮之故。見《明代律例彙編》，卷 18，〈刑律一・賊盜・盜園陵樹木・弘治問刑條例〉，頁 737。

〔註 70〕《竹堂奏議》，卷 4，〈附錄・巡居庸關條約〉，頁 41 上。「巡居庸關條約」，爲浦鋐任職巡視西關御史期間所著，條約雖冠「居庸關」之名，察其通篇內容，實以所轄各關爲規範對象，不獨約束居庸關而已。

〔註 71〕《宣府鎮志》，卷 2，〈詔命考〉，頁 49 上。上文所引爲成化十一年（1475）「都指揮僉事胡觀守備蔚州敕諭」。蔚州守備官屬宣府鎮，非保定鎮將領。

〔註 72〕易州兵備道，正德九年（1514）初設，十六年（1521）裁革。嘉靖十一年（1532）復設，仍駐易州，提督居庸、紫荊、倒馬、龍泉等關，並管轄眞定、保定二府州縣，以及順天府部分屬縣、山西廣昌、靈丘等縣地方。後因兼制曠闊，乃割居庸關屬昌平道，倒馬關屬井陘道。嘉靖三十二年（1553），又調整易州、井陘、大名三道轄區與分管邊關。詳參《保定府志》，卷 7，〈職官表上・易州

例，紫荊關一帶軍民有私出口外樵採、耕種者，加以時有礦盜，賴其專任防範備禦。〔註 73〕巡視西關御史，前章曾說明，至遲於正德間已增添禁約砍伐、督導補植林木的職責。〔註 74〕至於巡撫保定都御史，爲保定鎮最高軍政與監察首長，其敕諭亦明載：「禁人砍伐山木，毋致道路疎通。」〔註 75〕

保定邊林的維護，除執行禁伐令外，以劃立禁林界線，及補植樹木爲要務。前者，易州山廠坐落旁側爲主要因素。雖然易州復開山廠之初，已經設立界址，但隨專屬山場林木日少，侵伐邊林之事日多，官員不得不採取明定界線的消極手段，以爲補救。如嘉靖三十一年（1552），明廷諭令保定巡撫、宣大巡按御史、巡視西關御史等官，會同易州廠郎中，親詣山前（關內）、山後（關外）山場，「逐一踏勘，將應禁、應採地方議處明白，遵照採燒炭戶，給票入山，於原議地方採納，不許侵越。」〔註 76〕

植樹部分，正德後已爲例行事務，朝廷亦因事別加關注，要求「緣邊隙地，令所司築墻種樹，列卒戍守。」〔註 77〕保定沿邊的植樹事務，由巡視西關御史督導，「各處林木稀踈，隨時栽補」，任滿交代之時，並須開報種植數目，以憑考察。〔註 78〕以嘉靖四年（1525）巡關御史浦鋐經辦內容爲例，面對採辦柴炭、開墾山地對邊林的破壞，浦鋐奏請將易州、廣昌等近紫荊關，以及眞定府平山、靈壽等近倒馬關地方，但係開墾處所，「將四至條改籍冊，逐一清查，立爲界石。即將開墾之人，從重問擬，仍令各關守備官員栽補樹株。」試圖藉申禁、劃界、補植的系列措施，遏阻墾山活動，恢復受損山林。〔註 79〕

兵備道〉，頁 28 上；卷 21，〈邊政志・議處兵備參將責任以圖實效疏〉，頁 19 下～21 下；卷 38，〈藝文志中・易州兵備道題名記〉，頁 7 下；《西關志》，紫荊關卷 5，〈制勅〉，頁 326。

〔註 73〕參見《四鎮三關誌》，卷 7，〈制疏考・眞保鎮制疏・勅易州兵備山東按察司副使高文薦〉，頁 70 上。

〔註 74〕詳參《西關志》，居庸關卷 6，孫元〈陳言邊務疏（正德十六年九月）〉，頁 123。

〔註 75〕《明孝宗實錄》，卷 10，頁 7 上，弘治元年閏正月辛未條；《西關志》，紫荊關卷 5，〈制勅〉，頁 325。萬曆初，保定巡撫敕諭中，關於護林的內容已變動爲：「禁約管軍官，不許私役軍士，及砍伐山木。」見《四鎮三關誌》，卷 7，〈制疏考・眞保鎮制疏・勅巡撫都察院右僉都御史孫丕揚〉，頁 68 上。

〔註 76〕《(萬曆）大明會典》，卷 205，〈工部二十五・屯田清吏司・柴炭〉，頁 8 上。

〔註 77〕《明世宗實錄》，卷 10，頁 2 下，嘉靖元年正月庚戌條。

〔註 78〕參見《竹堂奏議》，卷 4，〈附錄・爲陳言邊務事〉，頁 49 上～51 上。另外，各地方官員受巡關御史差委、督導，每月終，須回報栽植樹株數目，「以驗勤惰，爲黜陟。」見：前引書卷，〈附錄・巡居庸關條約〉，頁 41 上。

〔註 79〕《竹堂奏議》，卷 1，〈陳邊務疏〉，頁 12 下～13 上。浦鋐於卸任之際，開報由於保定沿邊內外，採伐、墾種、開礦等活動頻繁而複雜，此地邊林維護所面臨的難題頗多。就內部行政層面而言，官員操守為一大問題。輕者，怠忽職守，行事馬虎。如守口官員不行禁約，任民開墾；「栽補樹株，承委官員不行用心」，「雖云節年栽補，培植失宜，灌溉不時」，以致存活樹木百不及一。〔註80〕重者，監守自盜，貪污舞弊。如易州山廠商人，「假借燒炭為名，通同守關隘官，侵伐沿邊樹木。」〔註81〕乃至各關官軍「規取小利，自弛禁約；或通同採取者，以圖分用；或執拏盜砍者，受財賣放。其於關防之計，慢不經心。」〔註82〕

行政方面不利護林的另一因素，則是保定沿邊適在北直隸與山西兩省交界，地跨兩區，官員管轄不易，或生推諉。如保安州、蔚州等地，雖已命州縣與守備官巡禁，然而自保定視之，「口外之民敢於砍伐，巡邏不能禁治，有司不為管理，委以分不相臨，而法令有所不及也。」隆慶三年（1569），乃奏准將前述地方劃歸巡視西關御史按治，「即不得親臨其地，亦許以文移節制，并按劾有司撓法者。」〔註83〕又如倒馬關一帶，界屬山西靈丘、廣昌地方，「隔省分區，尤難禁約。」除巡撫保定都御史有責監督，「仍行山西巡撫衙門一體禁緝」。〔註84〕

其實，保定邊林維護所面臨的最大難題，尚不在此，而在於外部周邊地區各類絡繹不絕的開發活動：柴炭消耗量與日俱增，官商採伐範圍隨之擴大；民間的樵牧、墾山、採礦，此起彼落，難以控制。此類事態的持續存在，對邊林而言，方是揮之不去的威脅。

（二）山林生態的相關紀錄

保定沿邊的山林狀態，明人頗有記述，然而與他處相同，仍有敘述空泛

是年「栽補過雜木樹，共二萬八千株。」見：前引書，卷4，〈附錄．為陳言邊務事〉，頁51上。

〔註80〕參見《竹堂奏議》，卷1，〈陳邊務疏〉，頁12下。

〔註81〕《太函集》，卷90，〈經略京西諸關疏〉，頁20下。

〔註82〕《竹堂奏議》，卷4，〈附錄．巡居庸關條約〉，頁40下。以上所述官員操守問題，並非保定特例，而是各處皆然。筆者列舉數例，意在說明其於邊林的危害而已。

〔註83〕參見《保定府志》，卷21，〈邊政志．敷陳末議量事補飭墾乞聖明俯從權宜酌處以裨邊防疏〉，頁23下～24上；《明穆宗實錄》，卷33，頁2下，隆慶三年六月辛巳條。

〔註84〕《太函集》，卷90，〈經略京西諸關疏〉，頁20下～21上。

的問題，因此實際情形不易判斷。雖然如此，仍嘗試整理分析於下。

先以紫荊、倒馬關一帶爲例。景泰三年（1452），明廷持續檢討先前被瓦剌軍攻破的紫荊等關防務，于謙曾說明，倒馬、紫荊、白羊等關口，「因連年砍伐柴薪，將附近山場樹木爲之一空，兼且山坡平漫，所在可通人馬。」〔註 85〕經過景泰、天順間的嚴加維護，一度有「山木成長，隘口阻塞」的景況。〔註 86〕不過，自天順初易州復開山廠後，情況再有變化。由於柴炭山場林木日漸不足，採及沿邊與邊外林木，嘉靖時出現邊林嚴重破壞的報告。如嘉靖四年（1525），巡關御史浦鋐奏報，居庸、紫荊等關地方，因迫近易州山廠，「積年將林木竊伐，山徑開墾，高至絕頂，遠幾通邊。所存障蔽之處，未幾十分之一。」〔註 87〕嘉靖中，楊守謙亦稱：「紫荊自易州設山場，關之山木斬伐殆空，非復昔之險隘。」〔註 88〕

紫荊、倒馬等關山林，在嘉靖時似已殘存不多，至萬曆初年卻有不同敘述。萬曆元年（1573），汪道昆閱視邊防，勘查關隘，奏稱：

> 馬水口沿邊，林木深入內邊，脩者百里，次者數十里。紫荊關、虎張石、倒馬關、茨溝營等處，亦不下數十里。此皆先朝禁木，足爲藩籬。

自馬水口至茨溝營，蓋太行山北段之北直隸保定府與山西大同府交界一線（約在今河北保定市西境），此處山林綿延，皆屬「禁木」。惟當時仍有易州廠商人勾結官員侵伐邊林情事，工部郎中亦曾出示禁約，爲加強防範，汪道昆復令嚴禁。〔註 89〕同時期，易州兵備按察使高文薦評議保定鎮關隘，述及部分地區的山林狀態：白石口，「恃有叢木擁城，方池橫道」，敵不可入；自廣昌團堡，以達烏龍溝，「僅懸鳥道，茂林、巉石亂之」；金水口，「層巒插雲，稠林蔽日，不患虜之外窺疆界。」〔註 90〕由此看來，景泰與嘉靖間所謂山木斬伐一空，不盡確實，或者爲整頓邊防，乃加重敘述，以圖補強。

〔註 85〕《少保于公奏議》，卷 10，〈兵部爲邊務事〉，頁 19 上。

〔註 86〕《西關志》，紫荊關卷 8，〈紫荊關社學紀事〉，頁 403。

〔註 87〕《竹堂奏議》，卷 1，〈陳邊務疏〉，頁 12 上～下。

〔註 88〕《四鎮三關誌》，卷 7，〈制疏考・眞保鎮制疏・楊恪愍公守謙紫荊考略〉，頁 376 下。

〔註 89〕《太函集》，卷 90，〈經略京西諸關疏〉，頁 20 下。

〔註 90〕參見《四鎮三關誌》，卷 7，〈制疏考・眞保鎮制疏・易州兵備按察使高文薦本鎮關隘議〉，頁 379 上～380 上。白石口，「西連插箭嶺，北指廣昌縣，南通完縣。」金水口，「在馬水（口）之西，去蔚州一百八十里。」

再看龍泉關附近。嘉靖二十一年（1542），巡關御史桂榮題奏：龍泉關所轄地方，南北「相去數百餘里，其間緊要隘口二百餘處。往年各山口林木茂盛，難通車馬，稱爲腹裏。」「近年以來，林木被人砍伐，道路大通車馬，難比平居無事之時。」〔註91〕六年後，王士翹巡關，編纂《西關志》，對此地帶山林描寫更多。王士翹將「林木蓊鬱」列爲龍泉四險之首，並曾登山察邊，撰文記遊：

余嘗自阜平西上龍泉，愛其山川雄壯，翠帳錦屏，峰巒疊出，行雲儵聚，變熊（態）萬狀，不可勝玩。……又明日，西閱邊墻，陟峻嶺，穿林梢，雲氣如奮，霧霿橫吹，咫尺滃懵，不辨馬首。且線路傾欹，斷崗峭壁，至用板棧，行者斜倚側步，無駐足地，虎豹麋鹿又從而出沒其間。〔註92〕

觀其敘述，嘉靖中龍泉關周遭山地仍有林木茂密，甚至虎、豹、麋鹿往來的生態較佳地帶。但同時王氏也提出憂慮，即「墻以外，僧、商合黨，旦旦而伐之，無所畏憚，是以若彼濯濯。」去其危害，關險才能鞏固。〔註93〕

山西地方也有相關奏報，一同參看，有助瞭解此地區的情勢發展。嘉靖三十二年（1553），巡撫山西都御史趙時春赴任時經過故關一帶，詢訪形勢，表示除紫荊、井陘（故關）外，兩關之間相距數百里，「俱無所慮者，以林木爲之限也。」趙氏又謂：

林木之中，其小者小民自能採取，臣愚竊意尚當立限禁制。惟其大者，民力不能製作般運，且又不能自通道路，故千萬大樹林立。〔註94〕

只是，地方爲應付朝廷採木之命，已於邊林取辦，趙時春遂上疏請求「速爲停止，以後嚴禁封固。」〔註95〕依據趙時春的考察，則倒馬、龍泉關沿邊尚存斧斤未及的山林，但已逐漸面臨威脅。

總結以上記述，大致可看出，保定沿邊山林所受的破壞，的確因周遭人爲開發頻繁而與日俱增，但絕非整個地區的山林摧殘殆盡。其間，或由於官員巡察申禁、補栽林木的努力；或因爲深遠山區交通不便，人跡難到，是故

〔註91〕《西關志》，故關卷5，〈緊要隘口乞欽定把總官員以重防守疏〉，頁557～558。

〔註92〕《西關志》，〈故關圖論〉，頁510。

〔註93〕《西關志》，〈故關圖論〉，頁510～511。

〔註94〕《浚谷先生集》，卷4，〈乞禁五臺一帶伐木疏〉，頁16上。

〔註95〕參見《浚谷先生集》，卷4，〈乞禁五臺一帶伐木疏〉，頁15下、16下～17上。趙時春畢竟無法就此攔阻明廷的採木要求，因嘉靖三十六年宮殿大火，山西再接採木之命，山木必然繼續消耗。

仍有狀況頗佳的邊林存在，乃有汪道昆之語：「皆先朝禁木，足爲藩籬」也。

第二節　山西三關地區山林的維護與採伐

一、地理形勢

偏頭關、寧武關、雁門關三關，自西而東位列山西太原府北境（今山西忻州市北境）與大同府交界的長城線上，下轄沿邊諸多隘口、營堡，不僅保障山西，也是保定鎮西北面的前方防線，與京畿安危息息相關。

圖 5-3　明山西三關地區圖

圖片來源：擷取自譚其驤主編，《中國歷史地圖集·第 7 冊·元明時期》，〈明·山西一〉。

就地理形勢而言，三關並列於太原北境，自三關而東，接紫荊關，復向東北至居庸關，「山勢連亙，實天設之險，爲京師近藩」，〔註 96〕「據林木爲

〔註 96〕《皇明九邊考》，卷 6，〈三關鎮·保障考〉，頁 2 下。

固」。〔註97〕三關一線，又以接近西端的老營堡區別衝緩。自老營堡丫角山起（與大同接界），迤邐而西，歷水泉營、偏頭關，抵保德州黃河界止，逼臨河套，實為極邊（外邊）。由老營堡轉南而東，經寧武、雁門、北樓口等關隘，至平刑關盡境，峻山層岡，屬於次邊（內邊）。〔註98〕其中，自雁門關以東，至平刑關一段，長城沿恒山山脈修築，東至太行山脈，與保定鎮長城連接，亦山西、大同兩鎮之界山。〔註99〕

其次，自西而東分言之。偏頭關，在河曲縣東北，「前則群山之環峙，右則黃河之奔流」，「其地東仰西伏，故名偏頭。」〔註100〕其東有「老營堡」，設在極邊，與大同接壤。〔註101〕寧武關，在崞縣西北，據兩關之中，地勢平衍。〔註102〕稍北有「陽方堡」，「實為三關屏翰，寧武要衝。」〔註103〕雁門關，在代州之北，「重巒疊，霞舉雲飛，兩山對峙，其形如門，而蜚雁出於其間，故名。」古有「天下九塞，雁門為首」之稱。〔註104〕關北為「廣武站」，地當大同、雁門往來孔道。〔註105〕雁門關所屬有所謂「十八隘口」，分布於關之東西，

〔註97〕《經世挈要》，卷2，〈薊門・薊門形勢〉，頁4下。

〔註98〕參見《翁萬達集》，文集卷10，〈集眾論酌時宜以圖安邊疏〉，頁296～297。《經世挈要》則載：「山西一鎮，邊分兩截，勢有緩急。自寇家梁起，至盤道梁、陽方、八角、地椒茆一帶，名曰『緩邊』，以外有宣大兩鎮為之屏也。自地椒茆，歷老營、水泉、偏關、河（曲縣）、保（德州）一帶，名曰『急邊』，以水泉隣兩哨、河保隣河套也。」見《經世挈要》，卷4，〈山西・山西形勢〉，頁14下～15上。

〔註99〕參見李孝聰，《中國區域歷史地理》，頁161。恒山山脈呈北東走向，為桑乾河與滹沱河上游的分水嶺。自代州（雁門關南）以西山段，古稱「勾（句）注山」、「雁門山」。

〔註100〕參見《三關誌》，〈偏頭關地里總考〉，頁1上、2下；《崇禎・山西通志》，卷24，〈武備上・形勢〉，頁10下；《明史》，卷41，〈地理二・山西〉，頁959。「偏頭」之名，《宣大山西三鎮圖說》所說不同，稱「此關突出晉陽西北，如人首之偏，故以偏關名。」此外，又描述偏頭關城「四面皆山，形若覆盂。」見《宣大山西三鎮圖說》，〈山西鎮圖說〉，頁38下～39上。

〔註101〕《宣大山西三鎮圖說》，〈山西鎮圖說〉，頁46上。老營堡所在，山坡平漫，邊牆則依山而就，外雖高聳，內實卑薄。

〔註102〕《明史》，卷41，〈地理二・山西〉，頁961；《三關誌》，〈寧武關圖〉，頁11上。《三關誌》又稱：「寧武山多地狹，艱於稼穡。」見《三關誌》，〈寧武關地里總考〉，頁17下。

〔註103〕《宣大山西三鎮圖說》，〈山西鎮圖說〉，頁26下。陽方堡又稱「陽房堡」。

〔註104〕參見《崇禎・山西通志》，卷24，〈武備上・形勢〉，頁8下；《三關誌》，〈雁門關地里總考〉，頁1上、14上。雁門關之西有「勾注山」，一名「西陘山」，上有「太和岩」，明代以山為「太和嶺」。

〔註105〕《宣大山西三鎮圖說》，〈山西鎮圖說〉，頁26下；《三關誌》，〈雁門關地里總

各有城堡。居東的北樓口、平刑關等處，則又南臨五臺山地區。〔註 106〕

二、三關的山禁與護林

山西三關，綿亙九百餘里，〔註 107〕沿邊林木俱受法禁，不得砍伐。萬曆間，呂坤奏稱：「雁代山林，西障易、保，北阻強胡，明例甚嚴」；〔註 108〕《明神宗實錄》亦載：「寧武、雁門（關）一帶山場，亙數百里，原係禁山，以遏虜騎。」〔註 109〕

三關防線東段依恃恒山山脈，更富森林，有稱：「雁門關北樓口、大小石等處，山深木茂，爲平刑、紫荊關外蔽，伐山有禁。」〔註 110〕近年，在雁門關外發現一道嘉靖二十八年（1549）所立禁伐山林碑，刻載雁門、寧武等關，暨十八隘口，其禁山事例，責成提調官往來巡視禁緝。〔註 111〕另外，三關以北爲大同府境，其「渾源（州）之長柴嶺、磁窑口，靈丘（縣）之王家庄與閻家嶺、龍峪口，禁山聯絡，南通平刑、大安、團城」，〔註 112〕顯然同在禁伐範圍。

三關沿線林木茂盛，明人有「嚴採伐之禁，愈於築邊」之說。〔註 113〕呂坤曾議處山西沿邊禁山，認爲修築牆垣不過「糜無窮之財，竭有盡之力，成易壞之邊，苟目前之計，雖婦人、孺子，皆笑其徒勞。」相較於此，「有省萬倍之勞，無一錢之費，計五七年之功，俟三十年之後，享千百歲之利者，則

考〉，頁 5 上。廣武站爲馬驛，後改爲軍站，設守備一員守之。

〔註 106〕十八隘口，詳見：《三關誌》，〈雁門關地里總考〉，頁 5 上～下；《崇禎・山西通志》，卷 24，〈武備上・形勢〉，頁 9 上。

〔註 107〕《宣大山西三鎭圖說》，〈山西鎭總圖說〉，頁 2 下。

〔註 108〕《呂新吾先生去僞齋文集》，卷 1，〈摘陳邊計民艱疏〉，頁 68 上。易、保，即「易州」、「保定」之簡稱。

〔註 109〕《明神宗實錄》，卷 29，頁 7 下，萬曆二年九月辛卯條。

〔註 110〕《明世宗實錄》，卷 469，頁 5 下，嘉靖三十八年二月癸亥條。

〔註 111〕碑文內容詳見《新華網》，〈一通旨在保護生態的明代聖旨碑在雁門關外被發現〉，2002 年 11 月 25 日太原電，記者丁若亭、池茂花報導，網址：http://big5.xinhuanet.com/gate/big5/news.xinhuanet.com/newscenter/2002-11/25/content_640272.htm。據報導，石碑發現於雁門關外的朔州市八岔口一帶，確切位置在朔城區南榆林鄉王化莊村東南約一公里的山坡上，背後是雁門關沿線的崇山峻嶺，向北則是一馬平川，地理位置極佳。其地處雁門關與寧武關之間，向東數十里可至雁門關關口。

〔註 112〕《三關誌》，〈雁門關圖〉，頁 8 下。上述「大石」、「小石」、「大安」、「團城」俱處雁門關之東，在所屬十八隘口中。

〔註 113〕《三關誌》，〈雁門關圖〉，頁 8 下。

禁砍伐、嚴栽種是已。」〔註 114〕或許呂氏論修邊失於偏頗，談植樹又過於樂觀，然所言「禁砍伐、嚴栽種」確爲有利邊防、符合地宜之策。

至於植樹措施，山西官員屢有議論與建言。嘉靖間，陸深認爲山西三關比諸邊爲弱，如因地形制險，栽柳爲塞，於邊防最爲上策。〔註 115〕萬曆六年（1578），巡撫山西都御史高文薦疏請，於山西沿邊栽植樹木以固藩籬，然所議遭兵部駁回，未能實行。〔註 116〕十數年後，呂坤巡撫山西，復請植樹。呂坤舉出三類可供栽種的植物，各有栽培辦法與方式。第一類爲「山西所宜」的松、柏、荊、檜、榆、柳、樺、楊等樹，選擇沿邊衝路、平梁、寬溝、陂嶺之處，責成守備、操防官，督率軍壯，每年每人栽十株；又取囚犯，依刑度輕重，換算栽植數量，植樹贖罪；土居軍民有願種植者，計其多寡，示以優格。此廣植之法，可謂「築無土之邊，列無人之卒」，歷三、五十年後，於邊防大有裨益。〔註 117〕第二類，「山中荊棘、樸樕，木堅多刺，如『馬茹茹』者，種類不一，皆可禦戎，亦令沿邊居民徧植山谷」，以成「不朽之尖橛，無鐵之釘屏，兩重阻障，可恃無恐矣。」〔註 118〕第三類，蓋爲果實可供食用的枳、椒、棠、棗，「其樹更佳，凡在邊圉，皆可栽種。」〔註 119〕此項建議，確實規劃詳細，但是否准行，不得而知。

在此之後，萬曆晚期仍有植樹之議，且獲准實施。萬曆三十七年（1609），

〔註 114〕《呂新吾先生去僞齋文集》，卷 1，〈摘陳邊計民艱疏〉，頁 65 上～下。

〔註 115〕《儼山外集》，卷 20，〈續停驂錄中〉，頁 3 下。

〔註 116〕參見《小司馬奏草》，卷 2，〈題爲承平日久邊備漸弛懇乞聖明乘時破格議處以資戰守以肅疆場事〉，頁 42 上～下。

〔註 117〕《呂新吾先生去僞齋文集》，卷 1，〈摘陳邊計民艱疏〉，頁 65 下～66 下。其栽植方式，「彌山盈谷，二尺一株，縱橫錯雜，無使成行。樹木初成，任其橫生，戒勿剔削，直至拱把之時，留容身之高，貼樹剔削，務令平光，以便吾民避□。自容身之土，斜削橫枝，狀如鋒刃，以攔戎馬直行。三十年後，枝密陰繁，虜且疑其有伏，何敢深入！」

〔註 118〕《呂新吾先生去僞齋文集》，卷 1，〈摘陳邊計民艱疏〉，頁 66 下。荊棘類植物的栽種，「麄如雞卵者，就地斜削；旁生附出者，任其茂密，期以五年斜削一次。斜削者如鎗，馬足難踏；茂密者如蝟，羊裘易牽。但可二尺餘深，□騎自肰畏阻。」

〔註 119〕《呂新吾先生去僞齋文集》，卷 1，〈摘陳邊計民艱疏〉，頁 67 上。枳，可能爲「枳椇」、「枸」，其果梗可食。棠，可能指「棠梨」、「杜梨」，其果實因種類不同，不盡可食。其樹則可植爲一片綠籬，或栽於庭園。參見耿煊，《詩經中的經濟植物》，頁 48；潘富俊著，呂勝由攝影，《詩經植物圖鑑》（台北：貓頭鷹出版社，2001 年），頁 45、231。

監察御史劉光復巡按山西，條陳安邊之策，建請於邊塞「勸樹藝」。兵部議覆，以爲地方督、撫、鎮、道等官員，應躬率所屬，戮力從事。兵部並言植樹之法及其收效：

> 無分軍屯、民產，于溝畔、畝畔去處，量度土性所宜，或樹棗栗，或植榆柳，時其灌溉，禁其樵伐。數載之後，果實成熟，可以捄兇荒；榆茨縱橫，可以礙戎馬；溝分段別，可以清疆界；林木蓊蔚，可以伏銃弩。有利無害，何憚不爲！

此植樹方案似以沿邊田地爲施行範圍，結合耕墾與植樹，富裕軍民收穫，並得林木禦敵之效。題覆上呈後，獲得批准，且通行各邊，命軍民歲終造冊上報種過樹株，以爲考核依據。〔註 120〕六年後（1615），據稱「邊腹州縣地方，種植業有成例，其沿邊山澤之間，亦皆可樹可耕。」時巡撫山西都御史吳仁度題請「廣樹藝以厚藩籬」，得允責令軍民盡種桑、棗、榆、柳，仍舊每歲年終造報。〔註 121〕至此，耕植之策，不僅施於邊腹平野田疇間，更推及於沿邊山區之內。

三、山林破壞主因及其處置

二關邊林所受人爲破壞的主要因素，有和他鎮共通之處，也有獨特的案例。此地的毀林行爲與問題亦多，彼此間或有關聯，不易切割說明。爲求大致釐清其事態，試分爲三類事項，析論於下。

（一）朝廷派採大木與地方的因應

前一節曾述及，明代自永樂初年以後，即以山西爲採辦大木地區之一，然而確切的採伐地點，因史籍缺載，難以掌握。嘉靖中，巡撫山西都御史趙時春的一段敘述，或可提供蛛絲馬跡：

> 照得山西西南面一帶山場，千里赤地，俱各砍伐無木。惟五臺一帶，東北至平刑、紫荊關，西北至雁門等邊關，林木密邇邊外，舊時不敢砍伐，巍然尚存。節因屢派大木，有司無以應命，只得將此砍伐。〔註 122〕

〔註 120〕參見《職方疏草》，卷 7，〈覆山西巡按條陳安邊十二策疏〉，頁 23 上～24 上、27 下。

〔註 121〕《明神宗實錄》，卷 530，頁 8 下，萬曆四十三年三月甲子條。此次推廣種植，明廷仍申明「務令林木鬱茂，可扼胡馬衝突，可資我兵設伏。」

〔註 122〕《浚谷先生集》，卷 4，〈乞禁五臺一帶伐木疏〉，頁 15 下。

據趙時春的描述，山西西南地區的山場林木，至嘉靖時期已經匱竭，尚存豐富林木資源之處，則在偏於東北部的地區，並且鄰近邊關。就行政區域而言，為與北直隸接鄰的太原府東部、北部，以及大同府東南部地區。以地理狀態解釋，則為恒山山脈（三關沿線內外）與太行山脈（保定鎮沿邊）地帶，以及夾處其間的五臺山系。此一廣闊山區，應屬明廷採木的重點地帶。

細察趙氏文意，由於屢派大木，至嘉靖時已採及沿邊林木。受波及的邊林，除先前據五臺為外險的龍泉關一帶，亦包含雁門、平刑等關沿線山林。為此，趙時春建請，其「領官價商人已砍伐成大木，及查各民商違禁私砍」，積放在山木植，盡數運京供用外，若有未足之數，速為停止，以後封禁勿採，「庶得保全天險，拱延陵寢風氣，障蔽畿甸生民。」〔註 123〕

上述產木山區，是明廷採辦大木之地，也是商人經營採伐或違禁盜砍之處。基於持續供應官民木材需求的原因，不論官派或民採，伐木活動不可能禁絕。萬曆年間，呂坤深明此理，認為「砍伐山林最難緝禁」，「況工部每有勘合採木此山（五臺），且禁且開，」法令難一，建議不如適度開放。〔註 124〕呂坤的態度務實，堪稱權衡利害、兩相兼顧的良策，惜無法由史籍中得知是否落實。至於其開放採木並加管理的辦法，稍後再行介紹。

（二）地方公用木材的取辦與大同、山西二鎮的採、禁衝突

恒山山脈東西綿亙於太原東北境，太原、大同二府據以劃界，山西、大同二鎮亦憑此分轄。由於恒山山脈盛產林木，遂為兩地取材之所。然而，三關一線，對山西鎮而言，為前沿邊界；自大同鎮視之，則屬腹裏內地，在採木取用方面，兩地態度、立場由是而不同，迨邊林受損，爭議、衝突乃爆發。

先看山西鎮對邊山林木的取用。弘治十一年（1498），置守禦千戶所於寧武關，奏准增築公署、營舍，乃「伐木於林，斲石於山」，以成其工。〔註 125〕正德十年（1515），復於寧武關城西側，因山勢修建「寧文堡」，並築官廳、營房、書院於堡中。「其所需木石，取之於山，皆平日所蓄積者。」〔註 126〕又如雁門關所屬各隘口，正德十一年（1516），增建營堡、廨宇、邊牆，並製

〔註 123〕《浚谷先生集》，卷 4，〈乞禁五臺一帶伐木疏〉，頁 16 下～17 上。趙時春稱，五臺山「去陵寢（天壽山）不數百里，俱為太行脈理。」因此砍伐此地區林木，不利「陵寢風氣」。

〔註 124〕《呂新吾先生去偽齋文集》，卷 1，〈摘陳邊計民艱疏〉，頁 68 下～69 上。

〔註 125〕參見《三關誌》，〈寧武關地里總考〉，頁 1 下、2 下～3 上。

〔註 126〕參見《三關誌》，〈寧武關地里總考〉，頁 4 上、13 下。

造兵車四百餘輛，「而木石取之山林蓄積者。」〔註127〕以上邊關營堡的建築木料，很可能就近採取，尤其所謂「平日所蓄積者」，語意不明，易使人聯想及受到禁護的沿邊山林。若是官方採伐有禁邊林，豈非公然「抗旨」、自毀法紀？因此，推測其可能的情形，應是附近有官方控制的邊方山場，平日禁伐，有需要時，經核准後，僅供官採。至於山場最初的設置，即使近邊，當在無礙邊防，或非有禁限之處所。此點，可藉易州山廠設置採伐山場時，勘定與邊林的界址之例，作爲參考。〔註128〕

其實，三關沿邊，特別在其外緣地帶，的確設有採木山場。前章曾述，成化二十年（1484）前後，宣大兩鎮爲修築沿邊墩臺，製造兵車，曾令京營與宣大官軍前往蔚州、渾源州、寧武關山場，採打木料，「就山場堆放，聽候載用。」〔註129〕除蔚州山場距離較遠，與三關較無關係外，渾源州鄰近北樓等口，山場可能亦在附近；寧武關山場，顧名思義，無須別加解釋，惟不知設於邊牆之內或外而已。再加研判，渾源州山場大概專供大同鎮採用，寧武關山場則是二鎮共用，亦即上述寧武關修築堡舍，很可能採木於此。

山場近邊，有傷及邊林之隱憂；他鎮來採，則易生利益之衝突，有數例見諸文字記載，可爲證明。嘉靖間，大同修邊築堡，起蓋營房，所需木料獲准於北樓口山內採伐。後因大同「官軍前來，不肯遠入山僻處所採取，就於東西兩坡，採伐大小木數萬餘」，爲山西巡撫衙門及兵部會議停止。嘉靖二十四年（1545）前後，由於大同持續強化邊防，修築墩堡，以便戍軍棲止，急需木料，而「山西執稱，山樹可隔虜騎，禁止採取，以致久缺木植方椽，不能蓋造。」出現「山西以禁山爲言，大同以採木爲請，彼此之見，微有異同」的衝突局面。時總督宣大偏保軍務的兵部右侍郎翁萬達著手調解僵局，提出折衷之計：

〔註127〕參見《三關誌》，〈雁門關地里總考〉，頁5下～6下。

〔註128〕另外，明代官方控制山場，不許一般軍民砍伐，早有案例。如宣德九年（1434），工部題奏：湖廣有產木山場，永樂中禁民採伐，由於宣德間犯禁者眾，「材木殆盡，及朝廷需材，乃深入險阻，疲勞人力。」請敕湖廣三司仍加禁止。又「蔚州、美峪、九龍（宮）口、五福山等處，俱產材木，宜長養以資國用。今軍民擅自採伐，亦乞禁止。」然而，宣宗答以「山林川澤之利，古者與民共之，今不必屑屑，姑已之。」見《明宣宗實錄》，卷111，頁6下～7上，宣德九年六月甲戌條。

〔註129〕詳參《余肅敏公奏議》，總督類，〈軍務等事〉，頁10下～11上；〈軍務等事〉，頁28上。

> 山場袤闊，樹木叢多，若係緊要路口者，存之以捍虜；僻遠無礙者，取之以濟用，則適所以相資，而非所以相病也。故混採則有刑，混禁非通例。

以此原則，令整飭雁門等關兵備道官詳議方案。隨後定議，以「北樓口山僻之處，及山南地方，聊可採取」，請大同鎮計算所需木植，差委大同府所屬州縣文職正官一員，「管領民夫，會同北樓口遊擊，查勘偏僻不通賊行之處，採取勾用，具數報官，遊擊用印烙記方行。」其大同督發隨同差委官員之軍士，「亦聽遊擊點放入山搬運，不許藏帶斧具，仍計數俱從本口出入。敢有乘機混採盜斫者，照例拿問充軍。」於是，獲兩鎮巡撫、總兵官同意，重新開放北樓口，僅限大同民夫採伐，搬運軍人則嚴加管控，「以後凡遇起蓋軍營，一體查酌施行，不必煩瑣奏瀆。」〔註 130〕

二鎮採禁爭議，似乎就此求得解決之道，但勢態演變，其他因素又使衝突再起。北樓口一帶雖然伐山有禁，官採亦有嚴限，卻有「奸民」盜採不止，也曾有將領因通賄「賣斫禁山」、「運木植而盡充私用」遭到罷黜拿問。〔註 131〕尤其「豪民伐木通道，浸成禍本」，而其地多轄大同，山西巡撫「雖節行禁約，所在有司莫肎（肯）協心奉行者。」嘉靖三十八年（1559），「會大同以修營房檄採北樓山木」，巡撫山西都御史葛縉乃上疏請禁伐木，「今後悉按治豪民以法，其該鎮修造，亦不得輒伐北樓山木。」兵部覆奏得旨：「伐山之禁，當如議申明。至於大同公用，但當擇偏緩之處，量採足用，不許官吏因而爲奸。」〔註 132〕經過中央調處，仍遵行舊案，准大同於北樓口採木，惟再頒聖旨申明禁令。

〔註 130〕詳參《翁萬達集》，文集卷 5，〈及時修武攘夷安夏以光聖治疏〉，頁 124～126；文集卷 13，〈及時修武攘夷安夏以光聖治疏〉，頁 404。自嘉靖二十三年（1544）十二月，至二十八年（1549）五月，翁萬達以兵部右侍郎兼都察院右僉都御史，總督宣、大、偏、保地方軍務，兼理糧餉。見：前引書，〈翁萬達年表〉，頁 760。宣大偏保總督，設於嘉靖二十年（1541），至二十九年（1550），改爲「宣大山西總督」。所謂「偏、保」，分指「偏頭關」、「保定」，以此代表山西三關沿邊，以及保定附近的西關沿線地區。因此，宣府、大同、山西三鎮，以及保定沿邊地區（尚未設總兵官），俱屬管轄範圍。參見《皇明九邊考》，卷 6，〈三關鎮·保障考〉，頁 2 下；〈三關鎮·經略考〉，頁 12 下～13 下；《（萬曆）大明會典》，卷 209，〈都察院一·督撫建置〉，頁 6 上～下。另外，翁萬達調解二鎮爭議，其態度爲「山西、大同二鎮，相爲脣齒。一於禁，則不便於大同；一於不禁，則不便於山西。法不宜偏，事當有處。」

〔註 131〕參見《翁萬達集》，文集卷 6，〈條陳邊務以裨安攘疏〉，頁 167～168。

〔註 132〕《明世宗實錄》，卷 469，頁 5 下～6 上，嘉靖三十八年二月癸亥條。

由於官員的地方本位心態，此項問題必然持續存在，只是時隱時發而已。萬曆中，呂坤爲山西巡撫，再度向中央陳訴糾紛。呂坤指出，大同府應州、朔州、山陰、馬邑等州縣軍民不屬三關守備官，而寄住三關者，作奸爲盜，守備不敢鈐束；「隣居三關者，私擅砍伐禁山，但被三關拏獲，非聚眾打奪，則不服拘問。」軍分兩鎮，「山西恃三關林木爲藩籬，大同恃三關林木爲材用，人情事體，本自難行。」因此懇請敕命宣大山西總督，再次議處「應開、應禁林木」，並准三關守備官拘捕違禁砍伐禁山的鄰近軍民，立爲定法，永遠遵行。〔註 133〕山西、大同兩鎮間的管轄問題、利益紛爭延續不斷，三關邊林則在其衝突中，不時遭受毀損，難以停止。

（三）勢豪平民的墾山伐木與官員的處理之策

三關沿邊，介處大同與太原二府所屬州縣間，軍民地土錯雜，彼此活動互有干礙。加以沿線富於山林之利，遂有地方勢豪侵奪、伐木，平民、流徙之人樵採、墾山之事，邊林因此遭受危害。

以勢豪奪利而言，嘉靖間曾有王府爭占土地、將領田地妨害禁山案例。嘉靖二十七年（1548）前後，山西晉、代、河東三王府，爭奪三關臨邊土地，各府皆自稱爲所屬田莊、草場。由於紛爭不息，山西巡撫委官勘查，得報，所爭地方「俱係應禁山林」，並查出其附近有居民「居住年久，俱成村落，起蓋房屋不下二千餘家。」同時間，又有鎮守山西總兵官自行開報，其位在胡峪、馬蘭等口之「荒閑養廉地土」，因「逼近應禁山場，誠恐佃種人役罔知禁例，趁耕應禁地土，宜當退出。」由於事關邊防，時巡撫山西都御史蘇祐（1492～1571），會同總督翁萬達查議後，分二方式處理之。其一，除總兵官退出地土，已先備行雁門兵備道「禁革還林」外，各王府爭占地土，亦題請「退革還林」。其二，在山舊居人戶，據例俱應逐趕，燒毀房屋，以杜開墾砍伐之漸。「但其定居不止百年，干礙人眾，一旦逐出，不惟人情不堪，抑恐無處安插，遂致流離。」建請「姑留住坐」，嚴令「不許擅將禁山林木、地土，砍伐開墾，以壞藩籬。違者，照例拏問，發遣施行。」此外，責成守邊將領、提調官，

〔註 133〕詳見《呂新吾先生去僞齋文集》，卷 1，〈摘陳邊計民艱疏〉，頁 69 下～70 上。呂坤的建請內容爲：「伏乞勑下（宣大總督）軍門，將應開、應禁林木，私伐、擅伐軍民，議爲定法，永遠遵行。大同之民，在三關境內者，屬三關守備管束；隣三關境土，而砍伐禁山者，屬三關守備拘問，不許大同道、府、州、縣庇護奸民，壞祖宗成法，撤鐵省藩籬。如此，庶民利可通，而邊防亦固矣。」

各照分管地方嚴加巡緝，復將「禁緝砍伐、耕墾事宜，刻石各隘口，以示永久。」〔註 134〕

王府、將領，嚴格定義上或與「勢豪」有異，若依仗權勢，違法橫行，則與勢豪性質無別。上述案例，不論總兵官自退田地「禁革還林」，或王府爭地遭裁定「退革還林」，其回復爲林地（還林）的決定依據，在於邊林保護條例，即以維護邊防爲判準。雖然與現代的「退耕還林」措施，係根據環保意識而爲不同，但是對於維護林地，同樣具有積極作用。至於山間居民，容許其繼續居住，實爲衡量人情利害後的妥協辦法，但也爲邊林留下一大危害因素。

以上禁山有居民定居百餘年的事例，其實普遍存在於週邊的廣泛地區。恒山與五臺山山區，以及其間地帶，不但有已納糧田地，又有流民前來，入山開墾，豪民則伐木取利，致與邊林維護相捍格。如成化初年，因雁門關一帶關口，南至崞縣、忻州，北至繁峙縣，山內有居民徵糧田地，農民因樵採與邊軍發生糾紛，明廷乃令「把口官軍不可禁其樵採，止其出入，以爲民害。」〔註 135〕或許僅是一般樵採事件，於邊防關係不大，故以民利爲重，作此處置。

反之，若是開墾邊山、砍伐邊林，則屬嚴重事態。如正德十年（1515），提督三關都御史陳天祥，以及給事中黃鍾，分別奏報三關地區的毀林狀況與原因。陳天祥稱，「因勢豪伐木、居民開墾，山坡漸成通衢，易以衝突。」〔註 136〕其中，又因「未有開墾山場之禁，以故姦豪往往墾田立莊，道路日闢，關險寖夷，較之伐木，爲患尤甚，乞一體重治。」黃鍾亦言，三關禁山，「蓋借林木以資形勢，邇年規利之徒，斬伐平曠，致使盜賊逃竄，姦細出沒，邊關失險，夷狄乘便。」爲此，兵部議令各守邊官員仍嚴加禁約，同時加強管制措施，增訂禁令：凡開墾禁山、毀壞關隘者，比照砍伐林木之例處治，遇赦不宥。〔註 137〕

〔註 134〕詳見〔明〕蘇祐，《穀原先生奏議》（台北：國家圖書館藏，明嘉靖三十七年清豐知縣李汝寬刊本），卷 4，〈條理關隘設重險以固疆圉疏〉，頁 40 上～45 上。據此，近年在雁門關外所發現的嘉靖二十八年禁伐碑，其立碑緣由與內容，很可能與此爲同一事。

〔註 135〕《明憲宗實錄》，卷 79，頁 6 下，成化六年五月庚寅條。另外，山西、大同兩鎮在土地上也有糾紛，如雁門關所屬「十八隘口，在山西則爲重關，在大同則輒稱內有徵糧地土，欲行開耕。」其解決辦法，曾令「大同巡撫衙門查照黃冊，如果禁山內有徵糧地土，即爲查處，以杜後日藉口紛爭。」參見《穀原先生奏議》，卷 4，〈條理關隘設重險以固疆圉疏〉，頁 42 下、45 上。

〔註 136〕《明武宗實錄》，卷 121，頁 2 下，正德十年二月壬辰條。

〔註 137〕參見《明武宗實錄》，卷 123，頁 5 上～下，正德十年四月戊申條。前述嘉靖間處置禁山居民，「不許擅將禁山林木、地土，砍伐開墾，以壞藩籬。違者，法令雖然趨嚴，有利可圖的墾山伐木活動，難以就此遏阻。嘉靖間，仍有揭報「代、朔、崞、峙之間，土名魚兒川等處，地頗曠衍」，四方亡命之徒逋逃於此，治有屋廬，開墾收入頗豐，「又斬伐山林，日相呑食。」山西官員胡松（1503～1566）獻策，與其盡行驅逐，不如「明行告諭，凡其舊所自墾者，並聽樹藝爲世業，」就地入籍，設立保甲以管理之。〔註 138〕此項計策當時是否獲得青睞，無法得知，但萬曆間確實有施行者。萬曆二年（1574），巡按山西監察御史賀一桂又報，寧武、雁門一帶山場（禁山），「邇年州縣奸民竊據，墾田盜木，法禁蕩然，宜嚴爲禁約。」〔註 139〕經議處後，次年（1575）遂題准：

> 山西寧武、雁門一帶山場，原居流民，編立保甲，分立界限，責成看守界內林木。自盜者照例問罪，縱人盜而不舉首者，一體連坐。〔註 140〕

此項政令，頗爲務實，且較嘉靖間「姑留住坐」，嚴禁砍伐開墾禁山的辦法，更爲進步。山區流民就地化爲編民，不但仍禁盜採，又藉保甲管理，責派護守邊林任務。

有此前例，面對開墾、伐木勢不可止的情形，萬曆中呂坤又提出更具建設性的辦法。呂坤計畫於沿邊一帶山巒，除百里之外照舊禁約，其百里之內樹木，大小不下千百萬，「論法則嚴禁爲得，論勢則槩禁不能，與其縱恣奸盜，歲以爲資，不若課與商民，官收其利。」依此，開放採伐之山林，先調查樹木狀況，按其價値，「課與商民，任其留賣，有司催徵價銀」，解充軍餉。又命其看守「滿抱以下」樹木，每十年估計一次，如有擅伐、盜伐者，亦責成捕捉送官。其次，保留「厚百里」的禁山地帶，「豎石爲界，嚴責守備等官，一面年年栽種，一面嚴禁砍伐。」至於開墾土地，「屬民者，照畝納租，以供軍馬；屬僧者（五臺山區），減半起科，以資焚修。」〔註 141〕

照例拏問，發遣施行。」此措施正是援引正德十年新訂法令的實際案例。

〔註 138〕參見〔明〕胡松，《胡莊肅公文集》（《四庫全書存目叢書》集部 91，據北京大學圖書館藏明萬曆十三年胡楩刻本影印），卷 5，〈答翟中丞邊事對〉，頁 13 上～14 下。胡松，字汝茂，滁人。其生平事蹟見《明史》，卷 202，〈胡松傳〉，頁 5345～5347。（時又有同姓名「胡松」者，字茂卿，績溪人。其傳附於胡「汝茂」後。）

〔註 139〕《明神宗實錄》，卷 29，頁 7 下，萬曆二年九月辛卯條。

〔註 140〕《（萬曆）大明會典》，卷 132，〈兵部十五・各鎮通例〉，頁 14 上～下。

〔註 141〕詳見《呂新吾先生去僞齋文集》，卷 1，〈摘陳邊計民艱疏〉，頁 68 下～69 下。

四、三關沿線山林狀態的記述

如前所述，山西三關一帶，墾山、伐木等活動從未中止，官員補救維護的辦法亦不斷因應推出。是故，三關的邊林，雖然呈現不斷消耗的趨勢，也未嘗沒有獲得復原的案例，在缺乏大量詳細史料的情形下，其狀態實則變動難論。有關此地區邊林狀況的記載，其實先前探討毀林情形時，間有引述，在此復補充幾則資料。

圖 5-4　山西雁門關形勢圖

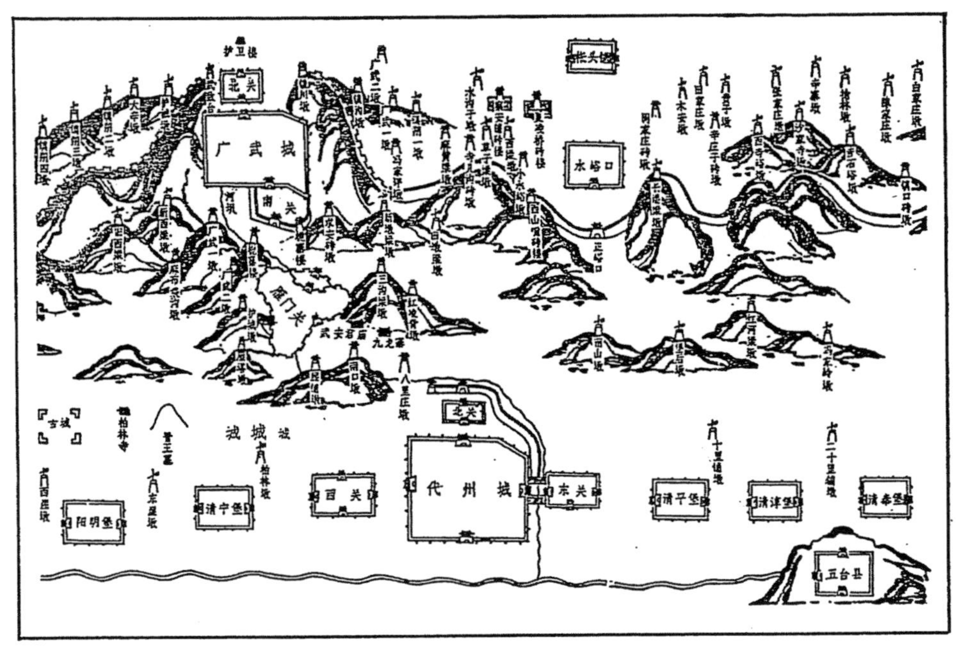

圖片來源：工程兵工程學院《中國築城史研究》課題組編著，《中國築城史》，圖 1-6-4「雁門關一帶長城形勢圖（據明代藏圖重繪）」，頁 153。

仍先由毀林的報導，觀察其狀態。嘉靖間，胡松曾有敘述：「查得雁門東西十八隘口，崇岡複嶺，回盤曲折，加以林木叢密，虎豹穴藏，人鮮經行，騎不能入。」然而，此前數十年之間，「官府狃於治平，人庶習於苟玩。以致深林茂樹，日斬月伐；山徑之蹊，介然成路，則今之隘，非昔時之所謂隘也。」〔註 142〕又過數十年，萬曆中呂坤表示：「山西沿邊一帶，樹木最多，大者合抱干雲，小者密比如櫛。」但經過屯墾、修邊的耗損，流民的入據深山，「以林

〔註 142〕《胡莊肅公文集》，卷 5，〈答翟中丞邊事對〉，頁 7 下。

木爲世產，延燒者一望成灰，砍伐者數里如掃」，以及大同州縣居民「日夜鋸木解板」，守邊官員禁之不能，又通同賣放，遂致林相不如往昔。實是「撤我藩籬，恣彼谿壑，他日之害」，有不忍言者。〔註 143〕胡松與呂坤以上的描述，仍透露邊林的破壞，自嘉靖而萬曆，越演越烈。不過，萬曆年間的邊林，雖然較之嘉靖耗損爲多，尚不至全線砍伐殆盡，保有茂密狀態之處仍不少。

再參考其他相關記載。如嘉靖二十四年（1545）纂修之《三關誌》，其中有雁門關一帶物產與生態環境的介紹：

> 山盤之內，宜麥、宜黍、宜穀；松、柏、榆、柳煖木，山崖多植。而虎、豹、麞、狼、鹿、熊，麝香、豹尾、鵰鴿、青碌亦多產於其中。

可見當時的雁門山谷中，生物繁衍甚眾。此外，雁門八景中有「奇峯棲鳳」、「水澗潛龍」、「栢谷寒泉」。〔註 144〕合而推測之，雁門山區雖然有利人類的墾種開發，但當時部份區域的生態環境尚佳。〔註 145〕又如萬曆三十一年（1603）刊《宣大山西三鎮圖說》有載，雁門關所屬十八隘口之東部諸隘堡（北樓路），「山南一帶，層巒萃嵂，林木叢茂，大爲內地障蔽。」〔註 146〕雖然當時此地帶已有採木與盜伐營利者，仍能見到茂林景象。

此外，北嶽恒山在北樓口東北，大同府渾源州南，崇禎六年（1633）徐霞客（1586～1641）曾遊歷此山。通過「短樹蒙密，槎枒枯竹」之後，攀登峰頂，徐氏舉目四望，筆錄所見山林景致：

> 時日色澄麗，俯瞰山北，崩崖亂墜，雜樹密翳。是山，土山無樹，石山則有；北向俱石，故樹皆在北。渾源州城一方，即在山麓，北瞰隔山一重，蒼茫無際；南惟龍泉，西惟五臺，青青與此作伍。〔註 147〕

據徐氏所述，以恒山主峰一帶而言，北向爲石質山地，樹林則集中分布於此。

〔註 143〕參見《呂新吾先生去僞齋文集》，卷 1，〈摘陳邊計民艱疏〉，頁 67 上～下。

〔註 144〕《三關誌》，〈雁門關地里總考〉，頁 17 上～下。

〔註 145〕另外，據近年發現雁門關外禁伐碑之報導，有謂：「直到現在，八岔口一帶仍然是當地植被最好的地方。」不過，由於已歷時數百年，其間變化又未可知，僅附記於此，稍作參照之用。

〔註 146〕《宣大山西三鎮圖說》，〈山西鎮圖說〉，頁 18 上。「北樓路」，東起平刑關界石窯菴，西抵廣武站界東津峪。中有北樓、平刑、小石三關城，及其他各堡。

〔註 147〕〔明〕徐弘祖著，褚紹唐、吳應壽整理，《徐霞客遊記》（增訂本，上海：上海古籍出版社，1996 年），卷 1 下，〈遊恆山日記〉，頁 91。徐霞客下西峯後，欲尋路下山，有人指點自「東南松柏間」。徐氏既得徑，「南經松柏林。先從頂上望松柏葱青，如蒜葉草莖，至此則合抱參天，虎風口之松柏，不啻百倍之也。」又見恒山另一局部地區的密林景色。

其附近山地，南方龍泉關一帶的太行山脈，以及西南的五臺山系，與恒山週遭同樣青森蒼翠。雖是遠眺宏觀，並非細部描寫，仍有其參考價值。

依據以上幾則記載，大概可見，恒山山脈、五臺山系，以及太行山北段，歷經二百餘年人爲破壞與修補維護，兩種力道的拉鋸抗衡，雖然毀損趨勢不止，直至明末，至少局部地帶依舊保存有茂密森林。所謂以上山區的森林，於明代「基本摧殘淨盡」、「經明朝的掃蕩後，至清朝時本段幾乎無林可言」等論調，實在過於武斷，有待商榷。〔註 148〕至於推算森林覆蓋率，由於資料極度缺乏，僅存少數記載並不具科學準確性，因此其有效性與誤差値難以掌握。〔註 149〕

第三節　陝西四鎮地區護林政策措施的稽考

延綏、寧夏、固原、甘肅四個軍鎮，自東而西接連布列於明代陝西省轄境，故稱爲「陝西四鎮」。明人描述其分布區域：「東自延綏黃甫川，西抵甘肅嘉峪關，西南抵洮岷，遠接四川松茂，延長數千里。」〔註 150〕即相當於今

〔註 148〕史念海認爲三關長城附近的森林，至明代晚期已「砍伐淨盡」；恒山、太行山的森林也逃不脱被摧毀的命運。翟旺等人則稱：「明朝對恒山系的森林，可以説幾乎是徹底摧毀時期」；「從明前期，特別到明中葉時，這一帶（恒山）的森林已基本摧殘淨盡了。」而太行山北段的森林，「到明末時，該段已呈現一派光山禿嶺景觀」；「經明朝的掃蕩後，至清朝時本段幾乎無林可言。」至於五臺山地區，萬曆八年（1580）曾實施禁伐令，「實際上這次禁革，爲時已晚。因爲大部分山林，已破壞的差不多快完了。此後，一直到明末的六十餘年中，本區再未出現類似嘉靖、萬曆年間大肆濫伐現象。……少量偷砍亂伐還是不斷的。盡管如此，對五臺山殘林來説，總算得到一短期喘息恢復之機。」以上分見史念海，《黃河流域諸河流的演變與治理》，頁 244、345；翟旺、張守道，《太行山系森林與生態簡史》（《山西地方森林史叢書》2，太原：山西高校聯合出版發行，1994 年），頁 10～11、24～25；翟旺，《五台山森林與生態歷史變遷》，頁 40～41。

〔註 149〕如《五台山森林與生態歷史變遷》稱，五臺山區，「大體上本區森林覆蓋率由明初的 40％多（或者近 50％）到明末時已降至 20％以下，但約還在 15％以上。」然而，該書作者並未説明其推算的依據、標準與方法，是故此説詞仍須存疑。見翟旺，《五台山森林與生態歷史變遷》，頁 44。

〔註 150〕《典故紀聞》，卷 18，頁 333。黃甫川，即「黃甫川堡」，今陝西榆林市府谷縣黃甫川鄉；嘉峪關，在今甘肅嘉峪關市。洮岷，蓋指「整飭洮岷兵備道」轄區，管轄洮州衛、岷州衛，以及西固、階州、文縣三守禦千户所，兼管鞏昌府所屬漳縣、城縣，大約涵蓋今日甘肅甘南藏族自治州全境，以及定西地區南部、隴南地區西南部。松茂，應指四川西北部的「松潘衛」與成都府北

日的陝北、寧夏回族自治區全境、甘肅大部，以及青海、內蒙古自治區局部等地區。

據弘治六年（1493）馬文升禁伐邊林題疏，以及弘治、嘉靖、萬曆三朝頒行的《問刑條例》邊林保護條文，陝西四鎮僅見延綏、寧夏二鎮納入規範中，未含固原、甘肅二鎮。既然明廷立法保護沿邊林木，何以同為邊方重鎮的固原、甘肅，不在保護條例之中？另一方面，四鎮地區深居內陸，雖仍受季風影響，但氣候偏於乾旱，植被以草原為主，森林相對稀少。受自然環境制約，四鎮沿邊地帶究竟是否有林木生存，而得以受到保護？基於上述兩項問題，本節將根據明清史料與今人相關研究成果，考察延綏、寧夏二鎮的邊林情形，並蠡測固原、甘肅沿邊的山林分布與護林條例闕漏的原因。

一、延綏鎮的地理環境與護林

（一）地理環境概說

延綏鎮地處陝北，鎮治先設於陝西延安府綏德州，後北徙榆林衛，轄區包含延安府全境（相當於今陝西延安、榆林二市範圍），西接寧夏，北臨河套，東以黃河與山西太原、平陽府分界。

延綏鎮位於陝北黃土高原北部，由於距海遙遠，季風難達，長城沿線的府谷、神木、榆林、靖邊、定邊等地，屬於溫帶半乾旱氣候區；稍南的延安地區則為暖溫帶半乾旱氣候區。根據現代的地貌劃分，陝北高原北緣有東西走向的白于山（橫山山脈），延綏長城的西段即利用此地形，循白于山北坡構築。長城以北屬於風沙草灘區，有毛烏素沙漠；以南，則是黃土丘陵溝壑地形。〔註 151〕

境的「茂州」一帶而言，相當於今日四川與甘肅、青海交界的阿壩藏族羌族自治州轄境。

〔註 151〕參見中國自然資源叢書編撰委員會編著，《中國自然資源叢書．陝西卷》（北京：中國環境科學出版社，1995 年），頁 4～5、10、354～355、359～361；艾沖，《明代陝西四鎮長城》，頁 38；史念海、蕭正洪、王雙懷，《陝西通史．歷史地理卷》（西安：陝西師範大學出版社，1998 年），頁 49、324、333～334。府谷、神木二縣，明屬延安府葭州，今俱屬榆林市。今靖邊縣，明代未設，縣治在明鎮靜堡之北。定邊，今為縣，明時為定邊營。靖邊、定邊二縣同屬榆林市。另外，延綏鎮長城有「大邊」、「二邊」之分，上文所述長城蓋指「大邊」而言，其西段東起龍州堡東境（今靖邊縣龍洲鄉），西迄鹽場堡西界（今定邊縣鹽場堡鄉）。詳參艾沖，《明代陝西四鎮長城》，頁 35～45。

圖 5-5　明延綏鎮防區暨長城圖

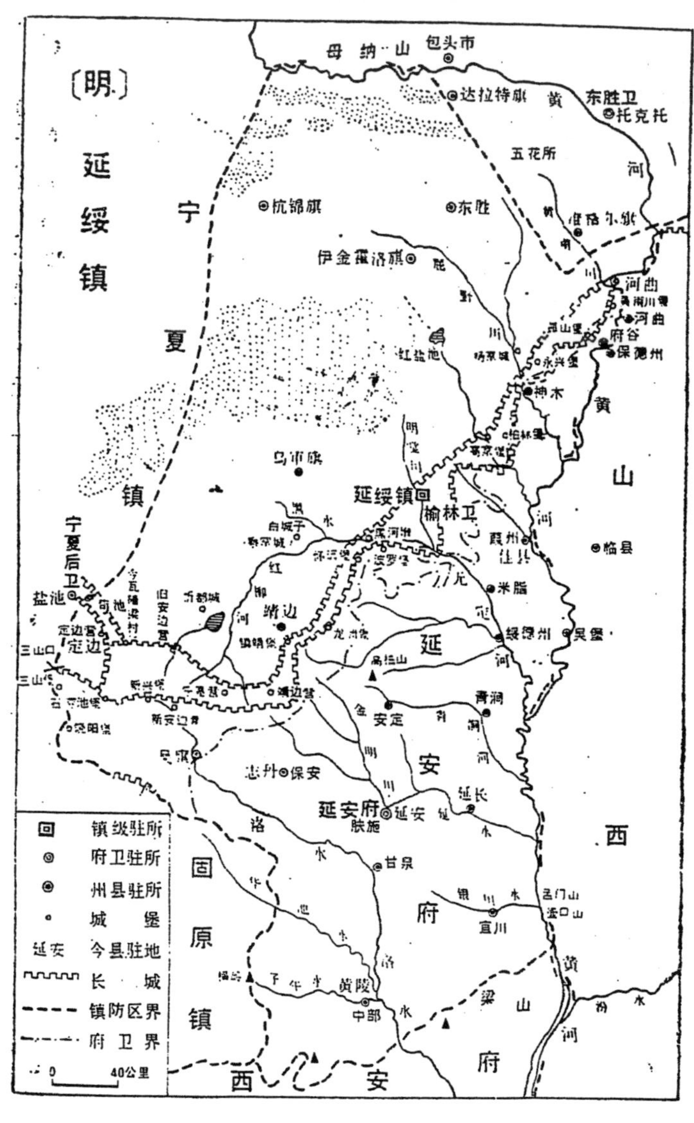

圖片來源：艾沖，《明代陝西四鎮長城》，「延綏鎮長城示意圖」，頁 19。

由植被與土地資源著眼，二十世紀末的長城沿線地區，植被稀疏，覆蓋率不超過 20％至 25％。雖然沙漠化土地不少，仍有草濕灘地提供廣闊的牧場，河流谷地與黃土丘陵則適合發展農業。在森林的分布上，林木稀少，大面積的荒山和草叢佔優勢，僅在白于山及河谷山坡分布楊、榆、油松等疏林。〔註 152〕

〔註 152〕中國自然資源叢書編撰委員會編著，《中國自然資源叢書・陝西卷》，頁 17～

（二）邊林維護問題

時間倒回明代，明人對於延綏長城沿線的地理環境有不少記述，藉此，一方面可與當代情形相參照；另一方面，也能間接推測延綏的邊林維護問題。

依據明代的記載，延綏鎮沿邊地帶有沙漠化土地，以西路的定邊、安邊二營等地帶最爲明顯。成化十三年（1477），余子俊以右都御史巡撫陝西時，稱其地「俱係平漫沙漠去處，難於打墻挑壕」；〔註 153〕正德元年（1506），總制陝西三邊軍務都御史楊一清（1454～1530）也描述延綏西路「川原平漫」，「雖有溝塹一道，俱爲沙土壅塞平滿。」〔註 154〕

雖然如此，明代中期延綏鎮仍不乏適合農耕、放牧的土地。成化六年（1470）五月，正當明廷戮力經營延綏防務，而鎮治尚未北遷之時，鎮守陝西右都督白玉陳述：「切見榆林城、安邊營、神木縣係邊境要衝，土地廣饒，水草便利」；〔註 155〕巡撫陝西右副都御史馬文升亦奏言：「榆林、河套山澤之利，足以資虜人馬之用。」〔註 156〕榆林城、神木縣在綏德州之北，俱屬延綏鎮的東北部，安邊營則位在延綏西路，都有水草之利。其中，前述余子俊曾稱安邊營一帶爲「平漫沙漠」，同時又形容該地「水草便利」、「地土肥饒」，顯然當時沙地、草場交錯，並非全片沙漠。〔註 157〕

18、228～230、252～253、355。

〔註 153〕《余肅敏公奏議》，巡撫類，〈地方事〉，頁 28 上。成化十一年（1475）十一月，余子俊由巡撫延綏，改巡撫陝西。

〔註 154〕〔明〕楊一清著，唐景紳、謝玉傑點校，《楊一清集・關中奏議》（北京：中華書局，2001 年），卷 7，〈爲經理要害邊防保固疆場事〉，頁 253。

〔註 155〕《明憲宗實錄》，卷 79，頁 3 上，成化六年五月甲申條。白玉建請於榆林城、安邊營、神木縣三地各立一衛，或分調他處官軍守禦其地。在此之前，同年三月，巡撫延綏左副都御史王銳亦曾建議於榆林城、鎮羌營、安邊營設衛增兵。同月，有詔開設榆林一帶屯田，「通將沿邊田地丈量，分撥官軍耕種。」參見前引書，卷 78，頁 6 上、7 上，成化六年三月辛卯條、壬辰條。

〔註 156〕《明憲宗實錄》，卷 79，頁 8 上，成化六年五月癸巳條。

〔註 157〕安邊營有新、舊之分。舊安邊營原爲邊外（河套）地名「深井」之處，正統初年因邊將圖謀其「圍場寬闊，易於打獵；水草便利，易於孳牧；地土肥饒，易於收種，於此築城，取名『安邊營』，以爲守備之處。」後來蒙古部落進入河套，南下搶掠，官軍多束守閉門，未有守備之效。成化九年（1473），遂留少數官軍看守，將安邊營大部軍馬南移，於地名「中山坡」（深溝兒）就險守備，便於官軍耕牧、轉輸，因而名爲「新安邊營」。「舊安邊營」，即今榆林市定邊縣城東一百里的安邊鎮所在地；「新安邊營」，則在今定邊縣城東南一百四十里的新安邊鄉所在地附近。參見《余肅敏公奏議》，巡撫類，〈地方事〉，頁 27 上～下；艾沖，《明代陝西四鎮長城》，頁 52～53。白玉成化六年所述安邊營，自是最初的因爲榆林乃至於河套地區頗具地利，常有邊將私令軍士出界外開種沃地，以及外省逃民在沿邊營堡耕牧等情事，成化六年六月，兵部乃奏准禁治之。〔註158〕事實上，長城以北的河套地區，西、北、東三面阻黃河，其內「地廣田腴，亦有鹽池、海萉州等，民多出墩外種食。」〔註159〕據稱，自正統末失東勝而退守黃河後，仍令民屯種套中膏腴之地，以省邊糧；「勢家猶得耕牧，而各自爲守。」軍士同樣耕牧其中，「益以樵採、圍獵之利，地方豐庶」，延綏得稱雄鎮。成化中，邊牆修築後，棄河守牆，情形改觀。至弘治末年，河套爲蒙古所據，邊禁趨嚴，明軍「不敢擅入，而諸利皆失。」〔註160〕

接近長城的河套南部地區，其自然環境似乎自嘉靖以後日趨惡劣，並影響長城以南的榆林等地。嘉靖初，許論（1495～1566）任職兵部職方司主事時，著《九邊圖論》，稱延綏鎮城（榆林衛）「四望黃沙，不產五穀，不通貨賄。」〔註161〕越數十年，萬曆晚期巡撫延綏的都御史涂宗濬指出，榆林衛所在的延綏中路邊牆，延袤二百餘里，自萬曆二年（1574）以後，「風壅沙積，日甚一日。高者至於埋沒墩臺，卑者亦如大堤長坂，一望黃沙，漫衍無際。」邊沙甚至「高過鎮城，患在叵測。」〔註162〕萬曆三十八年（1610），乃動工扒除積沙，並令

「舊安邊營」。另外，嘉靖三十年（1551），延綏邊臣亦形容（新）安邊營「地多平漠」。見《明世宗實錄》，卷375，頁1上，嘉靖三十年七月丁亥條。

〔註158〕《明憲宗實錄》，卷80，頁7上，成化六年六月乙亥條。「故事，邊境封疆之外，軍民不得擅出耕牧。」針對延綏邊將役軍出邊耕種一事，兵部奏准令巡按御史行邊禁約，移文延綏鎮守諸官禁之，違者奏治。而沿邊耕牧的外省逃民，除令其回籍復業外，有居處成家，願編軍伍者，亦聽任之。

〔註159〕《經世挈要》，卷5，〈河套・防河套議〉，頁30上。上語爲成化初，「自幼熟遊河套」的延綏百戶朱長所描述。《康熙・延綏鎮志》對河套也有介紹：「河套，東接山西偏頭關，西至寧夏鎮，相距二千里而遙。南則限以邊墻，北濱黃河，……其地東北有大山，而河流其中。濱河之地，往往有城郭，皆漢縣也。」見《康熙・延綏鎮志》，卷1之3，〈地理志〉，頁12下。

〔註160〕參見《九邊圖論》，〈榆林論〉，頁14上～下；《皇明九邊考》，卷7，〈榆林鎮・經略考〉，頁10上～下。

〔註161〕《九邊圖論》，〈九邊圖論引〉，頁2下；〈榆林論〉，頁14下；《明史》，卷186，〈許論傳〉，頁4928～4929。《明史》稱，許論「幼從父歷邊境，盡知阨塞險易，因著《九邊圖論》上之。」許論則自述：「閒中乃摭拾舊聞，參以時宜，著《邊論》九篇。」

〔註162〕詳參：〔明〕涂宗濬，〈涂司馬撫延疏草・議築緊要臺城疏〉，收入《明經世文編》，卷447，頁21上～下；〈涂司馬撫延疏草・奏報閱視條陳十事疏〉，收入前引書，卷448，頁10上～11下；〈涂司馬撫延疏草・修復邊垣扒除積沙疏〉，前引書卷，頁22上～26下；《康熙・延綏鎮志》，卷1之3，〈地理志〉，頁25上。涂宗濬

「各堡守操等官，嚴督軍丁密布栽蒿，以防復起。」〔註 163〕此情形，應是氣候轉寒，加上過度的農耕與放牧，使河套地區環境惡化，毛烏素沙地擴展，沙丘南移的結果。〔註 164〕同時期，長城以南地帶，雖屬於「沙磧之場」，「然肥饒之地，間亦有之」，仍招徠督勸軍民屯墾。〔註 165〕榆林城附近邊外，也有草場多處，爲鎮城「正、標、左、右、前、後營歲時採艸處也。」〔註 166〕顯然，明代晚期榆林地區雖受風沙侵害，其環境變遷並未如河套南部劇烈。〔註 167〕

延綏鎮沿邊地區的地理環境已概述如上，可以略見此地並不適宜林木生長。然而，弘治年間的護林法令既已明訂延綏邊林應禁止砍伐，則應有林木存在於沿邊地帶。進一步檢閱史籍，卻難獲明確證據。筆者目前僅見史載延綏有松、柏、榆、柳、楊柳、桑、槐等十數種木產，〔註 168〕未見其分布地帶的記述。因此，只能旁敲側擊探討之。如依據當代的調查狀況推估，如前所述，此地荒山、草叢居多，林木稀少，僅白于山等河谷山坡有疏林分布。就白于山而言，

奏疏中，又有其本人與其他官員，對於榆林沿邊風沙侵襲的相關描述：「中路沙磧難守，西望則沙湃，隨撥隨壅」，「徒費工力，南禁風捲」；「中路一帶，東自長樂堡起，西至清平堡止，俱係平墻大沙，間有高過墻五七尺者，甚有一丈者。」至於涂宗濬巡撫延綏的時間，起自萬曆三十四年（1606）六月，止於三十九年（1611）二月。

〔註 163〕〔明〕涂宗濬，〈涂司馬撫延疏草・修復邊垣扒除積沙疏〉，《明經世文編》，卷 448，頁 23 上～下。

〔註 164〕參見艾沖，《明代陝西四鎮長城》，頁 34～35；鄒逸麟，〈明清時期北部農牧過渡帶的推移和氣候寒暖變化〉，頁 10。另參侯仁之，〈從考古發現論證陝北榆林城的起源和地區開發〉，收入氏著《侯仁之文集》（北京：北京大學出版社，1998 年），頁 270～272、275～276；顧琳，〈明清時期榆林城遭受流沙侵襲的歷史紀錄及其原因的初步分析〉，《中國歷史地理論叢》，18 卷 4 輯，2003 年 12 月，頁 52～56。

〔註 165〕〔明〕涂宗濬，〈涂司馬撫延疏草・奏報閱視條陳十事疏〉，《明經世文編》，卷 448，頁 3 下～5 上。

〔註 166〕《康熙・延綏鎮志》，卷 6 之 3，〈歸還鎮軍艸地三場記〉，頁 16 上。

〔註 167〕鄒逸麟認爲，長城不僅成爲當時農牧的分界線，也發揮擋沙南侵、保持長城以南農田的作用。參見氏撰，〈明清時期北部農牧過渡帶的推移和氣候寒暖變化〉，頁 10。另外，可再參照清康熙十二年（1673）重修之《延綏鎮志》。其纂修者一方面描述：「鎮之山，蕩然黃沙而已。連岡疊阜，而不生草木；間有層巖，又率皆頑石，而色赭無足觀。」另一方面，也記載榆林城以南仍有湖泊盛產水草，甚至有藉溪水灌溉，景色頗類江南的稻田數處。詳見《康熙・延綏鎮志》，卷 1 之 4，〈地理志・山川上〉，頁 1 上；〈地理志・水利〉，頁 10 上～下；卷 2 之 4，〈食志・草場〉，頁 17 上～下。

〔註 168〕《康熙・延綏鎮志》，卷 2 之 4，〈食志・物產〉，頁 30 上～下。

延綏長城西段沿其北坡修建，則此山之林木當屬明代保護的邊林，而護林條例對於延綏的規範也得以成立。除此之外，由於史證缺乏，暫時無法繼續推測。

二、寧夏鎮的邊林保護

（一）地理環境

寧夏鎮，相當於今寧夏回族自治區的中、北部。其防區東起花馬池，西面北段倚恃賀蘭山，西南盡於寧夏中衛。黃河自西南向東北流貫轄境，將寧夏鎮分爲「河西」、「河東」兩區。

在自然環境上，寧夏鎮受東南季風影響微弱，降水稀少，大體屬溫帶乾旱區。其中，寧夏鎮城（今銀川市）所在的銀川平原，由於溝渠縱橫，湖沼眾多，土地肥沃，有「塞上江南」美譽。植被方面，以乾草原和荒漠草原爲主，森林則集中分布於西北的賀蘭山與南部的羅山。〔註 169〕就明代而言，賀蘭山位於邊防線上，羅山則屬於寧夏的腹裏地區。

明清史籍所反映的寧夏鎮地理環境，與當代的調查結果，在特徵上類似。史載，賀蘭山在寧夏鎮城西六十里，「峯巒蒼翠，崖壁險削，延亘五百餘里。」山多松，可充建材，鎮城「官私廬舍，咸賴以用。」〔註 170〕同時，「山少土多石，樹皆生石縫間，山後林木尤茂密。」〔註 171〕賀蘭山南段的「莎羅模山」，在鎮城西南一百餘里，也是「峭拔極天」，「林木蔽空」。〔註 172〕至於羅山，古稱「蠡山」，在韋州守禦千戶所城西二十餘里，「層巒疊嶂，蒼翠如染」，山木多松、檜、樺、榆、白楊等。北爲「大蠡山」，上多奇木、異卉、良藥，明代慶王諸墳塋皆在此；其南則爲「小蠡山」。〔註 173〕

〔註 169〕參閱中國自然資源叢書編撰委員會編著，《中國自然資源叢書．寧夏卷》（北京：中國環境科學出版社，1995 年），頁 4、10～11、15～18、227～229、231～232。根據二十世紀末的調查，賀蘭山、羅山的林區，分別位於賀蘭山中段，以及大羅山。

〔註 170〕參見〔明〕朱㮵，《寧夏志》（台北：漢學研究中心，據日本國會圖書館藏明萬曆二十九年刊本影印），卷上，〈山川〉，頁 3 下；《朔方新志》，卷 1，〈山川〉，頁 18 下；〔清〕張金城修，楊浣雨纂，陳明猷點校，《乾隆寧夏府志》（銀川：寧夏人民出版社，1992 年），卷 3，〈地理二．山川〉，頁 86；卷 19，〈藝文二．赤木隘口記略〉，頁 717。

〔註 171〕《乾隆寧夏府志》，卷 3，〈地理二．山川〉，頁 87。

〔註 172〕《寧夏志》，卷上，〈山川〉，頁 4 上；《乾隆寧夏府志》，卷 19〈藝文二．莎羅模龍王祠碑記〉，頁 693～694。〈莎羅模龍王祠碑記〉作於永樂初年。

〔註 173〕參見《寧夏志》，卷上，〈山川〉，頁 5 上；《乾隆寧夏府志》，卷 3，〈地理二．

圖 5-6　明寧夏鎮防區暨長城圖

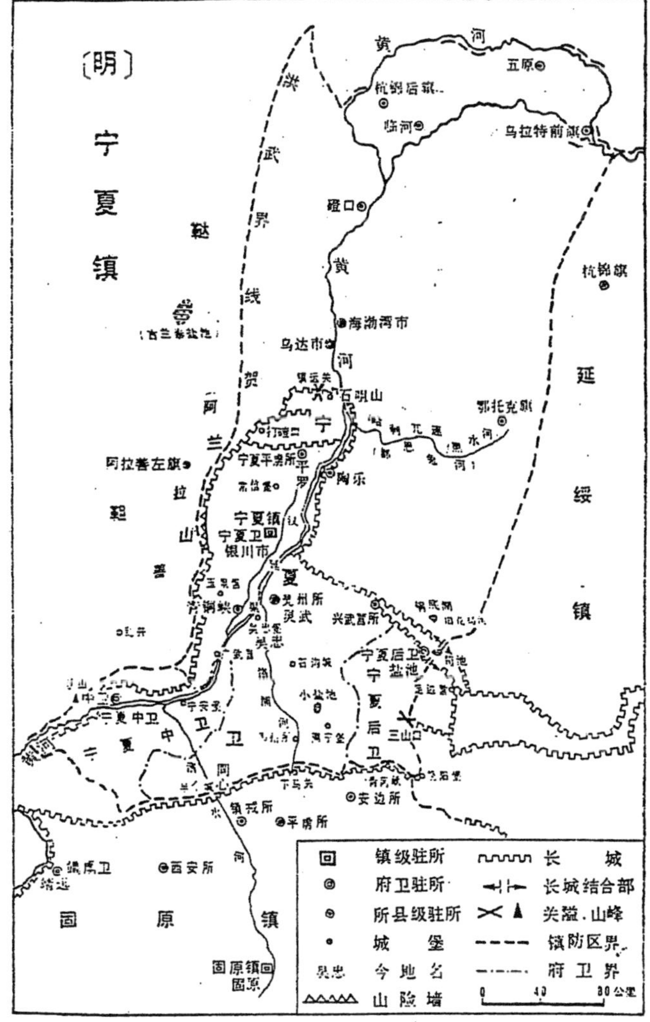

圖片來源：艾沖，《明代陝西四鎮長城》，「寧夏鎮長城示意圖」，頁 62。

山川〉，頁 92～93；《楊一清集・關中奏議》，卷 7，〈爲經理要害邊防保固疆場事〉，頁 259；魯人勇、吳忠禮、徐莊，《寧夏歷史地理考》（銀川：寧夏人民出版社，1993 年），頁 346～347。「蠡山」又稱爲「螺山」，據學者考辨，「蠡山」之「蠡」，應讀作「螺」，古時二字可通用。當代則將明清時的大、小蠡山簡化爲「大、小羅山」。另外，韋州守禦千户所城，治所即今寧夏吳忠市同心縣東北韋州鎮。始封之慶靖王朱栴，爲朱元璋第十六子，洪武二十四年（1391）封於陝西慶陽府（治所即今甘肅慶陽地區慶陽縣），次年（1392）徙韋州，建文三年（1401）徙寧夏鎮城。

賀蘭山在河西，爲寧夏防禦屏障，至於比鄰河套的河東地區，其地理狀況則大爲不同。此地區今爲靈武縣東部與鹽池縣中、北部，屬鄂爾多斯高原的一部分。其地形基本平坦，土壤質地沙性，土層深厚，氣候乾旱少雨，水資源極爲貧乏，現爲天然草場。〔註 174〕回顧明代，正德元年（1506）楊一清奏請重築河東邊牆時描述：「墻內墻外俱平漫廣衍，黃沙白草，彌望無際。」〔註 175〕崇禎末年，鎮守寧夏總兵官官撫民也表示：「河東邊墻三百餘里，橫截套口，黃沙鹹磧，千里蕭條，暵旱頻年，野無青草。」甚至邊牆「風沙壅積，浚溝扒沙，全仗班軍。」〔註 176〕

（二）邊林保護

寧夏鎮關於沿邊山林的記載雖少，但有明確的證據支持邊林保護條例的規定。據寧夏方志所載，賀蘭山「翠峯森列」，「上有頹寺百餘，并（西夏）元昊故宮遺址。自來爲居人畋獵、樵牧之場」，而山松「堪棟樑之用」，多爲地方採取。由於邊患日甚，《朔方新志》稱：「弘治八年，……遂奏禁之」。〔註 177〕如此言屬實，則弘治八年（1495）寧夏官員奏請頒禁，適在弘治六年（1493）馬文升題准敕令邊臣禁約砍伐邊林之後不久。

實際上，於弘治六年馬文升題疏，以及十三年（1500）頒行《問刑條例》的將近百年之前，寧夏已首開風氣，頒布禁令。正統五年（1440），參贊寧夏軍務右僉都御史金濂奏請禁伐賀蘭山林，其奏言如下：

> 賀蘭山，所以障腹裏要害。往者，林木生翳，騎射礙不可通。比來，官校多倚公謀私，深入斬伐，至五、六十里無障蔽。如有樵採者猝爲虜所得，致知我虛實，豖突入寇，即無以阻遏之。請自今凡百材木需用，於雪山取之，不得於賀蘭山縱伐，以規利目前，貽患無窮。〔註 178〕

〔註 174〕中國自然資源叢書編撰委員會編著，《中國自然資源叢書・寧夏卷》，頁 10。靈武縣治，即明代靈州守禦千户所城；鹽池縣治，即明代花馬池營城，寧夏後衛之治所。

〔註 175〕《楊一清集・關中奏議》，卷 7，〈爲經理要害邊防保固疆場事〉，頁 248。

〔註 176〕《乾隆寧夏府志》，卷 18，〈藝文一・定哨法議〉，頁 667；〈藝文一・預籌邊防議〉，頁 668。有關明代以後，寧夏河東地區的自然環境邊遷，可參閱侯仁之，〈從人類活動的遺跡探索寧夏河東沙區的變遷〉，收入氏著《侯仁之文集》，頁 277～284。

〔註 177〕《寧夏志》，卷上，〈山川〉，頁 3 下；《朔方新志》，卷 1，〈山川〉，頁 18 下。

〔註 178〕《明英宗實錄》，卷 72，頁 8 上，正統五年十月甲午條。

金濂敘述賀蘭山林原本茂密，能阻礙敵騎，但經歷年的砍伐破壞，已不利於邊防。因此建議寧夏所需木材，改於「雪山」採取，〔註 179〕不得繼續在賀蘭山採伐。金濂所奏獲允，明廷乃降勑寧夏總兵官史昭，令其嚴加禁約。

賀蘭山林的禁伐令始於正統五年，弘治間又數度申明，或許產生部分保護作用。然而，採伐活動未能真正阻絕，弘治八年申禁，即針對畋獵、樵牧多年不止而發。嘉靖中，王邦瑞（1495～1561）撰〈西夏圖略序〉，述及賀蘭山的形勢與山林狀態：

> 賀蘭山者，雄峙西北，固謂藩籬。然山後虜穴，唇齒相連，層巒疊嶂之間，旁蹊鋒道，在在有之。陵谷變遷，林莽毀伐，樵獵蹂踐，浸浸成路。虜人朝登暮躡，諳習險夷，有吾人所不及見者。〔註 180〕

據王邦瑞的描述，賀蘭山的林木雖受禁令保護，但砍伐、樵採、狩獵等行為持續不絕，至嘉靖時，某些山間小徑已成通路，因此王氏擔憂此將為山後蒙古部族入犯時所乘。〔註 181〕

寧夏的邊林保護事例，僅見賀蘭山有所記載。其他沿邊地帶，或許因乾旱少雨，多為乾草原、荒漠草原及沙化土地，缺乏林木，是以無邊林可維護。至於韋州城附近的蠡山，雖然古今皆為林區，但位處寧夏內地，不在邊防線上，應當不屬於邊林，亦不在法令保護之列。

三、固原鎮的邊防與山林

（一）軍事設防與地理環境

〔註 179〕雪山位於固原鎮靖虜衛（治所即今甘肅白銀市靖遠縣）轄境內，參見《楊一清集．關中奏議》，卷 9，〈為經理要害邊防保固疆埸事〉，頁 319。

〔註 180〕〔明〕王邦瑞，《王襄毅公集》（台北：國家圖書館藏，明隆慶五年湖廣按察使溫如春刊本），卷 9，〈西夏圖略序〉，頁 26 下。王邦瑞曾數任陝西地方官，並於嘉靖二十六年（1547）四月至二十八年（1549）三月期間，以都察院右僉都御史巡撫寧夏。王邦瑞生平事蹟可參《明史》，卷 199，〈王邦瑞傳〉，頁 5270～5271。

〔註 181〕賀蘭山山後（西北）的蒙古部落，同樣有砍伐賀蘭山林木的事例。如景泰三年（1452）九月，據寧夏哨探夜不收走報：「本月十三日酉時分，瞭見正西水窩，有達賊八人騎牽馬一十五匹，到於賀蘭山後口外松林內，砍打椽棒，至戌時分，馱往舊路去訖。」經寧夏邊臣與兵部官員研判，雖然「達賊」係砍打木植，「誠恐此賊懷蓄奸計，指以採木為由，故意窺伺虛實，別有糾眾侵犯之謀。」詳見《少保于公奏議》，卷 2，〈兵部為聲息事〉，頁 40 上～41 下。無論如何，對於蒙古人的砍伐賀蘭山林舉動，明軍恐怕只能監控，無法阻止。

明代固原鎮防區，東起陝西慶陽府環縣，經固原州、靖虜衛、蘭州衛，轉西南至河州、洮州、岷州三衛等地，大約在今日的寧夏回族自治區南部、甘肅省中南部，以及青海省東端等地。弘治十五年（1502），定設陝西三邊總制，駐箚平涼府固原州，遂爲重鎮。其地北接寧夏鎮，西北臨甘肅鎮，以防禦蒙古、控攝藏族等少數民族爲主要任務。

圖 5-7　明固原鎮防區暨長城圖

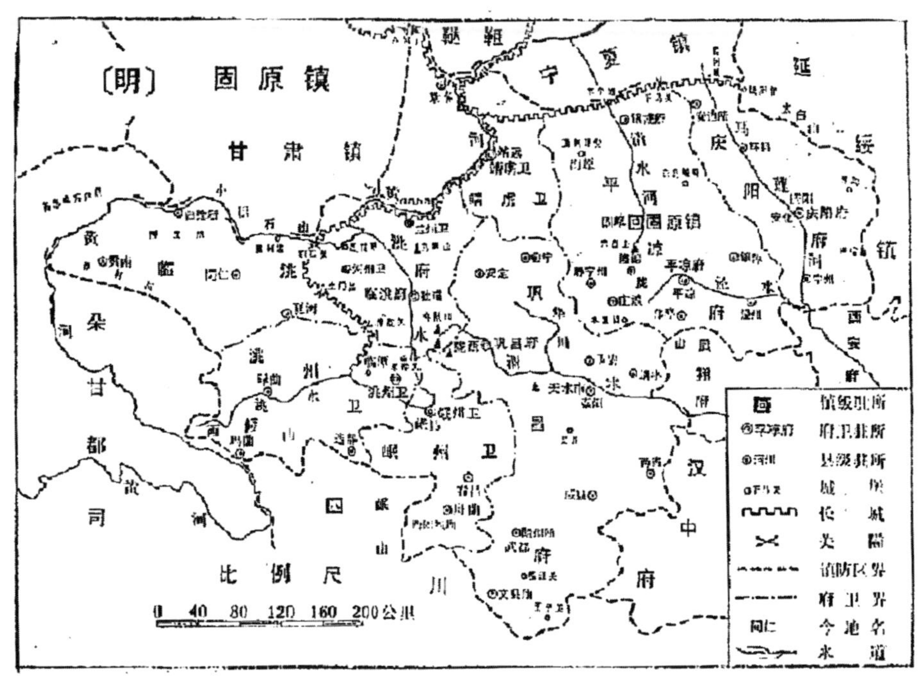

圖片來源：艾沖，《明代陝西四鎮長城》，「固原鎮長城示意圖」，頁 130。

爲防禦需要，固原鎮自開設之後即屢修邊牆。至萬曆中爲止，先後修築了北面自環縣至靖虜衛黃河東岸的「舊邊」、西北面的靖虜蘭州沿河長城、位處寧夏腹裏韋州蠡山以西的「梁家泉新邊」、西南面的河州衛瀕河長城、自寧夏中衛沿黃河南岸至靖虜衛的「裴家川長城」，以及松山「新邊」等。〔註 182〕

在地理環境上，固原鎮涵蓋數個不同的地理區。僅就植被分布而言，北

〔註 182〕詳參艾沖，《明代陝西四鎮長城》，頁 131～148。

部的環縣、固原、靖虜、蘭州一線，爲草原帶；靖虜西北的松山新邊地區，大致爲荒漠草原帶，皆屬溫帶半乾旱氣候。西南部的河州、洮州、岷州、西固城、階州、文縣等衛所，位居隴西黃土高原西部、甘南高原與隴南山地，大體屬針闊葉混交林帶，區域內有重要林區，植被又因高山地形而具垂直分布差異。另外，固原以南有六盤山，也是主要的天然林區。〔註 183〕

（二）護林考辨

依筆者目前所查史料，尚未見及保護固原邊林的記載。關於固原鎮防區幅員廣闊，亦屬重要邊鎮，何以未被列入邊林保護條例中的問題，筆者擬根據上述固原的設防情形與地理環境爲方向，推測可能的原因。

首先，固原鎮開設於弘治十五年，但馬文升題疏與《問刑條例》的頒定分別在此之前的弘治六年（1493）與十三年（1500），固原自然不可能出現在其文件與法令中，如此可以解釋弘治間固原未列保護條例的疑問。然而，嘉靖、萬曆續編的《問刑條例》卻一仍弘治之舊，並未補入固原，若非修法者因循疏忽，閱讀者視若無睹，則表示明代朝廷與官員對固原地區別有一番認識與考量。

因此，不妨參考固原的邊防設置。護林條例中所列各邊鎮，皆以防禦蒙古爲要務，其邊林被寄望以遏阻蒙古騎兵的侵犯。以此檢視固原的「禦虜」防線，則其自環縣至靖虜衛一線的邊牆，相對於寧夏、延綏而言，僅屬「內邊」。眞正接臨敵境者，先有靖虜蘭州的沿河長城，後有裴家川長城、松山新邊。進一步考察以上防線所在的地理環境，此四線位處草原帶與荒漠草原帶，林木稀少；且氣候乾旱，不利栽培林木。在欠缺有利林木生長的自然條件下，邊林恐怕難以形成，此或許是固原始終無法納入邊林保護條例的關鍵因素。

不過，固原鎮控禦「西番」的西南防區，雖處森林地帶，具有被定義爲邊林的條件，卻不在明廷的考量之內，其原因仍難明瞭，有待未來繼續探索。

〔註 183〕參閱中國自然資源叢書編撰委員會編著，《中國自然資源叢書．寧夏卷》，頁 10、15～16、227～229、233；中國自然資源叢書編撰委員會編著，《中國自然資源叢書．甘肅卷》（北京：中國環境科學出版社，1995 年），頁 11～13、325～330；馮繩武，《甘肅地理概論》（蘭州：甘肅教育出版社，1989 年），頁 80～86、115～117、182～184。

四、甘肅鎮的邊防與山林

（一）軍事設防與地理環境

甘肅鎮，相當於現今的甘肅省黃河以西，與青海省東北部等地區。其地孤懸河西，控扼數面。北方有韃靼、瓦剌諸部，弘治正德間，首先沿河西走廊北緣鏟山挑塹，加強防禦工事。嘉靖間，經數次修建，築成東南起蘭州，西北達嘉峪關的甘肅長城，此後的隆慶、萬曆時期並有重修。萬曆二十六年（1598），平定莊浪東北、蘭州以北的大、小松山地區後，與固原官軍分工合築新邊，復劃界分守，原莊浪衛、古浪守禦千戶所一段長城退居次要地位，防禦重心推進至東北的松山新邊。〔註 184〕

河西走廊南面的祁連山地區，爲藏族等少數民族的居住與活動區域，也是甘肅鎮的控馭重點之一。據載，自莊浪衛以西，抵肅州衛南山一帶，「爲阿吉等二十九簇（應爲『族』）之地，洪武間各立界碑，以分疆埸，不許過疆樵採。」〔註 185〕至於西臨青海湖、南接河州衛等地的西寧衛，主要爲「土族」居住地區，〔註 186〕明人稱：「西寧地方廣濶千里，原無邊界，又多隘口，極難防禦」，「向以蕃族四圍，藉之屏蔽。」〔註 187〕自正德初年蒙古部落徙居青海，征服各族後，西寧遂有「海寇之擾」，而成爲防禦要地。〔註 188〕

〔註 184〕詳見艾沖，《明代陝西四鎮長城》，頁 98～108；馬建華、張力華，《長城》（《遙望星宿：甘肅考古文化叢書》，蘭州：敦煌文藝出版社，2004 年），頁 102～103。古浪守禦千户所，治所即今甘肅武威市古浪縣。

〔註 185〕《明憲宗實錄》，卷 173，頁 3 下～4 上，成化十三年十二月乙巳條。另參伊偉先，《明代藏族史研究》（北京：民族出版社，2000 年），頁 176。肅州衛，治所即今甘肅酒泉地區酒泉市。

〔註 186〕參見楊紹猷、莫俊卿，《明代民族史》，240～245；呂建福，《土族史》（北京：中國社會科學出版社，2002 年），頁 390～396。

〔註 187〕〔清〕蘇銑纂修，《順治・西鎮志》（《四庫全書存目叢書》史部 212，據天津圖書館藏清順治刻本影印），〈奏議・經略尚書鄭洛奏設鎮海遊擊疏略〉，頁 28 下～29 上、30 上。

〔註 188〕參見《九邊圖論》，〈甘肅論〉，頁 23 上～下、25 上；《皇明九邊考》，卷 9，〈甘肅鎮・邊夷考〉，頁 13 下、15 上～下；《九邊圖說》，〈甘肅鎮圖說〉，頁 251 下～252 上；艾沖，《明代陝西四鎮長城》，頁 101。

圖 5-8　明甘肅鎮防區暨長城圖

圖片來源：艾沖，《明代陝西四鎮長城》，「甘肅鎮長城示意圖」（摺頁）。

甘肅鎮在地理上大致可分爲河西走廊，以及西寧一帶的河湟地區兩大部分。河西走廊夾處祁連山地與走廊北山之間，祁連山脈多處海拔較高山峰終年積雪，並有重要天然林區；河西走廊與北部的馬鬃山、龍首山、合黎山，氣候極度乾旱，形成廣大戈壁和沙漠，植被相當稀疏。不過，由於有來自祁連山的水源，區內分布成片綠洲。〔註 189〕至於自嘉峪關至蘭州的甘肅長城，據當代調查，基本上循騰格里沙漠南緣修築，途中多經荒灘、平川。〔註 190〕

〔註 189〕參閱馮繩武，《甘肅地理概論》，頁 86～88、116～117；中國自然資源叢書編撰委員會編著，《中國自然資源叢書．甘肅卷》，頁 7～9、12～13、326～330。

〔註 190〕參見馬建華、張力華，《長城》，頁 103～104、113～114；艾沖，《明代陝西明代史籍曾載肅州衛（酒泉）地區的景致，可與當今的地貌對照比較。祁連山在酒泉正南百里許，「連峯壘嶂」，「四時大雪，千古不消，凝華積素，爭奇獻秀，氤氳欝葱，凌空萬仞」，是爲「南山積雪」，八景之首。酒泉之北，其三四十里間，「皆平原曠野，爲沙漠之地，草木不生，丘陵罕見，望之茫然，眇無涯際」，則屬「北陌平沙」一景。又有「來河遶野」，即指自城西南而來的「討來河」，肅州城四面田土賴其灌溉，因而「園林樹木，遍野森羅，遇夏水盛，恍若江湖蕩漾。」〔註191〕

其次，西寧衛所在的河湟地區，海拔約二千五百公尺，爲青海省地勢最低地區，水熱條件較佳，適宜森林生長，屬青海主要林區。〔註192〕明代史料顯示，此地區盛產薪炭與木材。萬曆十九年（1591），西寧收復原屬「諸蕃」共一百六十族部落，七萬餘人口，當時稱此舉有「六利」，其一爲：「山林通道，樵牧往來，蕃漢無猜，小而薪爨，大而材木，源源資給。」〔註193〕可見其森林資源豐富，民族間並有木材貿易。

（二）護林考辨

甘肅鎮與固原鎮相同，終明之世不入邊林保護條例的規範中。與固原相較，甘肅設鎮極早，不存在法令修訂時未爲邊鎮的問題。因此，與固原相同，必須由邊防與地理環境角度蠡測之。甘肅防禦蒙古，以河西走廊北緣的長城爲重，甘肅河西地區所設堡寨亦集中沿此線建置。〔註194〕前已述及，此地段多屬荒漠，肅州衛附近「北陌平沙」景致可爲佐證，顯然此沿邊地帶難有林木生長。既無邊林，則不難理解護林條例不列甘肅的原因。而祁連山地區，爲少數民族居住之地，明代施以羈縻、安撫之策，其森林分布於海拔較高處，並應屬少數民族的生活資源，被劃爲官方特別保護的軍事防護林的機率應當甚低。

四鎮長城》，頁108～112。

〔註191〕〔明〕李應魁纂修，《肅鎮華夷志》（台北：國家圖書館藏，明萬曆間刊本），卷3，〈景致〉，頁1上～下、5上。打來河爲內陸河，發源自祁連山，屬於黑河水系，今又名「討賴河」。參見中國自然資源叢書編撰委員會編著，《中國自然資源叢書．甘肅卷》，頁138、141。

〔註192〕中國自然資源叢書編撰委員會編著，《中國自然資源叢書．青海卷》（北京：中國環境科學出版社，1996年），頁6～8、236～238。

〔註193〕《順治．西鎮志》，〈奏議．經略尚書鄭洛收復蕃族疏略〉，頁20上～25下。西寧地區收復蕃族始末，可參《明史》，卷222，〈鄭洛傳〉，頁5851～5852。

〔註194〕參見艾沖，《明代陝西四鎮長城》，頁112～123、125～129。

至於西寧地區，自正德以後，以防禦盤據青海湖一帶的蒙古部落爲要務。此地區山林茂密，有構成邊林的自然條件，但尚未見保護邊林的直接記載。然而，某則史料卻似乎暗示此地有受保護的山林。萬曆間，西寧地方探尋鐵礦礦脈，覓得於城北五十里的下馬圈堡「北山」之麓，且周圍「山木蕃殖」，遂於北山之下建鐵廠，置官廳、營舍。據稱，鐵廠所需「炭石，則採諸無禁之山林。」〔註 195〕由此可見，既然附近有「無禁之山林」，則應存在「有禁之山林」，或「應禁山林」。但由於記載缺乏，僅此孤例，無法瞭解其分布地方、保護原因等實際狀況，亦不知與邊防是否相關。

依據以上論證，對於明代陝西四鎮地區的護林問題，大致獲得初步的解答。亦即，延綏、寧夏明載於邊林保護條例的規範中，此二鎮沿邊雖然氣候乾旱，部分區域仍見林木生長，實有邊林可維護，尤以寧夏賀蘭山最爲明確。固原、甘肅二鎮，不在護林條例中，其主要原因應是二鎮北面長城沿線多屬荒漠，缺乏林木，不存在維護邊林的條件。然而，固原、甘肅其他地域不乏重要林區，或許因不在直接臨敵的邊防線上，或許有其他緣故，並未被明廷視爲邊林，頒令保護。

〔註 195〕《順治・西鎮志》，〈兵防志・堡寨〉，頁 2 下；〈碑記・按察使劉敏寬北山鐵廠碑〉，頁 35 下～38 上。

第六章　結　論

明代的山林生態，歷來有學者自不同方面進行探索，然而側面提及者多，聚焦專論者少。本書以森林保護及樹木砍伐為探討角度，選擇兩者產生衝突與矛盾，並成為明代重要課題的北方沿邊林木為研究主題，一方面以前人既有研究為基礎，統整各類成果以為用；另一方面發掘、開拓資料面，作為深化論證的根基，並藉此力求彌補、改正相關論著之缺失。總結本書的論述，分別綜述如次。

一、本書首先討論明人有關山林保護的觀念思想。對於明代山林保護、山林利用的觀念與思想之發展與內涵，分別由樹木崇敬與風水護林觀念、山澤觀念、林木利用思想、環境問題與山林保護四個層面分析探討，以瞭解明代上述觀念、思想，體現於各層面的脈絡及背景。

（一）先由民間層面探索。明代崇敬樹木的觀念，以及風水護林觀念，各有其源流與背景。明人崇拜或敬畏山岳與林木，發展出愛護山林的禁忌與習俗，山林因而獲得保護，此皆上古先民自然崇拜或圖騰禁忌的遺存。風水觀念與理論同樣發源甚早，風水說產生之前，先民已有環境吉凶意識。遠古的環境吉凶意識與後來的風水觀念，都以山林茂密為理想環境的表現，並透過種植或保護林木以確保或營造良好風水。明代風水學說興盛，觀念普及，居住環境、地方山岳形勝，以及皇家陵寢、民間墳墓等方面之護林、植林措施，均可見風水觀念的作用。

（二）明代自然生態思想中有關山林保護的部分，主要表現在明人的山澤觀念中。不論是對山林川澤的認知、「山澤之利與民共之」的主張，或「厲禁」思想，皆明顯繼承先秦思想，尤其是儒家的學說，因此以愛養萬物、順時節用爲核心理念。而明人對於林木的利用，本於先秦孟、荀、《周禮》的思想，以「材木不可勝用」(永續利用)爲理想，妥善管理、「斧斤以時入山林」、「撙節培養以待用」爲原則，其中也蘊含山林保護之意，並且在部分實際事務中，可見其落實與致用。

(三)此外，明代的山林保護觀念亦可自明人對環境問題的記述中覓求。明人有不少針對山林或環境破壞的記述，其中含有培植山林的主張。在森林與水土資源關係的認識與論述方面，同樣有珍貴的文字記載。尤其是森林與水土保持的關係，明人已有深刻認識，面對山林破壞導致的水土流失問題，甚至有採行停墾山地、補植山林措施的案例。

此部分需要特別指出者，由於史料文獻的制約，只能呈現明代局部的山林保護思想樣貌，尤其集中於帝王與接受儒學教育的知識份子，山澤觀念、林木利用思想的部分即爲顯例。而環境變遷的記述，本文曾經徵引的文獻，幾乎全部出自地方官員之手，同樣僅能展示知識份子的認知與觀念。不過，在樹木崇敬與風水護林觀念方面，則普見於知識份子與社會大眾，與其他各項集中於知識階層的情形大異其趣。

二、在山林的保護與利用思想之後，仍以林木的保護與種植爲主軸，考察明代管理山林川澤(自然資源)的機構和制度，以及法令、政策與相關措施的推動。

(一)在行政制度上，明代主管山林川澤的最高機關爲工部及其所屬四清吏司。在山林資源的管理方面，以虞衡司和屯田司爲主要部門，其業務涵蓋山場、陵墓的管理維護，以及柴炭的採辦運送。分言之，前者職司整體山林資源的總調節利用；後者掌管的柴炭採辦，則爲林木及燃料等局部資源的採取使用。至於中央以下的各級地方政府，職在承辦與落實政令，府、州、縣尤爲擔負實際管理責任的基層單位，州縣官有責植樹，調節山林資源的利用。其次，明代工部掌理全國山林川澤資源，觀其職掌與制度內容，實受儒家思想的影響。如虞衡司職掌規定中，可見辨其時禁、順時取用等思想的刻劃痕跡。其陳義甚高，實際執行情形如何，值得懷疑，故仍有細究的空間。

(二)在保護林木的法律條文方面，若論規範對象，官有、私有樹木，陵寢與墳墓樹木，以及邊防林木皆在其中，實則特重明陵樹木的維護。就法源與法令性質而言，《大明律》相關內容爲主，歷朝的聖旨榜文、續增條例爲輔；然而量刑之際，後者份量反重於前者。實際而言，明代保護皇陵樹木的條例，自正統以後多次頒立，其保護法令因而更爲嚴密，刑度則因此加重。對於北方邊防林木以特定法令保護，則可能始於成、弘之際，弘治年間邊防林木保護條例訂立後，爲後續各朝所繼承，並成爲推動沿邊護林措施最重要的法令依據。

三、賡續於護林的觀念思想與制度政令之後，則針對明代北方邊區山林的保護問題進行探討，其實此亦檢視護林與伐木間交互關係的最佳範疇。因此，北方邊林在禁約保護及砍伐取用之間的矛盾衝突，以及邊林狀態的變動，爲關注的焦點所在。

由於沿邊林木關係國防，筆者首先概述明代北邊國防形勢的演變；次由國防戰略角度，探討明代的北邊防禦歷史中，基於戰略目的而對境外和沿邊林木採取的不同政策與措施；復劃分區域，考察各邊鎮採伐與保護林木的實際活動及演變，以期呈現明代北邊防區護林與伐木衝突的整體面貌。

（一）明代北邊防禦，以各地軍鎮爲重心，自明初至明中葉，各鎮陸續建立，形成以九邊爲主體的防禦體系。然而，在九邊的成立過程中，明朝國力趨於衰退，邊防線因而內縮，國防策略改採守勢。在長期的形勢演變中，邊防線上和境外的林木在防禦上具有不同的價值與功能。此部分首先討論以境外草木山林爲對象的燒荒與禁止出境樵採措施。

針對長城防線以外的蒙古等民族生存區域，明廷在國防的考量下，一方面，每年秋冬季節遣軍出邊「燒荒」（焚燒草木），意圖遏阻胡馬南牧；另一方面，禁止軍民私自出境樵採，以免啓釁，爲敵擄用。明代的燒荒政策始於永樂初年，與北邊衛所、戍軍內撤有關；宣德間，因國防線南移轉變爲前線的宣府、大同、山西等重鎮，則先於他處舉行燒荒，此後逐漸形成慣例，並擴及其他邊鎮，實施辦法也日益完備。

然而，明代的燒荒措施具有區域性差異。如薊州、宣府二鎮有燒荒之例，與其緊鄰的昌平鎮則因處天壽山「風水寶地」，終明之世未曾燒荒。況且昌平在嘉靖中期以前仍屬薊鎮，顯示同一邊鎮之內，也有因地制宜的情形。至於推測燒荒措施與邊外自然環境變遷的關係，有論者以爲其於長城沿線之外的草木造成嚴重破壞的後果，然而據筆者析論，其效果受自然與人爲等因素影響，難以確切評估。

至於出邊樵採禁令，雖然邊界內外的往來交通，基於國防安全的理由，自明初即受政府嚴格管控，但明確以樵採或伐木爲限制內容的法令，遲至成化年間，才藉聖旨與事例加以規範，並於弘治時成爲正式條例，通行各邊。出邊樵採雖有律令禁止，有利於維護境外的草木，實際上邊境內外的漢蒙交流活動或明或暗地持續進行，加上明軍燒荒的因素，漢民對於北邊境外林木的採伐或損害，斷續而不絕。

（二）明廷保護和培植北方沿邊林木的政策與措施。明代對於邊林的認知與對待，與國勢盛衰及國防政策的變化息息相關。早期國力強盛，國家戰略積極，沿邊林木不具特別功能，因而採伐無禁。至正統國變，由盛轉衰，尤其明代中期以後，邊備上專事防守，在據險防禦的思維與考量下，明人才逐漸重視對於邊林的維護。

然而，由於早年對邊林的取用與破壞，部分關隘的險要形勢已失，不但成爲蒙古鐵騎入犯的通路，也增添日後補救復原的困難度，蓋其林木之利已開，欲禁實難。自景泰初年起，明廷對邊林採取禁止砍伐的政策，雖曾稍微緩和邊林的破壞，但成化以後，管控鬆弛，情況復不樂觀。因「內邊」山林的損害程度遠勝以往，弘治時遂立法加強保護，種植樹木以固邊險的措施在此後亦逐步推動。隆慶時，明廷強力整頓國防，並展開以北直隸沿邊地區爲主的大規模植樹造林活動。萬曆間，邊林種植成效儘管常遭質疑檢討，畢竟林木有助防禦，所以仍持續推動。綜觀之，明代邊林狀態的變化，在縱向時間上，總體呈現受採伐與禁護兩股力道拉扯的曲折發展，而非一面倒的破壞趨勢，惟其實際狀況如何，難以推斷，仍須由各地區審視之。

（三）在分區探討部分，依照明代邊鎮的區域劃分，先後論述薊州、遼東、宣府、大同、保定、山西、延綏、寧夏、固原、甘肅等鎮的邊林狀態。根據筆者的研究推論，各邊區的山林狀態，一則由於各地區自然環境（地理條件）本各有異，二則是人爲措施與毀林因素的不同，致使彼此間差異性頗大，不能一概而論。

薊州鎮，因位處京畿，爲防衛京師的最重要防線，是故明廷對此區護林工作投注的資源最多；加以薊鎮沿燕山山脈設防，原本即爲林木茂密之地，其邊林的保護成效乃首屈一指。京畿西面，保定、山西二鎮長城沿線山林茂密，但砍伐活動多而複雜，護伐衝突最爲嚴重。其中的太行山、五臺山等山區，爲北直隸與山西地區取辦柴炭和建材之處，是以維護邊林甚爲不易，其破壞程度遠超過薊鎮地區。遼東、宣府、大同等地，也有邊林分布，但實際保護措施較不明朗。延綏、寧夏地區，氣候乾旱，林木不多，但仍有局部邊林受到保護；固原、甘肅二鎮北面防線多屬荒漠，不存在維護邊林的自然條件，所以未列入護林條例。

此外，即使在同一地區，各局部地帶的狀態也不相同。如保定鎮龍泉關附近的太行山與五臺山地區，採木活動頗盛，盜砍邊林的行為亦多，山林的破壞甚為嚴重，但仍有部分山地未受干擾，所以保持林木蔥蔚，生態良好。

從明代國防戰略角度，合論北方沿邊與邊外的林木，可見明廷的對待策略不同，其價值和作用也因而有異。歷朝針對北邊的護林植樹措施與倡議，屬於邊備之一環，因此對於沿邊林木生長之處，以法律政令保障之，以官方力量培護之，企圖使之形成另一道邊防藩籬。至於境外的草木，如放縱軍民出邊採取，有開啓邊釁之虞，故明令禁止；然而草木豐茂，將導致蒙古南向侵害，於是派遣官軍燒荒焚除之。

再者，若論及邊林護伐、境外燒荒取木活動對當地山林的影響，部分研究論著中，以偏概全、草率論斷的敘述方式，如指稱某地區、山區，全區林木摧殘殆盡的措辭，其實並不足取。根據文獻資料謹慎推論，各地的林木破壞情形（山林生態）仍只能呈現模糊的狀態，或是大致的趨勢而已。

四、最後，檢討明代山林保護思想的理想與實際，以及觀念思想、制度法令在沿邊林木的保護與採伐問題方面的影響。

以生態思想或山林保護觀念而言，先秦以來，早有崇高的理念與關懷，明代知識份子亦受此薰陶，不乏續作闡發者。但現實世界中，具有愛護環境觀念者，比例恐怕甚少，即使思想愛及萬物，能否表裡如一，落實理念，又是另一問題。在求生本能與追逐利益的驅動下，採取自然資源、破壞環境的行為不止，乃人類社會常態，因而呼籲補救、提出警告的力量，實在難以與之抗衡。

其次，山林保護思想、制度及法令對北邊護林的影響。在觀念思想方面，影響不明顯，也難以從文字記述中辨別，有確切效益的案例，只有臨近邊牆的北京天壽山皇陵，明廷為維護風水龍脈，鄰近的邊林保護工作因而受惠。山林資源管理制度方面，理論上由工部主管，然而沿邊的林木關係國防，實際由兵部管控。甚至太行山一帶邊林的維護，因皇室日用浮濫浪費，造成兵部（國防）與工部（易州柴炭廠）利益衝突的局面，在採伐無窮盡的情勢下，端賴部分官員盡可能設法補救。至於護林法令，不論是邊防林木或天壽山皇陵保護條例，皆是維護北邊林木的有力依據。不過，此方面的問題在於執行時的怠忽職守、落實不力等等，導致護林禁令再嚴、彌補工作再努力，其保護效力僅達局部，在宏觀面與大趨勢上，難敵採伐林木活動的發展。

文末，附帶檢討一問題：在明代各類保護林木的措施中，是否有基於類似今日保護環境生態的概念而推動者？根據筆者的研究，如以明代官方的山林保護事項爲範圍，幾乎沒有肯定的答案。例如，明律中對於官民樹木的保護條文，乃視樹木爲官民不動產中之土地附著物，爲維護官民產業而制訂，不是爲護林而護林的辦法。又如明代政府與法令嚴格保護邊林，反映國家對於國防安全的重視，而非環保觀念的展現。再者，明帝諸陵樹木嚴禁砍伐、培植有法，只是維護帝王家業、王朝氣運的手段，也非以保護山林生態爲目的之結果。除嘉靖間湖廣上津知縣胡崗爲整治山坡地水土流失，下令退耕植林的案例，目前尚未見到明代政府其他與當今相仿，爲保護環境而護林的情形。當然，環境保護是現代的概念，對於古代的歷史案例無須苛求或勉強附會，惟繼續檢索史料，或許會有意外的收穫。

參考書目

一、學術思想典籍

1. 〔清〕曹操等注，郭化若譯，《十一家注孫子》，台北：里仁書局，1982年。
2. 〔清〕鄭玄注，〔唐〕賈公彥疏，趙伯雄整理、王文錦審定，《周禮注疏》，42卷，李學勤主編《十三經注疏》標點本，北京：北京大學出版社，1999年。
3. 〔魏〕王弼、〔晉〕韓康伯注，《周易王韓注》，10 卷，台北：臺灣中華書局，1979年。
4. 〔宋〕朱熹集注、趙順孫纂疏，《四書纂疏．中庸纂疏》，台北：文史哲出版社，1986年。
5. 〔清〕孫希旦撰，沈嘯寰、王星賢點校，《禮記集解》，61卷，北京：中華書局，1998年。
6. 〔清〕焦循撰，沈文倬點校，《孟子正義》，30卷，北京：中華書局，1996年。
7. 高亨，《詩經今注》，台北：漢京文化事業有限公司，1984年。
8. 梁啓雄，《荀子柬釋》，台北：臺灣商務印書館，1993年。
9. 馮紹霆，《周禮：遠古的理想》，上海：上海古籍出版社，1998 年，228頁。
10. 熊十力，《讀經示要》，台北：明文書局，1984年，936頁。

二、史　料

（一）一　般

1. 〔後魏〕賈思勰著，繆啓愉校釋，《齊民要術校釋》，10 卷，台北：明文書局，1986 年。
2. 〔明〕王世貞，《弇山堂別集》，100 卷，北京：中華書局，1985 年。
3. 〔明〕不著撰人，《條例備考》，24 卷，台北：漢學研究中心，據日本內閣文庫藏明嘉靖刊本影印。
4. 〔明〕不著撰者，《名山勝槩記》，46 卷，圖 1 卷，附錄 1 卷，《四庫全書存目叢書》史部 252～254，據遼寧省圖書館藏明崇禎六年墨繪齋刻本影印。
5. 〔明〕不著編人，《大明九卿事例案例》，不分卷，台北：中央研究院傅斯年圖書館藏，明鈔本。
6. 〔明〕不著編人，《皇明制書》，14 卷，《北京圖書館古籍珍本叢刊》史部・政書類 46，北京：書目文獻出版社，1997 年，據明鎮江府丹徒縣刻本影印。
7. 〔明〕丘濬，《大學衍義補》，164 卷，日本京都：中文出版社，1979 年，景日本寬正四年(1792)和刻本。
8. 〔明〕李材，《兵政紀略》，50 卷，台北：臺灣學生書局，1986 年，據中央研究院歷史語言研究所藏明萬曆間刊本影印。
9. 〔明〕李東陽等撰，申時行等重修，《（萬曆）大明會典》，228 卷，台北：新文豐出版公司，1976 年，據明萬曆十五年司禮監刊本影印。
10. 〔明〕李遂，《明代禦倭軍制》，1 卷，《叢書集成續編》社會科學類 59，台北：新文豐出版公司，1989 年，據天一閣藏本蟫隱廬印行本影印。
11. 〔明〕呂本等，《皇明寶訓》，40 卷，台北：中央研究院歷史語言研究所，1984 年，據美國國會圖書館藏明萬曆刊本影印。
12. 〔明〕呂坤，《呂公實政錄》，7 卷，台北：文史哲出版社，1971 年，據清嘉慶丁巳年重刊本影印。
13. 〔明〕何良俊，《四友齋叢說》，38 卷，《元明史料筆記叢刊》，北京：中華書局，1997 年。
14. 〔明〕佚名，《皇明成化條例》，不分卷，台北：中央研究院傅斯年圖書館藏，明鈔本。
15. 〔明〕余繼登，《典故紀聞》，18 卷，《元明史料筆記叢刊》，北京：中華書局，1997 年。
16. 〔明〕林堯俞、俞汝楫等，《禮部志稿》，100 卷，《景印文淵閣四庫全書》史部・職官類 597～598，台北：臺灣商務印書館，1983～1986 年。
17. 〔明〕周夢暘，《水部備考》，10 卷，附錄 1 卷，台北：中央研究院傅斯年圖書館，據日本內閣文庫藏萬曆丁亥刊本景照。
18. 〔明〕范欽等，《嘉靖事例》，不分卷，《北京圖書館古籍珍本叢刊》史部・

政書類 51，據明抄本影印。

19. 〔明〕曹棟等，《南京刑部志》，4 卷，卷首 1 卷，台北：中央研究院傅斯年圖書館，據美國國會圖書館藏明嘉靖刻本景照。

20. 〔明〕栗在庭等，《九邊破虜方略》，5 卷，台北：漢學研究中心，據日本內閣文庫藏明萬曆十五年序刊本影印。

21. 〔明〕袁黃，《了凡雜著．寶坻政書》，4 卷，《北京圖書館古籍珍本叢刊》子部．叢書類 80，據明萬曆三十三年建陽余氏刻本影印。

22. 〔明〕俺答，《北狄順義王俺答謝表》，不分卷，《玄覽堂叢書．初輯》1，台北：國立中央圖書館，1981 年，據明隆慶間刊本影印。

23. 〔明〕徐溥等原修，李東陽等重校，山根幸夫解題，《正德大明會典》，180 卷，東京：汲古書院，1989 年，據東京大學附屬圖書館藏刊本影印。

24. 〔明〕戚祚國彙纂，李克、郝教蘇點校，《戚少保年譜耆編》，12 卷，北京：中華書局，2003 年。

25. 〔明〕戚繼光撰，曹文明、呂穎慧校釋，《紀效新書》，18 卷，北京：中華書局，2001 年。

26. 〔明〕戚繼光撰，邱心田校釋，《練兵實紀》，15 卷，北京：中華書局，2001 年。

27. 〔明〕戚繼光撰，范中義校釋，《紀效新書》，14 卷，北京：中華書局，2001 年。

28. 〔明〕張萱，《西園聞見錄》，107 卷，《明代傳記叢刊》綜錄類 30，台北：明文書局，1991 年，據民國二十九年哈佛燕京學社排印本影印。

29. 〔明〕張燧，《經世挈要》，存 20 卷，《四庫禁燬書叢刊》史部 75，北京：北京出版社，2000 年，據山東大學圖書館藏明崇禎六年傅昌辰刻本影印。

30. 〔明〕陸深，《儼山外集》，40 卷，台北：國家圖書館藏，明嘉靖二十四年雲間陸氏家刊本。

31. 〔明〕陳子龍等，《明經世文編》，504 卷，補遺 4 卷，北京：中華書局，1997 年。

32. 〔明〕陳仁錫，《皇明世法錄》，92 卷，《四庫禁燬書叢刊》史部 13～16，中國史學叢書影印明崇禎刻本。

33. 〔明〕婁性，《皇明政要》，20 卷，末 1 卷，《四庫全書存目叢書》史部 46，據南京圖書館藏明正德二年愼獨齋刻本影印。

34. 〔明〕湛若水，《格物通》，100 卷，《景印文淵閣四庫全書》子部．儒家類 716。

35. 〔明〕勞堪，《憲章類編》，42 卷，《北京圖書館古籍珍本叢刊》史部．政書類 46，據明萬曆六年自刻本影印。

36. 〔明〕黃訓，《皇明名臣經濟錄》，53 卷，台北：國家圖書館藏，明嘉靖三十年原刊本。
37. 〔明〕黃景昉著，陳士楷、熊德基點校，《國史唯疑》，12 卷，上海：上海古籍出版社，2002 年。
38. 〔明〕著者不詳，《諸司職掌》，10 卷，《玄覽堂叢書．初輯》12～13，據明刊本影印。
39. 〔明〕賀仲軾撰，〔明〕陳繼儒訂正，《冬官紀事》，1 卷，《筆記小說大觀》5 編 4 冊，台北：新興書局，1974 年。
40. 〔明〕焦竑，《國朝獻徵錄》，120 卷，台北：臺灣學生書局，1965 年，據國立中央圖書館藏明萬曆四十四年錢塘徐象橒刊本影印。
41. 〔明〕程昌始纂，程鈁重纂，周紹泉、趙亞光校注，《竇山公家議校注》，8 卷，合肥：黃山書社，1993 年。
42. 〔明〕雷夢麟撰，懷效鋒、李俊點校，《讀律瑣言》，30 卷，附 1 卷，北京：法律出版社，2000 年。
43. 〔明〕談遷，《棗林雜俎》，12 卷，《四庫全書存目叢書》子部 113，據上海圖書館藏清鈔本影印。
44. 〔明〕謝肇淛，《五雜俎》，16 卷，台北：新興書局，1971 年，據明萬曆刻本影印。
45. 〔明〕龔輝，《西槎彙草》，2 卷，台北：中央研究院傅斯年圖書館，據美國國會圖書館藏明嘉靖間刻本景照。
46. 〔清〕查繼佐，《罪惟錄》，102 卷，杭州：浙江古籍出版社，1986 年。
47. 〔清〕孫承澤，《春明夢餘錄》，70 卷，台北：大立出版社，1980 年，據清光緒九年南海孔氏刻印古香齋袖珍本影印。
48. 〔清〕張廷玉等，《明史》，332 卷，台北：鼎文書局，1994 年。
49. 〔清〕張岱，《石匱書》，存 208 卷，《續修四庫全書》史部 318～320，上海：上海古籍出版社，1997 年，據南京圖書館藏稿本影印。
50. 〔清〕陳夢雷編，〔清〕蔣廷錫等奉敕撰，《古今圖書集成》，10000 卷，目錄 32 卷，台北：鼎文書局，1985 年。
51. 〔清〕崑岡等，《欽定大清會典事例》，1220 卷，台北：啓文出版社，1963 年，據國家圖書館藏光緒二十五年刻本景印。
52. 〔清〕黃宗羲編，《明文海》，482 卷，上海：上海古籍出版社，1994 年，據《文淵閣四庫全書》影印。
53. 〔清〕龍文彬，《明會要》，80 卷，北京：中華書局，1998 年。
54. 上海師範大學古籍整理組校點，《國語》，21 卷，台北：里仁書局，1981 年。

55. 前東北圖書館編輯，《明內閣大庫史料》，20卷，台北：文史哲出版社，1971年。

56. 〔日〕前間恭作訓讀，末松保合編纂，《訓讀吏文》，存3卷，附《吏文輯覽》，日本京城府：末松保合，1942年。

57. 黃彰健編著，《明代律例彙編》，台北：中央研究院歷史語言研究所，1994年，1069頁。

58. 歐陽祖經，《明譚襄敏公綸年譜》，台北：臺灣商務印書館，1981年，170頁。

(二) 奏　議

1. 〔明〕于謙，《少保于公奏議》，10卷，附錄1卷，台北：國家圖書館藏，明嘉靖二十年杭州郡守陳仕賢刊公牘紙印本。

2. 〔明〕李日宣，《昌鎮奏議》，存8卷，台北：國家圖書館藏，明崇禎間刊本。

3. 〔明〕余子俊，《余肅敏公奏議》，3卷，《四庫禁燬書叢刊》史部57，據上海圖書館藏明嘉靖刻本影印。

4. 〔明〕胡世寧，《明胡端敏公奏議》，10卷，校勘記1卷，台北：國家圖書館藏，清光緒癸巳浙江書局刻本。

5. 〔明〕浦鋐，《竹堂奏議》，4卷，台北：中央研究院傅斯年圖書館藏，明萬曆十一年刊本。

6. 〔明〕馬文升，《馬端肅公奏議》，16卷，台北：中央研究院傅斯年圖書館藏，明嘉靖間刊本。

7. 〔明〕孫旬，《皇明疏鈔》，70卷，台北：臺灣學生書局，1986年，據國立中央圖書館藏明萬曆甲申兩浙都轉運鹽使司刊本影印。

8. 〔明〕徐鑾，《職方疏草》，13卷，台北：漢學研究中心，據日本內閣文庫藏明刊本影印。

9. 〔明〕戚繼光撰，張德信校釋，《戚少保奏議》，6卷，北京：中華書局，2001年。

10. 〔明〕項篤壽，《小司馬奏草》，6卷，《續修四庫全書》史部478，據北京圖書館藏明刻本影印。

11. 〔明〕喬壁星，《喬中丞奏議》，10卷，台北：漢學研究中心，據日本內閣文庫藏明萬曆三十九年序刊本影印。

12. 〔明〕楊博，《楊襄毅公本兵疏議》，24卷，《續修四庫全書》史部477，據浙江圖書館藏明萬曆十四年師貞堂刻本影印。

13. 〔明〕葉盛，《葉文莊公奏疏》，40卷，《四庫全書存目叢書》史部58，據山西大學圖書館藏明崇禎四年葉重華刻本影印。

14. 〔明〕盧象昇，《盧象昇疏牘》，12 卷，杭州：浙江古籍出版社，1985 年。
15. 〔明〕譚綸，《譚襄敏公奏議》，10 卷，台北：國家圖書館藏，明萬曆二十八年宜黃知縣顧所有刊本。
16. 〔明〕蘇祐，《穀原先生奏議》，12 卷，台北：國家圖書館藏，明嘉靖三十七年清豐知縣李汝寬刊本。

（三）實　錄

1. 黃彰健等校勘，《明實錄附校勘記及附錄》（縮印本，20 冊），台北：中央研究院歷史語言研究所，1984 年。
2. 〔明〕姚廣孝等，《明太祖實錄》，257 卷。
3. 〔明〕張輔等，《明太宗實錄》，274 卷。
4. 〔明〕張輔等，《明仁宗實錄》，12 卷。
5. 〔明〕張輔等，《明宣宗實錄》，115 卷。
6. 〔明〕柯潛等，《明英宗實錄》，361 卷。
7. 〔明〕傅瀚等，《明憲宗實錄》，293 卷。
8. 〔明〕李東陽、焦芳等，《明孝宗實錄》，224 卷。
9. 〔明〕費宏等，《明武宗實錄》，197 卷。
10. 〔明〕張居正等，《明世宗實錄》，566 卷。
11. 〔明〕張居正等，《明穆宗實錄》，70 卷。
12. 〔明〕周延儒、溫體仁等，《明神宗實錄》，596 卷。
13. 〔明〕溫體仁等，《明熹宗實錄》，87 卷。
（上列各朝實錄修纂者，係依據：謝貴安，《明實錄研究》之考訂結果。）

（四）史地與方志

1. 〔明〕王士琦，《三雲籌俎考》，4 卷，《四部叢刊續編》19，台北：臺灣商務印書館，1976 年，國立北平圖書館善本叢書影印明萬曆刻本。
2. 〔明〕王士翹，《西關志》，32 卷，北京：北京古籍出版社，1990 年。
3. 〔明〕王來賢、許一德等，《萬曆・貴州通志》，24 卷，台北：漢學研究中心，據日本尊經閣文庫藏明萬曆二十五年刊本影印。
4. 〔明〕王祥等修，任洛等重修，《遼東志》，9 卷，《續修四庫全書》史部 646，據天津圖書館藏明嘉靖刻本影印。
5. 〔明〕不著撰人，《崇禎・山西通志》，30 卷，台北：漢學研究中心，據日本內閣文庫藏明崇禎二年刊本影印。
6. 〔明〕不著撰人，《靖州誌》，不分卷，台北：國家圖書館藏，明烏絲欄寫本。

7. 〔明〕朱㮵，《寧夏志》，2 卷，台北：漢學研究中心，據日本國會圖書館藏明萬曆二十九年刊本影印。
8. 〔明〕汪子卿，《泰山志》，4 卷，台北：國家圖書館藏，明嘉靖三十三年濟南郡守項守禮刊本。
9. 〔明〕杜應芳等，《四川總志》，27 卷，台北：國家圖書館藏，明萬曆四十七年刊本。
10. 〔明〕李輔等，《重修全遼志》，6 卷，台北：國家圖書館藏，明嘉靖四十五年刊本。
11. 〔明〕李賢等，《大明一統志》，90 卷，西安：三秦出版社，1990 年，據明天順間刊本景印。
12. 〔明〕李應魁，《肅鎮華夷志》，存 1 卷，台北：國家圖書館藏，明萬曆間刊本。
13. 〔明〕吳道邇，《襄陽府志》，51 卷，《稀見中國地方志彙刊》36，據日本內閣文庫藏明萬曆年間刻本影印。
14. 〔明〕兵部，《九邊圖說》，不分卷，《玄覽堂叢書・初輯》5，據明隆慶三年刊本影印。
15. 〔明〕余文龍、謝詔等，《天啓・贛州府志》，20 卷，台北：漢學研究中心，據日本尊經閣文庫藏明天啓元年刊本影印。
16. 〔明〕來臨，《蔚州志》，4 卷，台北：中央研究院傅斯年圖書館藏，明崇禎八年刊本。
17. 〔明〕查志隆，《岱史》，18 卷，《續修四庫全書》史部 722，據北京大學圖書館藏明萬曆傅應星刻本影印。
18. 〔明〕秦覺，《雲陽縣志》，2 卷，《天一閣藏明代方志選刊》66，據明嘉靖刻本重印。
19. 〔明〕孫文龍，《萬曆・承天府志》，20 卷，《日本藏中國罕見地方志叢刊》，據日本尊經閣文庫藏明萬曆三十年刻本影印。
20. 〔明〕孫世芳，《宣府鎮志》，42 卷，台北：國家圖書館藏，明嘉靖四十年刊本。
21. 〔明〕殷之輅、朱梅等，《萬曆・福寧州志》，17 卷，《日本藏中國罕見地方志叢刊》，據日本尊經閣文庫藏明萬曆四十四年刻本影印。
22. 〔明〕徐弘祖著，褚紹唐、吳應壽整理，《徐霞客遊記》（增訂本），10 卷，上海：上海古籍出版社，1996 年。
23. 〔明〕徐學謨，《萬曆・湖廣總志》，98 卷，《四庫全書存目叢書》史部 194～196，據福建省圖書館藏明萬曆刻本影印。
24. 〔明〕許論，《九邊圖論》，1 卷，《四庫禁燬書叢刊》史部 21，據北京大學圖書館藏明天啓元年苕上閔氏刻朱墨印兵垣四編本影印。

25. 〔明〕張欽，《大同府志》，18 卷，大同：大同市地方志辦公室，1987 年，據上海圖書館藏明正德十年刻本、湖南省圖書館藏嘉靖十二年補刻本點校。
26. 〔明〕陳時宜等，《重修潼川州志》，54 卷，台北：漢學研究中心，據日本國會圖書館藏明萬曆四十七年刊本影印。
27. 〔明〕莫尚簡、張岳，《嘉靖・惠安縣志》，13 卷，《天一閣藏明代方志選刊》32，據明嘉靖刻本重印。
28. 〔明〕馮惟敏等，《保定府志》，存 37 卷，台北：國家圖書館藏，明隆慶五年刊、萬曆三十五年增補本。
29. 〔明〕馮瑗，《開原圖説》，2 卷，《玄覽堂叢書・初輯》5，據明萬曆間刊本影印。
30. 〔明〕陽思謙、徐敏學、吳維新，《萬曆・泉州府志》，24 卷，台北：漢學研究中心，據日本內閣文庫藏明萬曆四十年刊本影印。
31. 〔明〕楊時寧，《宣大山西三鎮圖説》，3 卷，《玄覽堂叢書・初輯》4，據明萬曆癸卯刊本影印。
32. 〔明〕楊壽等，《朔方新志》，5 卷，台北：國家圖書館藏，明萬曆四十五年刊本。
33. 〔明〕廖希顏，《三關誌》，存 7 卷，《續修四庫全書》史部 738，據北京圖書館藏明嘉靖二十四年刻本影印。
34. 〔明〕熊相，《薊州志》，存 14 卷，台北：國家圖書館藏，明嘉靖三年刊本。
35. 〔明〕鄭立彬，《籌邊纂議》，存 7 卷，台北：國家圖書館藏，明萬曆十九年原刊本。
36. 〔明〕蔣一葵，《長安客話》，8 卷，北京：北京古籍出版社，2001 年。
37. 〔明〕劉效祖，《四鎮三關誌》，10 卷，《四庫禁燬書叢刊》史部 10，據中國文獻珍本叢書影印明萬曆四年刻本影印。
38. 〔明〕謝庭桂纂，蘇乾續纂，《嘉靖・隆慶志》，10 卷，附錄 1 卷，《天一閣藏明代方志選刊》8，據明嘉靖刻本重印。
39. 〔明〕謝詔等，《重修虔臺志》，12 卷，台北：漢學研究中心，據日本內閣文庫藏明天啓三年序刊本影印。
40. 〔明〕薛綱修，吳廷舉續修，《湖廣圖經志書》，20 卷，台北：漢學研究中心，據日本尊經閣文庫藏明嘉靖二年刊本影印。
41. 〔明〕戴敏、戴銑，《弘治・易州志》，20 卷，《天一閣藏明代方志選刊》7，據明弘治刻本重印。
42. 〔明〕魏煥，《皇明九邊考》，10 卷，《四部叢刊續編》11，國立北平圖書館善本叢書影印明嘉靖刻本。

43. 〔清〕于敏中等，《日下舊聞考》，160 卷，北京：北京古籍出版社，2001 年。
44. 〔清〕王政、張珽、陳瑺，《唐縣新志》，18 卷，《稀見中國地方志彙刊》2，據清康熙十一年刻本影印。
45. 〔清〕吉祥等，《康熙・開化縣志》，10 卷，台北：漢學研究中心，據日本內閣文庫藏清康熙二十二年序鈔本影印。
46. 〔清〕李士宣、周碩勳，《延慶衛志略》，不分卷，《續修四庫全書》史部 718，據北京圖書館藏清乾隆抄本影印。
47. 〔清〕張金城修，楊浣雨纂，陳明猷點校，《乾隆寧夏府志》，22 卷，銀川：寧夏人民出版社，1992 年。
48. 〔清〕程光第、葉年棻、李登鰲，《同治・鄖西縣志》，20 卷，首一卷，《中國地方志集成・湖北省府縣志輯》62，南京：江蘇古籍出版社，2001 年，據清同治五年刻本影印。
49. 〔清〕楊同桂、孫宗翰，《盛京疆域考》，6 卷，《遼海叢書》第 4 冊，瀋陽：遼瀋書社，1985 年，據聚學軒叢書本影印。
50. 〔清〕鄭僑生、葉向升等，《康熙・遵化州志》，12 卷，《清代孤本方志選》1-1，北京：綫裝書局，2001 年，據清康熙間刻本影印。
51. 〔清〕譚吉璁，《康熙・延綏鎮志》，6 卷，《四庫全書存目叢書》史部 227，據北京大學圖書館藏清康熙刻乾隆增補本影印。
52. 〔清〕蘇銑，《順治・西鎮志》，不分卷，《四庫全書存目叢書》史部 212，據天津圖書館藏清順治刻本影印。
53. 〔清〕嚴如熤，《三省邊防備覽》，14 卷，《續修四庫全書》史部 732，據天津圖書館藏清道光刻本影印。
54. 〔清〕覺羅石麟、儲大文等，《雍正・山西通志》，230 卷，《景印文淵閣四庫全書》史部・地理類 542～550。
55. 〔清〕顧炎武，《昌平山水記》，2 卷，《四庫全書存目叢書》史部 235，據山西省祁縣圖書館藏清吳江潘氏遂初堂刻亭林遺書本影印。
56. 〔清〕顧炎武，《天下郡國利病書》，不分卷，《四庫全書存目叢書》史部 171，涵芬樓輯四部叢刊三編影印手稿本。
57. 陳伯陶等，《民國・東莞縣志》，收入中國國家圖書館善本金石組編，《歷代石刻史料彙編》14，第 5 編・明〔清〕第 1 冊，北京：北京圖書館出版社，2000 年，據民國十六年鉛印本影印。

（五）文　集

1. 〔明〕王邦瑞，《王襄毅公集》，20 卷，附錄 1 卷，台北：國家圖書館藏，明隆慶五年湖廣按察使溫如春刊本。

2. 〔明〕毛伯溫，《毛襄懋先生集》，文集 8 卷，別集 10 卷，附年譜 1 卷，御書世彙 3 卷，榮哀錄 1 卷，幽光集 2 卷，附書 1 卷，行狀 1 卷，墓志銘 1 卷，《四庫全書存目叢書》集部 63，據清華大學圖書館藏清乾隆三十七年毛仲愈等刻毛襄懋先生集本影印。
3. 〔明〕史褒善，《沱村先生集》，6 卷，台北：國家圖書館藏，明萬曆三十三年澶州史氏家刊本。
4. 〔明〕汪道昆，《太函集》，120 卷，目錄 6 卷，《四庫全書存目叢書》集部 117～118，據北京大學圖書館藏明萬曆刻本影印。
5. 〔明〕沈良才，《大司馬鳳岡沈先生文集》，4 卷，《四庫全書存目叢書》集部 103，據中國社會科學院文學研究所藏清鈔本影印。
6. 〔明〕李東陽，《懷麓堂稿》，100 卷，台北：國家圖書館藏，明正德十三年熊桂等徽州刊本。
7. 〔明〕呂坤，《呂新吾先生去僞齋文集》，10 卷，《四庫全書存目叢書》集部 161，據北京大學圖書館藏清康熙三十三年呂愼多刻本影印。
8. 〔明〕周璽，《周忠愍公垂光集》，2 卷，收入〔清〕潘錫恩輯，《乾坤正氣集》（台北：國家圖書館藏，清道光戊申涇縣潘氏袁江節署刊、同治丙寅新建吳坤修皖江印本），第 7 函，第 69 冊。
9. 〔明〕胡松，《胡莊肅公文集》，8 卷，《四庫全書存目叢書》集部 91，據北京大學圖書館藏明萬曆十三年胡楩刻本影印。
10. 〔明〕俞大猷，《正氣堂集》，17 卷；《正氣堂續集》，7 卷，首 1 卷，《四庫未收書輯刊》5 輯－20，北京：北京出版社，1997 年，據清道光孫雲鴻味古書室刻本影印。
11. 〔明〕夏原吉，《夏忠靖公遺事》（與《夏忠靖公集》合刊），1 卷，台北：國家圖書館藏，明正德十六年湘陰縣重刊、嘉靖間修補本。
12. 〔明〕翁萬達撰，朱仲玉、吳奎信校點整理，《翁萬達集》，22 卷（詩集 1 卷，文集 18 卷，附錄 3 卷），上海：上海古籍出版社，1992 年。
13. 〔明〕商輅，《商文毅公集》，11 卷，台北：國家圖書館藏，明隆慶六年淳安知縣鄭應齡編刊本。
14. 〔明〕郭子章，《蠙衣生傳草》，22 卷，卷首 1 卷，《四庫全書存目叢書》集部 155～156，據許昌市圖書館藏明萬曆刻本影印。
15. 〔明〕戚繼光，《止止堂集》，5 卷，北京：中華書局，2001 年。
16. 〔明〕張岳，《小山類稿》，46 卷，台北：漢學研究中心，據日本內閣文庫藏明嘉靖三十九年序刊本影印。
17. 〔明〕黃福，《方山要翰》，4 卷，台北：漢學研究中心，據日本尊經閣文庫藏明嘉靖刊本。
18. 〔明〕程正誼，《宸華堂集》，11 卷，台北：國家圖書館藏，明萬曆二十七年華陽知縣張琁刊本。

19. 〔明〕楊一清著，唐景紳、謝玉傑點校，《楊一清集》，北京：中華書局，2001 年。

20. 〔明〕葛昕，《集玉山房稿》，10 卷，《烏石山房文庫》，台北：台灣大學圖書館藏，清嘉慶九年德平葛氏樹滋堂刊本。

21. 〔明〕趙士諤，《趙寒卿文集》，3 卷；《撫宣疏稿》，1 卷；《署冏疏稿》，1 卷，台北：漢學研究中心，據日本尊經閣文庫藏明萬曆刊本影印。

22. 〔明〕趙時春，《趙浚谷詩集》，6 卷；《文集》，10 卷；附《永思錄》，1 卷；《疏案》1 卷，《四庫全書存目叢書》集部 87，據首都圖書館藏明萬曆八年周鑑刻本影印。

23. 〔明〕趙時春，《浚谷先生集》，13 卷，《四庫全書存目叢書》集部 87，據山東省圖書館藏明萬曆八年周鑑刻本影印。

24. 〔明〕鄭曉，《端簡鄭公文集》，12 卷，《四庫全書存目叢書》集部 85，據北京大學圖書館藏明萬曆二十八年鄭心材刻本影印。

25. 〔明〕劉基著，林家驪點校，《劉基集》，26 卷，杭州：浙江古籍出版社，1999 年。

26. 〔明〕韓邦奇，《苑洛集》，22 卷，台北：國家圖書館藏，明嘉靖三十一年刊本。

27. 〔明〕薛應旂，《方山先生文錄》，22 卷，附集 1 卷，《四庫全書存目叢書》集部 102，據蘇州市圖書館藏明嘉靖三十三年東吳書林刻本影印。

28. 〔明〕瞿汝稷，《瞿冏卿集》，14 卷，附錄 1 卷，《四庫全書存目叢書》集部 187，據上海圖書館藏萬曆三十九年張養正刻本影印。

（六）族　譜

1. 〔明〕吳子玉，《休寧茗洲吳氏家記》，12 卷，台北：國家圖書館藏，抄本。

2. 〔明〕范淶，《休寧范氏族譜》，9 卷，台北：國家圖書館藏，明萬曆間刊本。

3. 〔明〕黃雲蘇、黃祿修，黃濩等續，程天相編，《黃氏會通譜》，16 卷；《圖》，1 卷；《文獻錄》，2 卷；《文獻錄外集》，3 卷，台北：國家圖書館藏，明弘治四年黃氏刊、十三年增刊本。

三、論　著

（一）專　書

1. 一丁、雨露、洪涌，《中國古代風水與建築選址》，石家莊：河北科學技術出版社，1996 年，316 頁。

2. 工程兵工程學院《中國築城史研究》課題組編著，《中國築城史》，北京：軍事誼文出版社，1999 年，507 頁。
3. 王文光編著，《中國南方民族史》，北京：民族出版社，1999 年，369 頁。
4. 王天有，《明代國家機構研究》，北京：北京大學出版社，1992 年，280 頁。
5. 王元林，《涇洛流域自然環境變遷研究》，北京：中華書局，2005 年，559 頁。
6. 王玉德、張全明等著，《中華五千年生態文化》（上、下），武漢：華中師範大學出版社，1999 年，1471 頁。
7. 王長富，《中國林業經濟史》，哈爾濱：東北林業大學出版社，1990 年，546 頁。
8. 王淑芬，《治山與治水：清代環境保護思想之研究——以江浙、湖廣地區爲中心》，台北：臺灣師範大學歷史研究所博士論文，2003 年，313 頁。
9. 王勤田，《生態文化》，台北：揚智文化事業股份有限公司，1997 年，157 頁。
10. 王毓銓，《明代的軍屯》，北京：中華書局，1965 年，342 頁。
11. 王興亞，《明代行政管理制度》，鄭州：中州古籍出版社，1999 年，365 頁。
12. 尹鈞科，《北京郊區村落發展史》，北京：北京大學出版社，2001 年，377 頁。
13. 中國自然資源叢書編撰委員會編著，《中國自然資源叢書・森林卷》，北京：中國環境科學出版社，1995 年，495 頁。
14. 中國自然資源叢書編撰委員會編著，《中國自然資源叢書・草地卷》，北京：中國環境科學出版社，1995 年，454 頁。
15. 中國自然資源叢書編撰委員會編著，《中國自然資源叢書・北京卷》，北京：中國環境科學出版社，1995 年，289 頁。
16. 中國自然資源叢書編撰委員會編著，《中國自然資源叢書・河北卷》，北京：中國環境科學出版社，1994 年，466 頁。
17. 中國自然資源叢書編撰委員會編著，《中國自然資源叢書・山西卷》，北京：中國環境科學出版社，1995 年，473 頁。
18. 中國自然資源叢書編撰委員會編著，《中國自然資源叢書・內蒙古卷》，北京：中國環境科學出版社，1995 年，286 頁。
19. 中國自然資源叢書編撰委員會編著，《中國自然資源叢書・遼寧卷》，北京：中國環境科學出版社，1995 年，476 頁。

20. 中國自然資源叢書編撰委員會編著，《中國自然資源叢書・陝西卷》，北京：中國環境科學出版社，1995年，409頁。
21. 中國自然資源叢書編撰委員會編著，《中國自然資源叢書・甘肅卷》，北京：中國環境科學出版社，1995年，416頁。
22. 中國自然資源叢書編撰委員會編著，《中國自然資源叢書・青海卷》，北京：中國環境科學出版社，1996年，405頁。
23. 中國自然資源叢書編撰委員會編著，《中國自然資源叢書・寧夏卷》，北京：中國環境科學出版社，1995年，277頁。
24. 毛佩琦、王莉，《中國明代軍事史》，北京：人民出版社，1994年，190頁。
25. 毛佩琦、李焯然，《明成祖史論》，台北：文津出版社，1994年，363頁。
26. 毛佩琦主編，《中國社會通史・明代卷》，太原：山西教育出版社，1996年，621頁。
27. 史念海、曹爾琴、朱士光，《黃土高原森林與草原的變遷》，西安：陝西人民出版社，1985年，265頁。
28. 史念海、蕭正洪、王雙懷，《陝西通史・歷史地理卷》，西安：陝西師範大學出版社，1998年，399頁。
29. 史念海，《黃河流域諸河流的演變與治理》，西安：陝西人民出版社，1999年，414頁。
30. 史念海，《黃土高原歷史地理研究》，鄭州：黃河水利出版社，2001年，886頁。
31. 冉春桃、藍壽榮，《土家族習慣法研究》，北京：民族出版社，2003年，214頁。
32. 白鋼主編，《中國政治制度通史・第九卷・明代》，北京：北京人民出版社，1996年，495頁。
33. 艾沖，《明代陝西四鎮長城》，西安：陝西師範大學出版社，1990年，159頁。
34. 朱鈞侃、倪紹祥主編，《徐學概論——徐霞客及其《遊記》研究》，南京：江蘇教育出版社，1999年，696頁。
35. 朱震達、王濤，《中國土地的荒漠化及其治理》，台北：宋氏照遠出版社，1998年，152頁。
36. 朱曉明編著，《歷史　環境　生機——古村落的世界》，北京：中國建材工業出版社，2002年，163頁。
37. 任憶安，《森林與文化雜思集》，台北：財團法人豐年社，2001年，141頁。

38. 伊偉先，《明代藏族史研究》，北京：民族出版社，2000 年，259 頁。
39. 沈福煦、劉杰，《中國古代建築環境生態觀》，武漢：湖北教育出版社，2002 年，183 頁。
40. 宋惠中，《區域發展與生態環境變遷——清代前期閩浙贛交界地區的個案分析》，台北：臺灣大學歷史學研究所博士論文，2004 年，176 頁。
41. 李心純，《黃河流域與綠色文明——明代山西河北的農業生態環境》，北京：人民出版社，1999 年，285 頁。
42. 李丙寅、朱紅、楊建軍，《中國古代環境保護》，開封：河南大學出版社，2001 年，188 頁。
43. 李孝聰，《中國區域歷史地理》，北京：北京大學出版社，2004 年，503 頁。
44. 李約瑟著，陳立夫主譯，《中國之科學與文〔明〕第十冊．土木及水利工程學》，台北：臺灣商務印書館，1977 年，527 頁。
45. 李渡，《明代皇權政治研究》，北京：中國社會科學出版社，2004 年，273 頁。
46. 吳永章，《湖北民族史》，武昌：華中理工大學出版社，1990 年，195 頁。
47. 吳智和，《明代的儒學教官》，台北：臺灣學生書局，1991 年，360 頁。
48. 吳福興，《官民營礦業政策的探討——以明代礦業經營爲例》，高雄：中山大學中山學術研究所碩士論文，1989 年，204 頁。
49. 吳澤霖、陳國鈞等，《貴州苗夷社會研究》，北京：民族出版社，2004 年，309 頁。
50. 吳曉煜，《礦業史事雜俎》，濟南：齊魯書社，2003 年，363 頁。
51. 呂建福，《土族史》，北京：中國社會科學出版社，2002 年，601 頁。
52. 岑仲勉，《黃河變遷史》，北京：中華書局，2004 年，786 頁。
53. 何平立，《崇山理念與中國文化》，濟南：齊魯書社，2001 年，609 頁。
54. 青海省志編纂委員會編，《青海歷史紀要》，西寧：青海人民出版社，1991 年，681 頁。
55. 林明燦，《新竹地區的經濟開發與生態環境的變遷》，台北：臺灣大學歷史學研究所碩士論文，1996 年，114 頁。
56. 林承戰，《和諧或對立？——清康熙時期（1662～1722）中國人與環境的關係》，台北：臺灣大學歷史學研究所碩士論文，2003 年，149 頁。
57. 林堃輝，《征戰與納降——論明洪武時期的蒙古政策》，台北：中國文化大學史學研究所博士論文，2002 年，434 頁。
58. 林乾，《明帝列傳——嘉靖帝．隆慶帝》，長春：吉林文史出版社，1996 年，449 頁。

59. 周立三主編，《中國農業地理》，北京：科學出版社，2000 年，445 頁。
60. 周寧霞，《徐霞客論稿》，上海：上海古籍出版社，2004 年，302 頁。
61. 胡炳章，《土家族文化精神》，北京：民族出版社，1999 年，353 頁。
62. 胡漢生，《明十三陵》，北京：中國青年出版社，1999 年，440 頁。
63. 柏樺，《明代州縣政治體制研究》，北京：中國社會科學出版社，2003 年，497 頁。
64. 南炳文、湯綱，《明史》（上、下），上海：上海人民出版社，2003 年，1530 頁。
65. 韋慶遠、柏樺，《中國官制史》，上海：東方出版中心，2001 年，431 頁。
66. 俞孔堅，《理想景觀探源——風水的文化意義》，北京：商務印書館，2000 年，146 頁。
67. 凌純聲、芮逸夫，《湘西苗族調查報告》，台北：中央研究院歷史語言研究所，1993 年，477 頁。
68. 馬建華、張力華，《長城》，蘭州：敦煌文藝出版社，2004 年，166 頁。
69. 馬保之等，《農業概論》，台北：臺灣大學農學院，1963 年，430 頁。
70. 耿煊，《詩經中的經濟植物》，台北：臺灣商務印書館，1996 年，95 頁。
71. 晏子有，《清東西陵》，北京：中國青年出版社，2002 年，471 頁。
72. 章海榮，《梵淨山神——黔東北民間信仰與梵淨山區生態》，貴陽：貴州人民出版社，1997 年，254 頁。
73. 郭聲波，《四川歷史農業地理》，成都：四川人民出版社，1993 年，567 頁。
74. 郭寶章，《森林保育》，台北：黎明文化事業股份有限公司，1992 年，190 頁。
75. 曹樹基，《中國移民史・第五卷・明時期》，福州：福建人民出版社，1997 年，570 頁。
76. 曹樹基，《中國人口史・第四卷・明時期》，上海：復旦大學出版社，2000 年，526 頁。
77. 曹樹基，《中國人口史・第五卷・清時期》，上海：復旦大學出版社，2001 年，971 頁。
78. 敖登，《蒙古史文集》，呼和浩特：內蒙古教育出版社，1992 年，274 頁。
79. 連啓元，《明代的獄政管理》，（《明史研究叢刊》之 2），宜蘭：明史研究小組，2001 年，236 頁。
80. 張建民，《湖北通史・明清卷》，武漢：華中師範大學出版社，1999 年，733 頁。
81. 張晉藩、懷效鋒主編，《中國法制通史・第七卷・明》，北京：法律出版社，1999 年，548 頁。
82. 張哲郎，《明代巡撫研究》，台北：文史哲出版社，1995 年，332 頁。
83. 張雲飛，《天人合一——儒學與生態環境》，成都：四川人民出版社，1995 年，221 頁。
84. 張鈞成，《中國古代林業史・先秦篇》，台北：五南圖書出版股份有限公司，1995 年，331 頁。
85. 陶玉田、謝經發編著，《林學通論》，台北：臺灣開明書店，1996 年，502 頁。
86. 陶炎，《中國森林的歷史變遷》，北京：中國林業出版社，1994 年，217 頁。
87. 陸象豫撰文，唐凱軍、黃昌榕繪圖，《森林與水》，台北：行政院農業委員會林業試驗所，2001 年，102 頁。
88. 陳登林、馬建章編著，《中國自然保護史綱》，哈爾濱：東北林業大學出版社，1993 年，173 頁。
89. 常建華，《明代宗族研究》，上海：上海人民出版社，2005 年，490 頁。
90. 莊慶信，《中國哲學家的大地觀》，台北：師大書苑有限公司，1995 年，321 頁。
91. 國家林業局宣傳辦公室編，《'98 洪水聚焦森林》，北京：中國林業出版社，1999 年，473 頁。
92. 莊慶信，《中西環境哲學——一個整合的進路》，台北：五南圖書出版股份有限公司，2002 年，609 頁。
93. 馮繩武，《甘肅地理概論》，蘭州：甘肅教育出版社，1989 年，271 頁。
94. 曾華璧，《人與環境：臺灣現代環境史論》，台北：正中書局，2001 年，324 頁。
95. 彭英明主編，《土家族文化通志新編》，北京：民族出版社，2001 年，399 頁。
96. 賀慶棠主編，《森林環境學》，北京：高等教育出版社，1999 年，299 頁。
97. 景戎華，《追思・俯察・展望——景戎華論文集》，哈爾濱：黑龍江教育出版社，1992 年，395 頁。
98. 華夏子（董耀會、吳德玉、張元華），《明長城考實》，北京：檔案出版社，1988 年，313 頁。
99. 焦國模，《林政學》，台北：臺灣商務印書館，1998 年，363 頁。
100. 焦國模，《中國林業史》，台北：渤海堂文化事業有限公司，1999 年，560 頁。
101. 焦國模，《林業政策與林業行政》，台北：洪葉文化事業有限公司，2005

年，471 頁。

102. 傅衣凌，《明清封建土地所有制論綱》，上海：上海人民出版社，1992 年，229 頁。

103. 鈔曉鴻，《生態環境與明清社會經濟》，合肥：黃山書社，2004 年，417 頁。

104. 楊紹章、辛業江編著，《中國林業教育史》，北京：中國林業出版社，1988 年，563 頁。

105. 楊紹猷、莫俊卿，《明代民族史》，成都：四川民族出版社，1996 年，528 頁。

106. 楊暘主編，袁閭琨、傅朗云編著，《明代奴兒干都司及其衛所研究》，鄭州：中州書畫社，1982 年，332 頁。

107. 楊暘，《明代遼東都司》，鄭州：中州古籍出版社，1988 年，303 頁。

108. 楊暘，《明代東北史綱》，台北：臺灣學生書局，1993 年，461 頁。

109. 楊寬，《戰國史（增訂本）》（上、下），台北：谷風出版社，1986 年，747 頁。

110. 楊慧傑，《天人關係論》，台北：水牛圖書出版事業有限公司，1994 年，236 頁。

111. 達力札布，《明清蒙古史論稿》，北京：民族出版社，2003 年，421 頁。

112. 靳潤成，《明朝總督巡撫轄區研究》，天津：天津古籍出版社，1996 年，188 頁。

113. 葛根高娃、烏雲巴圖，《蒙古民族的生態文化——亞洲游牧文明遺產》，呼和浩特：內蒙古教育出版社，2004 年，236 頁。

114. 葛劍雄、華林甫編，《歷史地理研究》，武漢：湖北教育出版社，2004 年，585 頁。

115. 葉惠蘭，《劉基生平及其郁離子之研究》，台北：政治大學中文研究所碩士論文，1985 年，242 頁。

116. 鄒豹君，《小地形學》，台北：臺灣開明書店，1990 年，256 頁。

117. 鄒逸麟編著，《中國歷史地理概述》，福州：福建人民出版社，2002 年，244 頁。

118. 漢寶德著，吳曉敏繪，《風水與環境》，天津：天津古籍出版社，2003 年，258 頁。

119. 翟旺，《五台山森林與生態歷史變遷》，忻州：忻州地區林業局、忻州地區林學會，1987 年。

120. 翟旺、楊丕文，《管涔山林區森林與生態變遷史》，《山西地方森林史叢書》1，太原：山西高校聯合出版發行，1994 年，178 頁。

121. 翟旺、張守道，《太行山系森林與生態簡史》，《山西地方森林史叢書》2，太原：山西高校聯合出版發行，1994年，136頁。
122. 翟旺、段貴書，《太岳山區森林與生態史》，《山西地方森林史叢書》3，太原：山西高校聯合出版發行，1996年，375頁。
123. 翟旺、劉志光、韓日有，《太原森林與生態史》，《山西地方森林史叢書》4，太原：山西高校聯合出版發行，1999年，373頁。
124. 趙岡，《中國歷史上生態環境之變遷》，北京：中國環境科學出版社，1996年，132頁。
125. 鄧輝，《土家族區域經濟發展史》，北京：中央民族大學出版社，2002年，332頁。
126. 蔡泰彬，《明代漕河之整治與管理》，台北：臺灣商務印書館，1992年，541頁。
127. 魯人勇、吳忠禮、徐莊，《寧夏歷史地理考》，銀川：寧夏人民出版社，1993年，357頁。
128. 劉沛林，《古村落：和諧的人聚空間》，上海：上海三聯書店，1998年，210頁。
129. 劉沛林，《風水——中國人的環境觀》，上海：上海三聯書店，1999年，423頁。
130. 劉昭祥主編，《中國軍事制度史・軍事組織體制編制卷》，鄭州：大象出版社，1997年，600頁。
131. 劉振仁，《明代總督巡撫研究》，台北：政治大學政治研究所碩士論文，1995年，488頁。
132. 劉謙，《明遼東鎮長城及防禦考》，北京：文物出版社，1989年，236頁。
133. 龍子建等著，《湖北苗族》，北京：民族出版社，1999年，438頁。
134. 謝承仁、寧可，《戚繼光》，上海：上海人民出版社，1959年，148頁。
135. 謝忠志，《明代兵備道制度——以文馭武的國策與文人知兵的實練》(《明史研究叢刊》之5)，宜蘭：明史研究小組，2002年，247頁。
136. 謝貴安，《明實錄研究》，台北：文津出版社，1995年，430頁。
137. 韓光輝，《北京歷史人口地理》，北京：北京大學出版社，1996年，365頁。
138. 薄音湖，《明代蒙古史論》，台北：蒙藏委員會，1998年，256頁。
139. 叢佩遠，《中國東北史》(第三卷、第四卷)，長春：吉林文史出版社，1998年，1904頁。
140. 關文發、顏廣文，《明代政治制度研究》，北京：中國社會科學出版社，1996年，343頁。

141. 羅冬陽，《明太祖禮法之治研究》，北京：高等教育出版社，1998年，219頁。

142. 蘇天鈞主編，《北京考古集成・第十二卷・圖說北京史》，北京：北京出版社，2000年，505頁。

143. 蘇天鈞主編，《北京考古集成・第十三卷・定陵》，北京：北京出版社，2000年，553頁。

144. 蘇天鈞主編，《北京考古集成・第十四卷・北京名勝古迹》，北京：北京出版社，2000年，535頁。

（二）論　文

1. 于希賢，〈北京市歷史自然環境變遷的初步研究〉，《中國歷史地理論叢》，1995年1輯，頁45～58。

2. 卞利，〈論徽州碑刻資料的主要內容和學術價值〉，《文獻》，2002年4期，頁225～233。

3. 卞利，〈明清時期徽州森林保護碑刻初探〉，《中國農史》，22卷2期，2003年5月，頁109～115。

4. 方志遠，〈明代的巡撫制度〉，收入歐陽琛、方志遠《明清中央集權與地域經濟》（北京：中國社會科學出版社，2002年），頁133～153。

5. 王九齡，〈北京地區歷史時期的森林〉，收入蘇天鈞主編《北京考古集成・第一卷・綜述》（北京：北京出版社，2000年），頁70～75。

6. 王玉德，〈中國環境保護的歷史和現存的十大問題——兼論建立生態文化學〉，《華中師範大學學報（哲社版）》，1996年1期，頁60～68。

7. 王宏昌，〈我國生態經濟中的森林問題〉，《中國社會科學》，1992年1期，頁37～52。

8. 王宗勛、張應強，〈貴州省錦屏縣民間山林契約簡介〉，《華南研究資料中心通訊》，24期，2001年7月，頁11～18。

9. 王岩，〈明十三陵邊墻山口查勘記〉，收入孫進己、蘇天鈞、孫海主編《中國考古集成・華北卷・明清（一）》（哈爾濱：哈爾濱出版社， 1998年），頁218～225。

10. 王政，〈《詩經・魚麗》與先秦生態觀念略說〉，《文獻》，2002年2期，頁21～29。

11. 王奎正，〈藏族傳統文化與青藏高原環境保護〉，《中南民族學院學報（哲學社會科學版）》，1997年2期，頁55～59。

12. 尹鈞科，〈永定河中、上游流域森林植被的破壞〉，《歷史地理》，19期，2003年6月，頁251～269。

13. 古開弼，〈試述我國古代先秦時期林業經濟思想及其現實意義〉，《農業考古》，1984 年 2 期，頁 199～205。

14. 古開弼，〈我國古代人工防護林探源〉，《農業考古》，1986 年 2 期，頁 212～215。
15. 古開弼，〈盲目崇拜：我國民間祭山禁林習俗的原始宗教文化背景〉，《農業考古》，1998 年 1 期，頁 379～386。
16. 古開弼，〈中華民族的樹木圖騰與樹木崇拜〉，《農業考古》，2002 年 1 期，頁 136～153、205。
17. 史念海，〈歷史時期黃河中游的森林〉，收入氏著《河山集・二集》（北京：生活・讀書・新知三聯書店，1981 年），頁 232～313。
18. 史念海，〈歷史時期森林變遷的研究〉，《中國歷史地理論叢》，1988 年 1 期，頁 1～17。
19. 史念海，〈論歷史時期我國植被的分布及其變遷〉，《中國歷史地理論叢》，1991 年 3 期，頁 43～73。
20. 白奚，〈仁愛觀念與生態倫理〉，《首都師範大學學報（社會科學版）》，2002 年 1 期，頁 98～102。
21. 包茂宏，〈環境史：歷史、理論和方法〉，《史學理論研究》，2000 年 4 期，頁 70～82。
22. 包茂宏，〈中國環境史研究：伊懋可教授訪談〉，《中國歷史地理論叢》，19 卷 1 輯，2004 年 3 月，頁 124～137。
23. 江天健，〈北宋河北路造林之研究〉，《宋史研究集》，32 輯，2002 年 10 月，頁 231～256。
24. 吉文，〈明十三陵〉，收入蘇天鈞主編《北京考古集成・第八卷・明清（二）》（北京：北京出版社，2000 年），頁 663～665。
25. 朱誠如，〈論明代女真與中央王朝的關係〉，收入氏著《管窺集：明清史散論》（北京：紫禁城出版社，2002 年），頁 18～26。
26. 朱誠如，〈明末遼東"棄地"案考實〉，收入《管窺集：明清史散論》，頁 27～32。
27. 朱誠如，〈明代遼東開原的民族貿易市場〉，收入《管窺集：明清史散論》，頁 33～38。
28. 朱誠如，〈明末遼東軍屯與軍丁的反抗鬥爭〉，收入《管窺集：明清史散論》，頁 269～278。
29. 伊懋可（Elvin, Mark）撰，劉翠溶譯，〈導論〉，收入劉翠溶、伊懋可主編《積漸所至：中國環境史論文集》（上）（台北：中央研究院經濟研究所，1995 年），頁 1～38。
30. 宋源，〈我國古代水土資源管理思想述略〉，《中國農史》，1987 年 3 期，頁 1～7。

31. 杜婉言，〈明代木市初議〉，《社會科學戰線》，1985 年 2 期，頁 146～147。
32. 李志強，〈十三陵的“回字城”〉，收入《北京考古集成．第八卷．明清（二）》，頁 670。
33. 李耕夫，〈中國古代的生態意識學說〉，《學習與探索》，1987 年 4 期，頁 56～60。
34. 李榮高，〈雲南明清和民國時期林業碑刻探述〉，《農業考古》，2002 年 1 期，頁 252～258。
35. 吳松弟，〈論區域經濟開發過程中影響生態環境的諸因素〉，《歷史地理》，19 期，2003 年 6 月，頁 183～198。
36. 吳智和，〈明景帝監國登極時期居庸紫荊兩關之城防〉，《明史研究專刊》，5 期，1982 年 12 月，頁 279～298。
37. 吳緝華，〈明成祖向北方的發展與南北轉運的建立〉，收入氏著《明代社會經濟史論叢》（台北：臺灣學生書局，1970 年），上冊，頁 155～173。
38. 吳緝華，〈明代延綏鎮的地域及其軍事地位——兼論軍餉的消耗與長城的修築〉，收入《明代社會經濟史論叢》，下冊，頁 291～308。
39. 吳緝華，〈明代經濟地理略論〉，收入《明代社會經濟史論叢》，下冊，頁 401～451。
40. 吳緝華，〈明代東勝的設防與棄防——邊防制度的演變〉，收入氏著《明代制度史論叢》（台北：臺灣學生書局，1971 年），下冊，頁 329～348。
41. 吳曉煜，〈明代的煤炭開發〉，《南開史學》，1984 年 1 期，頁 87～101。
42. 吳興然，〈明清時期錦屏苗木生產經營初探〉，《貴州社會科學（哲社版）》，1990 年 4 期，頁 58～61、20。
43. 何懷宏，〈儒家生態倫理思想略述〉，《中國人民大學學報》，2000 年 2 期，頁 32～39。
44. 何寶善、王秀玲，〈明陵邊城初探〉，收入《北京考古集成．第八卷．明清（二）》，頁 659～662。
45. 林爲楷，〈明代偵防體制中的夜不收軍〉，《明史研究專刊》，13 期，頁 1～37。
46. 尚定周、潘介滿，〈歷史上的中國林業〉，《農業考古》，1994 年 1 期，頁 292～297、305。
47. 尚廓，〈中國風水格局的構成、生態環境與景觀〉，收入王其亨主編《風水理論研究》（天津：天津大學出版社，2003 年），頁 26～32。
48. 邱仲麟，〈人口增長、森林砍伐與明代北京生活燃料的轉變〉，《中央研究院歷史語言研究所集刊》，74 本 1 分，2003 年 3 月，頁 141～188。
49. 邱仲麟，〈國防線上：明代長城沿邊的森林砍伐與人工造林〉，《明代研究》，8 期，2005 年 12 月，頁 1～66。

50. 邱仲麟，〈明代燒荒考——兼論其生態影響〉，《臺大歷史學報》，38 期，2006 年 12 月，頁 25～63。
51. 周致元，〈明代鳳陽的皇陵〉，《東南文化》，1997 年 1 期，頁 55～60。
52. 周雲庵，〈秦嶺森林的歷史變遷及其反思〉，《中國歷史地理論叢》，1993 年 1 期，頁 55～68。
53. 胡凡，〈論明英宗時期蒙古瓦剌部與明廷的朝貢貿易〉，收入陳支平主編《第九屆明史國際學術討論會暨傅衣凌教授誕辰九十周年紀念論文集》（廈門：廈門大學出版社，2003 年），頁 31～36。
54. 胡火金，〈中國傳統農業生態思想與農業持續發展〉，《中國農史》，21 卷 4 期，2002 年 11 月，頁 48～52。
55. 柏貴喜，〈南方山地民族傳統文化與生態環境保護〉，《中南民族學院學報（哲學社會科學版）》，1997 年 2 期，頁 50～54。
56. 范中義，〈明代九邊形成的時間〉，《大同高等專科學校學報（綜合版）》，1995 年 4 期，頁 25～28。
57. 侯仁之，〈從紅柳河上的古城廢墟看毛烏素沙漠的變遷〉，收入氏著《侯仁之文集》（北京：北京大學出版社，1998 年），頁 256～266。
58. 侯仁之，〈從考古發現論證陝北榆林城的起源和地區開發〉，收入氏著《侯仁之文集》，頁 267～276。
59. 侯仁之，〈從人類活動的遺跡探索寧夏河東沙區的變遷〉，收入氏著《侯仁之文集》，頁 277～284。
60. 侯仁之，〈明十三陵〉，收入《北京考古集成・第八卷・明清（二）》，頁 666～669。
61. 侯甬堅，〈地球科學研究期望歷史學界提供什麼〉，收入氏著《歷史地理學探索》（北京：中國社會科學出版社，2004 年），頁 385～402。
62. 約翰・麥克尼爾（McNeill, John R.）撰，劉翠溶譯，〈由世界透視中國環境史〉，收入《積漸所至：中國環境史論文集》（上），頁 39～66。
63. 高梁，〈水土憂患話古今〉，《農業考古》，1999 年 3 期，頁 252～254。
64. 唐立里特（Daniels, M.A., D. Litt）撰，蕭克之譯，〈清代貴州苗族的植樹技術〉，《農業考古》，2001 年 1 期，頁 265～266、271。
65. 唐德富，〈我國古代的生態學思想和理論〉，《農業考古》，1990 年 2 期，頁 8～17、20。
66. 祝碧衡，〈論明清徽商在浙江衢、嚴二府的活動〉，《中國社會經濟史研究》，2000 年 3 期，頁 10～19。
67. 馬宗申，〈我國歷史上的水土保持〉，《農史研究》，第 3 輯，1983 年 3 月，頁 61～74。

68. 馬強，〈漢中地區生態資源的歷史變遷及其成因〉，《中國歷史地理論叢》，17 卷 3 輯，2002 年 9 月，頁 48～55。
69. 馬強，〈歷史時期蜀道地帶森林的分布與變遷〉，《中國農史》，22 卷 2 期，2003 年 5 月，頁 123～128。
70. 袁清林，〈先秦環境保護的若干問題〉，《中國科技史料》，6 卷 1 期，1985 年 2 月，頁 35～41。
71. 烏雲巴圖，〈論蒙古族生態觀的演變與發展〉，《內蒙古社會科學（漢文版）》，23 卷 2 期，2002 年 3 月，頁 27～32。
72. 倪根金、盧星，〈中國軍事防護林史略〉，《農業考古》，1988 年 2 期，頁 244～246。
73. 倪根金，〈試論中國歷史上對森林保護環境作用的認識〉，《農業考古》，1995 年 3 期，頁 178～183。
74. 倪根金，〈明清護林碑研究〉，《中國農史》，14 卷 4 期，1995 年 11 月，頁 87～97。
75. 倪根金，〈明清護林碑知見錄〉，《農業考古》，1996 年 3 期，頁 176～184。
76. 倪根金，〈明清護林碑知見錄（續）〉，《農業考古》，1997 年 1 期，頁 179～191。
77. 梁中效，〈歷史時期秦巴山區自然環境的變遷〉，《中國歷史地理論叢》，17 卷 3 輯，2002 年 9 月，頁 39～47。
78. 梁四寶，〈明代"九邊"屯田引起的水土流失問題〉，《山西大學學報（哲學社會科學版）》，1992 年 3 期，頁 63～65。
79. 郭文佳，〈簡論宋代的林業發展與保護〉，《中國農史》，22 卷 2 期，2003 年 5 月，頁 28～34。
80. 戚珩、范爲，〈古城閬中風水格局：淺釋風水理論與古城環境意象〉，收入王其亨主編《風水理論研究》，頁 41～69。
81. 張全明，〈簡論宋人的生態意識與生物資源保護〉，《華中師範大學學報（人文社會科學版）》，38 卷 5 期，1999 年 9 月，頁 80～87。
82. 張建民，〈論傳統農業時代的自然保護思想〉，《中國農史》，18 卷 1 期，1999 年 2 月，頁 71～77。
83. 張雪慧，〈徽州歷史上的林木經營初探〉，《中國史研究》，1987 年 1 期，頁 73～83。
84. 張國雄，〈明清時期兩湖開發與環境變遷初議〉，《中國歷史地理論叢》，1994 年 2 期，頁 127～145。
85. 張崗，〈明代易州柴炭山場及其對山林的破壞〉，《河北學刊》，1985 年 3

期，頁 64～67、22。

86. 張崗，〈明代遵化鐵冶廠的研究〉，《河北學刊》，1990 年 5 期，頁 75～80。

87. 張雲飛，〈中國儒、道哲學的生態倫理學闡述〉，收入徐嵩齡主編《環境倫理學進展：評論與闡釋》（北京：社會科學文獻出版社，1999 年），頁 251～312。

88. 張鈞成，〈關於林業史研究簡述〉，收入《雲南省志・林業志》編輯辦公室、雲南省林學會林業史志學組、雲南省地方志學會林業分會編《林業史志文集》（昆明：雲南大學出版社，1991 年），頁 268～276。

89. 張順欽、楊之遠，〈沙塵暴對台灣空氣品質之影響及測報〉，收入《沙塵暴學術研討會會議論文集》（台北：蒙藏委員會，2002 年），頁 169～191。

90. 陳玉女，〈明五臺山諸佛寺建築材料之取得與運輸——以木材、銅、鐵等建材爲主〉，《成大歷史學報》，27 期，2003 年 6 月，頁 55～97。

91. 陳良學、鄒榮礎，〈清代前期客民移墾與陝南的開發〉，《陝西師大學報（哲學社會科學版）》，1988 年 1 期，頁 82～89。

92. 陳柯雲，〈明清徽州地區山林經營中的"力分"問題〉，《中國史研究》，1987 年 1 期，頁 85～97。

93. 陳柯雲，〈明清山林苗木經營初探〉，收入平準學刊編輯委員會編《平準學刊》第 4 輯（上）（北京：光明日報出版社，1989 年），頁 139～166。

94. 陳柯雲，〈略論明清徽州的鄉約〉，《中國史研究》，1990 年 4 期，頁 44～55。

95. 陳柯雲，〈從《李氏山林置產簿》看明清徽州山林經營〉，《江淮論壇》，1992 年 1 期，頁 73～84。

96. 陳偉武，〈從簡帛文獻看古代生態意識〉，收入中國社會科學院簡帛研究中心編輯《簡帛研究》（第 3 輯）（南寧：廣西教育出版社，1998 年），頁 134～140。

97. 陳瑞，〈明清徽州林業生產發展興盛原因探論〉，《中國農史》，22 卷 4 期，2003 年 11 月，頁 31～37。

98. 馮建逵，〈清代陵寢的選址與風水〉，收入王其亨主編《風水理論研究》，頁 138～142。

99. 曾華璧，〈論環境史研究的源起、意義與迷思：以美國的論著爲例之探討〉，《臺大歷史學報》，23 期，1999 年 6 月，頁 411～444。

100. 彭世獎，〈我國環境保護的歷史經驗值得總結〉，《農史研究》，8 輯，1989 年 2 月，頁 126～131。

101. 黃開祥，〈林業習俗與森林保護〉，收入《林業史志文集》，頁 350～353。

102. 黃彰健，〈明洪武永樂朝的榜文峻令〉，收入氏著《明清史研究叢稿》（台北：臺灣商務印書館，1977 年），頁 237～286。

103. 賀雲翱、王前華、邵磊，〈明東陵考古紀實及學術價值〉，收入《第九屆明史國際學術討論會暨傅衣凌教授誕辰九十周年紀念論文集》，頁267～271。

104. 景戎華，〈明代弘治年間的北部邊防〉，收入氏著《追思・俯察・展望——景戎華論文集》（哈爾濱：黑龍江教育出版社，1992年），頁114～126。

105. 賈乃謙，〈明代名臣劉天和的"植柳六法"〉，《農業考古》，2002年3期，頁215～218。

106. 賈恒義，〈中國古代植被與抗蝕性及抗沖刷性之探討〉，《農業考古》，2001年3期，頁163～166、177。

107. 楊昶，〈明朝政令對生態環境的負面效應〉，《華中師範大學學報（人文社會科學版）》，37卷1期，1998年1月，頁87～92。

108. 楊昶，〈明代的生態觀念和生態農業〉，《中國典籍與文化》，1998年4期，頁116～120。

109. 楊昶，〈明朝有利於生態環境改善的政治舉措考述〉，《華中師範大學學報（人文社會科學版）》，38卷5期，1999年9月，頁88～93。

110. 楊昶，〈明代生態環境科技成就及相關文獻〉，《華中師範大學學報（人文社會科學版）》，41卷1期，2002年1月，頁135～140。

111. 楊順清，〈侗族傳統環保習俗與生態意識淺析〉，《中南民族學院學報（人文社會科學版）》，20卷1期，2000年1月，頁62～65。

112. 葉世昌，〈丘濬的造林主張〉，《中國農史》，1984年3期，頁75～76。

113. 葉海煙，〈老子的環境倫理觀〉，收入沈清松主編《簡樸思想與環保哲學》（台北：立緒文化事業有限公司，1997年），頁47～63。

114. 鄒逸麟，〈明清流民與川陝鄂豫交界地區的環境問題〉，《復旦學報（社會科學版）》，1998年4期，頁62～69。

115. 鄒逸麟，〈明清時期北部農牧過渡帶的推移和氣候寒暖變化〉，收入柏樺主編《慶祝王鐘翰教授八十五暨韋慶遠教授七十華誕學術論文合集》（合肥：黃山書社，1999年），頁7～16。

116. 趙崇南，〈貴州民族地區的鄉規民約及其歷史繼承問題〉，《貴州社會科學》，1984年5期，頁47～49、38。

117. 趙華富，〈徽州宗族族規家法〉，收入趙華富編《首屆國際徽學學術討論會文集》（合肥：黃山書社，1996年），頁1～33。

118. 鄧海倫（Dunstan, Helen）撰，楊俊峰譯，〈十八世紀中國官方對環境問題的看法與政府的角色〉，收入《積漸所至：中國環境史論文集》（下），頁877～916。

119. 蔡蘇龍、牛秋實，〈流民對生態環境的破壞與明代農業生產的衰變〉，《中國農史》，21卷1期，2002年2月，頁17～22。

120. 暴鴻昌、景戎華，〈明清濫伐森林對生態的破壞〉，收入平準學刊編輯委員會編《平準學刊——中國社會經濟史研究論集》第 3 輯（上）（北京：中國商業出版社，1987 年），頁 143～156。

121. 暴鴻昌，〈明代長城區域的森林採伐與禁伐〉，《學術交流》，1991 年 3 期，頁 123～125。

122. 劉翠溶，〈中國歷史上關於山林川澤的觀念和制度〉，收入曹添旺、賴景昌、楊建成主編《經濟成長、所得分配與制度演化》（台北：中央研究院中山人文社會科學研究所，1999 年），頁 1～42。

123. 衛廣來，〈明代山西手工業考察〉，《山西大學學報（哲學社會科學版）》，1992 年 4 期，頁 51～54。

124. 錢正安、蔡英、柳中明、劉景濤、李棟梁、宋敏紅，〈中國北方沙塵暴研究若干問題的進展〉，收入《沙塵暴學術研討會會議論文集》，頁 79～98。

125. 謝志誠，〈論元代北方的農林業〉，《河北學刊》，1994 年 6 期，頁 106～109。

126. 謝志誠，〈宋代的造林毀林對生態環境的影響〉，《河北學刊》，1996 年 4 期，頁 95～99。

127. 謝志誠，〈從生態效益看宋代在平原區造林的意義〉，《中國農史》，16 卷 3 期，1997 年 8 月，頁 14～17、40。

128. 韓大成、楊欣，〈明代林業概述〉，收入朱誠如、王天有主編《明清論叢》第 5 輯（北京：紫禁城出版社，2004 年），頁 283～302。

129. 蕭立軍，〈九邊重鎮與明之國運——兼析明末大起義首發於陝的原因〉，《天津師大學報》，1994 年 2 期，頁 53～60。

130. 邁克爾·威廉斯撰，馬寶建、雷洪德譯，〈環境史與歷史地理的關係〉，《中國歷史地理論叢》，18 卷 4 輯，2003 年 12 月，頁 8～24。

131. 戴順居，〈明代的巡關御史〉，《明史研究專刊》，14 期，2003 年 8 月，頁 167～200。

132. 叢佩遠、宋德金，〈明清時代吉林船廠建置年代考〉，《社會科學戰線》，1979 年 4 期，頁 177～181。

133. 關亞新、張志坤，〈遼西地區生態的歷史變遷及影響〉，《社會科學輯刊》，2002 年 1 期，頁 122～127。

134. 關傳友，〈中國古代風水林探析〉，《農業考古》，2002 年 3 期，頁 239～243。

135. 關傳友，〈論明清時期宗譜家法中植樹護林的行爲〉，《中國歷史地理論叢》，17 卷 4 輯，2002 年 12 月，頁 65～72。

136. 羅茲·墨菲（Murphey, Rhoads）撰，楊俊峰譯，〈在亞洲比較觀點下的中國環境史〉，收入《積漸所至：中國環境史論文集》（上），頁 67～112。

137. 顧琳，〈明清時期榆林城遭受流沙侵襲的歷史紀錄及其原因的初步分析〉，《中國歷史地理論叢》，18 卷 4 輯，2003 年 12 月，頁 52～56。

138. 龔化龍，〈明代採礦事業的發達和流毒〉，收入包遵彭主編《明代經濟》（《明史論叢》8，台北：臺灣學生書局，1968 年），頁 121～163。

139. 龔勝生，〈元明清時期北京城燃料供銷系統研究〉，《中國歷史地理論叢》，1995 年 1 輯，頁 141～159。

（三）外文論著

1. 上田信，《森と綠の中國史——エコロジカル・ヒストリーの試み》，東京：岩波書店，2001 年，259 頁。

2. 川越泰博，《明代長城の群像》，東京：汲古書院，2003 年，241 頁。

3. 松本隆晴，《明代北邊防衛體制の研究》，東京：汲古書院，2001 年，333 頁。

4. 金弘吉，《明末北京の宮殿修建と木材調達》，大阪：大阪大學大學院文學研究科博士論文，2001 年，169 頁。

5. 上田信，〈中國における生態システムと山區經濟——秦嶺山脈の事例から〉，收入溝口雄三、浜下武志、平石直昭、宮山鳥博史編《長期社會變動》（東京：東京大學出版會，1994 年），頁 99～129。

6. 上田信，〈「山林權屬」と森林保護——16 世紀～現代，九嶺山の事例〉，《現代中國研究》，2 期，1998 年 3 月，頁 14～31。

7. 上田信，〈雜木林をめぐるトラとヒト——十八世紀の東南山地〉，《中國—社會と文化》，第 14 號，1999 年 6 月，頁 28～45。

8. 上田信，〈封禁・開採・弛禁——清代中期江西における山地開發〉，《東洋史研究》，61 卷 4 號，2003 年 3 月，頁 115～144。

9. 川越泰博，〈明代北邊の「夜不收」について〉，《（中央大學文學部史學科）紀要》，46 號，2001 年 2 月，頁 57～83。

10. 中島樂章，〈明代徽州の小規模同族と山林經營〉，收入明代史研究會編《明代史研究會創立三十五年記念論集》（東京：汲古書院，2003 年），頁 285～315。

11. 日比野丈夫，〈居庸關の歷史地理〉，收入氏著《中國歷史地理研究》（京都：同朋舍出版部，1977 年），頁 293～315。

12. 田村實造，〈明代の北邊防衛體制〉，收入氏編《明代滿蒙史研究》（京都：京都大學文學部，1963 年），頁 73～161。

13. 宮崎洋一，〈明清時代森林資源政策の推移——中國における環境認識の變遷〉，《九州大學東洋史論集》，22 號，1994 年 1 月，頁 19～35。

14. Elvin, Mark, "Ecology and the Economic History of Asia (II) The

Environmental History of China: An Agenda of Ideas," *Asian Studies Review*, 14:2, November 1990, pp.39-53.

15. Elvin, Mark, "The Unavoidable Environment: Reflections on Premodern Economic Growth in China," in *Economic History, Urban Culture and Material Culture: Papers from the Third International Conference on Sinology, History Section*（《經濟史、都市文化與物質文化（中央研究院第三屆國際漢學會議論文集歷史組）》）, edited by Ts'ui-jung Liu（劉翠溶）and Shou-chien Shih（石守謙）, pp.1-86, Taipei: Institute of History and Philology, Academia Sinica, 2002.
16. Vermeer, Eduard B., "Population and Ecology along the Frontier in Qing China," in *Sediments of Time: Environment and Society in Chinese History*, edited by Mark Elvin and Ts'ui-jung Liu, pp.235-279, New York: Cambridge University Press, 1998.

（四）工具書

1. 〔清〕許慎撰，〔清〕段玉裁注，《說文解字注》，台北：天工書局，1992年。
2. 〔清〕張玉書等編纂，《康熙字典》，北京：中華書局，2002 年 10 月，1683 頁。
3. 山根幸夫，《新編明代史研究文獻目錄——付韓國明代史文獻目錄》，東京：汲古書院，1993 年，313 頁。
4. 王毓瑚，《中國農學書錄》，台北：明文書局，1988 年，340 頁。
5. 王德毅主編，《中華民國臺灣地區公藏方志目錄》，台北：漢學研究資料及服務中心，1985 年，315 頁。
6. 王德毅主編，《明人別名字號索引》（上、下），台北：新文豐出版公司，2000 年，997 頁。
7. 引得編纂處編，《八十九種明代傳記綜合引得》，北京：中華書局，1987年，927 頁。
8. 中央研究院計算中心，《兩千年中西曆轉換》，http://sinocal.sinica.edu.tw/，2010 年。
9. 中國文化大學史學研究所《明代政治制度史》全體研究生編，《明代政治制度史類目（初稿）》，宜蘭：明史研究小組，2000 年，120 頁。（可於「明史研究小組」網站下載。
網址：http://faculty.pccu.edu.tw/~chihhowu/index.htm）
10. 中國社會科學院歷史研究所明史研究室編，《中國近八十年明史論著目錄》，鎮江：江蘇人民出版社，1981 年，449 頁。
11. 中國科學院北京天文臺主編，《中國地方志聯合目錄》，北京：中華書局，1985 年，854 頁。

12. 中國農業百科全書總編輯委員會林業卷編輯委員會編，《中國農業百科全書・林業卷》（上、下），北京：農業出版社，1993 年，969 頁。
13. 中國農業博物館資料室編，《中國農史論文目錄索引》，北京：林業出版社，1992 年，586 頁。
14. 中國歷史大辭典・明史卷編纂委員會編，《中國歷史大辭典・明史卷》，上海：上海辭書出版社，1995 年，545 頁。
15. 中國歷史大辭典・歷史地理卷編纂委員會編，《中國歷史大辭典・歷史地理卷》，上海：上海辭書出版社，1997 年，1046 頁。
16. 中國歷代政區沿革編寫組，《中國歷代政區沿革》，石家莊：河北教育出版社，1996 年，355 頁。
17. 中華民國教育部國語推行委員會編輯，《異體字字典》（網路版），http://dict.variants.moe.edu.tw/，2004 年。
18. 牛平漢編著，《明代政區沿革綜表》，北京：中國地圖出版社，1997 年，571 頁。
19. 四庫未收書輯刊編纂委員會編，《四庫未收書輯刊・目錄索引》，北京：北京出版社，2000 年，348 頁。
20. 四庫全書存目叢書編纂委員會編，《四庫全書存目叢書・目錄索引》，台南：莊嚴文化事業有限公司，1997 年，571 頁。
21. 四庫全書存目叢書補編編纂委員會編，《四庫全書存目叢書補編・目錄索引》，濟南：齊魯書社，2002 年，97 頁。
22. 四庫禁燬書叢刊編纂委員會編，《四庫禁燬書叢刊・目錄索引》，北京：北京出版社，2000 年，239 頁。
23. 李小林、李晟文，《明史研究備覽》，天津：天津教育出版社，1988 年，494 頁。
24. 李漢杰主編，《中國山水資源大辭典》，北京：中國國際廣播出版社，1997 年，750 頁。
25. 吳廷燮撰，魏連科點校，《明督撫年表》（6 卷），北京：中華書局，1982 年，760 頁。
26. 吳智和，《明史研究中文報刊論文專著分類索引（1912—1978）》，編者油印合訂本，1976 年，222 頁。
27. 吳智和，《中國史研究指南 IV・明史》，台北：聯經出版事業公司，1990 年，頁 3～74。
28. 吳智和，〈五十年來台灣的明史研究之回顧〉，台中：五十年來台灣的歷史學研究之回顧研討會宣提論文，1995 年 4 月。
29. 吳智和，〈民國以來的明代史料整理與研究〉，《中華民國史專題第四屆討論會論文集》（台北：國史館，1998 年），頁 785～814。

30. 吳智和，〈二十世紀臺灣明史研究回顧介述〉，《明史研究專刊》，14 期，2003 年 8 月，頁 285～354。
31. 吳智和、賴福順編著，《戰後臺灣的歷史學研究 1945～2000．第五冊．明清史》，台北：行政院國家科學委員會，2004 年，459 頁。
32. 吳澤炎、黃秋耘、劉葉秋編纂，《大陸版辭源》（修訂本），台北：臺灣商務印書館，1993 年，3620 頁。
33. 東洋文庫明代史研究委員會編纂，《明代經世文分類目錄》，東京：財團法人東洋文庫，1986 年，280 頁。
34. 林平、張紀亮編纂，《明代方志考》，成都：四川大學出版社，2001 年，495 頁。
35. 昌彼得、程元敏、王德毅、侯俊德編，《宋人傳記資料索引》（一～六），台北：鼎文書局，2001 年。
36. 周振鶴主編，郭紅、靳潤成著，《中國行政區劃通史．明代卷》，上海：復旦大學出版社，2007 年，839 頁。
37. 佳宏偉，〈近十年來生態環境變遷史研究綜述〉，《史學月刊》，2004 年 6 期，頁 112～119。
38. 南炳文，《輝煌、曲折與啓示：20 世紀中國明史研究回顧》，天津：天津人民出版社，2001 年，279 頁。
39. 英業達股份有限公司製作，《中國大陸電子地圖》（光碟片 V1.0 繁體版），台北：英業達股份有限公司，2003 年，隨溫世仁《溫世仁觀點：中國經濟的未來》（台北：天下遠見出版股份有限公司，2003 年）附贈。
40. 侯仁之主編，《北京歷史地圖集》，北京：北京出版社，1988 年，128 頁。
41. 侯仁之主編，《北京歷史地圖集．二集》，北京：北京出版社，1997 年，80 頁。
42. 秦國經，《明清檔案學》，北京：學苑出版社，2005 年，883 頁。
43. 徐泓，〈六十年來明史之研究〉，收入程發軔主編、國立編譯館編輯《六十年來之國學》（第 3 冊，台北：正中書局，1975 年），頁 379～452。
44. 徐泓，《二十世紀中國的明史研究》，台北：國立臺灣大學出版中心，2011 年，319 頁。
45. 張國旺，〈近年來中國環境史研究綜述〉，《中國史研究動態》，2003 年 3 期，頁 12～17。
46. 陳正祥編，《中國歷史．文化地理圖冊》，東京：原書房，1983 年，190 頁。
47. 陳光貽，《稀見地方志提要》（上、下），濟南：齊魯書社，1987 年，1367 頁。

48. 陳垣，《二十史朔閏表》，北京：中華書局， 1991 年，242 頁。

49. 陳龍貴主編，《國立故宮博物院所藏族譜簡目》，台北：國立故宮博物院，2001 年，841 頁。

50. 陳嶸，《中國森林史料》，北京：中國林業出版社，1983 年，292 頁。

51. 國立中央圖書館，《明人傳記資料索引》，台北：國立中央圖書館，1978 年，1171 頁。

52. 國立中央圖書館特藏組編輯，《國立中央圖書館善本書目》，台北：國立中央圖書館，1986 年，1887 頁。

53. 國立中央圖書館特藏組編輯，《臺灣公藏方志聯合目錄增訂本》，台北：國立中央圖書館，1981 年，248 頁。

54. 國立編譯館編訂，《林學名詞》，台北：國立編譯館，1968 年，156 頁。

55. 國家圖書館古籍組、北京圖書館出版社編，《北京圖書館古籍珍本叢刊目錄》（含索引），北京：北京圖書館出版社，2000 年，70 頁。

56. 黃仁生，《日本現藏稀見元明文集考證與提要》，長沙：岳麓書社，2004 年，470 頁。

57. 華世出版社編訂，《中國歷史年表》，台北：華世出版社，1983 年，163 頁。

58. 華林甫編，《中國歷史地理學五十年（1949－1999）》，北京：學苑出版社，2001 年，633 頁。

59. 新興書局編者，《筆記小說大觀叢刊索引》，台北：新興書局，1981 年，368 頁。

60. 楊正泰，《明代驛站考》（附：一統路程圖記、士商類要），上海：上海古籍出版社，1994 年，383 頁。

61. 楊廷福、楊同甫編，《明人室名別稱字號索引》（上、下），上海：上海古籍出版社，2002 年，726 頁。

62. 楊震方、水賚佑編著，《歷代人物諡號封爵索引》，上海：上海古籍出版社，1996 年，426 頁。

63. 漢學研究中心資料組編，《漢學研究中心景照海外佚存古籍書目初編》，台北：漢學研究中心，1990 年，62 頁。

64. 臺灣商務印書館編審會編，《景印文淵閣四庫全書目錄》（含索引），台北：臺灣商務印書館，1986 年，856 頁。

65. 潘富俊著，呂勝由攝影，《詩經植物圖鑑》，台北：貓頭鷹出版社，2001 年，288 頁。

66. 劉棠瑞、廖日京，《樹木學》（上、下），台北：臺灣商務印書館，1994 年，1252 頁。

67. 劉復、李家瑞編，《宋元以來俗字譜》，台北：中央研究院歷史語言研究所，1992 年，137 頁。

68. 錢茂偉，〈《明人傳記資料索引》生卒年補正〉，《國家、科舉與社會——以明代為中心的考察》（北京：北京圖書館出版社，2004 年），頁 279～287。

69. 謝正光編著，王德毅校訂，《明遺民傳記資料索引》，台北：新文豐出版公司，1990 年，450 頁。

70. 謝國楨編著，《增訂晚明史籍考》，上海：上海古籍出版社，1981 年，1154 頁。

71. 魏嵩山主編，《中國歷史地名大辭典》，廣州：廣東教育出版社，1995 年，1359 頁。

72. 譚其驤主編，《中國歷史地圖集》，第七冊《元・明時期》，上海：地圖出版社，1982 年，144 頁。

73. 譚其驤主編，《中國歷史地圖集釋文匯編・東北卷》，北京：中央民族學院出版社，1988 年，393 頁。

74. 續修四庫全書編纂委員會、復旦大學圖書館古籍部編，《續修四庫全書・總目錄索引》，上海：上海古籍出版社，2003 年，436 頁。